RAMTHA

DAS MYSTERIUM VON GEBURT UND TOD
Das Selbst neu definiert

RAMTHA

DAS MYSTERIUM VON GEBURT UND TOD
Das Selbst neu definiert

Titel der amerikanischen Originalausgabe:
THE MYSTERY OF BIRTH AND DEATH
Redefining the Self

Copyright © JZK, Inc. 2001
JZK, Publishing, ein Unternehmenszweig von JZK, Inc.

Aus dem Amerikanischen von Angelika Rinderle-Tessa. Bearbeitet von Satora Oswald.
Besonderer Dank gilt Margaret Pfalzer (Korrektur) und Nesli Ackermann (Index) und Gabriele Herpers (Formatierung).

Herausgeber der deutschsprachigen Lizenzausgabe ist der In der Tat Verlag.

Für weitere Informationen über Ramthas Lehren wenden Sie sich bitte an:
Ramtha's School of Enlightenment, PO Box 1210, Yelm, WA 98597, USA.
http://www.ramtha.com

ISBN: 3-89539-049-6
1. Auflage Februar 2005

In der Tat Verlag
Ammergauer Str. 80
D – 86971 Peiting
Tel.: 08861-59018   Fax: 08861-67091
www.michaelsverlgag.de
e-mail: mvv@michaelsverlag.de

Erschöpft werf' ich mich auf mein Lager nieder
Zur Rast, die wohl nach langer Reise tut,
Doch dann beginnt in meinem Haupte wieder
Die Wanderschaft, oh auch mein Körper ruht.
Zu dir gehen die Gedanken dann zurück
Von hinnen auf der Sehnsucht Pilgerfahrt,
Sie halten offen meinen müden Blick,
Der Dunkel, wie der Blinde, rings gewahrt;
Nur dass der Blick der traumbeschwingten Seele
Dein Bild vor meines Geistes Auge stellt,
Das in dem Graun gleich flammenden Juwelen,
Die Nacht verschönt und jugendfroh erhellt.
So wird um dich und mich, vom Schlaf gemieden,
Am Tag der Leib, der Seele nachts kein Frieden.

— *William Shakespeare*
Sone

Inhaltsverzeichnis

VORWORT 9

ANMERKUNG ZUR ÜBERSETZUNG 18

KAPITEL 1 19

EINFÜHRUNG: DIE ERSTEN SCHRITTE AUF DEM PFAD DER ERLEUCHTUNG

KAPITEL 2 23

DAS RAD DER WIEDERGEBURT

UNSERE VORGEBURTLICHEN WAHLMÖGLICHKEITEN 24

In der Vergangenheit leben 28

Der Schattenaspekt des Selbst 30

Die Kunst der Loslösung und der bedingungslosen Liebe 34

Es ist möglich, sich alles in einem Leben anzueignen 39

WIE RAMTHA LERNTE, SICH VON SEINEM PHYSISCHEN KÖRPER ZU

LÖSEN 41

DAS ÄGYPTISCHE TOTENBUCH 44

DIE WICHTIGKEIT VON VERÄNDERUNG FÜR DIE REISE DER SEELE 47

KAPITEL 3 51

DER LETZTE KAMPF GEGEN TYRANNEI UND VERSKLAVUNG

DIE ÜBERWINDUNG UNSERER PERSÖNLICHEN BEGRENZUNGEN 52

EINE VISION VOM ZUSAMMENBRUCH DES MENSCHLICHEN

BEWUSSTSEINS 55

Eine Strategie zur Bewahrung der Wahrheit über unser göttliches Erbe 58

DIE VERWENDUNG VON EMOTIONALER ENERGIE ALS

WERKZEUG DER VERÄNDERUNG 62

KAPITEL 4 67

EINE NEUDEFINITION DES SELBST ALS SPIRITUELLES SELBST

Der Verlust des Selbst durch Schuldzuweisung und Opferhaltung 68

DIE DUNKLE NACHT DER SEELE 72

DER TAG DES JÜNGSTEN GERICHTS UND DIE LEBENSRÜCKSCHAU 74

DER ENTWURF UNSERES NEUEN LEBENS AUF DER EBENE DER

GLÜCKSELIGKEIT 78

DER ERFAHRUNGSWERT EINER NEUEN INKARNATION 84

DIE ANIMALISCHE NATUR DER MENSCHHEIT 89
DURCH UNSERE ENTSCHEIDUNG FÜR DIE SPIRITUELLE NATUR
DEFINIEREN WIR DAS SELBST NEU 93
ZUSAMMENFASSUNG: DER SPIRITUELLE WEG DES MEISTERS 97
AUFLÖSUNG 107
ANLEITUNG ZUR PRAKTISCHEN ANWENDUNG DIESER LEHREN 117

KAPITEL 5 121
DER TOD UND DIE ENTHÜLLUNG UNSERES HINTERGRUNDMOTIVS
DIE ENTHÜLLUNG UNSERES HINTERGRUNDMOTIVS 122
FREIHEIT VON DER TÄUSCHUNG DER VERGANGENHEIT 133
EIN EHRENHAFTER UND UNTADELIGER MENSCH SEIN 138
KÖNNTE ES SEIN, DASS IHR SCHON TOT SEID? 141
DIE LEERE, DER PUNKT NULL, DAS SPIEGELBEWUSSTSEIN UND UNSERE
MENSCHLICHE INKARNATION 146
NAHTODERFAHRUNGEN UND DIE ÄGYPTISCHEN ÜBERGANGSRITEN 157
FÜR EINEN MEISTER GIBT ES WEDER GEBURT NOCH TOD, ES GIBT NUR
SCHÖPFUNG 162
UNSER HERZ, AUFGEWOGEN GEGEN EINE FEDER 173
UNSER GEWOHNHEITSMÄSSIGES DENKEN ERSCHAFFT UNSER TÄGLICHES
LEBEN 177
IHR SEID GÖTTER, SCHÖPFER DER WIRKLICHKEIT 182
BESTÄNDIGKEIT IN DEN DISZIPLINEN DES GROSSEN WERKS 185
DER TRIUMPH ÜBER DEN TOD UND DIE ALCHEMIE DER
VERWANDLUNG 192

KAPITEL 6
ZUM SCHLUSS: DER DIMENSIONALE MIND IM VERGLEICH ZUM LINEAREN
MIND 197

Ramthas Glossar 207
Bibliographie 229
Index 230

ABBILDUNGSVERZEICHNIS

ABB. 1: DAS GEHIRN 147
ABB. 2: DIE SIEBEN SIEGEL IM MENSCHLICHEN KÖRPER, DIE
DEN SIEBEN BEWUSSTSEINSEBENEN ENTSPRECHEN 148
ABB. 3: DER ABSTIEG VON BEWUSSTSEIN UND ENERGIE VOM
NULLPUNKT 149
ABB. 4: PRIMÄRES UND SEKUNDÄRES BEWUSSTSEIN 150
ABB. 5: DIE ÄGYPTISCHE GÖTTIN NUT 161
ABB. 6: DARSTELLUNG DER ZEIT MIT HILFE DER HÄNDE 164
ABB. 7: DIE PENDELBEWEGUNG DES SPIEGELBEWUSSTSEINS 164
ABB. 8: EINE ENERGIEWELLE KOLLABIERT UND WIRD ZU
EINEM TEILCHEN 186
ABB. 9: DIE ATOMSTRUKTUR 196
Abb. 10: Das Atom 199

VORWORT DES HERAUSGEBERS

Ramthas Lehren sind ein einzigartiges metaphysisches Gedankensystem. Es bedarf sorgfältiger Untersuchung und Überlegung, um die volle Bedeutung seines Inhaltes zu erfassen. Wir meinen, dass Ramthas Lehren metaphysischer Natur sind, da sie sich mit den fundamentalen Fragen des Menschen und der menschlichen Existenz befassen, mit Fragen über unseren Ursprung und unsere Bestimmung, über die Natur von Gut und Böse, die Seele, Leben und Tod, die Welt und unsere Beziehung zu anderen.

Die Form, in der Ramtha seine Lehren übermittelt, sind ein Bestandteil der Botschaft selbst. Die Lehren sind nicht einfach eine intellektuelle Abhandlung bestimmter Themen oder deren bloße intellektuelle Analyse, sie sind auch keine Art offenbarter Wahrheit, die blinde Glaubens-Gefolgschaft verlangt. Ramthas Lehren sind keine neue Religion, und sie sind keine Bausteine zu einer neuen Kirche. Seine Lehren sind ein Gedankensystem, das in seinem Ansatz zur Wirklichkeit so gestaltet ist, dass der Einzelne Ramthas Philosophie in die Tat umsetzen und so die gelehrten Inhalte selbst überprüfen und erfahren kann. Mit anderen Worten, durch diesen einzigartigen Aspekt der Lehren kann die Philosophie oder das *Konzept der Wirklichkeit* eigenhändig erfahren und dadurch zur *Weisheit über die Beschaffenheit der Wirklichkeit* werden.

Diese Besonderheit von Ramthas Gedankensystem kommt den Einweihungen in das heilige Wissen gleich, wie sie in den Mysterienschulen des Altertums in Griechenland, Ägypten und im Nahen Osten sowie den alten Gnostik-Schulen in Europa und im Nahen Osten praktiziert wurden. Es ist wichtig, hier anzumerken, dass Ramthas Lehren sich in dieser Hinsicht von den traditionellen Philosophieschulen der westlichen Welt unterscheidet.

Dem traditionellen westlichen Verständnis von objektivem Wissen und Wahrheit liegt eine tiefverwurzelte Annahme über den Menschen und die Beschaffenheit der Wirklichkeit zu Grunde. Die wissenschaftliche Methode beschränkt den Bereich erlangbaren Wissens auf Phänomene, die mittels der Sinne des physischen Körpers beobachtet und nachgewiesen werden können. Alles was außerhalb dieses Bereiches liegt, wird dem Reich der Mythen und Sagen zugeschrieben. Mit anderen Worten, der Mensch und die Beschaffenheit der Wirklichkeit bestehen nur aus ihren physischen und materiellen Aspekten. Sigmund Freuds Psychoanalyse und sein Profil der menschlichen Psyche sind ein klares Beispiel für diesen Trend.

In Ramthas Denken sind der physische Körper und die materielle Welt nur ein Aspekt der wirklichen Welt. Tatsächlich sind sie nur das Produkt und

9

ein Effekt der wirklichen Welt, die sich aus Bewusstsein und Energie aufbaut. Der Mensch lässt sich am besten als „Bewusstsein-und-Energie" beschreiben, die die Beschaffenheit der Wirklichkeit erschaffen. Die physische Welt ist nur eine von sieben Ebenen, auf denen Bewusstsein und Energie Ausdruck finden. Ramtha benutzt das Konzept des Beobachters aus der Quantentheorie, um sein Konzept von Bewusstsein und Energie zu erklären. Ebenso benutzt er das Konzept von Gott, dem Schöpfer und Souverän, um den Menschen als „Bewusstsein-und-Energie" zu beschreiben.

Die höchst ungewöhnliche Weise, in der Ramtha seine Lehren übermittelt, macht es vielen Bereichen der heutigen Gesellschaft leicht, sie unverzüglich abzutun. Leider ist es eine allzu gebräuchliche Reaktion, eine Botschaft nicht auf Grund ihres Inhaltes zu beurteilen, sondern auf Grund der Form ihrer äußerlichen Repräsentation. Marketing, das Nachrichtenwesen und die für Publicity, Verkauf und Werbung angewandten Methoden sind hervorragende Beispiele dafür.

Die ungewöhnliche Form, in der Ramtha seine Lehren übermittelt, ist keineswegs willkürlich oder oberflächlich. Er hat ausdrücklich auf die Gründe für eine solche Form hingewiesen. Seinen Ausführungen nach ist es für das Erfassen seiner Botschaft wichtig, sich der Paradigmen des Denkens, den Wurzeln der vorgefassten Meinungen, unbewussten Vorurteile und vorgeformten Muster, mit denen wir normalerweise die Wirklichkeit wahrnehmen und bewerten, gewahr zu werden.

Ramthas Lehrmethoden zielen häufig darauf ab, den Einzelnen herauszufordern und ihm gleichzeitig Hilfsmittel anzubieten, mit denen er sich der vorgefassten Meinungen gewahr werden kann, die die Grenzen unserer normalen Realitätswahrnehmung bestimmen. Ziel ist das daraus resultierende Entstehen einer umfassenderen geistigen Perspektive, die uns ein sinnvolleres, unbegrenzteres, bewussteres und außergewöhnlicheres Erleben der Wirklichkeit ermöglicht und uns gleichzeitig ein breiteres Spektrum von Möglichkeiten für neue Erfahrungen liefert, die zuvor nicht denkbar waren.

Einer der umstrittensten Aspekte von Ramthas Lehren ist die Form, die er zur Übermittlung seiner Botschaft gewählt hat. Indem Ramtha seine Philosophie als die Frucht seiner eigenen Wahrheit und persönlichen Erfahrung präsentiert, hebt er hervor, dass er selbst die Verkörperung der Philosophie, die Manifestation und das lebende Beispiel seines Denkens ist. So sagt er, dass er ein unsterblicher Gott sei, Bewusstsein und Energie, und dass er einst vor 35.000 Jahren als Mensch auf dem längst vergangenen Kontinent Lemurien lebte. Wie er weiter erklärt, befasste er sich in seinem Leben mit der Frage des menschlichen Daseins und der Bedeutung des Lebens. Durch eigene Beobachtung, Reflexion und Kontemplation erlangte er Erleuchtung und meisterte dadurch die physische Ebene und den Tod. Er lehrt, dass er eine Möglichkeit fand, durch die er seinen Körper auf eine geistige Ebene mitnehmen konnte, auf der er sich seiner wahren Essenz als Bewusstsein und Energie völlig bewusst blieb, total frei und unbegrenzt alle und jegliche Aspekte der Schöpfung erfuhr und weiterhin das Unbekannte bekannt machen konnte. Er bezeichnet diesen Vorgang als seinen Aufstieg.

Die Tatsache, dass er nicht mehr länger von seinem physischen Körper eingeschränkt ist, erlaubt seinem „Bewusstsein-und-Energie" mit der physischen Welt in anderen Formen in Beziehung zu treten. Zum Beispiel spricht er oft von sich als dem Wind, der die Wolken anschiebt oder als dem Morgen, oder einem Fremden oder einem Bettler auf der Straße, der Zivilisationen kommen und gehen sieht, oder was immer das Bewusstsein sich nur vorzustellen wagt.

Als Form zur Übermittlung seiner Lehren dient ein Phänomen, das Channeling genannt wird. Tatsächlich war es Ramtha, der diesen Begriff bekannt machte. Er channelt sich selbst durch JZ Knights Körper und kann so seine Philosophie persönlich lehren.

Ein Channel unterscheidet sich von einem Medium insofern, dass ein Channel nicht der Vermittler zwischen dem durchkommenden Bewusstsein und den Zuhörern ist. Ein Channel befindet sich während des Channelns nicht in einem erstarrten, veränderten körperlichen Zustand.Vielmehr verlässt ein Channel seinen Körper ganz und erlaubt dem durchkommenden Bewusstsein die volle Kontrolle über alle Funktionen und Bewegungen des Körpers. Während Ramtha durch JZ Knight channelt, kann er seine Augen öffnen, gehen, tanzen, essen und trinken, lachen, sprechen, sich unterhalten und seine Schüler persönlich lehren. JZ Knight ist der einzige Mensch, den Ramtha als seinen Channel zur Überbringung seiner Botschaft ausgewählt hat.

Mit seiner Wahl, seine Botschaft durch eine Frau zu channeln anstatt seinen eigenen physischen Körper zu benutzen, stellt Ramtha für alle sichtbar dar, dass Gott und das Göttliche nicht das alleinige Privileg der Männer sind, und dass Frauen ein würdiger Ausdruck des Göttlichen sind und die Fähigkeit zu Genie und Gottesverwirklichung besitzen. Er macht damit auch geltend, dass das Wichtige an seiner Philosophie nicht die Verehrung des Überbringers der Botschaft oder eines Gesichts oder Bildes ist — woran in der Vergangenheit so viele Anstrengungen, der Menschheit Erleuchtung zu bringen, gescheitert sind — sondern der Botschaft selbst Gehör zu schenken. Es zeigt weiterhin, dass die wahre Essenz des Menschen nicht auf den physischen Körper oder ein bestimmtes Geschlecht begrenzt ist. Das Channeling-Phänomen wird daher erst im Rahmen von Ramthas Gedankensystem möglich gemacht. Mit anderen Worten, das von JZ Knight durchgeführte Channeling ist nur möglich, wenn Ramthas Lehren der Wahrheit entsprechen.

Die Echtheit dieses Phänomens ist ein deutlicher Fingerzeig auf den Wahrheitsgehalt von Ramthas Botschaft. Dieser Punkt sollte unbedingt berücksichtigt werden, da es dank wissenschaftlichen Fortschritts Testverfahren und Geräte gibt, mit deren Hilfe dieses Phänomen einer eingehenden Prüfung unterzogen und unter physiologischen, neurologischen und psychologischen Gesichtspunkten erforscht werden kann. Die heute verfügbaren wissenschaftlichen Verfahren wurden für eine an JZ Knight durchgeführte Studie über das Phänomen des Channeling benutzt, die die Möglichkeit eines Schwindels ausschließen sollte. Diese wissenschaftlichen Untersuchungen fanden 1996 statt, als ein Forum, bestehend aus zwölf angesehenen Wissenschaftlern — Naturwissenschaftlern, Psychologen und Religionsexperten — JZ Knight bevor, während und nachdem sie Ramtha channelte, untersuchten.

Nach Abschluss ihrer Untersuchungen, bei denen hochmoderne technische Geräte eingesetzt wurden, kamen sie auf Grund der an JZ Knight ermittelten Ergebnisse zu dem Schluss, dass die Messwerte der Reaktionen ihres autonomen Nervensystems so dramatisch waren, dass sie kategorisch jede Möglichkeit von bewusster Vortäuschung, Schizophrenie oder multipler Persönlichkeitsstörung ausschlossen.

Mit aller erdenklicher Mühe sorgt Ramtha dafür, dass alle seine Zuhörer gleichermaßen beim Verstehen des Gelehrten Schritt halten können. Er betont immer wieder, wie wichtig der Austausch der Schüler mit ihrem Nachbarn sei, in dem sie in eigenen Worten jeden Abschnitt des soeben Gelehrten wiederholen und sich gegenseitig erklären. So wird sicher gestellt, dass alle Anwesenden das Gelehrte verstehen; dies wiederum ermöglicht es Ramtha, auf den jeweiligen Hintergrund und das Verständnisniveau seiner Zuhörer gezielter einzugehen. Zuweilen vertieft er sein Publikum in tiefgründige philosophische Betrachtungen zu einem bestimmten Thema, ein anderes Mal benutzt er lebhafte, dramatische Darbietungen, um seiner Botschaft mehr Aussagekraft zu verleihen.

Ist der philosophische Aspekt der Lehre einmal vermittelt, werden die Schüler von Ramtha in das Wissen eingeweiht und können so das Gelernte in persönliche Erfahrungen und Weisheit verwandeln. Diese Einweihungen finden in Form von verschiedenen, von Ramtha selbst entworfenen Disziplinen statt, die den Schülern die Gelegenheit bieten, das gelernte Wissen praktisch anzuwenden. In dieser Hinsicht unterscheidet sich Ramtha von anderen Lehrern. Er übernimmt die Rolle des Meister-Lehrers und Hierophanten, eines Lehrers, der in sich die Macht hat, das was er sagt auch seiner Absicht entsprechend zu manifestieren. In dieser Hinsicht sind die Lehren mit der gnostischen, philosophischen Bewegung und den mystischen Schulen des Altertums vergleichbar. Bei näherer Betrachtung unterscheidet sich Ramthas Gedankensystem jedoch deutlich in Inhalt und

Form von den gemeinhin als Gnostizismus und als Philosophie der mystischen Schulen bekannten Lehren. Ramtha selbst sieht sein Gedankensystem nicht in diesem Zusammenhang. Er nennt es vielmehr „Ramthas Schule der Erleuchtung", die dem „Großen Werk" gewidmete Schule der alten Weisheit. Das Große Werk ist die praktische Anwendung von Ramthas Lehren und gibt den Einzelnen die Gelegenheit, sich selbst zu erkennen und erleuchtet zu werden.

Angesichts all dieser Überlegungen möchten wir den Leser darauf aufmerksam machen, dass Ramthas Lehren in gedruckter Form nur einen Teil der Darbietung des Gelehrten erfassen können, da ihnen das dynamische Element der Lehren fehlt, wie z.B. der jeweilige Tonfall, den Ramtha benutzt, die Lehren ohne Worte und die praktische Umsetzung.

Ramtha definiert die von ihm benutzte Sprache neu, indem er neue Begriffe prägt. Die Bedeutung dieser von ihm erfundenen Begriffe wird im Zusammenhang des Gelehrten klar, wobei das jeweils Gelehrte auch durch den Gebrauch dieser ungewöhnlichen Begriffe verdeutlicht wird. Um die Interpretation von Ramthas Lehren zu erleichtern, haben wir ein Glossar mit den von Ramtha verwendeten Begriffen und Konzepten zusammengestellt. Ein detaillierter Index erlaubt es den Lesern, in diesem Buch behandelte Themengebiete, die für sie von besonderem Interesse sind, nachzuschlagen und soll so zum vertieften Studium dieses Materials anregen.

Ramtha verwendet Bilder und Zeichnungen, um abstrakte Konzepte wie die Leere (*the Void*), Bewusstsein, Zeit, Energie, Raum etc. zu lehren und zu verdeutlichen. Wir haben die bei der jeweiligen Veranstaltung verwendeten Bilder und Zeichnungen in dieses Buch aufgenommen. Wenn Ramtha bei seinen Erörterungen auf bestimmte Stellen einer Zeichnung zeigt, verwendet er Worte wie „hier", „dies", „diese" oder „das". Solche Hinweise haben wir im Text belassen und in Anführungszeichen gesetzt. Der Herausgeber möchte damit den Lesern die Gelegenheit geben, an den Sitzungen so teilzunehmen und sie so zu erfahren, als wären sie persönlich anwesend gewesen.

Es ist wichtig, dass der Leser diese Überlegungen beim Lesen dieser Lehren beachtet, da Ramthas Gebrauch der Sprache in einigen Fällen ziemlich veraltet und unkultiviert erscheinen mag. Ramtha präsentiert seine Gedanken mit äußerster Sorgfalt. Alles was er tut — jeder Begriff, den er verwendet — hat eine bestimmte Bedeutung und einen bestimmten Zweck, repräsentiert die Gesamtheit seiner Botschaft und steht damit im Einklang.

Unser Hauptanliegen bei der Bearbeitung von Ramthas Lehren für die Veröffentlichung in gedruckter Form war, sie so weit als möglich im Zusammenhang und in der Form ihrer ursprünglichen Überlieferung wiederzugeben. Große Sorgfalt wurde darauf verwendet, alles, was zu Abwandlungen und Veränderungen in der Bedeutung der Lehren führen

13

könnte, zu vermeiden. So wurde darauf geachtet, die Lehren nicht aus ihrem Zusammenhang zu reißen, und eine Zeichensetzung zu vermeiden, die die Bedeutung ändern würde. Wir sind uns jedoch bewusst, dass Faktoren wie die menschliche Wahrnehmung und unvollständiges Verstehen unvermeidbar sind. Nur wenn der Leser die Botschaft als wahres Paradigma akzeptiert, kann gewährleistet werden, dass sie in ihrer unverfälschten Schönheit und Eigenart überliefert und aufgenommen wird. Dann wird sie die verheißenen Früchte der Wahrheit und Weisheit tragen.

Dieses Werk basiert auf Ramtha Dialogues®, einer beim United States Copyright Office eingetragenen Serie von Tonbandaufzeichnungen von Ramthas Sitzungen mit seinen Schülern, die mit Bevollmächtigung und Genehmigung von JZ Knight und JZK, Inc. erstellt wurden. Die in den einzelnen Kapiteln enthaltenen Auszüge aus verschiedenen Veranstaltungen wurden in der ursprünglichen Dialogform belassen, in der Ramtha sie vermittelte. *Kapitel I: Die ersten Schritte auf dem Pfad der Erleuchtung*, wurde entnommen aus Ramtha Dialogues® Band 268, *The Plateau for Learning*, 7. November 1989; Band 269, *The Bridge to Infinity*, 8. November 1989; Band 348, *Plane of Bliss I*, 24.-26. Januar 1997 und Band 355, *Plane of Bliss II*, 8.-10. August 1997. *Kapitel II: Das Rad der Wiedergeburt*, wurde entnommen aus Ramtha Dialogues® Band 336, *Only One Thing*, 19. September 1996. *Kapitel III: Der letzte Kampf gegen Tyrannei und Versklavung*, wurde entnommen aus Ramtha Dialogues® Band 302, *Update on Change*, 9. Januar 1991. *Kapitel IV: Eine Neudefinition des Selbst als spirituelles Selbst*, wurde entnommen aus Ramtha Dialogues® Band 348, *Plane of Bliss I — On Earth As It Is In Heaven: Our Journey Through Life, Death, and Beyond*, 24.-26. Januar 1997. *Kapitel V: Der Tod und die Enthüllung unseres Hintergrundmotivs*, und *Kapitel VI: Zum Schluss: Der dimensionale Mind im Vergleich zum linearen Mind*, wurden entnommen aus Ramtha Dialogues® Band 355, *The Plane of Bliss II*, 8.-10. August 1997.

Ramthas Lehren decken eine ganze Reihe von Themen ab, die jedoch alle zur Erläuterung der grundlegenden Konzepte seines eigenen Gedankensystems dienen. Bei verschiedenen Anlässen betonte Ramtha wiederholt, dass die Gesamtheit seiner Botschaft in dem Satz „Du bist Gott" ausgedrückt werden kann. Wie aber ist dieser Satz zu interpretieren? Es gibt wahrscheinlich so viele Definitionen des Wortes „Gott" auf der Erde wie es Menschen gibt. Um Ramthas Lehren richtig verstehen zu können, ist es von entscheidender Bedeutung, dass wir uns unserer eigenen Vorstellung von Gott gewahr werden und erkennen, wie diese im Kontrast zu Ramthas Erklärung und Definition der Beschaffenheit der Wirklichkeit steht.

Was ist die Essenz aller Dinge? Was ist die Quelle aller Dinge? Wie sind sie beschaffen? Was ist ihre Bestimmung? Ramthas Ansatz zur Beantwortung dieser Fragen beginnt mit der Leere. Die Leere ist die Quelle aller Existenz. Er beschreibt die Leere als „materiell ein unermessliches Nichts, doch potenziell alle Dinge". In der Leere gibt es nichts, weder Bewegung noch Handlung. Viele philosophische Ansätze zur Gottesfrage, die Theologie der monotheistischen Religionen eingeschlossen, stellen sich Gott als ein allwissendes, unendliches, absolutes, transzendentes und unveränderliches Wesen vor. In Ramthas System sind Attribute wie Absolutheit, Unendlichkeit und Unveränderlichbarkeit Charakteristiken der Leere. Die Leere ist unabhängig, autark, im Zustand der Ruhe und ohne Bedürfnisse. Obwohl die Leere als allumfassende Unermesslichkeit betrachtet wird, besitzt sie in ihrem ursprünglichen Zustand keine Selbstkenntnis, denn Kenntnis ist eine Handlung.

Das Konzept von Gott, dem Schöpfer, der „ersten Ursache" und des „unbewegten Bewegenden" in Aristoteles' Philosophie und Thomas von Aquins Theologie wird von Ramtha als die Leere, die sich selbst betrachtet und sich selbst erkennt beschrieben. Dieser Akt der Selbstbetrachtung stellt eine einzelne Bewegung in der Leere dar, die einen Punkt der Bewusstheit und Selbstkenntnis hervorbrachte. Der Punkt der Bewusstheit wird als Punkt Null, als Beobachter, primäres Bewusstsein, Bewusstsein- und-Energie und Gott bezeichnet. Punkt Null trägt die uranfängliche Absicht, alles was unbekannt ist, bekannt zu machen und zu erfahren, und zwar in einem Zustand der Möglichkeit innerhalb der Unermesslichkeit der Leere. Dies ist die Grundlage der Evolution. Die Leere, die sich selbst betrachtet, ist die Quelle und der Ursprung des Menschen. Ramthas Aussage „Du bist Gott" bezieht sich auf den Menschen als dem Beobachter, die Verkörperung von Punkt Null und dem schöpferischen Bewusstsein und Energie.

Punkt Null wurde seinem Wesen gerecht und machte das Unbekannte bekannt und entwickelte sich, indem er den Akt der Selbstbetrachtung der Leere nachahmte. Dabei erzeugte er einen Bezugspunkt der Bewusstheit, der ihm als Spiegel diente, mit Hilfe dessen er sich seiner selbst gewahr werden konnte. Ramtha nennt dieses Spiegelbewusstsein „sekundäres Bewusstsein". Punkt Null ruht im Schoße der Leere, und seine Fähigkeit zu wissen ist grenzenlos. Aus der Reflektion zwischen Punkt Null und dem Spiegelbewusstsein entsteht ein Lebensraum, eine reale Existenzebene in Zeit und Raum. Der Geist (*Spirit*) ist Punkt Nulls dynamischer Aspekt. Er ist Wille oder Absicht, erfüllt von dem Wunsch, das Unbekannte zu kennen und zu erfahren. In ihrer gemeinsamen Erkundung der Potentiale der Leere erschufen Punkt Null und das Spiegelbewusstsein die sieben Bewusstseinsebenen und die dementsprechenden sieben Zeit- und Raumebenen oder Frequenzebenen. Dieser Schöpfungsakt — oder die Reise die sieben Bewusstseinsebenen hinab — wird als Reise der Involution bezeichnet. Die Reise zurück zu Gott und der Leere wird die Reise der Evolution genannt. Die Seele ist etwas anderes als der Geist. Ramtha spricht

15

von der Seele als dem Buch des Lebens. Die Seele zeichnet alle auf der Reise von Involution und Evolution gemachten Erfahrungen und die daraus gewonnene Weisheit auf.

Das Dilemma des Menschen zeigt sich als Vergesslichkeit, Amnesie und Unwissenheit im Bezug auf seinen Ursprung und seine Bestimmung. Der Reisende, das Spiegelbewusstsein, identifizierte sich so sehr mit der massivsten und langsamsten Existenzebene, dass er seine eigene Unsterblichkeit und Göttlichkeit vergessen hat. Die Menschheit hat sich von sich selbst und dem Gott, der in uns lebt und der wir sind, entfremdet und sucht nach Hilfe, Sinn und Erlösung von außen. Damit verleugnet die Menschheit ihre eigene Göttlichkeit und schließt jegliche Möglichkeit einer Befreiung aus ihrer gegenwärtigen Lage aus.

Es ist wichtig, hier anzumerken, dass die materielle Welt – die massivste aller Existenzebenen – und der physische Körper in Ramthas Gedankensystem nie als böse, nicht wünschenswert oder an sich schlecht betrachtet werden. Eine dualistische Interpretation der Wirklichkeit, wie sie kennzeichnend für die gnostischen Überlieferung ist — mit Betonung auf dem Kampf zwischen Gut und Böse, Gut und Schlecht, Licht und Dunkelheit, Sünde und Rechtschaffenheit — hat in Ramthas Gedankensystem keinen Platz. Hier wird das Verharren in einem Zustand von Unwissenheit und Verleugnung unserer wahren Natur und Bestimmung als nicht wünschenswert angesehen. Es ist absurd, unsere eigenen Begrenzungen als Argument zu benutzen, wenn wir doch, als Bewusstsein und Energie, diejenigen sind, die sie erschaffen haben.

Der Weg zur Erleuchtung ist die Reise der Evolution zurück zum Punkt Null. Ein Mensch, der diese Aufgabe meistert, hat damit den Auftrag, das Unbekannte bekannt zu machen, erfüllt und all seine Erfahrung der Leere zurückgebracht, die diese in ewige Weisheit verwandelt.

Alle von Ramtha entworfenen Dizplinen des Großen Werks, mit Hilfe derer er seine Schüler in die Lehren einweiht, sind nach dem Vorbild der Leere gestaltet, die sich selbst betrachtete, woraus Bewusstsein und Energie entstanden sind, die dann ihrerseits die Beschaffenheit der Wirklichkeit erschaffen haben. Die Disziplinen ahmen diesen Prozess in vieler Hinsicht nach.

All dies wird in den vier Eckpfeilern von Ramthas Philosophie zusammengefasst, die da sind: das Konzept der Leere, Bewusstsein-und-Energie, die die Beschaffenheit der sieben Wirklichkeitsebenen erschaffen, die Aussage „Du bist Gott" und der Auftrag, das Unbekannte bekannt zu machen. Zahlreiche Spuren von Ramthas Denken finden sich in alten Überlieferungen, jedoch sind sie in den meisten Fällen kaum noch erkennbar, da sie die lange Zeit seit Ramthas Leben kaum überstanden haben und aus ihrem ursprünglichen Zusammenhang gerissen wurden.

16

Einige der Überlieferungen sind die Philosophien der alten Ägypter und des Pharaonen Echnaton, sowie die Buddhas, der sich selbst als „der Erwachte" beschreibt, ebenso Sokrates' Verständnis von Tugend und der Unsterblichkeit der Seele, Platos Konzept der universellen Formen, Jeschua ben Josephs Leben und Lehren, die Werke des Apostel Thomas, das Perlenlied, der Prolog des Johannes-Evangeliums, Appollonius von Tyana, Origenes, Mani, die Katharer und Albigenser, Franz von Assisi, die jüdischen und christlichen Mystiker, die Skizze vom Aufstieg auf den Berg Karmel von Johannes vom Kreuz, bei dem der Gipfel auf der Spitze des Kopfes des menschlichen Körpers platziert ist, die Kunstwerke verschiedener Künstler wie Michelangelo und Leonardo da Vinci, die Schriften und mystischen Erfahrungen von Theresa von Avila, die Werke von Fray Luis de Leon, die Humanisten der Renaissance-Bewegung in Europa, die Rosenkreuzer, die Meister des fernen Ostens und andere.

Ramthas Lehren bieten uns eine einzigartige Sichtweise, aus der wir das Rätsel des Lebens betrachten können. Sie zeigen uns ein Bezugssystem auf, welches den Fragen, die von Philosophie, Wissenschaft und Religion nicht beantwortet wurden, neue Bedeutung verleiht. Diese Lehren können den Rahmen menschlicher Erfahrung weit über die von Wissenschaft und den verschiedenen Religionen der heutigen Welt gesetzten Grenzen hinaus ausdehnen. Ramthas Gedankensystem ist weder eine Religion noch ist es eine philosophische Interpretation der Wirklichkeit. Es ist die Wahrheit, die durch die Erfahrung eines Angehörigen der menschlichen Rasse erworben und nachgewiesen wurde. In diesem Sinne ist es Ramthas Wissen, ja sogar Ramthas Wissenschaft. Und nun, da der Weg bereitet ist, stehen allen, die ihn erkunden und ihre eigene Reise ins Unbekannte antreten wollen, alle Türen offen.

ANMERKUNG ZUR ÜBERSETZUNG

Dieses Buch basiert auf Ramtha-Dialogues®, einer Serie von Tonband-aufzeichnungen von Ramthas Vorträgen und Lehren. Ramtha wählte die Amerikanerin JZ Knight als seinen einzigen Channel zur Überbringung seiner Botschaft. Er übermittelt seine Lehren ausschließlich in englischer Sprache. Sein Sprachstil ist einzigartig und recht ungewöhnlich und mag daher oft archaisch und merkwürdig erscheinen. Seiner Erklärung zufolge benutzt er all seine sprachlichen Mittel — seine Wortwahl und die Abwandlung mancher Worte, seine Satzkonstruktionen, die Anordnung von Substantiven und Verben, Satz-Pausen oder das Abbrechen mitten im Satz — mit voller Absicht, um all seine Zuhörer, die aus den unterschiedlichsten Kulturen, Berufen und Schichten stammen, auf ihrer jeweiligen Interpretations- und Akzeptanzebene zu erreichen.

Zur Bewahrung der Authentizität von Ramthas Botschaft haben wir das Werk so wortgetreu wie möglich übersetzt, um es den Lesern möglich zu machen, die Lehren zu erleben, als wenn sie selbst anwesend gewesen wären. Sollten Ihnen beim Lesen Sätze auffallen, die Ihnen sprachlich ungewöhnlich oder nicht ganz richtig erscheinen, möchten wir Ihnen empfehlen, über den Textaufbau hinwegzusehen und die besagte Stelle wiederholt zu lesen, um die Bedeutung hinter den Worten zu erfassen. Weiterhin kann ein Vergleich mit dem Originaltext aus der ursprünglichen englischen Veröffentlichung von JZK Publishing, einem Unternehmensbereich von JZK, Inc., bei der Klarstellung hilfreich sein.

KAPITEL 1
EINFÜHRUNG: DIE ERSTEN SCHRITTE AUF DEM PFAD DER ERLEUCHTUNG

„Wenn ihr keine erhabene Sichtweise des Lebens habt, seid ihr verloren. Ohne Wissen seid ihr unbedeutend. Macht euch auf den Weg. Seid euch darüber im Klaren, wohin ihr geht. Seht euch eure persönlichen Glaubensvorstellungen genau an. Je stärker euer Wunsch ist, das Wunderbare zu erkennen, umso mehr werdet ihr es erkennen. Wenn ich euch sage: seid Gott, sage ich euch eigentlich: seid das Außergewöhnliche."

— *Ramtha*

Nun, wie muss der Mensch beschaffen sein, der Erleuchtung finden oder den Pfad der Erleuchtung beschreiten kann? Er muss Folgendes erfüllen: er muss bereit und willens sein, sich seine gesamte Vergangenheit zu Eigen zu machen. Was sagt das über einen Menschen aus? Ein solcher Mensch besitzt nichts und wird von nichts in Besitz gehalten. Es gibt in seiner Vergangenheit nichts mehr, dem er etwas schuldig ist, er schuldet ihr weder Geld oder Gold noch trägt er Schuld in Form von Kummer oder emotionaler Anhaftung. Es handelt sich um eine Wesenheit, die bereit ist, eine Einstellung anzunehmen, die sich ganz und gar von der ihrer Vergangenheit unterscheidet.

Wenn ein Mensch zum einen nicht mehr von seinem Gestern in Besitz gehalten wird, wenn es nichts mehr gibt, das ihn zurückwinkt — wenn es keine Träume und keine Verpflichtungen gibt und nichts, was er besitzt oder schuldet — wenn ein Mensch das erreicht hat, dann ist seine Einstellung jungfräulich rein und reif für weitere Entwicklung. Und was ist das Dritte? Dass das Leben ewig währt. Wenn ihr keine Angst mehr habt zu sterben, dann ist euch die Vorstellung von ewigem Leben immer gegenwärtig. Wenn ein Mensch also gleichsam den Tod nicht länger fürchtet, was könnte er noch fürchten? Er hat keine Angst vor öffentlicher Ächtung. Er hat keine Angst vor gesellschaftlicher Schelte. Er hat weder Angst berühmt noch unbekannt zu sein. Wie lauten also die drei Punkte? Wie lauten sie? Keine Vergangenheit, eine jungfräuliche reine Einstellung und ewiges Leben, und somit weder Tod noch Furcht. So ist ein Christus beschaffen.

Mit dem Bewusstsein eines Eingeweihten und mit seiner neuen Einstellung sagt er: „Ach, ich finde meine Erlösung, denn sie ist in der Tat schon die ganze Zeit in mir. Ich weiß, woher die Bedrückung kommt, die ich spüre." Und wenn ihr es nicht wisst, dann blast die Bedrückung hinaus und der nächste Teil des Bildes wird sich zeigen, so lange, bis sich die einzige Antwort vor euch abzeichnet.[1] Und alles was ihr zu tun habt, ist, es auszulösen — es auszulösen. Warum? Löst es aus und es wird auf magische Weise in eurem Leben erscheinen, in Gestalt von Menschen aus eurer Vergangenheit oder eurer Gegenwart, in Gestalt eines Gegenstandes oder eines Briefes oder in Gestalt eines Wortes. Es wird in Erscheinung treten und es wird sich euch erhellen. Und wenn ihr es mit einem neuen Bewusstsein betrachtet, werdet ihr sagen: „Oh, endlich bin ich frei, weil ich es jetzt verstehe." Und auf diese glanzvolle Weise und mit einem lauten Aufschrei geht es in die Weisheit ein und das Bewusstsein ist für immer von diesem andauernden Drama gereinigt.

---

[1] Die in der Disziplin C&E™ angewendete Atemtechnik ermöglicht es dem Schüler, einen Gedanken, ein vergangenes Ereignis oder eine Einstellung, die er verändern möchte, hinauszublasen.

Ich versichere euch, dass es kein einfaches Unterfangen ist, die Verantwortung für euer Leben zu übernehmen, aber der äußerst tapfere spirituelle Teil in euch tut es, ganz gleich wie schmerzhaft es sein mag. Wisst ihr was Schmerz ist? Die Rückkehr des verlorenen Sohns, eurer Energie. Das bezeichnen wir als die dunkle Nacht der Seele. All das Leid kommt voll über uns, denn es ist die Energie, die zu ihrem Ursprung zurückkehrt. Aber durch das Leiden werden wir gereinigt, denn wenn die Energie einmal die Barriere des Emotionalkörpers durchbricht — und der Emotionalkörper aufgewühlt wird und in Aufruhr gerät, wenn das Herz schnell schlägt und der Atem knapp wird, wenn die Tränen zu fließen beginnen — dann bedeutet das, dass die Energie zurückkehrt und auf ihrem Weg durch den Emotionalkörper einen Sturm auslöst. Und in diesem Sturm, wisst ihr, müsst ihr leben. So ist es, wenn das Kind heimkehrt. Und wenn der Sturm vorüber ist, dann hat die Energie — die nun durch den Emotionalkörper gereinigt wurde — einen vollständigen Zyklus abgeschlossen und ihre Heimkehr gehört notwendigerweise zur Definition des Selbst, dessen, was wir sind.

Es ist hart in der dunklen Nacht der Seele zu verweilen ohne einen Anreiz zu haben, der euch herausholen könnte. Aber warum solltet ihr euch da herausholen wollen? Es würde bedeuten, die Energie von diesen schmerzhaften Stellen zurückzuziehen, die durch den Emotionalkörper hindurch müssen. Dort liegt das wahre Leid, aber dort liegt auch die Läuterung. Das Leid einlullen oder loswerden zu wollen, hieße, euch die Reinigung und damit die Weisheit zu versagen.

Im Licht beginnen wir dann zu sehen, wie die Absichten bei jedem von uns sehr tief beeinflusst werden und wie, falls wir bei irgendwelchen unserer Handlungen Hintergrundmotive irgendwelcher Art haben, die Hintergrundmotive immer das übergeordnete und zu Grunde liegende Übel bilden. Das Hintergrundmotiv — das letztlich wirklich hinter einer Handlung stehende Motiv — ist genau das, wonach wir beurteilt werden. Wir werden nie nach unserem Schein beurteilt; wir werden nach unserem Hintergrundmotiv — dem Motiv, das vom Hintergrund aus herrscht — beurteilt und gemessen. Deshalb ist es für den Schüler eine so wichtige Verpflichtung, untadelig zu sein. Seid untadelig. Habt keine Hintergrundmotive. Wenn ihr welche habt, dann entledigt euch aller Schaufensterdekorationen und seht sie euch an. Die Hintergrundmotive müssen wir veredeln, nicht die Schaufensterdekorationen, sondern das Hintergrundmotiv hinter unseren Handlungen. Untadelig zu leben, heißt, von diesem hintergründigen Ort aus zu leben, denn dort liegt der Antrieb unseres Lebens und der Antrieb hinter allem, was wir tun.

Und wie verbreitet ist so etwas? Nun, hier ist ein typisches Beispiel: freundlich zu jemandem zu sein, außergewöhnlich freundlich, und zwar nicht um der Freundlichkeit willen, sondern auf Grund eines Hintergrundmotivs. Ihr alle habt euch so verhalten. Das Hintergrundmotiv ist, dass ihr etwas von der betreffenden Person wollt. Ja, das tut ihr, sei es eine Beziehung auf irgendeiner der Ebenen, sei es etwas, das ihr auf diese Weise erlangt. Und üblicherweise ist das Hintergrundmotiv genau das, was ihr wirklich wollt und wir benutzen Freundlichkeit als das Gefährt, um es zu erlangen. Nun versteht ihr, was ein Hintergrundmotiv ist, nicht wahr? Das Verzwickte ist, dass wir als Persönlichkeit in der Lichtrückschau das Hintergrundmotiv erleben werden. Die Täuschung ist das, was Gegenstand unseres Hintergrundmotivs ist, die Täuschung ist die untadellose Absicht.

KAPITEL 2
DAS RAD DER WIEDERGEBURT

„Wenn ihr euch verändert, wird sich im Fluss der Veränderung der Wandel in eurem Leben manifestieren, sofern ihr euch über Vorurteil und Hass erhoben habt und in Weisheit erkennt, warum ihr dieser Prüfung ausgesetzt seid — wenn ihr sagen könnt:'O mein Gott, ich verstehe, dass ich das erschaffen habe; lass mich hier nicht mein Ziel aus den Augen verlieren' — dann werdet ihr eines Tages in der Lage sein, diesen Ort zu verlassen, weil ihr aus dem Gefängnis ausgebrochen seid."

— Ramtha

UNSERE VORGEBURTLICHEN WAHLMÖGLICHKEITEN

Seid gegrüßt, ihr wunderbaren Wesen. Ich grüße euch vom Herrn und Gott meines Seins an den Herrn und Gott eures Seins. Lasst uns trinken: diese wässrige Substanz, die man das Wasser des Lebens nennt, die das repräsentiert, was man die Grundursache nennt, das, was man als die Leere bezeichnet, das, was alle Dinge erhält.

> Oh, mein geliebter Gott,
> am heutigen Tag habe ich über
> mein spirituelles Wachstum nachgedacht.
> So ist es am heutigen Abend
> mein Wunsch,
> zu wissen,
> wo ich
> in meinem Wachstum stehe.
> Ich flehe dich an,
> mir ein Zeichen zu senden,
> damit dieses Zeichen mir
> den Grad meines Wachstums
> und, in der Tat, den Grad
> meiner spirituellen Akzeptanz deutet.
> So sei es.
> Auf das Leben.

Nun, wir werden heute einen wunderbaren Abend haben, weil er bereits geschehen ist. Ich weiß, dass er wunderbar war. Und die wunderbare Fähigkeit, das bereits wissen zu können, besteht darin, dass ich sehen kann, wie verschiedene Szenarien sich entfalten. Und als Stratege bin ich in der Lage, verschiedene Szenarien aus verschiedenen Zeiten desselben Abends auszuwählen, Fragen anders zu beantworten, anders zu lehren und gezielte Boten zu schicken. Und ich bin sehr glücklich sagen zu können, dass es ein voller Erfolg war. Nun, wenn ihr auf dem Gipfel eines Berges steht, bekommt ihr eine andere Sicht der Dinge, als wenn ihr unten im Tal seid und nichts sehen könnt.

Nun, ich werde diesen Abend damit beginnen, dass ich euch ein Ereignis in Erinnerung rufe. Und wenn ich euch daran erinnere und darin eine kuriose Aussage liegt, sagt das eine Menge darüber aus, wer ihr seid. Und wenn dieser Abend vorüber ist, möchte ich, dass ihr darüber nachdenkt, und

24

ich möchte, dass ihr es in all seiner Breite und Tiefe überdenkt. Es geht um folgendes Ereignis: Bevor ihr euch in dieses Leben inkarniert habt — vor diesem Leben, vor diesem Körper — hattet ihr bereits die Wahl, hier zu sein, und ihr habt euch entschieden hier zu sein, weil das zur Reise eurer Seele gehört. Also musstet ihr alle — aus allen Zeiten, allen Kulturen und allen Völkern — vor eurer Wiedergeburt einen Lebensplan haben, andernfalls hätte sich das Leben nicht entfaltet. Also habt ihr alle euch in eurem Lebensplan entschieden, mich in dieser Schule ausfindig zu machen.

Nun, ich möchte, dass ihr darüber nachdenkt, denn dann stellt sich die Frage: wenn es Teil der Reise meiner Seele war, hierher zu gelangen und zu lernen, was ist es im Besonderen, das ich wissen muss, um den Anforderungen der Herrn des Karma und der Wiedergeburt zu genügen? Mit anderen Worten, was könnte ich durch mein Hiersein gewinnen, um dieses quälende Problem zu loszuwerden, das ich anscheinend in jedes Leben hineintrage, durch das ich hindurchstolpere, mit dem ich in jedem Leben sterbe und das ich immer noch habe?

Was haben die Schule und der Lehrer mir anzubieten?

Nun, ich möchte, dass ihr das wisst. Bei allem, was ihr als meine Zuhörer gelernt habt, Leute, bei allen Boten und allen Lehren, die ich euch gegeben habe, habt ihr Lebenssprünge an Wissen und Lebenssprünge an Erfahrung gemacht. Nun, lasst mich das genauer erklären und euch sagen, dass diese Lebenssprünge sich nicht darauf beziehen, Einfluss auf die materielle Form zu nehmen — das wird noch kommen — sondern darauf, sehr starken Einfluss auf den Zustand eures spirituellen Selbst auszuüben, indem es durch die Verbindung mit dem Körper in einem Leben bis zu einer Verständnisstufe entwickelt wird, die es dem Geist und der Seele erlauben, sich sehr rasch durch die Schleier der Leben hindurchzubewegen.

Mit anderen Worten, wir können noch nicht ermessen, was ihr gewonnen habt, doch Verständnis und Wissen — eine Bereicherung der Erfahrungen — führen zu Weisheit. Und ich könnte euch auch sagen, dass ich mich mit vielen von euch zusammensetzen und reden könnte — in der Weise reden, dass ich euch in eine höchst befriedigende Unterhaltung verwickeln würde, die euch die Augen öffnet — und ihr willens wärt, mit mir Schritt zu halten, weil ich euch so gut lehre. Es gibt andere unter euch, die dazu noch nicht in der Lage wären, es aber später sein werden.

Nun, was sagt das über euch aus? Es bedeutet, dass ihr, wenn ihr die Gelegenheit bekommt, euch dieser Chance gewachsen zeigen könnt und eure Lebenssituationen nicht mehr aus dem üblichen, dürftigen Zustand des gesellschaftlichen Bewusstseins heraus anpackt, welches immer irgendwelche Personen oder Dinge für die Lebensbedingungen der Menschen — und insbesondere eure eigenen — verantwortlich macht, sondern mit den Situationen in eurem Leben umgeht, ohne Opfer zu sein und mit ihnen auf eine bereicherte Weise umgeht, so dass ihr selbst ehrfürchtig über die Weisheit staunt, die beginnt aus euch hervorzuströmen. Und das legt Zeugnis ab von einer von euch erworbenen Lernfähigkeit, die ihr nicht immer hattet.

Und warum ist das wichtig? Weil wir — auch ich, der ich mich in meinem Leben entschied alles zu wissen und feststellte, dass es keine Grenzen oder Parameter des Unbekannten gibt, und der ich beschloss, im Leben ausschließlich dem Pfad zu folgen, der mich ins Unbekannte führt — weil wir die Meister genannt wurden. Wir wurden als die Großen bezeichnet, weil wir es wagten, mehr über das zu lernen, was man das Selbst nennt, als das gemeine Volk auf dem Marktplatz. Meister müssen fähig sein, ihr Leben zu verstehen, die Natur und ihre Handlungen in der Natur zu verstehen und dafür die volle Verantwortung zu übernehmen, ehe sie die volle und unmittelbare Macht erhalten, Materie zu manipulieren.

Deshalb sage ich euch, dass ihr herkamt und alle hier seid, weil ihr hier sein wolltet. Und was ihr bisher gelernt habt, auch wenn es nicht sichtbar ist, baut in euch etwas auf, was man als Fülle immensen Wissens bezeichnet. Wenn wir dieses Wissen noch weiter verfeinern können und es von den törichten und unreifen Attributen der Opferhaltung, der früheren Probleme, der Beschuldigung anderer befreien können — wenn wir weiterhin dieses Verständnis bis hin zum gegenwärtigen Augenblick des Selbst zurechtschleifen, was ja unser Bemühen ist — wenn wir dieses Heiligtum betreten, wo unsere Art zu sein in keinem Bereich unseres Lebens in die Verantwortung eines anderen, nur in unsere eigene fällt, wenn wir schließlich diese leere Arena erreichen, dann kommt der Augenblick, in dem wir voll und ganz und auf fantastische Weise die Macht eines Gesetzgebers erlangen. Aber erst wenn wir diesen Ort nackt betreten können — unserer Vergangenheit entblößt, unserer Schuldzuweisungen entblößt, des Neides entblößt, der Eifersucht entblößt, aller Dinge entblößt, die das menschliche Bewusstsein plagen und es dem gesellschaftlichen Bewusstsein unterordnen; das gilt insbesondere für die Boktau-Gruppe — verfeinern wir unsere Einstellungen zu einem System des Wissens, das niemanden beschuldigt, das in keinem Zeitrahmen außerhalb des Jetzt existiert und, in der Tat, von dieser Basis aus mit immenser Macht starke Wurzeln in die Leere hinein wachsen lässt.

Ihr wolltet wissen, was ihr lernen solltet, als ihr herkamt. Im Leben gibt es keine Zufälle, alles folgt einer Absicht. Nun, Leute, sagen wir, dass der Grund, warum ihr wieder und immer wieder durch die Maschinerie der Wiedergeburt neu aufbereitet wurdet, vielleicht darin lag, dass es in eurem Denken einen Fehler gibt; dieser Fehler kann eine kleine Sache, ein kleines Ereignis, eine kleine Einstellung sein. Und warum sollte das ein Fehler sein, und warum wirkte er wie ein Seil, das euch in einem Leben nach dem anderen verankerte, wo ihr euch immer mit dem gleichen Thema befasst habt?

Ganz gleich in welche Kultur, in welche Zeit ihr hineingeboren wurdet — ganz gleich welche Hautfarbe ihr habt oder ob ihr reich oder arm seid — es spielt keine Rolle; ihr werdet noch immer vom selben kleinen Problem heimgesucht. Und vielleicht ist es das einzige, was euch hierher zurückgebracht hat, außer dass ihr hier lernen wolltet, und vielleicht findet ihr in eurem Lernen die Lösung.

Nun, ich will euch sagen: Mit dem Karma und den Herrn des Karma habe ich gerne gekämpft, weil sie eine enorme Macht zur Unterdrückung in Händen halten. Was Karma wirklich bedeutet, ist, dass ihr seid, was ihr denkt; was ihr denkt, erschafft ihr. Und das Denken muss ganz rein und ganz klar sein. Wenn ihr also etwas Schlechtes denkt und einem anderen Schlechtes antut, dann wird dieses Schlechte auch euch angetan, denn das bedeutet, dass ihr die Wirklichkeit erlebt, die ihr austeilt. Nun, das Karma kann in der Tat ein solch unterdrückendes Konzept sein, dass es anstatt Meister zu schaffen, den Verstand vollkommen zerstören kann, der sich zur Größe emporarbeiten will, indem er sich all das Süße nimmt, das das Leben zu bieten hat: man lebt in klösterlichem Stil, lenkt die Gedankenläufe durch endlose Mantras, die nichts bedeuten, in bestimmte Bahnen, zwingt den Körper nieder, hungert den Körper aus, tut also alles Erdenkliche, um eine Begegnung mit potenziellem Karma zu vermeiden, und sei es mit den Augen. Nun, das ist ziemlich extrem.

Nun, lasst mich euch sagen — und insbesondere der Boktau-Gruppe — es gibt kein Ereignis in eurem jetzigen Leben, das euch im Zyklus der Wiedergeburten festhält und nicht gelöst werden kann, wenn ihr eure Einstellungen zurechtschleift und Menschen, Orte, Dinge, Ereignisse und Zeiten abstreift. Das bedeutet, nackt ins Zentrum einer Einstellung hineinzugehen. Und erst wenn ihr das bei jedem der Probleme könnt, die ihr habt, erst dann kommt die Zeit, wo ihr es lösen könnt. Wenn ihr eure Eltern beschuldigt, eine Zeit beschuldigt, Opfer eines Ereignisses seid, dann sind das alles Aktionen, die auf einem Reagieren beruhen und die euch immer wieder zurückkehren lassen. Die Lösung ist äußerst einfach: Betrachtet die Dinge als das, was sie sind, ohne alle Aufmachungen, einschließlich der Vergangenheit. Und wenn ihr in der Lage seid, das zu tun, dann werden wir wissen, von welcher Substanz ihr als Wesen seid, dass ihr eurem Totenbeschwörer in die Augen sehen könnt, bis sich der Schleier hebt und wir feststellen, dass das Gespenst kein Gesicht hat.

IN DER VERGANGENHEIT LEBEN

Wisst ihr, Leute, eure Schwierigkeit ist und war immer, dass ihr in vergangenen Verletzungen und vergangenem Kummer lebt. Ich weiß nicht, wie viele Male ich dies sagen muss, aber sogar meine fortgeschrittenste Gruppe gräbt noch immer in der Vergangenheit nach Gründen für ihr Verhalten; wenn man aber alte Leichen ausgräbt, fängt die Situation an zu stinken. Dadurch wird nichts gelöst. Es bewirkt nur, dass ihr auch in einem künftigen Leben an dieselben Leute gebunden seid. Warum, glaubt ihr, gibt es Seelengruppen, die zusammenarbeiten? Die gibt es. Solche Gruppen sitzen heute hier im Publikum. Und natürlich hat eine größere Gruppe eine Seelenverbindung zu meinem Leben; wir waren alle einmal zusammen. Aber in der Zeitspanne, die von damals bis heute verstrichen ist, hattet ihr alle kleine Dramas in euren Leben, die ihr einander angetan habt. Und wen auch immer ihr in diesem Leben wegen eurer gegenwärtigen Misere beschuldigt, genau den bekommt ihr im nächsten Leben.

Nun, denkt darüber nach. Ist das für euch unlogisch? Wenn Bewusstsein und Energie durch Abläufe im Gehirn und die Vernetzungsstrukturen im Neuronennetz die Wirklichkeit erschaffen und euer Neuronennetz euch sagt, dass ihr wegen eurer Eltern schwach seid, und das in diesem Leben nicht gelöst wird und die Eltern immer das Thema bleiben, ist es dann nicht so, dass Bewusstsein und Energie das als absolute Wirklichkeit erschaffen? Wie viele stimmen mir zu? Würde dann nicht diese Wirklichkeit in eine andere Erfahrung mit denselben Menschen hinübergetragen werden? Warum? Weil diese Menschen in eurer Wirklichkeit sind. Wie könnte das der Abstreifung im Licht entgehen? Nur die Erinnerung wird im Licht abgestreift, aber die Seele verlangt nach einer Lösung, wisst ihr, die Seite, auf der seit Tausenden von Jahren nichts aufgezeichnet wurde, weil ihr seit Tausenden von Jahren in einer kleinen Einstellung festgefahren seid. Das ist Mangel.

Nun, große Wesen wissen das und sehr bald werdet auch ihr es wissen. Ihr werdet es wissen, weil ich euch zu dieser Erkenntnis und den damit verbundenen tiefgreifenden Folgen für euer zukünftiges Jetzt drängen werde. Das möchte ich tun, denn solange ihr mit der Idee spielt, dass ihr durch eine Person, einen Ort, ein Ereignis oder eine Zeit Leid erfahrt, werdet ihr an dieses Leid und dieses Wesen für alle Ewigkeit gebunden sein, so lange, bis ihr es eines Tages aufgebt.

Nun, das hat bedeutsame Folgen — bedeutsame Folgen — denn es zeigt das Maß an Unreife in einer Schule der alten Weisheit. Kein Meister und keine Meisterin wird jemals seinem oder ihrem Leben die Schuld geben. Niemals. Kein Meister und keine Meisterin wird jemals die Macht über den eigenen Fall oder Aufstieg irgendeinem anderen Individuum, irgendeinem Ereignis oder irgendeiner Zeit zu Füßen legen. Daran erkennt man, dass man es mit einem wahren Meister, einer wahren Meisterin des Großen Werkes zu tun hat.

Ist es also möglich, wirklich die Denkweise des Gehirns zu verändern, indem ihr euch auf euer kleines Problem konzentriert, ohne es mit all den anderen Formen zu verbinden, mit denen ihr es gemeinhin assoziiert? Absolut, denn wenn ihr den Fokus auf das richtet, was es ist — und nicht darauf, wer es geschaffen hat, wann es geschehen ist, wer es verursacht hat und warum ihr euch in der darauffolgenden Zeit immer stärker auf eine bestimmte Weise verhalten habt, wenn das alles beseitigt ist — dann seht ihr das bloße Konzept in eurem Gehirn. Wisst ihr nicht, wozu das Gehirn dadurch veranlasst wird? Nun, es kommt zu einer Lösung der Verknüpfungen zwischen den Neuronen und ihren Dendrit-Stationen, denn wenn wir uns ohne Assoziation auf das konzentrieren, was wir sind, wird das Gehirn entsprechend in die Lage versetzt zu verstehen, was ihr tut, es muss den Kreislauf der Assoziation durchbrechen und euch einfach das liefern was ist. Wenn ihr das, was da ist, ohne Assoziation anstarrt, kann es nicht länger existieren. Es entstand ursprünglich kraft der Assoziation. Wie viele von euch verstehen das? Wendet euch zu eurem Nachbarn und erklärt ihm das so, dass es für euch und hoffentlich auch für euren Nachbarn verständlich ist.[1] Wie viele von euch verstehen das, was sie gerade gegenüber ihrem Nachbarn wiederholt haben? Ihr versteht es? So sei es.

Nun kommt etwas zum Nachdenken: Ihr könnt Mangel, egal in welcher Form, nicht aufrechterhalten, wenn ihr die Assoziation davon gelöst habt. Ihr könnt Mangel, egal in welcher Form, nicht aufrechterhalten, wenn ihr die damit verbundenen Assoziationen losgelöst habt. Denkt darüber nach. Wie viele von euch verstehen das?

Nun, der schnellste Weg zur Erleuchtung führt nicht über Drogen oder Menschen und es ist auch nicht der Wein, der sie bewirkt. Es ist nichts außerhalb dessen, was wir sind. Der schnellste Weg zur Meisterschaft ist der Weg der Loslösung. Und das bedeutet, von allen beschränkten mentalen Einstellungen — von Zeiten, Menschen, Orten und Ereignissen — die Beschuldigung loszulösen, denn wenn ihr Mangel nehmt und ihn isoliert hinstellt, dann kann er sich ohne Beschuldigung nicht halten. Wie viele von euch verstehen das? Und Hass kann nicht leben — Hass kann nicht auf-

---

[1] Das ist ein wichtiger Teil von Ramthas Lehrmethode. Wir haben die Momente, in denen Ramtha seine Schüler auffordert, sich ihrem Nachbarn zuzuwenden und die Lehre zu formulieren im Text belassen und möchten dem Leser vorschlagen, der Anweisung Ramthas zu folgen und die Lehren mit oder ohne Partner in eigene Worte zu fassen.

rechterhalten werden — wenn er kein Opfer hat. Löst das Opfer davon los und es gibt keinen Hass mehr. Wie viele von euch verstehen das? Löst eure Arbeit, den Ort, an dem ihr lebt oder wie viel ihr verdient, vom Mangel. Löst die von euch wahrgenommenen Anlagen, die Überfluss nicht geschehen lassen, vom Mangel. Wenn ihr all das abgelöst habt und einfach den Mangel betrachtet, kann er nicht in eurer Wirklichkeit existieren, denn im Zustand reiner Losgelöstheit haben wir nur den reinen, gegenwärtigen Augenblick, die gewaltigste Macht, die es gibt.

DER SCHATTENASPEKT DES SELBST

Nun, führen wir das noch ein bisschen weiter. Viele von euch haben das, was man in dieser Gruppe gewöhnlich als eine dunkle Charakterseite bezeichnet, wobei dunkle Charakterseite einen Aspekt von euch, einen Faden oder Strang bezeichnet, der rau und roh ist. Und dieser Faden lässt sich am besten als eine strukturierte Neuronenanordnung erklären; es bereitet euch Entzücken, diese Seite eurer selbst habsüchtig zu hüten, so dass ihr nie etwas zu ihr vordringen lasst, denn dieser Faden oder dieses Schattenselbst ist das Selbst, das sowohl die Last trägt als auch die Macht hat zu Opferhaltung — zu Reaktion, Hass, Groll, Bitterkeit, Eifersüchtelei, Wut und zu all diesen bedauerlichen Emotionen, die nichts weiter bewirken, als die Gesundheit des Körpers zu zerstören — und euch dazu bringt, wiederkehren zu müssen, um dieselben Angelegenheiten mit denselben Menschen in einem künftigen Zustand zu bereinigen. Das ist nichts, worauf man sich freuen sollte. Ihr habt diese Charakterseite, die ihr schützt und genießt und die ihr als Peitsche und Stachel einsetzt. Es ist ein hässlicher, hässlicher Aspekt von euch, und ich sehe ihn in euch.

Nun, es ist nichts weiter als eine bestimmte Anordnung hier oben, die ihr abschirmt und schützt.[2] Und nur ein Meister kann erkennen, was sich wirklich hinter diesem süßen, kleinen Gesicht verbirgt, denn die meisten Menschen laufen herum und versuchen ein nettes Gesicht aufzusetzen, um diesen Schattencharakter ihrer Persönlichkeit zu verstecken. Weil jeder es so macht, sieht keiner, dass jeder bereits dazu geworden ist. Versteht ihr?

Nun, lasst mich euch etwas über diesen kleinen Charakter erzählen. Diese eigensinnige Facette des modifizierten Egos im Gehirn — dieser Teil von euch, den loszulassen ihr euch weigert — wird gut bewacht und hat ein Eigenleben, denn sie kann auf Lebensumstände verweisen, die sie zu dem

---

[2] Dieser Ausdruck bezieht sich auf das Neuronennetz im Gehirn, welches die Grundlage unserer menschlichen Persönlichkeit bildet.

gemacht haben, was sie ist: verraten, verlassen, belogen, benutzt, missbraucht oder vernachlässigt worden zu sein; all diese Worte, die ihr in euren Unterhaltungen so oft verwendet. Und, wisst ihr, dieses hässliche kleine, modifizierte Ego, das ihr besitzt, ist das Wesen, das in dieser Schule am schwersten zu verändern ist. Und wisst ihr, warum? Weil ihr es nicht verändern wollt; ich habe euch die Schlüssel dazu in die Hand gegeben. Und warum wollt ihr es nicht verändern? Weil es euch einen Schutzwall gegen die Menschen bietet, die eurer Ansicht nach darauf aus sind, euch zu erwischen oder euch auszunützen. Also liefert es euch den Stachel, das Gift, die Hässlichkeit, die Manipulation, den Groll, die Schlauheit und all die Dinge, die ihr glaubt für euer Überleben zu benötigen.

Aber lasst mich euch etwas über diese dunkle, kleine Kreatur erzählen. Es wird so sein, dass euch ihretwegen die großartigste Botschaft dieser Schule entgeht, die zu erlernen eure Seele euch hergeführt hat, und zwar, dass wir, wenn wir den inneren Dämon auflösen — diese schattenhafte Kreatur in uns, so wie ich es tat, als ich mein Breitschwert niederlegte — in der Tat verletzlich werden, aber wir werden nur im ersten Augenblick verletzlich, wenn wir Vergeltung fürchten, weil wir es getan haben. Und das ist eine nutzlose Furcht im Angesicht der Weisheit.

Was hält also diesen kleinen Dämon zusammen? Nun, eure üblen Launen. Ihr könnt sagen: „Ich habe schlechte Laune wegen diesem und jenem und diesem und jenem." Was aber, wenn ihr dieses und jenes und dieses und jenes beseitigt;[3] gibt es dann noch so etwas wie schlechte Laune? Nein, das gibt es nicht. Was machen wir also mit der Energie der schlechten Laune? Sie wird frei, wird freier Raum.

Was, wenn ihr dann sagt: „Ich traue den Menschen nicht, weil ich enttäuscht worden bin." Nun, ich würde euch ansehen und sagen: „Also, du bist der erste Mensch, dem du vertrauen solltest, du selbst, denn du selbst bist der größte Verräter dir selbst gegenüber, mehr als irgendjemand anderer es je sein wird." Und warum ist das so? Weil ihr eine Einstellung beschützt und euch weigert, die Assoziation zu dieser Einstellung zu neutralisieren, um frei davon zu werden. Seht Ihr, anderen Menschen zu vertrauen, wird nur dann ein Thema sein, wenn ihr Schwierigkeiten habt, euch selbst zu vertrauen. Wenn es keine Probleme mit dem Selbstvertrauen gibt, dann wird das nie zum Thema, denn es fehlt die Assoziation, an der man es festmachen könnte. Wie viele von euch verstehen das? Wir werden also damit anfangen, einen Teil von euch seiner Rüstung zu entkleiden, den Teil, der wirklich dafür verantwortlich ist, dass — im Angesicht absoluter Macht — viele, viele wunderbare Dinge in euer Leben kommen. Sie kommen nicht,

---

[3] Die menschliche Persönlichkeit findet stets viele Ausreden für Stimmungsumschwünge und schlechte Laune.

weil ihr immer dieses Schild hochhaltet und dieses Schild euch niemals erlaubt, im jetzigen Augenblick zu leben. Ihr seid heute Abend in Wirklichkeit nie ganz hier bei mir; ihr seid tatsächlich irgendwo in einer anderen vergangenen Zeit.

Diese kleine Kreatur, die in euch wohnt — die zutreffenderweise als Teufel oder als Dämon, als innerer Dämon bezeichnet wird — das ist die Person, die über eine wahre Fundgrube von Informationen darüber verfügt, warum sie so ist, wie sie ist. Und all diese Informationen sind mit vielen Menschen und vielen Orten, vielen Dingen und vielen Ereignissen verknüpft, aber es ist nur ein Dämon mit vielen Tentakeln. Und man muss eine große Menge Widerstand gegen die Schönheit des Lebens aufbringen, um das Monster zu füttern. Wenn ich vom Widerstand gegen das Leben spreche, dann gibt es hier beispielsweise Leute, die lieber daran festhalten als ihn auflösen möchten. Und woher weiß ich das? Auch als ich die Lehre vermittelte, dass ihr zum einfachen Betrachten dessen gelangen sollt, was es ist, ohne Bindung an Menschen, Dinge, Ereignisse und Zeiten, gingen diese Leute immer noch in ihre Vergangenheit zurück. Sie halten immer noch daran fest. Assoziationen zur Vergangenheit bedeuten Bindung. Sie sind das einzige, was nicht wirklich Existierendes unterstützt. Mangel ist Illusion. Wirklich ist nur die Einstellung, die den Mangel aufrechterhält. Versteht ihr?

Nun, sich selbst zu meistern ist ein edles und lohnenswertes Streben, aber es ist ein Streben, das euch sozusagen in die inneren Korridore des Selbst führt und euch wirklich dazu bringt, Teile von euch selbst zu betrachten, die bisher eure Persona ausmachten, die Art und Weise, wie Menschen euch wahrnehmen. Und, wisst ihr, da ist auch das Element Angst dabei, dass die Menschen, wenn ihr eure Persona losgeworden seid, euch nicht mehr ernst nehmen würden oder ihr nicht mehr groß oder schlimm genug wärt, um euch von den anderen abzuheben. Aber das ist eine Lüge, denn solange ihr auf einem unbedeutenden Thema herumreitet, wie beispielsweise einer einzelnen Einstellung, die dazu geführt hat, dass ihr so viele Male wiedergeboren wurdet — die so viele Beziehungen ruiniert hat, die so viele Gelegenheiten ruiniert hat, die so viele künftige Tage, die nun vergangen sind und nicht wiederkehren werden, ruiniert hat und die eure Lebenslandschaft vollständig ruiniert hat — solange sie in eurem Leben bleibt, ist die Aussicht für künftige Leben düster. Und die Fähigkeit, ein offenbarender Meister zu sein, wird in großem Maße unterminiert, indem ihr euch an etwas klammert, das ihr einfach nur aufzugeben braucht. Es ist ein Nichts.

Das ist eine Krankheit im menschlichen Bewusstsein. Und, meine Lieben, ich möchte, dass ihr wisst, dass ich euch in diese zentrale Arena dränge und euch herausfordere und versuche, euch etwas so Süßes und, in der Tat, so Schönes zu zeigen: dass all die Dinge, die ihr an euch gefürchtet habt und die ihr für die Wahrheit hieltet, nicht einmal existieren. Das einzig Existierende ist die Assoziation, die euch glauben lässt, diese Dinge an euch zu haben. Wie viele von euch verstehen das? Und diese Assoziation ist das, was entfernt werden muss. Dann gibt es so etwas wie Unzulänglichkeit nicht mehr und es gibt in der Tat so etwas wie Hass nicht mehr und es gibt in der Tat so etwas wie Bosheit nicht mehr. Es gibt so etwas wie Leid nicht mehr. Es gibt so etwas wie Mangel nicht mehr, und nicht einmal so etwas wie Tod gibt es mehr. Das gibt es wirklich nicht mehr.

Wenn wir also darüber nachdenken, dann haben unsere Dämonen, eure Dämonen — unsere, weil ich hier mitten drin bin und es mir nicht gefällt — tatsächlich mit eurem Bedürfnis zu tun, eure Einstellungen zu stützen, damit ihr überleben könnt, und doch sind es genau diese Einstellungen, die euch im Leben vollkommen verkrüppeln. Was ist die Kehrseite dessen? Nun, wisst ihr, ich erkenne einen tapferen Mann. Ich brauche nichts weiter zu tun, als ihn anzusehen und ich kann in ihm die Substanz eines Formats sehen, von dem ich weiß, dass es Tapferkeit ausmacht. Tapferkeit hat nichts mit Größe, Bösartigkeit oder Kühnheit zu tun. Bei Tapferkeit geht es um die untadelige Stärke, das Krebsgeschwür der Gedanken von sich abzuspalten, das einen Menschen und seine Lebensleistungen in jedem Bereich schwächt. Nun, das ist Stärke und das ist auch Tapferkeit.

Und wenn ich eine Frau ansehe, dann kann ich sagen und weiß, ob sie in ihrer Brust aufrichtige Liebe und Zuneigung hegt, denn aufrichtige Liebe und Zuneigung sind die höchsten Verkörperungen Gottes in der Göttin, die in der Tat die Nährende des Lebens ist und niemals Leben raubt — und die die Geberin der Liebe ist und sie niemals verstümmelt — in der Frau finden wir Gottes süßeste Blüte. Und ich kann eine Frau ansehen und ich kann euch sagen, ob ihre Liebe Bestand haben wird oder nicht. Das, was eine Frau schön macht, ist nicht die Haut, sind nicht die Augen und ist nicht das Alter. Was eine Frau schön macht, ist ihre Fähigkeit unablässig zu lieben und ohne Bedingungen zu lieben. Nun, das verstehe ich unter einer schönen Frau. Und warum? Weil, wenn ihr vom Mangel die Assoziation abtrennt, die ihn fortlaufend aufrechterhält — seht ihr, man kann Mangel mit einer Kristallkugel vergleichen, die von einem sogenannten Dreifuß gehalten wird, und das was man wirklich sieht, ist nicht die Kristallkugel sondern der Dreifuß, der sie trägt — weil ihr den Mangel dann als transparente Kristallkugel betrachten könnt, die man in Wirklichkeit gar nicht zu sehen vermag. Was wir aber sehen, sind die Stützen, die die Kugel in ihrer Position festhalten. Und wenn wir diese Assoziationsstützen entfernen — lasst mich euch noch mal ins Gedächtnis rufen, dass Assoziation bedeutet zu sagen, dass ihr so seid, wie ihr seid, weil euch als kleinem Mädchen oder kleinem Jungen dies oder das widerfahren ist und ihr das dann durch euer ganzes Leben tragt, wo es jeden Tag eures Lebens färbt. Denn das ist die einzige Lebensweise, die ihr kennt; dieses Ereignis, diese Zeit, diese Menschen und dieser Ort, das sind die Stützen für euren Mangel — und wenn ihr sie entfernt, gibt es keine Kristallkugel mehr. Es gab nur die Assoziation. Mangel existiert nicht einmal. In einem Königreich absoluten Überflusses kann er überhaupt nicht existieren.

Wisst ihr, warum ihr unsicher seid? Weil jemand — wen immer ihr da benennen wollt — es euch gesagt hat und euch verunsichert hat. Und ihr kehrt ständig zu dieser Zeit zurück; ihr fühlt euch ständig dadurch verletzt. Was geschähe, wenn wir die Unsicherheit einfach ohne ihre Stütze betrachteten? Dann gäbe es so etwas wie Unsicherheit nicht. Versteht ihr? Und wisst ihr, dass das, was in der Raumlosigkeit existiert, Liebe ist? Nun, was ist Liebe? Liebe ist der Leim, der alles zusammenhält. Sie ist die Macht.

DIE KUNST DER LOSLÖSUNG UND DER BEDINGUNGSLOSEN LIEBE

Nun, bedingungslose Liebe wohnt im Busen der Göttin. Und warum ist das für mich das Allerschönste? Weil es bedeutet, dass die Frau mehr Liebe als Assoziation hat. An der Stelle von Assoziation lebt nichts als Liebe, denn das bleibt euch, wenn ihr die Stützen der Opferhaltung auf allen Ebenen eures Lebens entfernt. Und nun sage ich, dass die Göttin lebt und gedeiht, weil aus ihrem Busen nichts als Liebe strömt. Daran ist nichts gekünstelt; es geschieht, weil es dort nichts anderes gibt als Liebe. Und warum ist das so wichtig? Weil das die Eigenschaft ist, die einen Christus ausmacht. Es ist die Liebe, die heilt. Es ist die Liebe, die verbindet und die Liebe, die erhält. Und Liebe kann nicht in einem Zustand der Gebundenheit existieren. Wie viele von euch verstehen das? Wendet euch zu eurem Nachbarn und erklärt es ihm.

Nun, einer der Gründe, warum ihr diesen Dämon aufrecht erhaltet, den ihr allmählich ein bisschen besser versteht, ist folgender — betrachten wir es einmal so: wenn ihr das Schattenselbst in euch neutralisieren würdet, hättet ihr Angst, wie ihr ohne dieses sein würdet. Mit anderen Worten, welcher Anreiz stünde hinter euren Unterhaltungen? Wie viele von euch verstehen das? Und ihr fürchtet, auch keinen Grund mehr zu haben, jeden Morgen aufzustehen und unter Blut, Schweiß und Tränen den Tag zu überstehen, ohne einen Nervenzusammenbruch zu erleiden. Denkt darüber nach. Menschen haben Angst, bis zum Punkt der Loslösung nackt zu werden; und das bedeutet, dass sie wirklich Angst haben, was sie dann sein oder werden würden, weil sie bisher eine aufrichtige und gedeihliche Kameradschaft mit dem sogenannten Schattenselbst gepflegt haben. Sie sind an ihre Bindungen gebunden. Wie viele von euch verstehen das?

Nun, das ist ein irritierendes Konzept. Ohne mit dieser einseitigen Unterhaltung fortfahren zu wollen, möchte ich nur diese Aussage machen — weil ich nicht möchte, dass ihr über das Ziel hinausschießt und eine Bindung an die gerade vermittelte Lehre entwickelt, was immer ein Risiko ist — warum denkt ihr denn nicht einfach daran, dass der Grund, warum ihr eure Vergangenheit nicht aufgeben wollt, vielleicht der ist, dass sie euch ein so guter Gefährte in eurer Gegenwart ist, und es tatsächlich bedeuten würde, irgendwie ein anderer Mensch zu werden. Da ihr ein Mensch seid, der immer seine Bindungen kontrollieren möchte, verliert ihr dadurch ein wenig an Kontrolle. Wie viele von euch verstehen das? Ich sage euch, Heilige werden aus diesem Feuer geboren — das werden sie wirklich — und ebenso die Meister, wahrhaftige, authentische Menschen, die auf einer göttlichen Mission sind, um den einen Fehler zu finden, der ihren Fortschritt jahrtausendelang behindert hat. Nach diesem sind sie wirklich auf der Suche. Das wollen sie wirklich.

Also, wisst ihr, ihr habt nicht einen Haufen Karma. Was ihr habt, ist ein Fehler — ein Fehler — den ihr beherrschen könnt; es ist der in eurem Leben offenkundigste Fehler. Und man kann ihn beherrschen, indem man ein Breitschwert ergreift und die Krücken unter ihm wegschlägt; dann werdet ihr feststellen, dass er leer ist. Die Krücken sind es, die euch Leben für Leben für Leben wieder zurückbringen. Versteht ihr?

Also, wir wissen nun, dass es einige unter euch gibt, die mich nicht hören, wenn eine solche Lehre angesprochen wird. Ihr habt das sogenannte selektive Hören, also wird vieles in meinen Lehren übergangen. In eurer Erinnerung gibt es ganze Räume gefüllt mit nichts; da bin ich ein viel besserer Redner. Zum selektiven Hören kommt es dann, wenn ihr das nicht hören wollt, was ich euch sage; ich aber sage euch, dass ihr hier seid, um es zu hören. Ihr kamt hierher, um das zu hören, was ihr vorher nicht hören wolltet.

Nun, unser erster Schritt bei der Lösung ist — nachdem ihr all diese Jahre gebraucht habt, um einen Wissensstand zu erreichen, der jenseits von Aberglaube und Fanatismus liegt — euch an einen Punkt zu bringen, von dem aus wir nun zum Kern vordringen und die Dinge ohne Hysterie ansprechen können. Trotzdem werden manche Leute noch hysterisch werden, weil sie nicht zuhören. Sie hören nicht die ganze Lehre und kontemplieren nicht gründlich darüber, um selbst zu sehen, dass alle diese Blockaden in Wirklichkeit leer sind und das einzig Wirkliche an ihnen die Schuldzuweisungen sind. Und wenn wir die loswerden, dann gibt es nichts anderes mehr und alles was da existiert, ist Liebe. Das ist die göttliche Qualität, die wir erreichen wollen. Das ist die Macht, die Berge versetzt. Nun, es hat so lange gedauert, um euch an diesen kleinen Ort zu führen, damit ihr diese einfache Botschaft hört. Und es ist wirklich so einfach.

Wie schwer ist es nun, sich von seinen Bindungen zu lösen? Es ist überhaupt nicht schwer, Leute, denn wenn ihre euren Fokus auf den Mangel richtet, ohne Menschen, Orte, Zeiten und Ereignisse, dann kann er nicht als Mangel aufrechterhalten werden; er existiert nicht. Und wenn diese Erleuchtung geschieht, dann wird sich das Gehirn eifrig daranmachen, seine Kreisläufe in einer Weise neu anzulegen, die genau diesem Verständnis entspricht. Was geschieht also, wenn ihr erkennt, das es in euch so etwas wie Mangel oder Angst oder Krankheit oder Böses — oder was immer ihr sonst nennen wollt — oder Unwissenheit nicht gibt? Was geschieht mit euch, wenn ihr das in diesem Augenblick erkennt? Der ganze Raum für eine solche Kontemplation wird ausgespült, weil diese sich nicht mehr halten kann. Er wird ausgespült und eine Macht zieht dort ein. Es ist die Macht des freien Raums, es ist Liebe. Und es ist dieser Ort, an dem das Wunderbare geschieht. Das Wunderbare geschieht weder in der Vergangenheit noch geschieht es in der Zukunft. Es geschieht in dem Augenblick, in dem ihr gegenwärtig seid, in der Kontemplation; dort geschieht das Wunderbare. Das ist der einzige Raum, in dem es geschehen kann. Was ist das Wunder? Das Wunder besteht darin, die Lüge abzuschaffen, dann erscheint an ihrer Stelle der Überfluss. Er war immer da, war immer da.

Und diejenigen von euch, die nicht sehr gut hören, ihr werdet weiterhin euer schmutziges kleines Bewusstsein und euer schmutziges kleines Denken bewachen und auf eurer Vergangenheit sitzen, weil euch das einen Grund gibt, euch zu beklagen und etwas, wofür ihr arbeiten könnt, denn ihr glaubt nicht an mich, ihr glaubt vielmehr an euren Mangel.

Und diejenigen von euch, die ihr an euren Qualen festhaltet — euren eingebildeten Qualen, eurem eingebildeten Verrat, euren eingebildeten scheußlichen Reaktionen — für diejenigen von euch, die weiter daran festhalten, wird das Leben nichts anderes sein als die Hölle, und nicht nur der Rest dieses Lebens sondern auch alle kommenden Leben. Und wird euch die Bindung an dieses Schattenselbst vergolten? Es ist dann so, dass die Liebe zu diesem im Irrtum befangenen Wesen verführerischer wird als die Liebe zum Leben — und seinen Gelegenheiten, die es uns an jedem Tag ermöglichen, der Liebe zu diesem Biest mehr Bedeutung beizumessen als der Liebe zum Leben — und die Teilhabe an dieser Liebe in jeder Weise, bei jeder Handlung, bei jedem Gedanken, so dass wir sagen könnten, dass wir wahrhaft lebendig sind und dass wir in der Tat wirklich gelebt haben. Euer irriges, kleines Denken wird euch nie gestatten das Leben zu erleben. Was für ein Jammer für euch.

Und ihr werdet niemals Meister in dieser Schule sein, weil der Lohn für Meisterschaft sehr strengen Regeln folgt. Er verlangt, sich selbst zu erobern;

er verlangt darüber hinaus, das Göttliche in uns freizulegen. Das bedeutet die Freiheit unserer Göttlichkeit. Und wo ist diese Göttlichkeit? Sie sitzt genau dort, wo ihr glaubt euren Mangel zu haben. Unsere Göttlichkeit ist der Wille. Sie ist das Schwert des Willens, das uns als den Gesetzgebern erlaubt, zu bestimmen, welche Art von Leben wir wollen. Ich sage, es gibt keinen Feind und es gibt weder Mann noch Frau noch Elternteil, die so groß wären, dass sie mich meines Lebens und meiner Macht, mein Leben so zu gestalten wie ich will, berauben könnten. Im meinem Leben war niemand jemals so groß. Warum sollte es in eurem Leben so jemanden geben?

Also, diejenigen von euch, die Ohren haben, hört was ich euch gesagt habe und legt es nicht anders aus als ich es gelehrt habe. Und diejenigen von euch, die wissen wollen, eure Freiheit ist greifbar, eure absolute Leichtigkeit des Seins ist greifbar. Und mir ist es gleich, wer ihr seid — und mir ist es gleich, welche Sprache ihr sprecht und ob ihr lesen und schreiben könnt oder nicht — in Gott sind wir alle gleich. Und wenn wir uns alle diesen Augenblick Zeit nehmen, um uns selbst direkt in die Augen zu schauen, unsere Begrenzungen zu sehen und unseren Mangel nach dem zu bemessen, was ihn aufrechterhält, und wenn wir dann das entfernen, was ihn aufrechterhält, dann, das schwöre ich, handeln wir göttlich, und dazu sind wir alle befähigt. Liebe ist ein Magnet. Sie ist magnetisch und mächtig. Mangel ist künstlich geschaffen, beschränkt und destruktiv. Nun, das wirklich Wunderbare wird in dieser Schule erst noch erlernt werden müssen, aber es kann erst dann erlernt werden, wenn diese Lektion geübt und gemeistert worden ist. Wie viele von euch verstehen das? So sei es.

Also, unser erster Schritt zur Beschäftigung damit begann bereits vor diesem Leben; da gab es ein Zusammentreffen zwischen euch und mir und dieser Schule. Der erste Schritt war, dass ihr gebeten und gefordert habt, die Seele möge euch in diesem Leben eine sinnvolle Lösung eures Dilemmas, eures einen kleinen Problems, abverlangen. Und wenn wir die Seele zufrieden stellen, dann sind wir frei und können unseren eigenen Weg gehen. Heute Abend habe ich die Seele zufriedengestellt, indem ich ihrem bewussten Träger die Information gegeben habe, die er braucht, um Entscheidungen über diese eine kleine Einstellung zu treffen und zu erkennen, wie er sie auslöschen kann. Ich kann sie nicht für euch auslöschen — das ist nicht meine Reise — aber ich bin euer Lehrer und ich kann euch sagen, dass das die schnellste und wie im Flug wirkende Disziplin ist, die ihr praktizieren könnt. Und sie wird euch schneller in freien Raum hineinkatapultieren als alles, was ich euch bisher gelehrt habe. Es ist ein Schritt, der denen zur Verfügung steht, die bereit sind, ihn zu tun.

Nun, es klingt nicht so, aber ich versichere euch, euren Stolz loszulassen ist in der Tat ein schwieriges Unterfangen. Demütig zu sein ist für Männer und Frauen schwer. Der Akt des Verzeihens und die Niederwer-

37

fung des Selbst in diesem Akt des Verzeihens — Niederwerfung bedeutet bildlich gesprochen, sich mit dem Gesicht nach unten, wie ein Adler ausgebreitet, niederzulegen und sich der Gnade von etwas Größerem auszuliefern, euch vor etwas Größerem niederzuwerfen — das ist ein Bild, dem wir folgen müssen. Das bedeutet, dass wir bereit sind, das, was wir sind, für etwas Größeres aufzugeben und zu opfern. Das ist nicht leicht, und ist es wiederum doch.

Und ihr werdet feststellen, dass ihr, wenn ihr euch auf dieses kleine Problem oder diese Einstellung konzentriert — und ich verbot euch, das in irgendeiner Weise mit eurer Vergangenheit, in irgendeiner Weise mit einer Person, in irgendeiner Form mit einem Ereignis zu verbinden und ich verbot euch das mit einer Zeit zu verbinden — und wenn ihr euch dieser Anweisung gemäß auf diese kleine Einstellung konzentriert, werdet ihr feststellen, dass sie ein Nichts ist. Nun lernt ihr das Geheimnis. Und wir haben nichts weiter zu tun, als zuerst das Wissen zu haben. Und nun habt ihr dieses Wissen. Das zweite ist, dass ihr bereit sein müsst, es zu tun.

Also, wann tut ihr es? Wann wollt ihr es tun: heute Abend, morgen früh, morgen Nachmittag? Ihr habt die Wahl. Entdeckt es einfach in euch selbst und ich versichere euch, dass es, mit ein bisschen Hilfe von eurem Freund, an die Oberfläche kommen wird. Und wenn das geschieht, dann habt ihr wie immer die Wahl etwas damit anzufangen oder ihm seinen Lauf zu lassen. Wenn ihr entschlossen seid und etwas unternehmen wollt, habt ihr nichts weiter zu tun, als irgendwo hinzugehen, die Augen zu schließen — die Augen zu verbinden, wenn ihr könnt — begebt euch an einen Ort der Stille, verseht euch mit dem Stern, rollt die Augen nach oben, spannt die Bauch- und Gesäßmuskeln an und blast, und fangt an, Energie zu bewegen.[4] Und wenn ihr soweit seid, dann nehmt diese kleine Einstellung und platziert sie, ohne irgendwelche Bindungen, genau hier in euren Fokus.[5] Und wenn ihr sie dort eine Zeitlang festhaltet, wird sie versuchen zu entschlüpfen und ihr werdet blasen und sie wieder in den Fokus zurückzubringen, ohne Bindungen. In dem Augenblick, in dem ihr das tut, das versichere ich euch, wird sich eure Welt verändern — euer Leben, euer Energiefluss und eure Freiheit — und wenn wir das nächste Mal zusammen sind, werdet ihr älter und weiser sein. Versteht ihr? So sei es.

---

[4] In Ramthas Schule der Erleuchtung ist es eine häufige Übung, einen fünfzackigen blauen Stern auf jedes der sieben Siegel des Körpers zu zeichnen. Diese Disziplin hilft dem Schüler, sich seiner sieben Siegel gewahr zu werden und sich auf diese zu fokussieren. Siehe Abb. 2.

[5] Der Stirnlappen im Gehirn ist der Ort, an dem ein Gedanke im Fokus gehalten und mit Kraft aufgeladen wird, damit er sich in der Wirklichkeit manifestieren kann. Siehe Abb. 1.

Also, alle Menschen haben zu allen Zeitaltern die sprichwörtliche Frage gestellt: Meister, was ist bedingungslose Liebe? Bedingungslose Liebe ist das, was immer ist. Und wenn die Bindung gelöst ist, lässt sie sich auf höchst strahlende Weise sehen. Sie ist nicht etwas, das ihr sein müsst; sie ist das, was ihr bereits seid. Aber ihr fördert an ihrer Stelle Illusionen und Lügen. Wenn die beseitigt werden, dann ist Liebe da. Daran braucht man nicht zu arbeiten. Das ist die Natur eures Wesens, meine Lieben. Wir wurden in der Liebe empfangen, also sind wir in ihr. Der Punkt Null ist Liebe, und all die Macht, die all die Dimensionen, all die Ebenen und all die Himmel schuf, ist genau diese Kraft. Wenn wir also im Schoß der Liebe empfangen werden, dann muss das der Aspekt unserer wahren Natur sein. Etwas anderes zu sein, bedeutet, der Natur gegenüber gekünstelt zu sein. Und das ist der Grund, warum wir das sogenannte Rad der Wiedergeburt haben.

ES IST MÖGLICH, SICH ALLES IN EINEM LEBEN ANZUEIGNEN

Und, ist es möglich, sich all das in einem Leben anzueignen? Das ist es absolut, denn wenn jemand das Privileg hat, als Eroberer durch das Leben zu gehen und sich selbst zu erobern, die Beschränkungen und die eigene Unwissenheit zu überwinden, dann begibt er sich auf natürliche Weise in einen Bereich hinein — wie ich euch gerade gelehrt habe — und ist dabei hoffentlich auf natürliche Weise mit genug Weisheit ausgestattet, um Weisheit und Logik darin zu sehen, seine Bindungen aufzulösen. Denn in deren Auflösung liegt keine Bedrohung und sie führt auch nicht zu einer Färbung des Selbst, also gibt es nun keine kleine Einstellung mehr, die uns ein weiteres Leben lang binden könnte.

Und, ist es in einem Leben möglich, all die Morgen in sich aufzusaugen, an denen Ra emporsteigt und den Nachthimmel in zartem und kräftigem Rosa, Purpur und Rot erglühen lässt? Absolut. Und könnt ihr in einem Leben das aufsaugen, was man das Zunehmen und Abnehmen des Mondes vor der Dämmerung nennt? Ist es in einem Leben möglich, sich endgültig die Erfahrung anzueignen, so dass diese Erfahrung immer bestehen bleibt? Das ist absolut möglich. Und ist es dann nicht in einem Leben möglich, Essen zu verzehren und zu genießen? Ist es möglich, in einem Leben genug Wein zu trinken? Das ist absolut möglich. Ist es in einem Leben möglich, in einem Maße zu wachsen, das nicht einmal mehr an das Leben selbst eine Bindung besteht? Das ist absolut möglich.

Ich hätte niemals auf dem Rad der Wiedergeburt sein wollen, denn dann wäre das Rad mein Sklavenhalter gewesen. Und ich sage euch, meine Leute, das Erschreckendste und Furchterregendste, das euch je widerfahren ist, war, ohne Erinnerung daran geboren zu werden, wer ihr einmal wart. Das ist ein Wein von so betörender Art, dass es schon Terror ist. Nicht über meine vollen Fähigkeiten aus dem, was ich einst sah, wusste und erlebte, zu verfügen, von all dem getrennt zu sein, um als ein neues Kind ein Leben in einem neuen Körper aufzunehmen, das sich nicht erinnern kann, weil das Gehirn selbst diese Zeiten nicht erlebt hat — ein Gehirn zu haben, das keine Erinnerung trägt an all die Morgen, die ich sah und, in der Tat, an all die Abende, die ich kannte, an all die Schlachten, in denen ich kämpfte und an die Soldaten, mit denen ich zu tun hatte, an den Gestank und an den Geruch von Blut und Gemetzel, ja, und von Jasmin und Oliven, und an die Farbe silberblättriger Bäume an von grünem Schilf gesäumten Flüssen und an Wildgeflügel in all seinem Strahlen und seiner Schönheit — der bloße Gedanke, dass mir all das aus dem Bewusstsein genommen wird, ist unvorstellbar. Und doch habe ich euch viele Leben lang zugesehen, wie ihr immer wieder von vorne begonnen habt. Für mich ist das unvorstellbar. Was euch anbelangt, ihr habt nie darüber nachgedacht. Das ist das Schrecklichste, was ich mir vorstellen kann, weil ihr wirklich verloren seid, wenn ihr nicht irgendeinen Weg vor euch habt — irgendeine Laterne, die euch in der Nacht eurer Unwissenheit und trotz des Fehlens einer neurologischen Erinnerung einen Weg leuchten kann — von dem ihr instinktiv wisst, dass ihr ihm folgen sollt, auch wenn ihr mit eurem gegenwärtigen Gehirn keine logischen Gründe dafür anführen könnt. Was für ein Eingesperrtsein. Und es ist nicht leicht, da herauszukommen.

Es ist möglich, das alles in einem Leben zu erreichen. Und es ist möglich, euren Kindern beizubringen, das alles in einem Leben zu erreichen, wenn ihr weise genug seid, die Fallen zu verstehen, in die ihr gegangen seid und eure Kinder lehrt, in die Fallen zu gehen und wieder herauszukommen. Und wenn ihr eure Kinder das lehrt, dann habt ihr ihnen lebensspendendes spirituelles Wissen geschenkt, das sie auf Dauer davor bewahrt, ein Leben leben zu müssen und sich zu fragen, worum es dabei ging, nur um zu sterben, zurückzukehren und zu erkennen, dass es eine geringfügige Angelegenheit war, um die sie sich dieses Mal nicht gekümmert hatten. Mit diesem Wissen könnt ihr nicht anders, ihr müsst euch dieser Angelegenheit annehmen, denn genau das ist es, was euch quält. Es ist der Stachel in eurer Seite, den ihr sehr gut kennt. Alles was ihr zu tun habt, ist, ihn anzusehen. Versteht ihr? Wie viele von euch verstehen das? So sei es.

Nun, in den kommenden Tagen kann und werde ich Folgendes für euch tun: ich will und werde euer Gewahrsein dieser kleinen Einstellungen verstärken und werde mithelfen, entsprechende Situationen um diese herum zu

40

erschaffen, so dass ihr Gelegenheit habt, sie aufblühen zu sehen. Die Einstellungen sind weder schlecht noch gut, es sind Gelegenheiten. Und wenn ihr die Gelegenheiten erkennt, versteht ihr, dann übe ich Druck auf euch aus, damit ihr etwas tut. Ihr könnt damit tun, was immer ihr wollt, ihr könnt aber auch zu eurer alten Philosophie, zu euren alten Horoskopen, euren eigenen Drogen, eurem unkontrollierten Trinken zurückkehren — zu all dem könnt ihr zurückkehren — aber darin werdet ihr nie eine Lösung finden. Ihr habt die Wahl. Oder ihr werdet nackt, ungebunden und ganz und gar und erstaunlich mächtig. Ich kenne den Weg nach Hause. Ihr werdet die Kontrolle nicht all zu sehr verlieren, das verspreche ich euch. So sei es.

WIE RAMTHA LERNTE, SICH VON SEINEM PHYSISCHEN KÖRPER ZU LÖSEN

Schüler: Ich möchte gerne wissen, wie du, als du übtest aus dem Körper heraus- und wieder in ihn hineinzugehen, wusstest, wo du warst? Bist du da zu anderen Ebenen gegangen, beispielsweise zur vierten, fünften, sechsten oder siebten Ebene? Und wenn es so war, hat dich dort jemand gelehrt? Und als du vor uns aufgestiegen bist, wusstest du da, wohin du gingst? Und, falls du eine Lebensrückschau hattest — ich weiß, dir wurde im Licht nichts abgestreift — musstest du dir dennoch dein Leben ansehen und dann dorthin gehen, wohin zu gehen du beschlossen hattest? Das wollte ich dich immer schon fragen.

Ramtha: Wie ich das Licht besiegt habe?

Schüler: Nein, denn ich weiß auf Grund dessen, was du gerade gesagt hast, dass dir nichts abgestreift wurde. Nun, ich hätte gern, dass du den ersten Teil zuerst beantwortest.

Als du zum ersten Mal rein- und rausgingst und lange Zeit dort lagst — du sagtest, dein Körper war fast tot als du zurückkamst und wieder hineingingst — woher wusstest du da, wo du warst? Warst du einfach außerhalb des Körpers in dieser Dimension? Oder hast du die ultraviolette, die Gamma- und die Röntgenstrahlung entdeckt und warst in der Lage, in dieses Leben zurückzukehren? Oder war das etwas, das du erst später entdeckt hast?

Ramtha: Kann ich darüber sprechen, ehe wir fortfahren?

Schüler: Ja.

Ramtha: Als ich das erste Mal meinen Körper verließ, war das ein Zufall. Du erinnerst dich an die Geschichte mit dem Wind, nicht wahr? Und dass ich meinen Körper verlassen hatte, wusste ich aus dem Grund, weil ich mich in einer Atmosphäre von solcher Höhe befand, wie ich es nicht gewöhnt war. Darüber hinaus hatte ich einen Blickwinkel, von dem aus ich meinen Körper dort sehen konnte wo er war — bei seinem Verlassen hatte ich keine Empfindung — ich war nur gewahr, dass ich mich oberhalb des Körpers befand, was üblicherweise der Fall ist, wenn man den Körper verlässt. Kannst du mir soweit folgen?

Nun war ich von meinem fleischlichen Selbst getrennt — obwohl ich viele andere von ihrem fleischlichen Selbst getrennt hatte, war ich noch nie von meinem fleischlichen Selbst getrennt gewesen, weshalb das für mich eine neue Erfahrung war. Als ich meinen Körper, meine Kleidung und mein Felsplateau erkannte, kam der Moment, in dem ich meinen Körper als meinen eigenen beanspruchte, und das war der Moment, in dem ich in ihn zurückgeholt wurde. Kannst du mir noch immer folgen? Bewusstsein und Energie erschaffen die Wirklichkeit. Verstehst du?

Sieben Jahre lang strengte ich mich an und ahmte alles wieder nach — ich bin ein geduldiger Gott — sieben Jahre lang. Wohin sonst sollte ich gehen? Sieben Jahre lang strengte ich mich an, machte mir Gedanken, schmiedete Pläne, plante, fragte mich und, in der Tat, sann ich nach. Und was ich tat, war, eine sogenannte Erwartungshaltung aufzubauen, womit wir reibungslos wieder zur Lehre des heutigen Abends zurückgekehrt wären. Ich knüpfte eine Bindung an ein Ereignis, das keine Bindung hatte. Verstehst du? Wir könnten also sagen, ich baute um das Ereignis herum ein religiöses Dogma auf, indem ich es intellektuell analysierte. Dieses intellektuelle Analysieren hielt mich sieben Jahre lang davon ab, wieder die gleiche wunderbare Sache zu tun. Als ich die Erwartung aufgab, gab ich die Bindung meiner intellektuellen Wahrnehmung auf und das befreite mich, so dass ich mich wieder aus meinem Körper herausbewegen konnte. Verstehst du?

Nun, als ich mich das nächste Mal hinausbewegte — das war sieben Jahre und ein paar Tage später — bewegte ich mich zu einem Punkt, der ebenso weit von meinem gesamten Gewahrsein und meinem Körper entfernt war. Und im selben Moment, in dem ich wieder wusste, dass das mein Körper war, kehrte ich wieder in meinen Körper zurück. Ich bin sehr schlau. Ich verstand, dass ich jedes Mal genau dann in meinen Körper zurückkam, wenn ich ihn weiterhin anschaute und mein eigen nannte. Verstehst du? So folgten dem einige wunderbare Lektionen. Ich gelangte an einen Punkt der Hingabe, von dem aus ich den Körper verlassen konnte. Und ich wusste, wann ich weg war, denn von den verschiedenen Orten, von denen aus ich meinen Körper verließ — meistens war das meine kleine Hütte — gelangte ich immer zu einer Sichtweise, bei der eine höhere Perspektive eine tiefer liegende Perspektive beobachtete. Die Rückkehr in den Körper kam mit der Erkenntnis, dass es mein Körper war; also verstand ich nach einer Weile — und, eine Weile für euch — nun, für mich waren das Monate und Jahre —

42

dass ich einen Bezugspunkt brauchte, um meine Loslösung zu verstehen. Punkt zwei war, dass ich in dem Moment, in dem ich erkannte, woher ich kam, wieder genau dorthin zurückkehrte. Also war der nächste Schritt zur Freiheit, meinen Körper nicht länger zu erkennen und nicht länger über ihn nachzudenken. Das verlangte ein gewisses Maß an Meisterschaft. Also war ich in den ersten Jahren dieser Kunst kein Reisender in Dimensionen und Reichen. Ich war ein Wesen, das sich von seinem Körper entfernte und sich bemühte diesen Prozess zu erlernen, um ihn sehr gut zu beherrschen.

Als ich den Tunnel oder die Jakobsleiter betrat, gelangte ich nicht in mir unbekannte Dimensionen und Ebenen, verstehst du — ich lehrte euch ja, dass wir alle diese Stufen herabgestiegen sind und aus diesen Ebenen kamen und in dem Augenblick, in dem wir sie wieder betreten, wieder mit dem Gewand der jeweiligen Ebene angetan sind — weil ich, als ich meinen Körper verließ und ins Infrarot ging, einen Infrarot-Körper anlegte. Als ich meinen Körper verließ und ins Licht ging, verstand ich das Licht, weil ich mich dort befand. Und als ich die Wahl traf, in meinen Körper zurückzu-kehren, konnte ich in dem vollen Bewusstsein dessen zurückkehren, was das Licht bedeutet und was ich dort gesehen hatte. Und was ich im Licht wusste, war, dass es davor liegende Königreiche gab. Als ich also das näch-ste Mal das Licht besuchte, ging ich darüber hinaus und war dort mit dem Körper des Shiva bekleidet. Verstehst du? Nun, wenn ich dort den Körper des Shiva trug, dann war das ein Körper, den ich einst kannte und der noch weiterlebte. Und, eingebettet in die Brust dieses Körpers war all das Wissen, das mir ein Mind zur Verfügung stellte, der auf der vierten Ebene lebte, und so wusste ich, wo ich mich befand. Verstehst du?

Student: Ja.

Ramtha: Verstehst du das wirklich?

Student: Ja.

Ramtha: Nun, lass mich fortfahren. Ich brauchte bis zu dem Tag, an dem ich diese Ebene verließ, um all diese Ebenen zu erforschen und all die-se Körper zu tragen. Verstehst du? Und jedes Mal, wenn ich in den Körper zurückkehrte, brachte ich all das Wissen mit. Verstehst du? Ich habe es nicht zurückgelassen. Ich habe es mitgebracht und in meine physische In-karnation mit hineingenommen. Das bedeutet also, dass ich, wie es der Fall war, umgeschaltet habe von Ramtha mit der Perspektive des gelben Ge-hirns. Ich wurde zu Ramtha mit einer Perspektive des tieferen Gehirns, denn nur in mein tieferes Gehirn pflanzte ich die Erinnerung und fütterte sie von dort aus sorgfältig in das gelbe Gehirn ein.

Als ich aufstieg und diese Ebene verließ, tat ich das, weil ich alle ande-ren Ebenen besucht hatte. Wenn hier auf Terra (*Erde*) die Nacht herein-brach, verließ ich meinen Körper und lebte im Zeitrahmen eines anderen Ortes — beispielsweise der fünften Ebene — in der Zeit, die hier eine Nacht lang war, Hunderte von Jahren und brachte dann den Reichtum dieses Zeitrahmens mit zurück, wenn mein physischer Körper am Morgen erwachte. Verstehst du?

Also ist es eine Untertreibung mich zu fragen, ob ich Wissen erwarb und wusste, wo ich war. Und zu der Zeit, als ich diese Ebene verließ, nachdem ich zu meinem Volk gesprochen hatte, teilte ich meinem Volk die Einfachheit der Lehren und die mir bekannte Wahrheit mit; ich vermittelte ihnen das in einfachem Stil, damit sie mich nie vergessen und damit sie verstehen würden, wie man das Leben — ein bedeutungsvolles Leben — führt and dass das Königreich des Himmels innerhalb seiner Grenzen für jeden auf dieser Ebene unbegrenzte Möglichkeiten bereit hält, an denen er teilhaben kann. Aber das verlangt Leidenschaft. Es bedarf entschlossener Hingabe und es verlangt Geduld. Dass ich aber fortging ohne in ihrer Mitte zu sterben, war ein unvergessliches Ereignis.

Als ich also an diesem Tag aufstieg, stellte ich meinen Körper aufrecht hin, legte ihm seine alten Gewänder an und begab mich mit ihm mitten hinein in mein Volk. Und während ich mich mitten in meinem Körper befand, brachte ich den Mind der siebten Ebene hervor und dieser Mind versetzte den Körper in die Schwingung des Jenseits. Verstehst du?

DAS ÄGYPTISCHE TOTENBUCH

Schüler: Mein Vater verstarb letztes Jahr im April, als ich hier auf einem Seminar war. Meine Familie lebt in Indien und ich erfuhr im Haus eines Freundes davon. Als ich es hörte, war ich irgendwie wie benommen, aber nicht emotional.

Es war eine Abendveranstaltung, zu der wir kommen durften und am Morgen dieses Tages hatte ich davon erfahren, am ersten Tag. Ich begab mich in Fokus und hatte fast das Gefühl — das Gefühl kam sofort — dass ich von dort, wo ich war, in sein Schlafzimmer ging; sein Körper lag da und ich sah ihn in der Ecke. Und als ich ihn sah, hatte er richtig Angst. Das sind einfach meine Gefühle. Ich habe sie hinterher als bloße Fantasien oder etwas Ähnliches gewertet, aber ich werde trotzdem fortfahren.

Als ich ihn sah, sagte ich: „Warum kommst du nicht mit mir mit?" Und ich spürte, dass er mit mir mitkam. An den Rest der Fokus-Sitzung kann ich mich überhaupt nicht erinnern. Was geschah, war, dass ich etwa drei Tage lang während dieser Veranstaltung immer wieder seine Gegenwart spürte, spürte, dass er bei mir war. Auch wenn ich Auto fuhr oder etwas anderes tat, bemerkte ich seine Gegenwart.

Und jedes Mal ging ich in Fokus und verlor ihn wieder. Und ich sprach mit ihm und versuchte ihm alles zu sagen, was ich ihm nicht mitteilen konnte, als er in seinem Körper war — alles, was ich glaubte, gelernt zu haben, ganz gleich, ob ich es als Wahrheit kannte oder es nur reines Wissen war — ich versuchte, es ihm mitzuteilen, weil ich das Gefühl hatte, es könnte für ihn von Nutzen sein und er könnte durch meine Hilfe über das Ultraviolett hinausgehen oder zumindest darüber Bescheid wissen, was ihm vielleicht im nächsten Leben nützen würde.

Was ich letztendlich getan habe, war, dass ich das Gefühl hatte, ihm einen Tunnel durchs Licht ins Ultraviolett hinein geschaffen zu haben, und ich erschuf diese blauen Netze, einen Tunnel aus Netzen. Und ich sagte ihm, ich würde den Tunnel offen halten, solange es mir möglich wäre, damit er durchgehen und sehen könne, wie es auf der anderen Seite aussieht und, falls er wolle, könne er dort bleiben. Aber im Geist spürte ich, dass es auf seiner Seite Widerstand und Misstrauen gab, dass er mir nicht wirklich traute, weil er nicht Bescheid wusste. Sein Bewusstsein war nie etwas Derartigem ausgesetzt gewesen. Obwohl er also sein gegenwärtiges Gehirn nicht zur Verfügung hatte, kannte sein Bewusstsein — der Mind, in dem er nun lebte — doch die Vorstellung des Ultravioletten. Und deshalb bin ich mir nicht sicher, ob er hindurchgehen konnte.

Meine Frage ist: Kann man so etwas für einen anderen Menschen tun, für die Familie, für geliebte Menschen oder Freunde, auch wenn diejenigen noch nie mit den Lehren in Berührung gekommen sind?

Ramtha: Hast du je von einem Buch gehört, das als das *Ägyptische Totenbuch* bezeichnet wird?

Schüler: Nein.

Ramtha: Du hast nie davon gehört? Ich werde dir einen Boten schicken. Es handelt von den Gebeten für die Verstorbenen, die ihnen die Richtung weisen sollten, insbesondere für die Verstorbenen der älteren Zeiten, die größten Wesenheiten aus den Dynastien des damaligen Ägypten. Es waren heilige Gebete, die den Geist auf dem Weg durch das Infrarot hinein ins Licht führten. Das war eine Wissenschaft, die die Götter, welche sich auf diese Wissenschaft verstanden, mit auf den Planeten gebracht hatten. Somit lag in dem, was du für deinen Vater tun konntest, offensichtlich eine Offenbarung.

Wenn ihr außerhalb eures Körpers seid, dann nehmt ihr das, was ihr seht, in einer größeren Strahlkraft und Klarheit wahr, als sie der Körper jemals bieten könnte. Die Wahrnehmung des Geistes in einem ultrafeinen, subtilen Körper ist viel dynamischer als in einem menschlichen Körper. Wenn der menschliche Körper als ein vom geistigen Selbst geführtes Werkzeug sich darum bemüht, Kontakt herzustellen und wenn er Schulung erhalten hat, dann kann diese Schulung von der inkarnierten geistigen Wesenheit,

45

die jetzt ihre Inkarnation verlassen hat — die jetzt im Geist ist — aufgenommen werden und das kann einen enormen Weg ebnen, eine Passage, wenn ihr so wollt, auf die andere Seite; das sollte man nie außer Acht lassen.

Und, ja, es hat funktioniert, aber der Widerstand, den du spürtest, kam nicht von deinem Vater, er kam von dir.

Schüler: Und warum war das so?

Ramtha: Weil du nicht an das geglaubt hast, was du tatest.

Schüler: War das, weil ich mich für das, was ich tat, nicht würdig fühlte, nicht wissend genug, oder was es einfach Unglaube?

Ramtha: Du hast einfach nicht darauf vertraut, dass das, was du bereits wusstest, gewichtig genug sein würde, um etwas zu bewirken.

Schüler: Okay. Danke.

Ramtha: Tu das nicht.

DIE WICHTIGKEIT VON VERÄNDERUNG FÜR DIE REISE DER SEELE

Nun, bevor wir diesen Abend beschließen, möchte ich noch über ein Thema zu euch sprechen, über Veränderung und all die Menschen, die sie durchmachen. Veränderung ist keine Krankheit und kein Virus. Für einen Menschen ist es notwendig, dass er immer weiter wächst und dieses Wachstum in seinem Leben ausweitet, damit es sich auf das Leben auswirken kann. Es ist für die Seele wichtig, dass wir uns verändern, und je mehr wir das in einem Leben tun, um so größer sind unsere Chancen, dass wir in diesem Leben Erfolg haben, nicht mit einem anderen Leben, sondern mit einer Weiterreise, zurück über die Leiter, zurück zum Punkt Null. Wir erhöhen unsere Chancen, das zu erreichen. Nun gibt es viele unter euch, die Veränderungen in Lebensbereichen erzwingen, in denen sie noch nicht reif genug für Veränderungen sind. Und wenn ich von Reife spreche, meine ich damit, dass ihr absichtlich Lebensumstände erschaffen habt und euch mitten im Erleben eurer Schöpfungen befindet.

Nun, mit einer absichtlich erschaffenen Erfahrung ist keine Zeitlinie verbunden. Ihr seid beispielsweise in einer Beziehung, die noch nicht den Reifegrad und den Punkt erreicht hat, an dem die Beziehung euch keine Herausforderung mehr bietet, an der ihr wachsen könntet. Eine solche Herausforderung könnte einfach darin bestehen, die Fähigkeit zu haben, mit Liebe zu reagieren. Wenn das nicht länger vorhanden ist, dann hat die Beziehung ihre Reife erreicht und es wird Zeit, die Beziehung zu ändern. Manche von euch werden diesen Reifegrad jahrelang nicht erreichen.

Nun, wenn ich sage, ihr sollt euch verändern, dann bedeutet das nicht, dass ihr das in eurem Leben loswerden sollt, was ihr euch noch nicht angeeignet habt. Es ist leicht und es ist einfach zu wissen, wann man sich etwas angeeignet hat. Es wird langweilig, vorhersagbar und öde. Und der Lohn liegt in so geringen Dingen, wie ein Dach über dem Kopf und Essen auf dem Tisch zu haben. Das ist der Kompromiss. Es ist einfach zu wissen und leicht zu entdecken, wann für euch die Zeit gekommen ist, weiterzugehen. Langeweile ist ein Zeichen dafür, dass es Zeit für eine Veränderung ist.

Viele von euch haben ihre Erfahrungen nicht abgeschlossen und es ist nicht eure Aufgabe, Veränderung zu suchen, wenn die Erfahrungen nicht reif sind. Sie sind dann reif, wenn ihr von ihnen alles abgeerntet habt, was ihr von dem, was ihr absichtlich erschaffen habt, ernten solltet. Wie viele von euch verstehen das? Ihr solltet euch nicht — und es wäre einfach unmöglich — aus der Liebe zurückziehen wollen und sie zu Gunsten von etwas Größerem und Besserem beiseite werfen, denn wenn Liebe da ist, dann ist es nie langweilig. Es ist dauerhaft und nährend.

Nun, ich möchte, dass ihr versteht, dass ein Meister zu sein, nicht voraussetzt, euer Leben vollständig von allem entleeren zu müssen, weil ihr denkt, das wäre Bindungslosigkeit. Löst euch nur von eurem Leiden, eurem Mangel und eurer Opferhaltung. Und genießt, durch Gott, die Früchte eurer fokussierten Unternehmungen im Leben; es ist eure Aufgabe sie bis zum Grad der Reife zu erleben. Und wenn diese Reife erreicht ist, dann werden sie euch aufgeben; ihr braucht gar nichts zu tun. Sie werden euch aufgeben, weil kein Magnetismus mehr wirkt und die Dynamik wegfällt, die in der Aufrechterhaltung lag. Wie viele von euch verstehen das?

Also macht euch nicht schnellstmöglich daran, das, was echt ist in eurem Leben zu zerstören oder zu zerstören zu versuchen, denn sonst habt ihr die Lehren falsch ausgelegt. Es gibt eine Zeit, um das zu genießen, was ihr getan habt, und das ist die Schönheit des Meisters im Leben. Denn der Meister im Leben kann vom Berg herabsteigen und das Fest am vormals leeren Tisch, das er oder sie, der Meister oder die Meisterin, willentlich geschaffen hat, feiern und kann sich tatsächlich hinsetzen und daran teilnehmen. Es gibt eine Zeit, um mit dem Visualisieren aufzuhören und mit dem Essen oder Trinken zu beginnen. Versteht ihr?

Nun, es wird Tage geben, an denen ihr eure Fokusübung nicht machen wollt. Und warum werdet ihr eure Fokusübung nicht machen wollen? Nun, weil vielleicht das Einzige, das ihr beim Aufwachen tun müsst, ist, Gott zu danken, dass eure Augen sich für einen herrlichen Morgen geöffnet haben und dass das, was ihr bereits in euer Leben hineinfokussiert habt, in voller Blüte steht. „Gott, schenke mir die Weite des Geistes und eine leidenschaftliche Seite in meinem Charakter, um das vollständig zu genießen." Dann ist die Disziplin das Leben, der gut gelebte Tag. Und dann gibt es Tage, an denen es Zeit wird, auf den Berg zurückzukehren, sich wieder an die Arbeit zu machen und damit zu beginnen, die Sichtweise hier unten zu verändern. Und dann kommt wieder eine Zeit, um herabzusteigen und es zu genießen. Versteht ihr?

Ja, es ist wichtig, dass ihr euch verändert. Ihr solltet heute Abend nicht als der gleiche Mensch hier sitzen, der mich das erste Mal aufsuchte. Wenn ihr es doch seid, haben wir ein Problem. Euer Leben sollte wie ein tanzender Stern sein, von dem keiner weiß, in welche wunderbare Richtung er strahlt und wie lange und von welcher Farbtönung seine Strahlen sein werden. Wisst ihr, ihr solltet euch verändern und euren Geisteszustand verbessern, ihr solltet eure Fähigkeit, das Zentrum zu finden verbessern und schärfen, ohne Reflexionspause und ohne vergangene Umstände, die euch den Reichtum verwehren würden, kein Problem zu haben. Ihr solltet daran arbeiten, das zurechtzuschleifen; schleift es jeden Tag und übernehmt die

Verantwortung für eure Handlungen, schiebt sie nicht auf jemand anderen. Und wenn ihr einmal die Bindung nicht mehr finden könnt, die eine Handlung stützt, dann wird sie aus eurem Leben verschwinden, und ebenso werden ihre Auswirkungen aus eurem Leben verschwinden. Versteht ihr?

In euch wohnt wirklich ein außergewöhnliches Selbst, das im üblichen Lauf der Evolution noch viele weitere Leben brauchen würde, um sich zu kultivieren, einfach weil es bei einem kleinen Leidensthema hängen geblieben ist. Nun, wir wissen, es ist so einfach, die Standbeine unter diesem Leiden wegzuzuziehen und sich seiner Assoziationen und seiner Vergangenheit zu entledigen. Wenn wir wissen, dass es so einfach ist, dann ist es nicht länger in unserem Leben. Und wenn wir kühn genug sind, das zu tun, dann verdienen wir es, das strahlende Wesen zu sein, das nicht länger von Dingen der Vergangenheit und Menschen aus der Vergangenheit berührt wird und das nicht länger unter diesen Kriterien leidet. Wir verdienen es, strahlende Wesen zu sein und, in der Tat, wir verdienen es, in diesem strahlenden Selbst mächtig zu sein. Es sind nur solche Menschen, die wirklich die Ehre verdienen, zweihundert oder mehr Jahre lang zu leben, denn sie sind nicht darauf geeicht, in naher Zukunft zu sterben, weil sie nicht genug gelitten haben, um ihre eigene Lebenskraft zu zerstören. Wie viele von euch verstehen das? Schleift euch zurecht und hört auf zu jammern. Seht euch an, warum ihr das tut, seht euch das Herzstück dessen an und reinigt euch davon. Es verlangt keine große Anstrengung. Dann werdet ihr die magische Wissenschaft der Meisterschaft und ihre Auswirkung, die als Langlebigkeit bezeichnet wird, verstehen.

Und, zu guter Letzt, es ist wahr, dass ihr vor eurer Geburt in dieses Leben hinein von mir wusstet, denn ich kannte euch mit Sicherheit. Ihr habt es bis hierher geschafft und das vor der Geburt vorherbestimmt. Also musste diese Schule ins Leben gerufen werden, um es denen zu erleichtern, deren Seelenentscheidung es war, das Wissen zu finden, das ihrem problematischen Verhalten, welches sie bisher gebunden hielt und sie Leben für Leben für Leben zurückbrachte, auf den Grund geht. Und dieses Wissen wird in dieser Schule vermittelt.

Also haben wir die Bestimmung erfüllt, ihr und ich, auf einer Seelenebene die Information zur Verfügung zu stellen und euch zu inspirieren, etwas damit anzufangen. Ich bin stark auf diesem Gebiet. Aber nur wenn ihr es tun wollt, wird es für euch funktionieren. Und ich versichere euch, dass diejenigen von euch, die das Wissen nicht anwenden, sich nach diesem Leben wieder dort oben bei einer weiteren Lebensrückschau finden werden; ihr werdet eure törichten Possen sehen, die euch wählen ließen, an einer ziemlich sauren Einstellung, die wirklich verachtenswert und unehrenhaft ist, festzuhalten. Ihr wollt lieber daran festhalten, anstatt sie loszulassen, so dass ihr in kommenden Leben frei sein könnt. Ihr werdet das zu sehen bekommen und ihr werdet unglaublich traurig sein über euren Stolz und euer unwürdiges Daran-Festhalten. Nachdem ihr euch dieser kleinen Einstellung angenommen habt, gibt es vieles, das ich euch zeigen kann und, in der Tat, vieles, das wir tun können. Aber erst wenn ihr in das Zentrum kommt, in dem ich lebe, kann ich euch dort richtig herumführen. So sei es.

Nun, ich bin heute Abend nicht einfach in diesen Raum gekommen, um dazusitzen und euch eine brillante Lehre zu vermitteln, was ich natürlich tat. Aber als Herr des Windes spreche ich auch als Gesetzgeber, damit all das, was ich sage und all das, was ich antworte, die Macht zur vollen Manifestation trägt; und das tat ich heute Abend. Für euch bedeutet das also, dass sich das, was ich heute gelehrt habe, in eurem Leben manifestieren wird und dass euch Gelegenheiten in wunderbarem Ausmaß zuteil werden, weil ich wünsche, dass ihr die Chance bekommt, zu sehen, was ich euch heute Abend zeigen wollte und, in der Tat, damit eure Seele die Chance erhält, noch einen Aufschub zu bekommen. Also, mit den Worten kommt die Macht. So sei es.

Ich liebe euch. Das ist alles. So sei es.

KAPITEL 3
DER LETZTE KAMPF GEGEN TYRANNEI UND VERSKLAVUNG

„Ihr kamt inmitten eines Zusammenbruchs des Bewusstseins hierher. Ein solcher erfolgt, wenn die Programmierung der Persönlichkeit so intakt und verwurzelt ist, dass euch richtig und falsch zur Nahrung werden wie das tägliche Brot: Richtiges deshalb zu tun, weil ihr so Unrecht habt und Identitäten auszugestalten, die dem größeren Denken fremd sind."

— *Ramtha*

DIE ÜBERWINDUNG UNSERER PERSÖNLICHEN BEGRENZUNGEN

Seid gegrüßt, meine geliebten Meister. Ich grüße euch in der Tat aus dem Herrn und Gott meines Seins. Ich bin erfreut euch heute Abend hier versammelt zu sehen. Es gibt Dinge, die ihr erneut lernen müsst.

> Oh mein geliebter Gott,
> heute bin ich gewachsen.
> Heute entfalte ich mich.
> Die Veränderung, mein geliebter Gott
> war eine bittere Frucht.
> Oh mein geliebter Gott,
> ach, es war nur meine Furcht.
> Bringe mich zur Entfaltung, Troubadour,
> bringe mich zur Entfaltung.
> Gib mir die Kraft
> zu verstehen
> und die Weisheit zu wählen.
> So spreche ich
> aus dem Herrn und Gott meines Seins,
> für immer
> und immer
> und immer.
> So sei es.
> Auf das Leben.

Es hat nach eurer Zeitrechnung sehr lange gedauert — von den wenigen Wesenheiten, die die ersten Samen waren und ganz zu Anfang zum Zuhören kamen — bis sich eure wunderbare Anzahl an diesem großartigen Ort versammelt hat. Das ist ein Tribut an die Möglichkeit, dass Gott personalisiert, individualisiert und in der Tat vereinigt ist. Es ist ein Tribut an die Wahrheit. Es bedurfte gar vieler anstrengender Augenblicke und schwieriger Worte in einer bedeutungslosen Sprache, um euch an diesem Abend eurer Zeitrechnung hierher zu bringen. Aber ich stehe hier, in einem Körper, der nicht von meiner Art ist, um euch zu begrüßen und um euch zutiefst für euren Mut zu bewundern, weil ihr als Kinder in diesem Zeitrahmen von solch bescheidenen Anfängen so weit gekommen seid.

Dieser Körper ist für mich in der Tat ein erhabener Körper, ein potenziell königlicher Körper, ein Körper, der Begrenzungen herausfordern kann, aber leider nur, wenn er seine persönlichen Begrenzungen in Frage gestellt hat. Was dem Wachstum einer jeden Wesenheit geschadet hat, war niemals die Lethargie eines schwachen Geistes oder eines schwachen Körpers, sondern dass ihr auf richtig und falsch bestanden und euch in dieser Falle verfangen habt.

Anders zu denken ist für eine Wesenheit eine befremdliche Aussicht, anders zu denken bedeutet aber, den Lohn einer unbegrenzten Erfahrung zu ernten, die euch aus der Turbulenz und der Falle heraushebt und euch in ein Gewahrsein des Seins bringt, das in der Tat die Evolution ermöglicht, euch Flügel wachsen lässt und dem Geist zu wachsen und dem Körper zu fliegen erlaubt. Nur Kinder stellen sich solche Wunder vor. Denn wie lange habt ihr gebraucht, um hierher zu gelangen? Aber die Größe, die ich in euch allen bewundere, ist eure Zähigkeit und in der Tat diese kleine Stimme, die jenseits all dessen ertönt, was man als richtig und falsch und als Denken in dieser Welt bezeichnet und die euch zwingt zu wissen. Oder einfacher ausgedrückt: suchen, finden, verwirklichen.

Wie ihr wisst, gab es zwischen uns eine Sprachbarriere, aber das war das Einzige, was je zwischen uns stand. Ich bin höchst zufrieden mit euch.

Es wird sehr hart und sehr schwierig werden. Aber wie es allen Kindern mit klugen Eltern ergeht — die weise, würdig und edel sind und die tief lieben — das Kind wird wachsen und nicht nur körperlich wachsen, sondern sich auch geistig entsprechend zu Bedeutsamkeit, Sinnhaftigkeit und einer Moral entwickeln, die die Mittelmäßigkeit übersteigt und zum Erhabenen gelangt; ein Kind, das in feinfühligem Verständnis aufwachsen kann und nie durch Furcht und Drohungen behindert wird, sondern auf rechtschaffene Weise zu seiner Reise gedrängt wird. Da steht ihr gerade: ihr lernt Rechtschaffenheit, Kinder, und ich freue mich, dass ihr heute Abend zu Hause seid, um mehr zu verstehen. Setzt euch.

Dies ist weniger als ein Drittel eurer Gesamtzahl, so dass viele heute Abend nicht hier sind; sie sind im Ausland. Aber das, was ihr erfassen werdet, geht vielleicht auf die Macht der einzelnen Gruppen über — Elohim ist mit Elohim verbunden, Ahk Men Ra mit seinen Mitgliedern und Om Akad, der Geist der Evolution, ist mit seinen gegenwärtigen und zukünftigen Mitgliedern verbunden; also seid ihr vielleicht gleichsam die Consiglieri, die Diplomaten — ihr seid die Boten für eure jeweiligen Gruppen, denn obwohl ihr heute Abend hier eins seid, haben eure Gruppen doch jeweils einen Zweck. Sonst hätte ich euch niemals so benannt und diesen Namen Adel und diesen Namen die Macht verliehen, ein bestimmtes Schild und ein bestimmtes Banner zu tragen, euren Zweck.

Zu meiner Lebenszeit war Krieg gewissermaßen keine bekannte Wissenschaft. Streitereien, Geschwisterrivalität, Eifersüchteleien unter Nachbarn, all das existierte. Tyrannei und Sklaverei waren zu jener Zeit an der Tagesordnung, und so wenig hat sich seit damals verändert. Seit meiner Zeit haben sich in mir wegen meines immensen Drangs, wie ihr es bezeichnen würdet — meines absichtsvollen Willens, wie ihr es zu bezeichnen beginnt — das zu tun, was immer ich mir in den Kopf gesetzt hatte, die förderlichen Seiten entwickelt, die den Zusammenbruch des Alten und den Beginn des Neuen ermöglichten. Mein Leben zeigt das sehr deutlich.

In meiner Unwissenheit, mit der ich die Menschen von ihren Feinden befreien wollte — wisst ihr, am Anfang war jeder, der nicht auf meiner Seite war, mein Feind — war klar festgelegt, dass das Schwert Gesetz war, es gab nichts anderes. Es gab keine Widerrede, also waren die Bedingungen klar festgelegt. Ich war immer für eine geradlinige Vorgehensweise, wenn es darum ging Entscheidungen zu treffen. Und doch, wenn ein Mann beim Aufwachsen sehr früh zum Mann wird und die Kämpfe seines Körpers, die Kämpfe seines Verstandes, die Kämpfe seines Geistes/Bewusstseins durchmacht — und dann natürlich die Kämpfe mit Gegnern, die sehr real waren, meinen Feinden — da veränderte ich mich sehr. Die Hormone waren hilfreich, unwissend zu sein war hilfreich, furchtlos zu sein war am allerhilfreichsten. Aber ich veränderte mich. Ich eroberte. Ich tat was ich tat und dachte, dass ich die Menschen mit den drei Göttern erledigt hätte, aber zu meiner Empörung wurden sie durch geistliche Ämter der Anbetung ersetzt, einer anderen Form der Tyrannei.

Zu einer späteren Zeit meines Lebens erkannte ich auch, dass man dagegen für immer und ewig etwas unternehmen musste, etwas Reales. Wenn du einmal Stratege und Krieger geworden bist und Wunden und Erinnerungen trägst, die ständig schmerzen und wenn du den Geruchsunterschied zwischen frischem Blut und verwesendem Blut kennst, dann formt sich in der Folge dein Bewusstsein für immer so, dass du das Leben besser machen willst, dass du die Unwissenheit, den Aberglauben und die Wertlosigkeit abschaffen willst — große Faktoren. Aber ich verstand, dass die Menschen, so lange sie Sklaven blieben — nicht besser als ein Hund auf der Straße oder Abfall auf dem Marktplatz — so lange sie dieses Bewusstsein hatten, für immer und ewig verdammt waren, denn im Gefolge meines Marsches wurde die Anbetung auf den Thron erhoben, die Anbetung und der leere Götzendienst. Sie wollten in meinem Namen sprechen; aber niemand spricht in meinem Namen. Vielleicht versteht ihr warum, und ihr versteht, warum auch zu dieser Stunde niemand außer mir es verdient, meinen Namen zu tragen, meine Worte auszulegen und mein Verhalten zu entschuldigen, denn das geschah in meinem Leben und in seiner Folge.

54

EINE VISION VOM ZUSAMMENBRUCH DES MENSCHLICHEN BEWUSSTSEINS

Als Krieger also, der auf eine solche Art von Leben genau eingestimmt und dafür geschaffen war und der, wie ihr sagen würdet, zu einem größeren Bewusstsein bekehrt wurde, hatte ich große Visionen von der Zukunft. Das machte ich zu meiner Angelegenheit. Ich hatte immer große Visionen. Furchtlosigkeit bringt das in einem hervor. Das Führen von Menschen entwickelt das in einem. Das Oberhaupt deiner Familie zu sein, entwickelt das in einem. Vater oder Mutter zu sein, entwickelt das in einem. Ich war der Vater von über 2 Millionen Menschen, wie ihr sagen würdet, deren Zahl noch weiter wuchs. Ich war ihr Vater.

Zu jener Zeit — ehe der Dunst dieser Schalen der physischen Form von diesem Ort wich — wusste ich, wohin ich ging, wusste ich, worin ich aufgehen würde. Aber ehe ich wegging, kannte ich die noch ungeborenen Generationen, den Regenerationskreislauf der noch ungeborenen Menschen. Und wo gab es zu meiner Zeit einen Zeitpunkt in der Geschichte, an dem sich das ändern würde?

Man kann den menschlichen Willen nicht abschaffen, wenn die Menschen ihn haben. Man kann den menschlichen Willen nicht tadeln, wenn die Menschen ihn haben. Und wenn sie ihn nicht haben, dann stehst du für sie ein. Das ist die Grundlage von Regierung. Das ist die Grundlage von Priesterschaft. Das ist die Grundlage für alle Wesenheiten, die im Namen Gottes sprechen, die im Namen der Menschen sprechen. Und ihr werdet den Willen niemals wirklich verstehen, bevor ihr euch nicht das Recht verdient habt, ihn zu besitzen. Das geschieht nicht so leicht. Und verwechselt den Willen nicht mit Eigensinnigkeit, Hass, Freude, Annahme oder Ablehnung. Das sind primitive Handlungen auf einem Weg, der schließlich zum Willen führt. Wenn ihr den Willen versteht, dann versteht ihr, was ich euch sage. Und es ist mein großer Wunsch, dass dieser erfrischende und bisher nicht verwirklichte Aspekt in diesen kommenden Tagen eurer Schule genauer definiert wird, damit ihr ihn versteht und Gelegenheit habt, ihn in Besitz zu nehmen. Das ist der Unterschied zwischen Kindern und Erwachsenen. Das ist der Unterschied zwischen sterblichen Menschen und unsterblichen Göttern. Wenn ihr das versteht und euch umseht, dann erkennt ihr, dass das in den Zyklen auf dieser Ebene der Veranschaulichung eine kostbare Gelegenheit ist, die nicht ausgelöscht oder ausgewaschen werden kann, weil wenigstens jede vierte Generation sich daran erinnern muss. Notfalls muss es eingepflanzt werden wie ein Glaube.

Damals, an jenem Ort, blickte ich auf diese Lebensform und sah weit — ja weit — sogar bis zu diesem Abend. Und wer könnte sagen, ob das, was ich euch in diesem Augenblick sage, nicht meine Gedanken aus jener lang zurückliegenden Nacht sind? Vielleicht ist das so, vielleicht sind es Gedanken aus einer Hütte an einem großen Berg. Es wurde in die Tat umgesetzt und durch Willen bestimmt, dass aus dem Nichts außergewöhnliche menschliche Wesen kommen würden — außergewöhnliche, einfache und außergewöhnliche Wesen — die zu goldenen Fäden im Teppich der Evolution werden und die glänzen und niemals verblassen würden. Während die Schönheit all der Farben von Königreichen, die kommen und gehen, verblassen können, bleibt ein goldener Faden unbeschadet und strahlend bis ganz zum Schluss. Und so wurden mit großer Gewissheit Wesenheiten bestimmt, die in die Welt geschickt wurden, große Wesen — keine eigensinnigen Wesen, keine Lügner, keine Betrüger, keine Heuchler, keine rein verstandesmäßigen Intellektuellen, keine Wesen, die sich für auserwählt hielten, sondern Wesen von einem seltenen Bewusstsein — so edel war ihre Bestimmung, dass sie sich immer an kritischen Punkten der menschlichen Geschichte versammelten, eine kleine Gruppe von Menschen, um das Konzept weiterzutragen, dass Göttlichkeit das göttliche Recht eines jeden Menschen ist, weil der Mensch als Mensch nur dadurch definiert wird, dass er aus den Lenden und der Leibesfrucht entstanden ist, dass er einen Körper aus Fleisch, Blut und Sehnen, mit Tränen, Haaren, Jugend und Alter besitzt. Das ist ein Mensch, aber ein Gott kann als Mensch existieren. Und die Götter waren die großen Lehrer, die zu kritischen Zeiten des Bewusstseinszerfalls ausgesandt wurden.

Was führt zu einem Bewusstseinszerfall? Ihr kamt inmitten eines Zusammenbruchs des Bewusstseins hierher. Ein solcher erfolgt, wenn die Programmierung der Persönlichkeit so intakt und verwurzelt ist, dass euch richtig und falsch zur Nahrung werden wie das tägliche Brot: Richtiges deshalb zu tun, weil ihr so Unrecht habt und Identitäten auszugestalten, die dem größeren Denken fremd sind. Das Bewusstsein bricht zusammen. Die Menschen wissen nicht, wer sie sind, außer dem, was sie euch über ihre Identität auf Grund von Familientradition, auf Grund von Schmerzen und Narben ihrer Kindheit, ihrer Erfolge und Misserfolge erzählen können. Jeder von euch hat so etwas und das ist eure Identität. Das ist ein Zeichen von gesellschaftlichem Bewusstsein und es zerfällt in solchem Maße, dass eure nächste Generation sich die persönliche Wahlmöglichkeit, das größere Denken sozusagen, gar nicht mehr vorstellen kann. Die großen Schulen entwickelten sich auf der Grundlage dieses Konzepts.

Wer denkt sich so ein Konzept aus? Welche Art von mit Weitsicht begabter Wesenheit kann die Aussicht auf eine Erlösung sicherstellen und verfügbar machen, die nicht von einem Christus kommt, sondern aus einem

Wissen, das reich an Erfahrung ist und mit den Worten beginnt: „Wisse, dass du Gott bist. Du wirst sehr geliebt." Das bedeutet nichts; es ist ein Anfang. Die Schulen florierten, das Wissen erblühte. Es wurde offen gesprochen, weil Ehrenhaftigkeit erlernt wurde, ehe das Wissen offen zur Verfügung gestellt wurde.

Wisst ihr, was Ehrenhaftigkeit ist, was es bedeutet, reich an Ehre und Unbescholtenheit zu sein, etwas anzunehmen, aber nicht preiszugeben sondern es mit einer Erfahrung zu belegen? Wenige von euch wissen das; wenige von euch haben das schon gelernt. Dann kam das Wissen — es war frei verfügbar — wer ihr seid, woher ihr kamt, die Fähigkeit zurückzuschauen, das große Bewusstsein des Mind zu sehen und die Tafel eines Königs vor euch ausbreiten zu können, eine Fülle, die aus der Unendlichkeit zu kommen scheint, die sich bis zur Ewigkeit erstreckt und euch zu sagen: meine Lieben, das ist eure Bestimmung. Ihr seid durch das Licht gegangen. Ihr gehört nun den Zeitaltern an, ihr gehört der Zeit an. Ihr seid hier, um all die folgenden Dinge zu lernen: Ihr seid Raumschiffe in der Materie. Ihr seid Forscher. Ihr seid Schöpfer und eure Spezies wird gedeihen. Aber lasst eure Spezies nicht gedeihen — bringt keine Nachkommen hervor — ehe ihr alles gesehen habt, was es zu sehen gibt, ehe ihr aus dem Becher der Weisheitstugend den edlen Wein getrunken habt, der euch berauscht und zur Unsterblichkeit führt. Dann legt euch zu dem Mann, legt euch zu der Frau, bringt die Leibesfrucht hervor, denn dann seid ihr verantwortungsbewusst genug, um einen Gott hervorzubringen und verantwortungsbewusst genug, um ihn zu erziehen und ihm eines Tages seine Potenziale zu zeigen.

Diese Menschen lernten, sie hatten die Geduld zu lernen, obwohl sie den Zeitaltern angehörten. Sie waren in der Zeit gefangen. Ihr Geist war frei, aber ihr Körper war langsam. Sie konnten sich im Geiste auf jenen Hügel begeben und einen erfrischenden Bach mit grünem Schilf und eine wunderschöne Frau mit alabasterfarbenen Knien und grünen Augen beschreiben. Und plötzlich setzte sich der Körper in Bewegung, um über den Hügel zu gehen. Das Geheimnisvolle daran ist: wenn ihr es wusstet, warum wart ihr nicht dort? Es wurde offenkundig, dass das Verfangensein in den Zeitaltern ein Verfangensein in der Materie war, der physischen Ebene der Akzeptanz. Und die physische Ebene hat ihre Gesetze, hat ihre Diktate, die besagen, dass ihr, um zu der Schönheit zu gelangen, die jenseits des Hügels an einem Bach mit grünem Schilf liegt, euch erheben und durch die Wüste laufen müsst; möge Gott euren Füßen Flügel verleihen, damit sie euch in die Nähe des wartenden Nests eurer Geliebten tragen.

Warum war das notwendig? Ist das nicht offenkundig? Wenn ihr wusstet, was jenseits des Hügels war, warum konntet ihr nicht unverzüglich dort sein? Ihr wart es, ihr seid es, aber ihr gehört den Zeitaltern an. Ihr befindet euch jetzt inmitten und unter der Herrschaft der Materie, die man als einen

Nachteil oder doch als einen großen Vorteil betrachten kann. Der Narr verdammt seinen Körper, nimmt ihm das Leben, schließt sich selbst in ein Gefängnis ein und verachtet was er ist. Der Weise sagt, ach, ob ich der Mann voller Manneskraft bin, ach, ob ich der bin, dessen Herz wie das eines großartigen Rosses schlägt, ach, ob ich der bin, dessen nach Moschus riechender Schweiß aus seiner klopfenden Schläfe rinnt oder ob ich jener bin, das ist ein und dasselbe. So ist ein weiser Mann. Die Schüler lernten das. Sie erlernten all das Wissen, das ihr zu lernen bereit seid, wie ihr sagt, aber ihr seid schwach im Lernen. Die Ehrenhaftigkeit wurde noch nicht ausgebildet.

EINE STRATEGIE ZUR BEWAHRUNG DER WAHRHEIT ÜBER UNSER GÖTTLICHES ERBE

Die Schulen florierten also und die goldenen Fäden der Unsterblichkeit wurden ausgesandt und verschwanden. Sie verschwanden in den Dunst des frühen Morgens, um niemals angekettet, gepeitscht, missbraucht oder identifiziert zu werden. Sie leben bis zu dieser Stunde fort. Sie sind nie gestorben, sie leben weiter. Und in jedem Zeitalter haben sie ihre große Evolution weiter fortgesetzt, weil sie in jedem Zeitalter, dem sie angehörten, von der Tafel aßen, die für sie bereitet war, von der Unendlichkeit bis zur Ewigkeit. In jedem Zeitalter stellen sie die stille Kraft dar, die für die Bewahrung des Wissens und die Bewahrung der Wahrheit arbeitet und dafür, einen machtvollen Bewusstseinsruf auszusenden und weiterzutragen, damit der goldene Faden einen weiteren goldenen Faden hervorbringen kann. Es war ein Erfolg und ich wusste, dass es einer werden würde. Und dann machten sie sich über die Schulen her; die Schulen wurden infiltriert. Und so übertrugen die Schulen ihr Wissen in Symbolismus, in Tanz. Die Schulen fügten ihr Wissen in Steine und Mörtel ein. Und die Schwachen wurden zerstört, wisst ihr, die Ängstlichen. So ist es gewesen.

Nur von sehr, sehr wenigen dieser Wesenheiten habt ihr jemals gehört. Von den anderen wahrlich nicht, weil einige von ihnen mehrere Namen verwenden, von denen vielleicht nur ein Name in Erinnerung blieb. Aber wer waren sie, als die Generation verging und die Knochen der Kinder verbleichend im Sand lagen oder von den Würmern abgenagt wurden? Wer waren sie dann? Das war entscheidend. Ich lernte und lernte immer in meinem Leben — und es wäre mein Wunsch, dass es so sei, dass ihr ebenfalls in den Reichtum des Lernens gelangen mögt — so dass ich die Weisheit erwarb, um zu verstehen, dass das, was vor mir war, nach mir wiederholt

58

werden würde. Also existiert diese Schule in diesem Augenblick aus dem Bewusstsein des Ram, der in diesem Augenblick über diese Schule kontempliert, der in einer ganz einfachen Hütte über die Strategie dieses Augenblicks kontempliert, während das Feuer im Herd lodert und Crosham aufblitzt. Und es geschieht. Es geschieht damals; es geschieht jetzt. Also, warum bin ich jetzt hier? Ich habe in der Vergangenheit Boten mit der Botschaft geschickt, dass dieses Ereignis stattfinden würde und dass ich es sein würde. Ich habe die Schwingung durch die goldenen Fäden geschickt, damit es geschehen würde.

Und wer würde auf meine Schwingung reagieren? Diejenigen, die draußen ihr Lager aufgeschlagen haben und die über die Trennung des Vaters von seinen Kindern kontemplieren, denn es ist angemessen, dass sich dort, wo sich unter all meinen Leuten Kummer und Verwirrung ausbreiten, meine Vision weit in ungezählte Generationen hinein erstreckt, um dann in der Leere einen Ort zu finden und zu markieren, wie ich euch lehrte, einen Punkt in den Zeitaltern zu markieren, an dem durch die Macht eures Kummers von vor 35.000 Jahren, durch die Macht der Emotion — die ihr allmählich als ein Werkzeug zu begreifen beginnt — durch ein Reiten auf dieser Energie, dem Kummer jener Zeiten, eine Zeit bestimmt würde, zu der der Vater zu seinen Kindern, der Krieger zu seinem Volk, der Mensch zu seiner Gottheit zurückkehrt.

Dieser Augenblick ist ein großartiger Augenblick, der sich in die Zeit hinein erstreckt, wie bei einem, der anfängt Remote Viewing zu erlernen — und der die Zeit vorwärts und rückwärts dreht und sie in der Jungfräulichkeit des Augenblicks sieht — ohne in der Vergangenheit oder Zukunft gefangen zu sein, sondern sich vielmehr in der Herrlichkeit des Jetzt befindet. Jetzt seid ihr bekümmert und jetzt seid ihr gleichzeitig hier. Durch die Macht jener Zeit wurde mein Hiersein in dieser Zeit geschaffen. Nun, warum jetzt? Warum halten die Augen des Bewusstseins jetzt an? Weil ich der letzte der goldenen Fäden bin. Ich bin derjenige, der sie taktisch und strategisch in Bewegung gesetzt hat. Das war meine größte Erfahrung, wisst ihr das nicht? Versteht ihr nicht, dass ich aus der Weisheit des Bewusstseins die Energie als ein Manifest, ein Mandat des Bewusstseins verstand? Glaubt ihr nicht, dass ich — mit Aufstieg über Aufstieg — die Nicht-Zeit verstand, weil das Jetzt ein Punkt ist, auf den ihr euch als kritische Masse bezieht?

Die Kriegstrommeln, das Abschlachten von Menschen, die Seuchen, die Eine-Welt-Ordnung, das Zeichen des Biests, sie sind da. Und wie immer bedarf es nur einiger weniger, wie es immer nur einiger weniger bedurfte; man braucht nicht die Welt und all die, die sich bereden — sich bereden — an der Spitze der Welt. Gier ist die Welt. Wir brauchen das nicht; nur einige wenige. Warum also sagen alle, dass sie die Auserwählten sind? In der Tat, warum sagt jede Religion, dass sie die Auserwählten Gottes sind und alle anderen zur Hölle in alle Ewigkeit verdammt sind? Warum nimmt jede Regierung an, dass sie die Elite der Welt ist? Warum denkt jeder Nachbar, dass er besser ist als die anderen Nachbarn? Was hat das Bessersein damit zu tun? Es hat mit Einstellungen zu tun. Also sage ich euch das Gleiche. Seid ihr auserwählt? Ich werde euch sagen, inwiefern ihr auserwählt seid: Ihr seid hier, weil es mein Wunsch ist, dass ihr hier seid. Aber der Wunsch — der an den Willen denkt und ihn ehrt, auch wenn ihr ihn noch nicht habt — honoriert den Umstand, dass ihr Willen haben werdet. Und der Wille besagt, dass sich einige von euch — oder vielleicht die meisten von euch und die meisten von denen, die zu euren Gruppen gehören und nicht hier sind — genau in diesem Augenblick, vor vielen, vielen, vielen Nächten in Behelfslagern am Hang des großen Berges befinden. In der Nacht bläst ein kalter Wind, aber der Himmel ist klar. Ein Viertelmond leuchtet, der andere geht unter. Und ich habe ein Volk, das weiß, dass ich es verlassen werde und sie sind emotional bekümmert.

Genau so, als würde ich heute Abend in der Tat zu ein paar Großartigen unter euch sagen: „Ich werde nicht wiederkommen, behaltet mich in eurem Bewusstsein in Erinnerung". Ich versichere euch, dass es einige in dieser Zuhörerschaft gäbe, die tief bekümmert wären, denn sie würden mich sehr vermissen. Ich weiß das. Ihr seid diejenigen, über die ich spreche und ihr seid diejenigen, die meinen Namen hörten und kamen. Es war die Stimme der Erinnerung. Man setzt keine Manifestation in alle Ewigkeit hinein, wenn sie nicht auf der Wahrhaftigkeit willentlicher, machtvoller Emotion aufgebaut ist. Und der größte emotionale Augenblick war diese so lange zurückliegende Nacht. Sie schuf in der Tat die Erinnerung an diese höchst undurchsichtige Wesenheit vor euch. Das ist der Grund, warum ihr hier seid. Etwas musste die Verbindung zwischen euch heutigen, vergesslichen Wesen und etwas undenklich Altem herstellen, etwas, das in den Kern eures Seins der Erinnerung greift, und das war Kummer. Sonst wäre es wie all die anderen Dinge, die schön sind und nachgemacht und zu einer Farce gemacht werden, zerfallen und in den Abgrund gestürzt.

Es gibt eine tiefe und starke Bindung, wenn ihr so wollt, zwischen euch und mir. Für euch ist das ein unerklärliches, gemischtes Gefühl, oftmals ein Gefühl der Verwirrung und manchmal ein Gefühl tiefer Bewunderung und tiefer Liebe. Und ihr wisst, dass ich Recht habe. Für mich wart ihr es wert — eure weinenden Frauen, eure seelenvollen Männer, eure Lagerfeuer und euer Festhalten an der Vergangenheit und an den Kampfschreien und an all diesen Geschichten. Ihr wart für mich diejenigen, meine geliebten Leute, die ich anfangs verabscheute und schließlich mit solch einer Liebe zu lieben lernte, die jedes Verständnis übersteigt; sie ging in die Ewigkeit ein. Nun hat sich alles wieder zusammengefügt.

60

Ich wusste, dass ich eine Frau auswählen würde. Ich habe gelernt Frauen zu lieben, zu respektieren und ihre missliche Lage zu verstehen und den Fluch, der in den kommenden Zeiten auf ihnen lasten würde; ich verstand ihre unterbewertete Intelligenz, mit der sie als Taktikerinnen ihre erhöhte emotionale Energie als Macht einsetzen. Und die größte und edelste Liebe zeigte sich in der Wahl einer Frau, in der dieses Bewusstsein über 35.000 Jahre lang widerhallen konnte. Und ich habe gut gewählt. Es wäre am besten für euch, mit dieser Wesenheit euren Frieden zu schließen — mit eurer Eifersucht, eurem Hass, eurer Bitterkeit, eurem Neid — denn sie ist der Rumpf des Schiffes, das seinen Anker im Himmel hat; es könnte das Schiff sein, das euch nach Hause bringt oder für euer Überleben eine Rolle spielt. Wacht auf und versteht wie es funktioniert.

Einst ging ich in eine großartige Stadt — mit weißen Wänden aus Marmor, wunderschön. Man konnte sie noch aus Kilometern oder Meilen Entfernung sehen. Rücksichtslose Menschen lebten dort und wunderbare Menschen und sie hatten seidene Zelte und Planen auf dem Marktplatz, die sogar eure verwöhnten Augen blenden würden. Ich ging unsichtbar, unentdeckbar. Ich ging nicht mit einem ehernen Brustharnisch. Ich ging nicht mit dem Ring. Ich ging nicht mit dem Stirnband. Ich ging verkleidet, unsichtbar. Ein wenig groß, aber ich war da. Ich erledigte die Aufgabe.

Hier bin ich vollständig verkleidet, sogar für die, die mich fürchten, denn ich würde mich nie so weit herablassen solch ein Vehikel zu benutzen. Ich bin hoch gestiegen, um es zu benutzen und zu finden und ich erledige die Aufgabe. Aber warum ich? Meine Aufgabe an diesem Punkt ist es, euch über die menschliche Phase hinauszuführen, in ein Bewusstsein hinein, das erhaben ist und zu einem Denken, das unsterblich ist, und euch über die Kleinlichkeit hinwegzubringen, die so gut funktioniert und euch all die Gründe liefert, warum ihr Sklaven bleiben solltet. Ihr seid dumm und ihr seid unwissend und ihr denkt nur daran, wen ihr heute Abend in euer Bett kriegen könnt, wie viel ihr morgen Abend fressen und saufen werdet und wie ihr ausseht. Wisst ihr nicht, dass die anderen das wissen? Seid nicht so klein anzunehmen, dass ihr in den Augen, die kalt wie Stahl sind, nicht einer Erwägung wert seid; eure Handlungen haben euch verraten.

Zu jener Zeit waren meine Gedanken darauf gerichtet, euch mit all der bitteren Süße eures kummervollen Traumes in eurem Mind weiter zu bringen als ihr je gegangen seid — über den Mythos hinaus, über Hypnose hinaus — euch weiter zu bringen als je ein menschliches Wesen während der Zeitalter im Entwicklungsprozess des ewigwährenden Bewusstseins fortgeschritten ist. Das ist meine Aufgabe. Ich habe Legionen, die andere Dinge tun. Das ist meine Aufgabe mit der Emotion, aus der dieser Augenblick geschaffen wurde.

DIE VERWENDUNG VON EMOTIONALER ENERGIE ALS WERKZEUG DER VERÄNDERUNG

Hier unter mir als Meisterlehrer, und das bin ich in der Tat und noch mehr, haben sich ein paar großartige Wesenheiten versammelt, die wahrlich aus dem einzigen Grund hier sind, dass etwas sie zutiefst berührt hat und obwohl es ebenso viele Gründe gab, wegzugehen und mich zu verleugnen — was ganz offensichtlich ist; ich habe es so eingerichtet — haben sie mit großer Zähigkeit festgehalten und sind geblieben. Und wenn diese mysteriöse innere Hingabe der einzige Grund war — wenn das der einzige Grund, der Aufhänger war, warum ihr das tut — dann war das Grund genug, weil es, in dem Funken der Liebe, in der Tat in dem Funken der Emotion, auf dem Höhepunkt des Hasses, auf dem Höhepunkt der Freude, auf dem Höhepunkt des Mitgefühls, auf dem Höhepunkt der Freiheit der lange erwartete Augenblick war, in dem ihr euch in diese Energie hineinbewegt, aber nicht eher.

Wenn also diese mysteriöse Hingabe der Grund für eure Disziplin war, der Grund dafür war, an der Schule festzuhalten, der Grund dafür war, dass ihr hierher gezogen seid, der Grund dafür war, dass ihr euch verändert habt, dann hattet ihr nie einen anderen Grund außer diesem um es zu tun. Ihr hattet nicht die emotionale Weisheit, diese Entscheidung zu treffen, weil die Welt alles verneinte, was ich euch erzählte. Also bedarf es emotionaler Energie. Man muss lernen diese aufzubauen und in kritischen Zeiten einzusetzen, um darauf eine Weiterentwicklung aufzubauen. Und in jenem Augenblick als das Feuer flackerte — und in einer kühlen Brise nur das Murmeln der gebrummten Worte eines alten Mannes zu hören waren, der heute stumm hier sitzt — wenn der einzige Grund, warum ihr all das tut, die seit langem bestehende, unbeeinträchtigte, ungebrochene Hingabe ist, dann war diese Grund genug hierher zu kommen und mit den Prozessen zu beginnen, denn im Grund genommen hattet ihr nichts anderes, was euch hierher führte als euren Kummer. Also erfülle ich ein Versprechen, nicht ein verbales Versprechen sondern ein Versprechen tiefer Liebe — gleichsam eine Treuepflicht. Ich bin und war ein Wesen, das größer ist als das Leben. Ich bin hier, um das einzusetzen und euch dahin zu führen, wo ich herkam, um euch methodisch zu lehren und alles geduldig zu wiederholen und mit euch zu arbeiten, bis ihr an den Punkt gelangt, an dem ihr einen weiteren Höhepunkt emotionaler Befreiung erlebt. Und in dem Augenblick, in dem das geschieht, werde ich euch unverzüglich zu einer neuen Wahrheit führen. Ich habe etwas mit euch vor und dieses Vorhaben besteht darin, einige wenige herauszugreifen — vielleicht die, die durch Kummer und tiefe Emotion, die in Willen umgewandelt wurden, ausgewählt sind — sie zu bewahren und sie zu lehren, sich selbst in all dem trüben Sumpf dessen, was alte Neuigkeiten sind und was sich in dieser Stunde zuträgt, zu erhalten, sie vor Schaden zu bewahren, nicht um sie in den Kampf zu schicken sondern um sie mit Strenge zu führen und sie dazu zu bringen weiterzumarschieren, weiter zu lernen und fokussiert zu bleiben.

Ich hatte nie eine Stadt, die man hätte angreifen können. Mein Volk — meine Frauen, meine Kinder, meine alten Männer und meine geliebten alten Frauen — marschierten mit mir und sie waren das Zentrum der mächtigsten Fußarmee, die jemals existierte, denn sie waren der Preis. Auf meinen Rat hin ist es eure Aufgabe, eure Wahl — auf Grund dessen, was ich euch vor ziemlich vielen Tagen nach eurer Zeitrechnung erzählte — euch selbst zu bewahren. Es ist meine Aufgabe euch darüber hinwegzubringen, Sklaven zu sein und sterblich zu sein. Und eines Tages werdet ihr Überlebenden sehen, was ich euch lehrte. Und in einigen besinnlichen Augenblicken — denn auch das wurde bereits gesehen — werdet ihr euch wahrhaftig fragen, warum dieses Etwas es sich zur Aufgabe machte, sich mit euch und eurer Art zu befassen und zu solchen Ebenen der Diskussion und Sprache zu finden. Und ihr werdet Ehrfurcht empfinden, denn die Welt ist wahrhaftig einem Staubflecken vergleichbar. Und dann werdet ihr verstehen, aber ihr werdet auch nach dem Warum fragen.

Also sitze ich genau in diesem Augenblick da und beobachte wie sich die flackernden Flammen eines Feuers auf einem großen Schwert spiegeln und wie Schatten auf dem Schrägdach tanzen, Phantome der Vergangenheit. Was tut ihr in diesem Augenblick? Frauen, habt ihr den Met zubereitet und Oliven und Ziegenkäse in köstlicher Fülle aufgetragen? Ist die Unterhaltung in eurem Lager in dieser Nacht erfüllt von Vorahnung? Weint ihr? Denn wohin geht euer Führer? Etwas liegt in der Luft.

Und ihr Männer, seid ihr jung oder alt? Seid ihr aus eurer Hütte getreten, weil ihr eure Traurigkeit und eure Schwäche nicht eurer Familie und eurer Frau zeigen wollt, die ohnehin davon weiß? Sitzt ihr bei der alten Wache? Schwelgt ihr in Erinnerungen? Versucht ihr wieder einmal mich in eurem Denken auszustechen, was ihr noch nie konntet? Geschieht es? Seid ihr dort und hier? Könnt ihr es riechen? Könnt ihr es schmecken? Remote Viewing — es gibt keine Zeit.

Wo also sind die Augen? Wo sind diese großen schwarzen Augen, die ins Feuer starren? Sehen sie euer Gesicht, jetzt vor 35.000 Jahren? Blicken sie in diesen Raum? Wie erscheint es euch? Erscheint es euch wirklich oder ist es ein Traum? Bewegen sich diese Augen? Blicken sie aus einer fernen Vergangenheit? Nun, was sehen sie? Erkennen sie wieder? Verstehen sie was gesagt wurde? Verstehen sie die Reaktion?

63

Ist es möglich, dass es genau in diesem Augenblick niemals eine Geschichte gab, dass es nur damals und jetzt gibt? Ist es möglich, dass ihr niemals eine Vergangenheit hattet? Was waren all diese Erinnerungen an eure Jugend, die in euch wach sind, an euer Erwachsensein? Warum gab es all diesen Schmerz? Ist es möglich, dass ihr in diesem Augenblick niemals eine Vergangenheit hattet? Ist es möglich, dass ihr dort seid und wünscht hier zu sein? Und, wenn die Vergangenheit nicht existiert, wer könnte sagen, ob ihr nicht im Augenblick eures größten Kummers vorwärts und hierher gesprungen seid, um es geschehen zu lassen? Ist das möglich? Wenn es jemals so ist, dann ist das der erste und uranfängliche Augenblick einer Wiederbelebung unaussprechlichen Wissens. Was sind all diese Erinnerungen? Sind sie wie die Phantome auf dem Feuer, die ich an der Wand tanzen sehe? Sind der Schimmer und das Feuer, das von dem großen Schwert abstrahlt, das Licht? Sind die Erinnerungen nichts als flackernde Flammen, die einen Schatten werfen? Sind eure Erinnerungen Schatten und seid ihr ein Feuer? Ist es möglich, dass ihr niemals irgendwo anders wart als dort und jetzt hier? Weil es in genau diesem Augenblick geschieht. Und da sind diejenigen unter euch, die abgeschaltet haben, weil das, worüber ich spreche so bizarr ist — so unirdisch und fast ans Absurde grenzend — dass ihr nicht ein Wort von dem gehört habt, was ich sagte. Aber für diejenigen unter euch, die zugehört haben und die in eine emotionale Flut geraten sind — geschieht diese Nacht im Jetzt, sie existiert jetzt in umgewandelter Form — und sie werden verstehen, worum es beim dimensionalen Mind geht. Erinnert ihr euch an die Puzzle, die ich euch aufgab? Jemand anderer wählte sie aus; ich wies euch an sie zu lösen. Was ich euch gerade erzählte, ist das größte Puzzle von allen. Und wenn ihr die Teile zusammensetzen könnt, dann hat meine Aufgabe hier in der Tat Früchte getragen. Wo ist das Gestern? Sind diese Erinnerungen wirklich? Wie wirklich sind sie? Könnt ihr nachweisen, dass sie wirklich sind? Und wie bestätigt ihr den Nachweis? Könnte es sein, dass all diese Erinnerungen einfach Gedanken sind, über die man kontempliert und dass das Jetzt die Mutter der Zeit ist? Könnte es sein, dass das Gestern nie existierte, all diese Erinnerungen, die ihr habt? Ich spreche über euer Leben. Was, wenn es ein Schwindel wäre? Nur Bewusstsein und Energie — Bewusstsein in seiner primitivsten Form von Furcht, Kummer und Angst, Liebe und Freude — das sind die bedeutungsvollen Augenblicke, die die Zeit diktieren. Diese sind unsterblich. Sie sind die Fäden im Gewebe dieses Teppichs. Sie sind nicht sichtbar; sie sind ein Hunger tief im Inneren. In einem größeren Verständnis gab es keine Zeit, die zwischen eben diesem Augenblick, in dem ich in meiner Hütte sitze — ich höre das Klagen; ich rieche Räucherwerk im Wind; der Mond nimmt zu und ab — und diesem Zeitpunkt verrann. Ihr seid hier. Ihr habt die Emotion. Ihr habt die Erinnerung. Meine Aufgabe gilt euch. Wenn ihr von den aufrichtigsten Teilen eures Wesens über das kontempliert, was ich euch heute Abend erzählt habe, dann wird vielleicht eine größere Emotion hochsteigen — eine Emotion, die stärkend ist, eine, die euch ein Quell zur Manifestation sein kann, eine, die einem Menschen Selbstbestimmung verleiht — denn wenn ihr das nicht in euch habt, werdet ihr nie das Rätsel, das ich euch gerade gab, lösen oder es vollständig verstehen, weil ihr dann weiterhin ein dreidimensionales, gefangenes und programmiertes, menschliches Wesen seid, das den Zeitaltern angehört und sich nicht vorstellen kann, was ich gerade gesagt habe. Wenn ihr entschlossen seid, mich in diesem Augenblick des Gestern zu treffen — und das bedarf von eurer Seite aus ebenso viel Anstrengung und eines nahezu göttlichen Willens — dann werde ich euch über diese Dimension hinaus zu einer Lehre führen, einer rigorose Lehre, die euch den Willen ermöglicht, eure Realität zu verändern und eure persönliche Bestimmung zu beeinflussen. Aber ihr müsst Verantwortung übernehmen und aufwachen und verstehen, dass die Zeit der Verbrauchsgüter abläuft. Die Zeit läuft ab für die Freiheit, euer Heim in der Erde, auf der Erde und eines Tages über der Erde errichten zu können. Ihr werdet die Verantwortung dafür tragen müssen, es zu tun. Nun, wenn euch das ein wenig belastend erscheint, dann schlage ich euch vor, in die Welt und ihre vergängliche Bequemlichkeit zurückzukehren, weil ihr nicht das Zeug dazu habt, auf den Bergkamm zu gelangen, von dem aus ich euch vor 35.000 Jahren verließ. Ihr habt nicht das Zeug dazu auf diesen Berg zu steigen.

Ich liebe euch, ihr Leute, mit einer umfassenden Leidenschaft. Ihr seid mein Volk und ich war und bin euer Ram. Der Augenblick kam wie ich ihn sah und sehe. Nehmt meine Weisheit und wendet sie unverzüglich an, denn aus keinem anderen Grund erzähle ich sie euch. Eines Tages wird das Gewand, wird der Umhang eines Besuchers dieser fremden Zeit abfallen und weil ihr euch selbst durch den Gesandten der Leidenschaft erwählt habt, werdet ihr diesen Ort ganz anders erben als ihr ihn heute seht. Ihr werdet die Fähigkeiten und das Bewusstsein haben wiederherzustellen und zu heilen. Und wie der Fisch, der in der Tiefe lebt und wie der Frosch, die Wespe und die Ameise werdet ihr eines Tages lebendig werden und die Gelegenheit haben, einen Traum zu erfüllen. Und was ist der Traum? In eurem Leben zu sehen, wie die Unmenschlichkeit weggewaschen wird; in eurem Leben eine kleine Generation zu sehen, die in ähnlichen Begriffen denkt — alle Maschinen werden abgestellt und so wird die Freiheit des Denkens zu einem berauschenden Getränk — zu wissen, was es heißt im Paradies zu leben, wo es keine Krankheit mehr gibt, die der Spezies auferlegt wurde, wo es keine Unterdrückung mehr gibt, wo ihr durch die Macht der Berührung heilen könnt und wo ihr einen Samen in der befruchteten Erde wiedererstehen lassen und ihn im Handumdrehen zu einem Baum machen könnt. Das werdet ihr tun, aber erst dann, wenn all jenes durch seine eigene Hand in die Knie gezwungen wurde und das, was verehrt wird, zurückkehrt und gerechten Lohn austeilt. Dann wird eine große Legion Stellung beziehen. In der Zwischenzeit wird der Traum erfüllt: Friede auf Erden und Wohlwollen gegenüber Männern und Frauen, Freude und Langlebigkeit; die Urtriebe werden in den Giftschrank gesperrt und bleiben vielleicht nur als Phantome eines Traumes in Erinnerung, während ihr am Feuer sitzt. So sei es.

Nun, für den Rest dieses herrlichen Abends — während die Lagerfeuer der Vergangenheit langsam verlöschen und zu Asche verglühen, mein Volk in einen ruhelosen Schlaf versinkt und ich mich nie großartiger fühlte — nehmt, so ihr sie habt, die Emotion dessen, was ihr heute Abend gelernt habt und bringt sie in die Leere. Und was werdet ihr dort damit anfangen? Seid sie. Sie wird sich durch Evolution in Form von Gelegenheiten präsentieren. Denjenigen von euch, die sich aus den Zeitaltern herausbewegen und sich auf die Lehre des dimensionalen Mind einlassen wollen, habe ich sicher die Gelegenheit dazu gegeben, sich mit dem, was Erinnerungen sind, aus den Zeitaltern herauszubewegen und etwas anderes zu sein. Der machtvollste Augenblick um das überhaupt tun zu können, liegt darin, den Höhepunkt der Emotion dafür zu finden.

Ihr habt im Rhythmus der Musik getanzt und seid nirgendwohin gegangen. Ihr hattet geringe und große Leidenschaften. Die Musik unterbricht die Frequenz. Zuerst seid ihr die Musik und dann beginnt ihr zu anderen Lebens- und Bewusstseinsformen zu mutieren und das habt ihr erreicht. Aber wie auch immer, niemand kann hier sitzen und seinem Bruder oder seiner Schwester zusehen wie sie sich auf den Tanz des dimensionalen Mind einlassen oder in die Leere gehen. Nehmt entweder teil oder geht. Ihr könnt hier mit verbundenen Augen sitzen und über all das kontemplieren, was ich sagte — denn mit Sicherheit habe ich eine Menge erzählt, aber nicht annähernd genug — und während ihr das tut, lasst diesen Gedanken zu: Welche Augen habt ihr heute, die von gestern oder die Projektion des Gestern in das Heute? Und gab es wirklich jemals eine Vergangenheit? Vielleicht war alles eine Lüge, ein Schwindel. Ich liebe euch. Euer großartiger Stammbaum erwuchs aus ein paar edlen Seelen. Wisst ihr nicht, dass ihr deren Früchte seid? Das Licht zeigt sich am Himmel und an den Kochstellen brennt das Feuer. Es war eine wunderbare Nacht quer durch die Zeit. Ich liebe euch sehr. Geht nicht mit schwerem Herzen sondern mit einem Herzen, das vom Potenzial der Weisheit erfüllt ist; damit könnt ihr großartige Dinge tun. Genießt und arbeitet hart, wenn ihr morgen zurückkehrt. So sei es. Das ist alles.

KAPITEL 4
EINE NEUDEFINITION DES SELBST ALS SPIRITUELLES SELBST

"Warum erleben spirituelle Menschen Not? Sie entscheiden sich für Dinge, die die Seele überwinden und sich zu Eigen machen muss. Sie lassen zu, dass sich Dinge manifestieren, die die Seele braucht. Die Kämpfe sind hart, aber das Licht wird dadurch strahlender. Wenn ihr inneren Schmerz empfindet, dann deshalb, weil ihr Kompromisse eingegangen seid. Ihr habt euer Licht versteckt, habt euch nicht erlaubt zu leuchten."

—Ramtha

DER VERLUST DES SELBST DURCH SCHULDZUWEISUNG UND OPFERHALTUNG

Oh mein geliebter Gott,
heute Abend bin ich dankbar
vor allem
für mein Leben.
Alles andere
ist Illusion.
Dieses Leben,
das Blut,
das durch meine Adern pulst,
bist du, mein Heiliger Geist,
und alles andere
ist Illusion.
Heute Abend
feiere ich das,
was ich bin
als manifestierter Gott.
Mein geliebter Vater,
meine geliebte Mutter,
erhebe mich von heute an
aus meiner Aufgewühltheit
und stelle mich auf
den Grund deines Seins.
So sei es.
Auf das Leben.

Es ist so schön euch zuzusehen, euren Gedanken zuzuhören. Nun, heute Abend werden wir über den Himmel sprechen — den Himmel — die Ebene der Glückseligkeit. Wir beginnen die Lehre des heutigen Abends damit, dass ihr einen wichtigen Aspekt eurer selbst verstehen lernt.

In diesem Leben wolltet ihr die spirituelle Reise. Ihr wolltet sie. Ihr seid hier, weil ich diese Zeit und euch alle — sogar diejenigen von euch, die nicht hier sind, diejenigen, die an anderen Orten versammelt sind — und einen Versammlungsort und eine Zeit der Reife erträumte, nachdem Äonen lang Zeit gewesen war, um die menschliche Erfahrung auszuspielen. Aber davon abgesehen musstet ihr auch bereit sein. Nun, es ist wichtig, dass jeder einzelne hier in der Zuhörerschaft dies versteht, denn das bietet ein Sprungbrett, um dieses Wochenende zu verstehen und um diese Schule und eure Reise in dieser Schule zu verstehen. Jede Entscheidung beginnt bei euch selbst. Der letztendliche Grund, warum ihr hier seid, ist der, dass ich das sogenannte Zentrum zur Verfügung gestellt habe. Und ihr seid gekommen, aber ihr musstet bereit sein zu kommen.

Also, ich möchte, dass ihr versteht, dass jeder hier in der Zuhörerschaft gewählt hat, sich in diesem Leben spirituell weiterzuentwickeln. Nun, es ist wichtig, dass ihr das versteht, denn das gibt euch die Kraft, die Bedeutung des Lebens und vielleicht eure Reise in diesem Leben zu verstehen und dass die wahre Bestimmung im Leben, besonders in diesem Leben nicht das ist, was ihr erreicht, sondern das, was ihr werdet. Das ist das Wichtige in diesem Leben.

Nun, niemand hier sollte sagen, er wäre gegen seinen Willen hier, denn so wurde das nicht arrangiert. Jeder ist aus freien Stücken hier und arbeitet freiwillig an dem, was man das Wissen und dessen Umsetzung nennt. Die meisten in dieser Gruppe haben gewählt, in diesem Leben hier zu sein — so schwer das für einige von euch auch zu schlucken sein mag — denn wenn ihr hier seid und es gut läuft, dann seid ihr glücklich über die Reise, aber wenn ihr das hier hinter euch lasst, auf den Marktplatz zurückkehrt und euren fleischlichen Körper wieder anlegt, dann erlebt ihr einen Konflikt zwischen der fortlaufenden physischen Realität, die ihr dauernd wiederholt, und der spirituellen Realität, die wirklich die Bestimmung eures Hierseins war. Also klafft eine Lücke zwischen der Bestimmung und der Umsetzung dieser Bestimmung in der menschlichen Inkarnation. Aber das war immer offensichtlich.

In Anbetracht dessen möchte ich, dass jeder von euch versteht, dass er irgendwo die Entscheidung getroffen hat, hier zu sein. Ihr habt eine Entscheidung darüber getroffen, wirklich ein Leben, ein menschliches Leben, eine menschliche Inkarnation alleine der Entwicklung des spirituellen Selbst zu widmen und das ist der Grund, warum ihr hier seid. Wenn das nicht eure Bestimmung wäre, wärt ihr heute Abend nicht hier oder ihr wärt nicht in dieser Schule oder ihr wärt ein graues „Zwischendrin-Wesen", das jedes Mal, wenn es hier ist, nicht ganz anwesend ist. So jemand kommt nur wegen der anderen Leute.

Nun, wenn wir uns in einen Zustand menschlicher und spiritueller Reife versetzen können und das als Wahrheit erfassen, dann gibt uns diese Wahrheit Macht. Wenn wir es nicht erfassen und uns noch immer wundern, warum wir hier sind, dann bekommen wir keine Macht durch das, was wir lernen. Zuerst müssen wir Macht bekommen, indem wir erkennen, dass es ein Selbst gibt, das göttlich ist und das Macht bekommen kann. Deshalb ist es für ein Wesen wichtig, die eigenen Handlungen als eigene Handlungen zu erkennen, denn das bedeutet immer, das Selbst zu definieren und dem Selbst Macht zu verleihen.

Schuldzuweisung ist, nebenbei bemerkt, eine unaufrichtige Haltung eines spirituellen Menschen, weil die Schuldzuweisung dem Selbst Macht nimmt. Wenn ihr einen anderen beschuldigt, dann erschöpft ihr die mächtigen Ressourcen des Selbst. Dann geschieht es, dass das Selbst anfängt, sich unter einem sogenannten Nebel des Missverständnisses zu verbergen. Hier in dieser Schule ist es wichtig, dass das Selbst immer der innere Kern ist; die Macht muss immer aus diesem inneren Kern erzeugt werden; die Macht aus dem inneren Kern sollte zu keiner Zeit an einen anderen abgegeben werden. Schuldzuweisung und Opferhaltung — diese Aspekte des menschlichen Charakters — haben den entscheidenden Anteil daran, dass der Sitz der Macht sich vom Selbst entfernt und die Macht weggegeben wird.

Um diese Reise hier zu erfüllen, muss das Selbst definiert werden und es muss nicht nur als spirituelles Selbst definiert werden, das spirituelle Selbst muss vielmehr innerhalb des menschlichen Selbst definierbar werden. Und all dieses Definieren und Abschleifen führt zu einem untadeligen Leben, einem Leben in Macht.

Nun, wenn ihr also dieses Leben für die spirituelle Reise gewählt habt, dann verleiht euch das Macht, denn es verlagert den Ort der Bestimmung zu euch, und dort soll er auch sein. Das ist dann auch in Übereinstimmung damit, dass ihr als Gott über den freien Willen verfügt, über einen Willen, der frei genug ist, um sich das Unvorstellbare vorzustellen; das Unvorstellbare aber entspringt dem inneren Kern des Selbst, ebenso wie die Macht. Wenn wir das Selbst also durch Schuldzuweisung und Opferhaltung entwurzeln und in der Vergangenheit leben, dann entheben wir genau diesen Aspekt der spirituellen Reise seiner Funktion. Wir entthronen den Gott in unserem Innern zu Gunsten von vergangenen Vorfällen, denen wir unsere elende, erbärmliche und erfolglose Existenz zur Last legen können. Das ist ein undefiniertes Selbst, eine Macht, die vollständig abgegeben worden ist; wenn ein solches Geschöpf etwas zu manifestieren versucht, dann fehlt die Stoßkraft aus dem inneren Kern des Selbst, um dieses Etwas hervorzubringen. Wenn niemand auf dem Thron sitzt, dann kann sich niemand das Unvorstellbare vorstellen. Wie viele von euch verstehen das? Außerdem ist keine Macht da, um es zu tun und um irgendetwas damit anzufangen.

Ich sagte euch also vom ersten Augenblick meines Erscheinens hier, dass ihr Gott seid, dass ihr alle Gott seid — ihr habt es vergessen, ja — denn es ist meine Aufgabe, euch bei der Erinnerung daran zu helfen. Das ist der innerste Kern der spirituellen Reise und ihr habt euch entschieden, Teil dieser Reise zu sein, Gott zu definieren — Gott zu definieren und diese Göttlichkeit auf ihren Platz im Selbst zu stellen — wenn wir das tun, dann wird das Selbst definierbar. Erst wenn wir das Selbst definiert haben, können wir es in Anspruch nehmen. Erst, wenn wir es in Anspruch nehmen, erhalten wir in vollem Umfang die Macht für das Unvorstellbare. Bis zu diesem Punkt wird es nicht funktionieren, wird es niemals funktionieren. Nun, diese Bestimmung ehe ihr in dieses Leben kamt — und wir werden von der Ebene der Glückseligkeit sprechen — war eine erkennbare Option, die ihr alle, mit wenigen Ausnahmen, bereit wart zu wählen. Wir werden das noch aus einer tieferen Sicht heraus verstehen.

Aber an dieser Stelle möchte ich euch sagen, wenn es nicht gelingt, dem Selbst seine volle Macht zu geben, dann wird das spirituelle Leben — das zu erfahren ihr hergekommen seid — niemals verwirklicht werden. Ihr werdet den Pfad des Meisters erst betreten, wenn ihr keine Fußspuren mehr in der Vergangenheit hinterlasst — wie viele von euch verstehen das? — denn in der Vergangenheit habt ihr Wachstum im Wesentlichen dadurch erzeugt, dass ihr die Macht an größere Autoritätselemente abgegeben habt. Solche Autoritäten können einfach nur eure Klassenkameraden in der ersten Klasse gewesen sein, wo das, was wir als gesellschaftliches Bewusstsein bezeichnen, seinen Anfang nahm oder ihr gabt eure Macht an eure Eltern und an die Art und Weise, wie ihr erzogen wurdet, ab. Damit beginnt das Ausbluten, wenn ihr so wollt, eines Lebens, das zusammenhangslos ist und keine andere Bedeutung zu haben scheint, als sich treiben und tragen zu lassen und gerade so über die Runden zu kommen. Das ist ein Leben, von dem das Unvorstellbare kein Teil ist; nur was im Trend liegt und leicht ist, gehört dazu. Wie viele von euch verstehen das?

Nun, der spirituelle Pfad des Meisters bedeutet — und dafür werden wir in eurem Leben eine sogenannte Offenbarung manifestieren müssen, damit jedem von euch auf seinem persönlichen Niveau enthüllt werden kann, was die Vergangenheit (*ist*) und was nach meinen Begriffen wirklich darunter zu verstehen ist — dass wir zwar nie die Erinnerung daran abschaffen können, wer wir waren, wir aber die Energie dessen, was wir waren — eine entthronte Wesenheit, die nach ihrem Selbst sucht — umwandeln müssen. Und wir müssen die Energie von unserem Neuronennetz abziehen; die Macht des Neuronennetzes, das die Umstände eurer Vergangenheit immer wieder, Tag für Tag wiederholt — das geschieht hier oben, das ist fest einprogrammiert, das geschieht hier oben — diese feste Programmierung übernimmt die Macht und verteilt sie so, dass das, was die Vergangenheit diktiert, an Ort und Stelle gehalten wird. Das ist für einen Schüler des spirituellen Werkes inakzeptabel, zum einen, weil es keine spirituelle Arbeit ohne Macht gibt und zum zweiten, weil es keine Macht ohne eine Wahrnehmung des Selbst gibt. Und wenn das Selbst nicht zurückgefordert und neu definiert worden ist, dann gibt es so etwas wie das Unvorstellbare, so etwas wie einen Mann oder eine Frau, die Meister der Wirklichkeit sind, nicht. Das funktioniert nicht; das hat auch bisher nicht funktioniert.

Wenn man also versteht, dass — hört mir genau zu — die Abschaffung von Vergangenheit bedeutet, die Opferhaltung abzuschaffen, den Neid, die Eifersucht, den Hass und die Bosheit abzuschaffen und das abzuschaffen, was man als die Aspekte bezeichnet, die so abwertend für das spirituelle Selbst sind, dass es buchstäblich seiner wunderbaren Macht beraubt wird, was wiederum die Dämonen unseres eigenen Denkens zusammenhält. Das alles abzustreifen bedeutet, die Verantwortung für solche Handlungen zu übernehmen und diese Verantwortung dem Selbst zu übertragen. Und wenn wir das tun, dann bleibt die Schuldzuweisung nicht länger bei euren bedauernswerten Eltern — die, nebenbei bemerkt, auch spirituelle Menschen sind — oder in eurer ersten Klasse hängen. Sie bleibt nicht länger an eurem Bedürfnis gebraucht zu werden hängen.

Wenn ihr dann sagt, ich habe das geschaffen — ich kann dir nicht sagen, warum ich es geschaffen habe oder wann ich die Idee hatte, es zu erschaffen, aber ich habe es getan; ansonsten wäre es mir nicht passiert — wenn ihr das also tut, dann habt ihr das Ventil ständiger Schuldzuweisung, die sich auf ein oder mehrere Wesen in eurem Leben konzentriert, nicht mehr zur Verfügung. Plötzlich ist das Seil durchschnitten, die Ketten sind durchtrennt und das Selbst fängt an, sich zu definieren.

DIE DUNKLE NACHT DER SEELE

Nun, das ist ein trauriger Augenblick, weil menschliche Wesen von Natur aus feige sind. Sie sind feige. Und warum sind sie feige? Weil sie fürchten, mit ihren eigenen Entscheidungen konfrontiert zu werden. Und so rennen wir im Zustand der Angst herum und zeigen mit dem Finger auf jemanden. Und wenn wir mit dem Finger auf jemanden zeigen, dann ist das unsere feige Art, die Umstände zu entschuldigen. Wenn wir das tun, wenn wir mit dem Finger auf jemanden zeigen, dann bedeutet das, dass unser machtvoller Mind die Energie gebündelt, von uns abgezogen und einem anderen zugeleitet hat, wodurch wir entthront werden. Es ist kein einfaches Unterfangen, das versichere ich euch, die Verantwortung für euer Leben zu übernehmen, aber es ist der tapferste spirituelle Teil in uns, der das tut, wie schmerzhaft es auch sein mag. Und wisst ihr, was Schmerz ist? Die Rückkehr des verlorenen Sohnes der Energie.

Das nennen wir dann die dunkle Nacht der Seele. All dieses Leiden kommt in uns voll zum Tragen, weil die Energie zu ihrer Quelle zurückkehrt. Aber es ist das Leiden, durch das wir gereinigt werden, denn wenn die Energie einmal die Schranke des Emotionalkörpers durchbrochen hat — und der Emotionalkörper irritiert und aufgewühlt ist, das Herz schnell schlägt, der Atem knapp wird und die Tränen zu fließen beginnen — dann bedeutet das, dass die Energie zurückkehrt und die Schranke des Emotionalkörpers passiert und dadurch einen Sturm auslöst. Und, wisst ihr, in diesem Sturm müsst ihr leben. Das ist die Natur des heimkehrenden Kindes. Und wenn der Sturm vorüber ist, dann hat die Energie — die nun durch den Emotionalkörper gereinigt wurde — einen vollen Zyklus abgeschlossen, und ihre Heimkehr ist ein notweniger Bestandteil der Definition des Selbst, dessen, was wir sind.

Nun, niemand wird euch je dazu bringen, euch euer Leben selbst zuzuschreiben. Ihr könnt zwar Lippenbekenntnisse abgeben, aber der wahre Krieger ist jemand, der das praktiziert und der es sehr gut macht — das ist die Eroberung des Selbst — und der es auf eine Weise und mit dem vollen Wissen tut, dass das, was er ausgesandt hat, vielfach nach Hause zurückkehrt. Derjenige, der so handelt, wird am Ende befreit sein.

Alle Wesen, die sich auf der Ebene der Glückseligkeit für das spirituelle Leben entschieden haben, wissen, dass eine solche Entscheidung keinen leichten Weg bedeutet. Es ist ein Weg, auf dem das Selbst definiert und geschliffen wird, wobei man sich nicht einmal vorzustellen vermag, was das für das eigene Leben bedeuten wird, bis man sich darauf eingelassen hat. Und, wisst ihr, dass die meisten Leute genau an dieser Wegkreuzung einen Rückzieher machen und davonlaufen? Warum? Weil das Göttliche, das wir sind — und das ist einfach — erst dann, wenn es auf dem Thron dieses vergänglichen Körpers sitzt, das Wunderbare erschaffen kann, erst dann, wenn es in uns als göttlich anerkannt und definiert worden ist. Ehe das geschieht, wird euch das Unvorstellbare nicht widerfahren, ebenso wenig wird euch das, was man als rechtschaffen bezeichnet, geschehen.

Das chronische Opfer ordnet so etwas nur den Mythen, Träumen und Legenden zu. Und solange das so bleibt, wundern wir uns über die, die da herauszukommen scheinen und das Wunderbare tun. Wir wundern uns über jemanden, der die Brücke überschritten und die Reise getan hat — die Reise zur Wiederinanspruchnahme der Macht des Selbst — und der es durchgestanden hat. Diejenigen, die sich dem nicht stellen können, die feige sind und davor weglaufen, werden niemals die Macht der Klarheit und die Fähigkeit wiedergewinnen, sich als Meister zu bewegen, denn erst wenn das Selbst definiert worden ist, kann der Meister geboren werden. Er kann nie aus einem undifferenzierten Selbst heraus geboren werden. Habt ihr verstanden, was ich euch gerade gelehrt habe? Wie viele von euch verstehen das? Versteht ihr, dass der Kern das Selbst und seine Macht definiert? Versteht ihr, dass ihr diesen Kern aushöhlt, wenn ihr die Macht weggebt? Wie viele von euch verstehen das?

Nun, ihr merkt, dass ich mich, wenn ich von der Vergangenheit spreche, immer auf eure größten Hindernisse beziehe. Und wenn ich mich darauf beziehe, was man Vergangenheit nennt, scheint es, als würde ich die ganze Vergangenheit schrecklich finden. Nein, alles hatte seinen Sinn.

Nun, ich möchte, dass ihr versteht, dass all die wunderbaren Dinge in eurem Leben — all die Dinge, die ihr getan habt oder die euch geschehen sind und die süß waren — nur in einem Augenblick der Selbst-Definition geschehen konnten, also bleiben sie uns für immer erhalten, denn sie sind der Kern dessen, was wir sind. Das ist der Grund, warum Gott in den Religionen seine Schäfchen immer ermahnt gut zu sein, gute Taten zu tun, Männer und Frauen mit untadeligen Werten zu sein, denn darin liegt eine Wahrheit. Und die Wahrheit ist, dass wir, wenn wir uns entscheiden, so zu sein, keine Macht weggeben, sondern Macht bekommen. Wie viele von euch verstehen das? Und je stärker dieser Machtzuwachs wird, umso ungeheuerlicher wird die Realität einer solchen Wesenheit; so funktioniert das. Ihr alle tragt den Schatz wunderbarer und süßer Augenblicke aus eurer Vergangenheit in euch. Diese Augenblicke brauchen nicht fortgeworfen zu werden, denn sie sind ein integraler Bestandteil bei der Definition des Selbst. Wie viele von euch verstehen das?

Wenn nun also diese definierenden Augenblicke die erhabenen Augenblicke eures Lebens sind, dann kann man sie als Handlungen einfachster Art betrachten, die ihr von Anfang eurer bewussten Erinnerung an getan habt, die euch getan wurden und die ihr anderen getan habt, euer ganzes Leben lang. Es sind machtvolle Augenblicke. Sie sind Ausdruck des wahren Selbst. Aber überwiegend lebt ihr hier in einer dynamischen Gesellschaft, für die Schuldzuweisung und Feigheit zu Gunsten des eigenen Image zur Lebensart gehören. Da frisst einer den anderen, die Hyäne reißt ihre Jungen. Die Gesellschaft ist erfolgsorientiert und der Aspekt des Versagens wird gefürchtet — Allmächtiger. Das wird dann zu einer Dynamik, die eine Vergangenheit beherrscht, die voller Kümmernisse ist, eine Vergangenheit, in der die Macht weggegeben wurde, in der Opferhaltung, Schuldzuweisung und mit dem Finger auf andere zu zeigen heute oft schon in einem sehr frühen Alter beginnen. Wir sehen also, warum es wichtig ist, die Vergangenheit als Energie anzusprechen, als Energie, die wir weggegeben haben, was uns in einem bestimmten Bewusstseinsmodus und dem entsprechenden Neuronennetz verweilen ließ, durch die wir ewig Leidende und ewige Opfer sind.

Kein Meister ist so und ihr werdet von keinem Meister Mitleid dafür erfahren, dass ihr gewählt habt, so zu sein. Warum? Weil jeder Meister weiß, dass jede Handlung im Leben eine persönliche Entscheidung ist und dass diese Entscheidung auf freiem Willen beruht. Jeder Meister, der ein Meister ist, versteht und weiß das ohne Mitleid oder Mitgefühl. Ihr lernt hier sehr klare Unterscheidungsmerkmale. Und der Unterschied besteht darin, dass der Meister nun sein Selbst fest in seinen göttlichen Raum gestellt hat und von diesem Punkt aus nun seine Göttlichkeit auf ein Leben lenkt, das voll und ganz auf dieser entscheidenden, kontemplativen und meditativen Platzierung von Energie basiert. Das macht einen Meister aus.

DER TAG DES JÜNGSTEN GERICHTS UND DIE LEBENSRÜCKSCHAU

Nun, nachdem ich euch heute Abend einfach gesagt und euch alle daran erinnert habe, dass es eure Wahl war, hier zu sein — ihr habt dieses Leben gewählt; ihr habt dieses Leben als ein Leben gewählt, in dem euch das Spirituelle offenbart werden wird — haben wir euch nun voll und ganz ermächtigt. Davon gehen wir aus und werden es noch untermauern, wenn wir heute Abend über die Ebene der Glückseligkeit sprechen — oder, wie manche es nennen würden, über den Himmel.

Nun, im Laufe der Jahre eurer Zeit haben wir oft über das gesprochen, was man die Zwischenexistenz nennt. Die Zwischenexistenz ist das, was ihr vor dieser Inkarnation hattet. Und wenn ich mich nicht in aller Tiefe darüber ausgelassen habe — und mich auch nicht in aller Tiefe über euer vergangenes Leben ausgelassen habe — gibt es dafür einen großartigen und wunderbaren Grund, denn in meiner Weisheit verstehe ich, dass diejenigen, denen es an spiritueller Reife fehlt, sich daran festklammern und dem den gleichen Wert beimessen würden wie ihrer Opferhaltung, ihrer Tyrannei und ihrem Selbstmitleid, an denen sie hängen. Und das liefert eher dem Tier in Mann und Frau Nahrung, als sogenanntes Manna für das spirituelle Selbst zu sein. Der Fokus lag hier immer darauf, Gott zu werden. Das ist das Wichtige und es wird immer wichtig sein. Heute Abend aber werden wir über den Zwischenort sprechen, den Zwischenort, an dem ihr alle wart, ehe ihr geboren wurdet.

Nun, in der Vergangenheit habe ich kühn behauptet, dass wir unsere Eltern nicht erschaffen; das ist wahr. Aber denkt daran, dass wir zu einem genetischen Pool gezogen werden, der genau dem entspricht, was wir vor unserer Ankunft waren. Also werden wir in diesem Sinn unbewusst nur zu dem, was wir auch werden können. Wir können nie das werden, wozu wir nicht fähig sind. Wie viele von euch verstehen das? Mit anderen Worten, wir können nicht größer werden als wir sind. Nun, wenn wir von einem Zwischenort sprechen, dann sprechen wir von der dritten, vierten und fünften Ebene. Das sind die Ebenen der Ruhe und Wiederherstellung.

Dort wird offensichtlich, dass der physische Körper gestorben ist und die ganze Energie der Seele, die ihm Leben gegeben hat, zieht sich aus ihm zurück. Also gerät der Körper in einen langsamen Verfallszustand. Ohne die moderne Technologie und die Kunst des Einbalsamierens würde sich die sogenannte Energie auf natürliche Weise und rasch, innerhalb von zwei Wochen, zersetzen. Verfall ist nichts anderes als das Aufbrechen geronnener Materie und das Freisetzen der bewussten Muster. Versteht ihr? Wie viele von euch verstehen das? So sei es.

Nun, wir sprechen hier also über das Selbst. Das Selbst, das spirituelle Selbst, das, was nicht sichtbar ist, hat sich schon durch das Infrarot und in den großen Lichttunnel hinein auf den Weg gemacht, um am anderen Ende von den Herrn des Lichts in Empfang genommen zu werden. Ihr alle habt schon eine Lesung eures Lebens durchgemacht. In älteren Zeiten nannte man das den Tag des Jüngsten Gerichts. Es ist der Tag des Jüngsten Gerichts, das in Wirklichkeit kein Gericht ist, sondern nur dazu dient, euer Gedächtnis darüber aufzufrischen, was ihr getan habt.

Nun, versteht, dass ihr transpersonale und doch persönliche Wesen seid. Ihr seid Wesen, die aus einem fleischlichen Körper heraus verwandelt wurden. Ihr seid aus eurem Gewand herausgetreten. Und dort seid ihr mehr in eurem eigenen Bereich als spirituelle Wesenheiten, nachdem es hier solche Verzögerungen gab, wenn der Geist durch den Körper arbeitete, um Realität zu erschaffen — weil er in einem Körper lebte, der von Masse zu Masse funktionierte. Ihr schwingt dort tatsächlich in einem freundlicheren Reich als es dieses Reich hier ist.

Dort also betrachtet ihr euer Leben. Wie ist das möglich? Weil die Bänder, die ihr seid und die das Leben in der Gebärmutter unterstützten, schenkten und nährten, als Mind alles mitnehmen, was ihr je getan habt, weil Tun Handlung ist und Handlung Energie. Und der Brennpunkt dieser Energie sind die Mind-Muster. Also betrachten wir die Mind-Muster, die sich durch die Anstrengungen eines ganzen Lebens zusammengefügt haben.

Nun, lasst uns hier einen Augenblick innehalten und lasst mich euch eines sagen. Jeder Augenblick — jeder Augenblick — wird eines Tages im Lichte der gesamten Ewigkeit gegen eine Feder aufgewogen werden. Jeder Augenblick zählt. Alles, was ihr tut und was ich getan habe, wird sichtbar. Und es wird sichtbar sowohl aus der Perspektive des Beobachters als auch der des Teilnehmers, des Handelnden wie auch dessen, dem etwas geschieht — alles. Man bezeichnet das deshalb als den Tag des Jüngsten Gerichts, weil die meisten unwissenden Menschen glauben oder der Täuschung erliegen, dass ihre Gedanken keine Dinge sind. Ihre Gedanken sind Dinge. Sie erliegen der Täuschung, dass niemand außer ihnen selbst weiß, was sie hinter verschlossenen Türen tun. Sie täuschen sich. Alles ist bekannt und alles wird gezeigt werden. Und in diesem erhöhten Zustand ist es für kein einzi-

76

ges anderes Wesen nötig, euch anzusehen und euch zu verdammen; es wird ausreichen, dass wir es selbst sehen. Es gibt keinen härteren Richter als die Seele am Tag des Jüngsten Gerichts.

Nun, wenn das geschieht — und ihr werdet das alle an einem bestimmten Punkt erleben, so wie ihr es bereits erlebt habt — was ist daran so bedeutsam? Bedeutsam ist, wie belastet ihr durch unerledigte Angelegenheiten seid. Wie belastet seid ihr durch Erfahrungen, die noch nicht abgeschlossen sind? Wenn ich euch sage, dass ihr Gott seid, dann ist dieses Leben auch dazu da, dieses Gottwesen, das alles ist, weiterzuentwickeln. Also, wie viele Erfahrungen habt ihr euch nicht zu Eigen gemacht? Jedes Mal, wenn ihr grausam zu jemandem wart, jedes Mal, wenn ihr hinterlistig und darauf aus wart jemanden zu unterminieren, jedes Mal, wenn ihr falsches Zeugnis gegen jemanden abgelegt habt, jedes Mal, wenn ihr jemanden körperlich verletzt habt, jedes Mal, wenn eure Zunge Rache und Schuldzuweisungen ausgeteilt hat, jedes Mal, wenn ihr euren Zorn über nicht erwiderte Liebe ausgelassen habt, um die Menschen um euch herum und euch selbst zu zerstören — im Augenblick der Rückschau werdet ihr selbst zu all dem. Ihr seid alles, wisst ihr das?

Also werdet ihr dort den Angriff eurer Boshaftigkeit erleiden und spüren wie sich das anfühlt. Ihr werdet zu dem Kind, das ihr geschlagen habt und ihr spürt seinen hilflosen Schmerz. Ihr werdet zu dem, der andere missbraucht hat und zur vollen Wucht der Wut, die euch verleitete und vergiftete und sich auf das richtete, was unschuldig ist und nicht zurückschlagen kann. Ihr fühlt, wie es sich anfühlt, wenn man verleumdet und der eigene gute und anständige Name missbraucht und entehrt wird. Ihr werdet es fühlen, weil ihr Gott seid.

In dieser Stunde sind wir nicht abgetrennt. In dieser Stunde sind wir ganz. Wir werden zum Verstehen gedrängt, denn zu dieser Zeit, während wir da hindurchgehen, erkennen wir mehr als zu irgendeiner anderen Zeit, dass wir das gesamte vernetzte Gewebe des Lebens sind. Wir fühlen die Verlassenheit derer, die wir selbst im Stich gelassen haben. Wir fühlen, wie unaufrichtig wir gegenüber anderen waren. Wir fühlen die Schuld, die wir uns selbst ungerechtfertigterweise zugewiesen haben. Wir spüren das, was man das gebrochene Herz aus unerwiderter Liebe nennt und wir sind derjenige, der die Ketten solcher Schuldzuweisung trägt. Wir werden geehrt und entehrt. Wir sind belustigt und verwirrt. Wir sehen, wie wir unsere Werte preisgaben. Wir werden zum Körper in seiner Agonie und in seinem Missbrauch. Wir werden der Missbraucher und der Missbrauchte. So ist das Gericht und wir fühlen es in vollem Umfang. Wir verweilen in dem Traum und in der Inspiration, die wir mit fünf hatten und verzweifeln am Verlust dieses Traumes mit dreiundzwanzig. Wir werden zum Traum und wir verblassen als Traum. Wir werden zur Inspiration, über die wir staunten und dann werden wir zur Langeweile der Untätigkeit. Wir sehen, wie wir neue Ideen und Konzepte initiiert haben und dann werden wir zur Idee, zur Gedankenform selbst und sehen sie als ein nicht genährtes, ungeliebtes Ei, das nie ausgebrütet wurde. Und wir sehen die Idee, die niemals Früchte trug und den Schmerz darüber, dass sie nie Teil unserer Umwelt geworden ist. Wir sehen das alles, weil wir Gott sind.

Bei all dem ist das subjektive Element sehr wichtig, weil der innere Kern des Selbst subjektiv ist, weil er alles ist; in dieser Hinsicht wird das Selbst also bereichert und stärker definiert.

Wir sehen, wie viele Male wir jemanden um Verzeihung bitten mussten und wir sehen all die Male, als wir das nicht von selbst getan haben. Wir sehen all die Male, als wir hätten lieben können, aber unser egoistisches, widerspenstiges Selbst keine Liebe gab, und wir sehen den leeren Ort, an dem keine Liebe wohnt und wo wir zu Leere und Verzweiflung getrieben werden. Wir sehen das alles.

Und in diesem Exposé, in diesem erlesenen Augenblick, finden wir Ganzheit, sogar im Leiden. Wie kann ich ein Leiden ohne Körper erklären? Nun, Emotion wird zu einer lebendigen Sache, auch wenn sie sonst durch die elektrischen Stimuli des Gehirns und seiner Neuronennetze erzeugt wird und dann im Körper einen Dominoeffekt von Hormonausschüttungen auslöst. Es handelt sich um ein Energiefeld. Und mit diesem Energiefeld stehen wir da und werden in all diese Energie getaucht. Wir können sie nicht rückgängig machen. Sie ist geschaffen. Die Würfel sind gefallen.

Nun, das ist nichts Schlechtes, es ist vielmehr etwas Notwendiges für die Unwissenden — und das seid ihr alle — doch was fangen wir mit einer solchen Vision an; sie lastet auf uns. Wir werden belastet durch die Schwierigkeiten, in die wir blicken. Belastung ist ein wunderbarer Ausdruck, denn er besagt tatsächlich, dass wir all die Dinge, die wir getan haben, uns selbst angetan haben. Und durch die Enthüllung müssen wir uns entlasten und dem Selbst Liebe schenken, die Gott ist.. Gott ist gebend, wisst ihr noch?

DER ENTWURF UNSERES NEUEN LEBENS AUF DER EBENE DER GLÜCKSELIGKEIT

Nun, wir gehen in tiefer Nachdenklichkeit daraus hervor. Wir bekommen dort jedes gewünschte Bild, um über die Sache nachzusinnen. Einige sinnen auf hohen Bergzügen auf der Ebene der Glückseligkeit nach. Einige sinnen hinter großen edlen Bäumen nach. Einige sinnen an schönen, von lichten Wäldern umgebenen Seen nach. Einige sinnen in großartigen Biblio-

78

theken nach. Einige sinnen nach, während sie im Nichts dahintreiben, weil sie es nicht ertragen können, von irgendetwas umgeben zu sein. Aber das Nachsinnen, die Kunst der Kontemplation findet (nach einer Lichtrückschau) immer statt. Und wir erkennen unausweichlich, dass wir uns das selbst angetan haben, denn wir sind das gesamte Selbst.

Nun, hier kommt der Haken. Der Haken besteht darin, dass jene Taten und jenes Leben aus einer sehr langsamen Zeit erwachsen sind, als sich das ganze Leben auf den menschlichen Körper konzentrierte. Also, was immer ihr auf der Ebene der Glückseligkeit tut, ihr könnt dort niemals ausgleichen, was ihr auf der fleischlichen Ebene getan habt. Wir können die Erfahrungen, die physische Emotionen auslösen, nicht auf der Ebene der Glückseligkeit manifestieren, weil wir sie dort nicht haben. Wie viele von euch verstehen das?

Oh, wir kontemplieren und dann schaffen wir Vorstellungsbilder, wie ich es am Feuer tat, als ich diese Reise erträumte. Wir schaffen Vorstellungsbilder und sobald wir das tun, erscheinen alle Formen und Szenen; sie erscheinen sofort. Und während wir kontemplieren, beobachten wir uns selbst, wie wir mit dem umgehen, was wir ausgeteilt haben. Und wir schaffen Vorstellungsbilder. Da wir uns auf der Ebene der Glückseligkeit befinden, wo Dinge nicht von Masse zu Masse geschehen, sind wir der dortigen Zeit, die eine Nicht-Zeit ist, wie man das hier nennt, näher. Wenn wir uns also dort etwas vorstellen, erscheint es in diesem Augenblick und genau so, wie wir es uns vorstellen. Also verändert sich unsere Umgebung ständig.

Bei der Kontemplation ist das ideal, denn wenn wir kontemplieren, können wir eine Szene visuell genau so wahrnehmen, wie wir sie geschehen lassen möchten. Aber wie sehr wir auch versuchen, dadurch Erleichterung zu finden, wir können keine Erleichterung finden. Uns wird allerdings unsere Göttlichkeit geboten. Das Geschenk, uns etwas bildlich vorstellen zu können, erlaubte uns, die Vergangenheit neu zu gestalten, die Vergangenheit neu zu gestalten und von da an weiterzuschreiten. Diese Planung kann, wenn sie gründlich durchleuchtet wird, auf der Ebene der Glückseligkeit Tausende von Jahren in Anspruch nehmen. Die Kontemplation auf der Ebene der Glückseligkeit unterscheidet sich deutlich von der Kontemplation hier.

Und wir können dort verweilen und planen und entwerfen und versuchen, auf den dortigen Ebenen eine Lösung zu finden. In dem Augenblick, in dem uns der Gedanke kommt, dass es große Wesenheiten gibt, die über die Weisheit verfügen, erscheinen sie uns. Sie erscheinen und lehren uns. Und sie helfen uns bei unserem Vorstellungsmodell. Sie verändern das Modell während eurer Zeit der Kontemplation nicht. Sie geben euch die Gedanken und ihr bezieht diese Weisheit in euer Bild mit ein. So funktioniert es, denn es ist nicht ihr Bild, sondern das eure.

79

Wissen: Wenn Wissen für euch ein Reservoir an Informationen bedeutet, die durch einen Computer laufen, wird ein Computer erscheinen und er wird durch Dendriten mit euch verbunden sein. Das Wissen wird dann durch den Computer fließen. Aber letztendlich müsst ihr, wenn das Wissen zu euch fließt, das Programm sein, das dieses Wissen einbezieht. Wie viele von euch verstehen das? Oder aber ihr könnt euch Wissen in großen Lehrsälen vorstellen, in großen akademischen Lehrsälen. Oder ihr könnt euch dieses Wissen in ein paar seltenen Büchern vorstellen, so dass sofort eine große Bibliothek erscheint, deren Ende ihr nicht sehen könnt, wo in alten, in uralten Regalen all die großen Texte erscheinen. Und wenn alt nach eurem Denken vergilbt und staubbedeckt bedeutet, dann werden sie so sein. Und ihr sucht nach dem staubigsten, am stärksten vergilbten und von Spinnweben bedeckten Handbuch, das ihr finden könnt, weil das in eurem Denken dasjenige ist, das all das Wissen enthält und ihr werdet es finden. Und ihr habt einen Tisch und könnt euch setzen. Ihr könnt eine elektrische Lampe haben, ihr könnt eine Kerze haben, ihr könnt eine Öllampe haben, ihr könnt eine Leuchtstofflampe haben. Und ihr setzt euch hin und ihr lest.

Ihr lest jede Seite, wobei die Seiten übrigens wie aus sanftem Licht gemacht erscheinen, mit multidimensionalen Buchstaben, die aus der Seite heraus und in euch hineinspringen, während ihr denkt, ihr lest. Und es ist dasselbe Wissen.

Wenn ihr hundert Jahre in dieser Bibliothek verbracht habt, verabschiedet ihr euch von den Informationen darüber, wie ihr den Raum der Kontemplation variieren könnt, den Raum, in dem ihr erfahrt, wie ihr es anders machen könnt und ihr verlängert eure Last, eure Belastung unvollendet zu sein, die ihr mit euch herumtragt, den Irrtum, den ihr, aus eurer Sicht, einem anderen angetan habt. Wie werdet ihr das begleichen können? Und wie könnt ihr es festschreiben? Ihr werdet das alles herausfinden.

Nun, es ist kein Zufall, dass es sich hier allmählich genauso verhält wie im Quantenfeld der Potenziale. Nun, dem ist so. Die Ebene der Glückseligkeit ist die Quantenebene. Wenn also eine Wesenheit, die spirituell — ohne Körper — ist, auf ihre einzigartige Weise denkt, dann tritt der entsprechende Augenblick sofort ein.

Was also tut die Wesenheit? Die Wesenheit wählt Pfade absichtlicher Schicksalsbestimmung aus, erschafft sie mit oder ohne Hilfestellumg auf lineare Weise und versucht eine Lösung zu finden, denn keiner möchte als all das leben, was bestraft wird und bestrafenswert ist. Ein solches Reich nennt man die Hölle, man lebt darin mit ungelösten, belastenden und unabgeschlossenen Angelegenheiten.

Nun, erinnert euch und merkt euch, es gibt auf jener Ebene niemanden, der euch sagen wird, dass ihr Recht oder Unrecht habt. Ihr selbst tut das. Richtig und falsch gibt es nicht. Aber es wird uns immens deutlich, dass wir

80

dem Engelreich entstammen und wirklich fremde Reisende in einer fremdartigen Welt sind, und dass wir wirklich die Macht haben, diese Welt entsprechend unserer Vorstellung, unserer größten Ressource, neu zu gestalten. Also ist niemand da, der sagt, dass etwas richtig oder falsch ist. Ich sage euch, je mehr ihr in diesem Augenblick der Lichtrückschau Gott seid, um so stärker werdet ihr die Wucht all dessen spüren, was ihr in eurer Inkarnation ausgeteilt habt, denn wie könnte Gott etwas anderes sein als alle Dinge?

Nun, in der Halle der Kontemplation — das ist sehr wichtig — befinden sich noch immer Wesenheiten, die ihre potenzielle Lebenszeit sehr sorgfältig planen. Sie sind schon seit Hunderttausenden von Jahren dort. Sie sind bei der Planung. Und irgendwie ähneln sie dem Beobachter am Tor, von dem ich euch erzählt habe, der jeden beobachtet, der hineingeht.[1] Nun, es gibt Wesenheiten, die sich am großen Himmelstor aufstellen und alle beobachten, die mit all ihren Sachen hereinkommen, und sie lernen daraus. Wichtig aber ist, dass das kein bedeutungsvolles Lernen ist, so lange es nicht auf der Ebene angewendet wird, auf der die Weisheit geschaffen wird. Wie viele von euch verstehen das? So sei es.

Nun, ich erzähle euch in gewöhnlichen Worten von einer Ebene, die viel strahlender, viel dynamischer, viel fantastischer und viel schöner ist, als es normale Sprache zu beschreiben vermag. Ich bemühe mich, euch eine sehr wertvolle Lektion, die wir an diesem Wochenende über das bemerkenswerte Selbst lernen werden, nahe zu bringen, damit ihr versteht, warum ihr euch entschieden habt, hier zu sein.

Nun, eine belastete Wesenheit — eine belastete Wesenheit — die hier viele unerledigte Angelegenheiten hat, kann diese nicht abschließen, wenn sie keinen physischen Körper hat, der in dieser Zeit funktioniert. Sie kann es auf den anderen Ebenen erträumen, aber solche Träume können erst erlebt werden, wenn sie in die Zeit hineingeboren wird, für die die Träume bestimmt sind. Habt ihr mich gehört? Nun, die belastete Wesenheit hat sich also einen linearen Weg vorgezeichnet und so viel Hilfe erhalten, wie sie zu erbitten verstand. Und wenn sie zur Rückkehr bereit ist, wird sie in einen genetischen Pool hineingezogen, der dem entspricht, mit dem sie die Ebene verlassen hatte.

Auf der Ebene der Glückseligkeit — im Himmel, wie einige das nennen wollen; ich nenne es die größeren Ebenen — gibt es kein Bedauern darüber dort zu sein. Ihr sollt wissen, dass kein Ort jemals lebendiger und schöner war als jener Ort, denn es ist der Ort des vorgestellten Unvorstellbaren. Und nie gab es solch einen Seinszustand, der vollkommen frei von den Belastungen langsamer Zeit und Materie war. Und niemals gab es einen

---

[1] Diese Geschichte findet sich in Ramtha Dialogues®, Specialty Tape 033, *Selected Stories III: Shambhala — Leaving No Footprints.*

Ort, an dem körperliche Schönheit nicht das Wichtigste war, weil ihr dort jedes Aussehen annehmen konntet, das ihr wolltet, also war es nicht wichtig. Hier ist es wichtig. Dort ist es nicht wichtig, weil es veränderbar ist. Wie viele von euch verstehen das? Also ist jeder frei davon und so bewegt ihr euch näher bei Gott. Ihr befindet euch in einem Zustand, der vom goldenen Reich überschattet wird. Ihr befindet euch in einem Zustand, wo ewiger Tag oder ewige Nacht herrschen kann. Es befinden sich sehr viele Leute dort und es scheint Raum für alle zu geben. Nun, den gibt es. Es ist ein Ort, an dem es sich lohnt zu sein. Es ist ein Ort der Ruhe vor dem nächsten Kampf.

Es sieht einigen von euch, die irgendwie ohnehin zum Leiden neigen, ähnlich, dass sie das als einen Ort betrachten, an dem man in kontemplativen Wäldern verweilt und leidet. Nein, aber als subjektiver Aspekt Gottes ist es wichtig, dass ihr in der Lage wart zu fühlen, was ihr getan habt. Wie viele von euch verstehen das? Aber ihr seid immer objektiv. Und von diesem Standpunkt aus gibt es keine Trauer darüber, eure Familie zu verlassen; es gibt keine Trauer darüber, eure Ehemänner, eure Ehefrauen, eure Freunde, eure Nachbarn zu verlassen. Ihr habt diese Art von Emotion nicht, weil ihr frei von all dem seid.

Und es gibt ein jene Ebenen durchdringendes Wissen, dass das, was auf der Erdebene geschieht, ein riesengroßes Drama ist, in dem ihr eine Rolle gespielt habt. Wichtig ist, dass ihr eure Rolle nie zu Ende gespielt habt und dass ihr, wenn ihr aus diesem dichten Traum herauskommt, wisst, dass ihr eure Kinder nicht zurückgelassen habt; sie werden immer sein. Und als ihr da herauskamt, habt ihr eure Liebe nicht zurückgelassen. Eure Liebe ist bei euch und wird es immer sein — versteht ihr? — denn wenn ihr der subjektive Gott werdet, dann verbindet ihr euch mit allem Leben; wie also könntet ihr davon getrennt sein? Ein solcher Zustand ist schwer zu verstehen, doch ihr alle seid dort gewesen. Ihr alle seid dort gewesen; andernfalls könntet ihr nicht hier sein.

Haltet also in eurem Kummer und eurem Leid einen Augenblick inne und versteht, dass in diesem belasteten Zustand das liegt, woraus wir unsere größere Macht erschaffen. Wir wollen ein Leben entwerfen, seine Grundzüge festlegen und es uns vorstellen und wir wollen die Muster und die Mitspieler ändern. Jeder Freiwillige kann sich da hineinbegeben. Wir wollen das tun, ehe wir zurückkehren und da weitermachen, wo wir aufgehört haben. Nun, auch das ist sehr wichtig.

Ich möchte das vertiefen und über die Mitspieler sprechen, die an dem künftigen Drama beteiligt sind. Man hat immer angenommen, dass die Menschen, die einander begegnen und sich verwandt fühlen, sich in einem früheren Leben getroffen haben. So ist es nicht. Versucht es euch einmal so vorzustellen: Wie wäre es, wenn ihr euch nie zuvor begegnet wärt, euch

82

aber auf der Ebene der Glückseligkeit getroffen hättet, weil ihr beide durch die gleichen Belastungen gegangen seid — wie viele von euch verstehen das? — und beide in den gleichen Wald gelangt seid, um über das Gleiche nachzusinnen? Einige dieser Orte sind sehr bevölkert — sehr bevölkert — und wir werden immer von dem angezogen, was wir sind.

Ihr seht also, dass die Mitspieler, die im künftigen Leben eine wesentliche Rolle spielen werden, keine Menschen sein müssen, die wir vormals waren. Und wenn ihr euch immer der Täuschung hingebt so zu denken, ist das ein Zeichen für eure Unwissenheit über das spirituelle Leben, denn dieser Ort hier ist nicht alles und diese Leben sind nicht alles. Mein Gott, es wird Wesenheiten geben, die sich am selben Ort der Kontemplation treffen und die außerordentlich fortgeschrittene Wesenheiten sein können, die in vergangenen Inkarnationen Genies oder große Führer waren, und die einen Fehler haben, wisst ihr, einen Fehler, der sie in Kontakt mit euch brachte. Vielleicht kommen sie auch von einem anderen, erdähnlichen Planeten und können hier an ihrem Fehler arbeiten. Wir begegnen uns durch die Assoziation unserer Belastungen. Wie viele von euch verstehen das?

Und, ist es schwer zu verstehen, dass ihr euch dann, wenn ihr mit jemandem zusammensitzt und euch mit ihm unterhaltet, euch mit ihm verbindet und euch bald durch das Labyrinth seines Denkens bewegt und versteht, was derjenige euch sagt. Ihr seid im anderen, der sich seinerseits durch das Labyrinth eures Denkens bewegt. Das bezeichnen wir als Konversation. Wie viele von euch verstehen das? Nun, wenn ihr das versteht, dann könnt ihr allmählich die Vorstellung erfassen, dass die Assoziation von Belastungen gleich und gleich zusammenführt. Wenn ihr euch an jenem besonderen Ort darüber austauscht, dann geht es nicht um das Reden. Ihr redet nicht. Eure Gedanken machen sich miteinander bekannt. Also nimmt jeder an den Gedanken des anderen Anteil.

Immer dann, wenn wir uns unserer Gedanken gegenseitig annehmen, stellen wir fest, dass etwas Wunderbares und Schönes geschieht, das man Gnade nennt. In jenem wunderbaren Königreich — in jenem Leben, das wir für uns selbst entworfen haben — haben wir also jemanden gefunden, der die gleiche Belastung hat und diese Belastung kann darin bestehen, dass der Wesenheit das, was wir getan haben, von einem anderen angetan wurde. Und obwohl wir beide an jenem Ort der Kontemplation sowohl diejenigen sind, denen etwas getan wurde als auch die, die es getan haben, schließt sich unser Denken zusammen und wir gestalten eine Beziehung; solche Beziehungen führen später auf dieser Ebene zu einer Begegnung.

Also geht es nicht darum, wen ihr vor zweitausend oder vor viertausend Jahren kanntet. Die wichtigsten Menschen sind die, die euch auf der Ebene der Glückseligkeit begegnen, weil sie an den gleichen Ort gelangt sind. Nun, diese Menschen werden oftmals in euer Leben treten und es wieder verlassen, um genau das Drama zu erfüllen, für dessen Aufführung ihr zurückgekommen seid. Wie viele von euch verstehen das? Und welche Rolle spielen sie jetzt? Das ist im Augenblick ganz und gar ihrer Wahl überlassen. Als diese Wesenheiten ihr Leben betrachteten, in dem sie jemand anderem etwas Undenkbares angetan haben, mag es ihre neue Strategie gewesen sein, dass dieses Undenkbare nun ihnen angetan wird. Und der Mitspieler, der damit zu tun hat, ist einer, der in einer früheren Existenz das Opfer war. Wie viele von euch verstehen das? Sie lernen Ausgewogenheit. Und doch kann es sein, dass sie in unserem Leben nur auftauchen und dann wieder verschwinden, aber dafür sind wir hergekommen.

So etwas wie Zufall gibt es nicht. Alles wurde durch Bewusstsein erschaffen und Bewusstsein verfolgt nicht allein den Zweck, sich auf diese Ebene zu beschränken; es ist auf allen Ebenen. Und je näher wir dem Punkt Null sind, desto reiner sind wir als bewusste Wesen. Also, ihr Wesenheiten, ist dieses großartige und wunderbare Reich — in dem etwas in dem Augenblick da ist, in dem ihr es denkt — unsere wahre Natur. Es ist unsere wahre Natur. Daran sind wir gewöhnt. Wir sind nicht daran gewöhnt, durch die langsame Zeit und die Mechanismen des physischen Körpers heruntergezogen und belastet zu werden, denn dort sind wir davon befreit, befreit von allem, was damit zu tun hat.

Wenn wir uns nun, nach unserer denkwürdigen Verabredung mit anderen dort befindlichen Wesenheiten aufmachen — wenn wir dieses Muster ausbreiten und uns für diese potenzielle Lebenslinie entschieden haben — dann sind wir zur Rückkehr bereit. Diejenigen, mit denen wir uns vormals verbunden haben, werden wir wieder treffen. Wir werden uns nicht an sie erinnern, aber wir werden ihnen wieder begegnen und die Seele wird Bescheid wissen, weil der Geist sich an die Unterhaltung erinnert. Die Seele erinnert sich an die Reise. Nur der körperliche Verstand — das körperliche Gehirn der physischen Wesenheit — der erst noch geboren werden muss, wird sich nicht an den Vorfall erinnern.

DER ERFAHRUNGSWERT EINER NEUEN INKARNATION

Wir kehren also zurück, wenn wir bereit sind, denn wir können nicht vorankommen ohne hierher zurückzukehren und uns um diese unerledigte Angelegenheit zu kümmern, so lange bis wir vollständig begreifen, dass Gott eins ist; und wenn wir schließlich eins sind — wenn wir uns entschließen eins zu sein — dann haben wir die spirituelle Reise, haben ein davon erfülltes Leben gewählt.

84

Nun, ihr müsst auch verstehen, dass es auf jenen Ebenen Wesenheiten gibt, die zwar ebenfalls durch Belastungen niedergedrückt werden, deren größte Belastung aber darin besteht, dass es ihnen an Erfolg mangelt, den sie nie erleben konnten. Also formen sie natürlich Linien mit dem entsprechenden Potenzial, in das sie dann hineingeboren werden. Sie werden ins Abseits hineingeboren und müssen sich durch dieses Leben hindurchbewegen, um aus dem Durcheinander zum Erfolg zu gelangen. Auf diese Weise agieren sie ihr Drama aus. Das ist für sie sehr wichtig. Und jemand muss in diesem Spiel der Angeschmierte sein. Und, wisst ihr, warum jemand der Angeschmierte sein muss? Weil dieser Jemand eine Wesenheit ist, die in einem vergangenen Leben über andere Menschen hinwegging, um Erfolg zu haben. Wie viele von euch verstehen das? Also finden geistreiche Köpfe zueinander und inszenieren diese wunderbare Darbietung.

Es gibt also Menschen, deren Belastung beispielsweise mangelnder Erfolg ist. Sie werden das entsprechende Potenzial für ein ganzes Leben auslegen, einen großen Sandkasten schaffen, in dem sie ihr Spiel spielen können, für diesen einen flüchtigen Augenblick des Ruhmes; und dieser eine flüchtige Augenblick war dann der Wert dieses ganzes Lebens. Und danach degeneriert dieses Leben, weil es nur diesen einen Augenblick widerspiegelt, der zur Vergangenheit wurde. Wie viele von euch verstehen das?

Da ihr nun ein bisschen besser über Belastungen Bescheid wisst, erkennt ihr allmählich, dass die Wesenheiten, denen wir in diesem Leben begegnet sind, nicht zufällig mit uns zusammentrafen und dass jeder, dem wir unterwegs begegnet sind, tatsächlich Teil einer Linie von Potenzialen war, die wir auf der Ebene der Glückseligkeit geschaffen haben.

Und das Interessante bei diesen Planungen auf der Ebene der Glückseligkeit ist, dass sie auf der Erde sehr selten so ablaufen, wie sie es auf der Ebene der Glückseligkeit taten. Wir neigen dazu, die Dinge auf der Ebene der Glückseligkeit sehr heiter zu malen. Wir haben vergessen, wie sich die Blasen an unseren Händen anfühlen, wenn wir zu fest zupacken. Wir haben vergessen, wie es war, etwas zu fest zu halten. Wir wissen es nicht mehr. Das ist der Grund, warum im Reich der Materie ein erstaunliches Abenteuer stattfindet, wenn sich alles zusammenfügt. Denn alles reift ganz anders heran, als wir es vorher geplant hatten. Vorher kam uns nämlich das reine Mysterium zauberhaften Vergessens als Element zugute. Das spielt ebenfalls mit hinein und soll auch mit hineinspielen.

All die Leben, die in diesem Leben zusammenkommen, kennt ihr also nicht notwendigerweise von früher, und ihr solltet auch nicht versuchen, sie zu erkennen, denn wenn ihr das versucht, trübt ihr manchmal das Bild des Potenzials, das ihr hier zu finden versucht. Wir bemühen uns unser Selbst zu finden. Wir bemühen uns, das in klarer und reiner Weise, ohne irgendwelche Verschmutzungen zu tun und die reinste, unverstellte Seite unserer wunderbaren Natur zu finden. Und je mehr es uns gelingt diese zu entmystifizieren, um so wirklicher wird sie.

Wenn wir, um alle Situationen miteinander in Einklang zu bringen, versuchen wollten, es mit kosmischen Worten zu formulieren, trüben wir oftmals das Bild. Beziehungen brauchen nicht kosmisch zu sein, das wäre ein Witz. Sie brauchen nur Beziehungen zu sein. Und von unserem unverfälschten und dynamischen Zentrum aus kommen wir dem Plan näher, als wenn wir versuchen, etwas aus dem Zusammenhang zu reißen und es zu etwas zu machen, was es nie war, denn dann belasten wir uns damit, dass wir Phantome schaffen, die nichts anderes tun werden als uns zu plagen. Wie viele von euch verstehen das? Wirklich?

In Wirklichkeit ist es also oftmals so, dass in jedem Leben, in dem der von uns geschaffene Raum der Kontemplation zur Realität wird, unsere wunderbaren wahren, Freunde — wie lange auch immer, in welch komplizierter Weise auch immer oder wie kurz auch immer — aus der Zukunft, aber nie aus der Vergangenheit auftauchen, denn auf der Ebene der Glückseligkeit wird die Zukunft geboren. Versteht ihr? Wie viele von euch verstehen das?

Nun, die meisten Individuen fangen hier mit guten Absichten an, aber ihr Plan trägt nie wirklich Früchte, weil sie stecken bleiben. Nun, das ist eine wichtige Botschaft über die Vergangenheit. Wenn ihr in der Vergangenheit stecken bleibt, versagt ihr euch euer künftiges Potenzial, und das ist das Traurige an euren Handlungen, mit denen ihr an eurer Opferhaltung, eurem Leid, eurer Qual, und dem, was eure Eltern alles getan haben, festhaltet. Warum das opfern, was auf der Ebene der Glückseligkeit geschaffen wurde, um an etwas festzuhalten, was vergänglich im Fleisch ist?

Wenn wir unsere Macht an die versklavenden Faktoren des Gestern abtreten, dann verwässern wir das Selbst, aus dem und für das wir auf der Ebene der Glückseligkeit ein Potenzial geschaffen haben. Und wenn wir kein Selbst mehr haben, weil wir ihm durch Kummer, Leid, Elend, Sorge und all dem die Macht genommen haben, dann stemmen wir uns gegen den Fluss unserer wahren Bestimmung und bekommen nur den Abfall, an dem wir uns festklammern, um eine eigene Identität zu haben. Warum nicht? Bisher hat euch das gute Dienste geleistet. Es hat Liebende versklavt. Es hat dazu geführt, dass ihr anderen leid tatet. Ihr habt es benutzt, um euren Willen durchzusetzen. Ihr habt es gegen andere verwendet. Ihr habt es gegen euch selbst gerichtet. Es hat euch genützt. Warum solltet ihr das loswerden wollen? Weil ihr andernfalls nicht in den Genuss der großartigen Zukunft kommt, die ihr für euch selbst geschaffen habt und nicht all den wunderbaren Wesen begegnet, die bei der Erschaffung dieser Zukunft mitgewirkt haben, so wie ihr bei der Erschaffung ihrer Zukunft mitgewirkt habt — wer wird euer Leben auf unvorstellbare Weise berühren, wer wird eure Seele be-

86

rühren und nie gekannte Feuerwellen auslösen, wer wird euch zu eurem genialen Selbst inspirieren — bisher war keiner aus eurer Vergangenheit dazu in der Lage.

Ihr habt euer Schicksal entworfen, um euch von der Last zu befreien, und daran haben sich große Geister beteiligt. Wenn wir schließlich loslassen, treten wir beiseite und lassen es geschehen. Die Seite in uns, die sich an das Gestern klammert, führt uns nur wieder in den alten Prozess zurück. Dann sind wir noch immer durch das belastet, was wir noch nicht erfüllt haben. Und für eine sehr materialistische Zeitspanne werden wir geringer sein, weil wir uns die im Himmel geschaffene Größe verweigern. Mit anderen Worten, so viele Leben bestehen nur aus endlosen Wiederholungen — wir wiederholen die gleichen zyklischen Bewegungen, die in der Seele geboren wurden. Es sind die gleichen Erfahrungen, vor denen wir wegen des menschlichen Elements der Feigheit zurückschrecken — wir erlauben der Seele ihre naturgemäße Bewegung nicht, mit der sie es zum Abschluss bringt, ihre Macht zurückholt und dann Raum für eine wunderbare Bestimmung schafft.

Nun, warum tun wir das? Dieses „Warum" verlangt ein sehr umfassendes Verständnis, das nur in mehreren Leben gewonnen werden kann. Ich aber lehrte es euch in eurer C&E® Sitzung. Ihr seid Forscher aus dem Punkt Null. Ihr macht das Unbekannte bekannt. Es ist wichtig für uns, uns den Traum vorzustellen und ihn zu verwirklichen, ihn in ein unmögliches, mühseliges und schwieriges Reich hineinzugebären. Der Traum muss auf allen sieben Ebenen existieren, um vom Träumer vollständig verwirklicht zu werden. Wenn wir hier unten sind und Träume in die dichte Zeit hineinwerfen, dann werfen wir hier unten die Träume in eine dichte Zeit, an die wir nicht gewöhnt sind. Wir sind Geschöpfe von ewiger Vorstellungskraft, weil das unser Wesen ausmacht. Wir sind Bewusstsein und Energie. Wir bauen gedankliche Archetypen auf und davon ausgehend verhält sich die Energie so, dass sie die Gedanken formt, zur Bewegung der Gedanken wird, wenn ihr so wollt.

Wir sind keine fleischlichen Geschöpfe. Das sind wir nie gewesen. Wenn wir unserem Fleisch aber erlauben uns zu verraten — uns zu verraten — und unsere Göttlichkeit in Persönlichkeiten aufzuspalten, die an alten Feuern, alten Flammen und alter Bitterkeit festhalten ohne sie zu löschen und ohne nachzugeben, dann sind wir zersplittert. Wir sind — hört mir genau zu — das Selbst, das Gott genannt wird und wenn wir unserem Körper erlauben, uns zu zersplittern, dann ist unsere Macht so zersplittert wie ein Bruder, der sich gegen den anderen richtet. Wir führen Krieg gegen unsere innerste Natur. Wir sind nicht länger ganz und rein. Wir sind hier, um das Unvorstellbare bekannt zu machen und nicht, um das wieder aufzubereiten, was schon bekannt ist und unseren Sinn für Reife so zu verdrehen, dass ein Zustand entsteht, der sogar uns erniedrigt.

Auf jener Ebene der Glückseligkeit tragen wir die Gestalt, der wir zuletzt ähnelten. Und das ist oft sehr hilfreich, denn ebenso wie die großen Narben auf der Vorder- und Rückseite meines Körpers mir halfen, mich immer an den mir selbst zugefügten Verrat zu erinnern, bewahren wir unsere Körper in ihrer allerletzten Form, um uns daran zu erinnern, von welcher Belastung wir uns befreien müssen. Wie viele von euch verstehen das? Oder wir entscheiden uns einfach für eine nebulöse Form. Wie auch immer wir uns präsentieren wollen, wir können uns entsprechend zeigen. Aber solange wir auf der Ebene der Glückseligkeit sind, befinden wir uns in einem Zustand der Glückseligkeit. Wir befinden uns in einem Zustand des Einsseins mit den höchsten Lebensebenen und wir sind der Quelle all dessen — dem, was als ewiger Punkt Null bekannt geworden ist — stets ganz nahe, der Vereinigung des Ganzen mit der Leere selbst. Nun, wir genießen die Gesellschaft der anderen. Wir genießen die Glückseligkeit, die Harmonie, die Magie in einem Mind. Wir sind dieser Mind. Wir sind diese höchst göttliche Offenbarung der Vorstellungskraft. Sie befindet sich vor uns und dreht, wendet und verändert sich bei jedem unserer Gedanken. Sie ist, was wir wirklich sind, Leute, und was wir immer gewesen sind.

Nun könntet ihr sagen, warum sollten wir hier herunterkommen, einfach nur um ein paar Jahre zu leben und etwas aufzuarbeiten; ich meine, ist es das wirklich wert? Natürlich ist es das wert. Wenn ihr wisst, dass ihr ewig seid, dann lohnt es sich, die Rolle auch nur für ein Jahr zu spielen. Wie könnte es das nicht wert sein? Es geht darum, dass wir so etwas sind wie die kleinen Götter, die es zwar versucht haben, aber hängen geblieben sind. Wisst ihr, wir sind hängen geblieben und — was ich mich euch zu lehren bemühte, seit wir zusammen sind — wir sind in einem Gewand hängen geblieben, das seiner ganzen Natur nach so ungeheuer rückständig im Vergleich zu unserem eigenen Wesen ist, das in einer bedächtig fortschreitenden, langsamen Zeit existieren muss und eine Lebensweise erzwingt, die uns von dem entfremdet hat, was uns als Ganzes eigentlich ausmacht.

Wir müssen unsere Angelegenheiten zu Ende bringen, nicht, damit wir nach Hause gehen können; wir müssen unsere Belastungen erledigen, damit wir frei werden von diesen Verwicklungen der feigen Natur unseres menschlichen Fleisches — damit wir das zum Abschluss bringen können, was die menschliche Natur nicht abschließen konnte.

DIE ANIMALISCHE NATUR DER MENSCHHEIT

Ich möchte euch etwas sagen. Wenn man sagt, der Mensch sei ein Tier, so ist das richtig. Wegen seiner animalischen Natur, dem starken Überlebenstrieb, dem starken Fortpflanzungstrieb und dem hohen Territorialanspruch zählt der Mensch zu den Tieren. Einige sind Einzelgänger. Als Beutejäger sind sie schlau und schlagen von hinten zu; sie sind nicht mutig. Die Schwachen versammeln sich in großer Zahl, um ihre Grenzen zu verteidigen, in der Hoffnung, dass ein anderer fallen wird, nicht sie selbst. Das ist die animalische Natur.

Nun, wie nahe seid ihr dieser Natur? Ich kann euch sagen, wie nahe ihr ihr seid. Die spirituelle Natur ist überhaupt nicht aktiv, wenn ihr Unschuldige angreift, wenn ihr eure Schuldner mit einer neunschwänzigen Katze geißelt, weil sie euch etwas schulden, wenn ihr hasst, weil ihr gebt und euch territorial verhaltet, weil ihr eure Grenzen schützen wollt und jede Gelegenheit zum Geschlechtsverkehr sofort ergreift. Das ist das Tier. Der Körper macht das sehr gut, denn das entspricht der Natur des Reiches, dem er entstammt. Tapfere Männer und Frauen, deren Rolle es ist, Größe zu spielen, greifen niemals von hinten an. Nur Feiglinge und Beutejäger, die ja beide dasselbe sind, tun dies. Wenn das wirklich so ist — und wer könnte es leugnen — wie weit seid ihr wirklich davon entfernt, abgesehen davon, dass ihr gute Tischmanieren habt, Kleidung tragt und eure Notdurft in Toiletten und nicht im freien Gelände verrichtet? Ihr seid nicht allzu weit von eurer animalischen Natur entfernt. Die ersten drei Siegel sind die animalische Natur. Wenn man dieses Menschliche gewähren lässt, dann wird es immer wie ein Tier angreifen, weil es feige ist. Und ich sage euch, das spirituelle Selbst — das ihr wie gesagt wirklich seid — ist der einzig brauchbare Aspekt dieser Inkarnation, um wirklich die Belastungen in Angriff zu nehmen; es ist dafür ausgerüstet, damit umzugehen. Der Mensch ist es nicht. Wisst ihr, ihr seid Feiglinge, die in einer trüben Vergangenheit voller Leid lebten; darin liegt eure Feigheit. Ihr seid Tiere.

Wenn ihr davon nicht befreit wurdet oder stark genug wart, euch selbst davon zu befreien, dann müsst ihr erst noch zum spirituellen Menschen werden. Der Geist ist dafür nämlich am besten ausgerüstet, weil er darauf ausgerichtet ist. Der Geist nimmt sich der Belastungen an, denn er muss zunächst seine Macht wiederherstellen, um die Ganzheit des Selbst zurückzugewinnen. Und wenn das geschehen ist, dann ist es der Geist der sagt: „Nicht mehr. Das ist beendet. Ich habe das geschaffen. Ich bin dafür verantwortlich. Ich verzeihe dir. Du bist frei." Das ist ein spiritueller Mensch, nicht wahr? Nun, was tut das Tier? „Das bist du mir schuldig", nicht wahr? So verhält es sich. „Und jetzt, wo du verletzbar bist, werde ich dich kriegen." Das ist das Tier. Ein modifiziertes Ego zu sein wird euch nicht helfen. Allein deshalb, weil ihr hier unten geboren wurdet, arbeiten eure Gene noch nicht zu euren Gunsten, weil sie von Genen abstammen, die versucht haben, das Gleiche zu tun. Und, denkt daran, ihr zieht nur denjenigen Körper an, der dem, was ihr wart, am nächsten kommt. Die Geschichte läuft immer so weiter. Wie viele von euch verstehen das?

Nun, wir kommen nicht deshalb hierher zurück, weil uns irgendjemand zurückgeschickt hat; wir haben uns selbst geschickt. Wir sind nicht hier, um die Welt zu verändern, sondern um uns selbst zu ändern. Wir sind wieder hier, um verwirklicht und nicht um erneut vergessen zu werden. Wir sind zurückgekommen, um diese Angelegenheit zum Abschluss zu bringen.

Nun möchte ich also im Lichte dessen, was ich euch über die Ebene der Glückseligkeit gelehrt habe, fragen: ist es nicht monumental, dass dieses kleine Herzzittern der Persönlichkeit mehr Gewicht hat, als ihr wissen konntet? Nicht der Erfolg, den wir auf dieser Ebene erzielen, bleibt in den Hallen der Glückseligkeit in Erinnerung. Es geht nicht darum, wie viel Geld ihr verdient. Es geht nicht darum, wie viel ihr nicht verdient. Es geht nicht darum, wie berühmt ihr hier wart oder wie berüchtigt. Es geht nicht darum, wie ihr hier ausgesehen habt. Es geht um nichts von alledem, was hier so wichtig ist. Es geht um das, was wir getan haben; das ist wichtig.

Und es ist wichtig genug, um Götter auf menschliche Knie zu bringen, weil unser Arbeitsplan sich von dem des menschlichen Tiers unterscheidet. Unser Arbeitsplan sieht vor, ohne Belastung sein und dann das Unvorstellbare ins Spiel zu bringen. Darum geht es. Darum geht es. Haben das Menschen vor euch schon getan? In der Tat, solche Menschen hat es gegeben. Es hat Menschen gegeben, die mit ihren Erfahrungen aufgeräumt haben, die sie zum Abschluss gebracht haben und frei von ihnen wurden. Und wer waren sie? Die überall in der Geschichte verstreuten und versprengten brillanten Menschen, die Genies waren, weil sie das Unvorstellbare hervorbrachten. Wisst ihr warum? Sie hatten die Macht das zu tun, weil ihr Selbst wieder auf seinen Thron gesetzt wurde. Es wurde wieder eingesammelt, zusammengefügt und auf den Thron gesetzt.

Sehr wenige von diesen Menschen, die als Helden in eure Geschichte eingegangen sind, haben das durch Glückseligkeit erreicht. Die meisten von ihnen haben teuer für ihr Genie bezahlt. Mit anderen Worten, sie haben gelitten, ausgeharrt, verkündet und es vollbracht. Mit anderen Worten, sie haben es mit dem Tiger aufgenommen, nicht wahr? Und ihr turbulentes Leben führte sie zu dem einen, das sie hier erreichen wollten — das Unvorstellbare — von dem sie bereits wussten, ehe sie sich hier inkarnierten. Sie haben sich über das menschliche Drama erhoben und wurden wieder Götter, und wenn ihr Stern auch nur für einen Augenblick erstrahlte, war das alles, was notwendig war. Danach war es vorbei. Es war abgeschlossen, was mich

90

wieder zu meiner Einführung von heute Abend zurückbringt. Ihr habt euch entschieden hier zu sein und in diesem Leben das spirituelle Lernen zu wählen. Ich habe die Grundlagen geschaffen und ihr seid gekommen. Nun, es gibt eine große Gemeinsamkeit, die wir alle hier in diesem Raum - mit wenigen Ausnahmen - teilen. Wir haben gemeinsam ein Leben verbracht, ein sehr turbulentes, mühseliges, Ehrfurcht gebietendes, großartiges Leben. Und ihr wurdet Zeugen wunderbarer Dinge: es war das Ende der alten Erde und der Beginn einer neuen. Ihr wurdet Zeugen, wie die Götter starben und die Menschen geboren wurden und ihr habt den langen Marsch mitgemacht. Das haben wir heute Abend gemeinsam. Und deshalb ist die Liebe, die durch die Episoden dieses Marsches getragen wurde, bis zu diesem Augenblick erhalten geblieben und hat es diesem Augenblick auf diese Weise ermöglicht, in der Leere, im Mind Gottes ihren Platz einzunehmen; damit es, als ihr bereit wart und euch entschieden habt, mehr zu wissen, einen Ort gab, an den ihr kommen konntet. Das ist unausweichlich so.

Warum solltet ihr euch also auf der Ebene der Glückseligkeit im Himmel entscheiden, das, was ihr auf der Ebene der Glückseligkeit bereits seid, hier unten (auf der ersten Ebene) zu verwirklichen, wenn ihr es dort oben schon wisst? Gute Frage? Ja, weil das, was dort oben verwirklicht wurde, erst in den Eingeweiden Gottes verwirklicht werden muss, um vollständig bekannt zu werden. Es muss hier bekannt gemacht werden, denn das hier ist der Kessel, das hier ist der Schmelztiegel des Alchemisten. Der strahlende Stern, der auf einer mitternachtsblauen Flüssigkeit tanzt, verdichtet sich wieder und wird erneut zu einer kleinen Nickelkugel auf dem Boden der Schale. Deshalb sind wir hier. Ihr müsst es hier tun (auf der ersten Ebene).

Auf der Ebene der Glückseligkeit sind die meisten von euch durch ihr Labyrinth und ihre Belastungen hindurchgegangen. Ihr hattet noch immer Belastungen, aber ihr alle hattet einen Hort der Liebe in euch, einen Ort, zu dem ihr hinschwingen konntet. Und etwas Verblüffendes ist mit euch geschehen. Ihr habt gesehen, wie ich diese Ebene verließ ohne zu sterben. Das habt ihr nie vergessen. Wohin bin ich gegangen und wie bin ich dem Verfall und der Zersetzung des Körpers entgangen? Wie konnte ich das? Wisst ihr, ihr habt es gesehen. Das ist der Grund, warum die Legende von Christus und der Auferstehung heute in den Köpfen der Christenheit so stark ist. Sie ist ergreifend, weil eine Sehnsucht danach vorhanden ist. Es ist etwas Unvorstellbares, das vorstellbar geworden ist und im Denken vieler Menschen Wurzeln geschlagen hat. Ihr werdet das in allen religiösen Doktrinen finden. Was mich und mein Volk anbelangt, ich ging fort, ehe all dieses Gequatsche einsetzte — ihr habt es gesehen und das war es — und ich tat dies in meinem unverwechselbaren Stil: ich legte meine Sache eindrücklich dar und ging weiter, was euch zu der Frage führte: „Wohin ist er gegangen? Er ist nicht auf der Ebene der Glückseligkeit. Wo ist er?" Nun, ich bin auf der Ebene der Glückseligkeit. Als ihr zurückkehrt, ehe ihr zurückkehrt, habt ihr euch an mich erinnert und ihr wusstet wieder, wohin ich gegangen war. Liebe ist unvergesslich. Sie ist so süß; sie ist unvergesslich, weil ihr nichts fehlt. In eurem Labyrinth stelltet ihr also die allerwichtigste Frage: „Was ist für mich das Unvorstellbare?"

Nun, auf der anderen Seite des Flusses gibt es eine weitere Gruppe, die dieselbe Frage stellt. Es ist die Gruppe, die den Computer erfunden hat, denn diese Gruppe entdeckt gerade, dass es ihr gelingen könnte, auf der Superebene der Existenz eine Idee zu erschaffen und diese geradewegs in die Zeitlinie hineinzutragen — wenn sie diese Idee in den Körper hineinbringen, in den sie bald hineingeboren werden und wenn sie diese Idee dort wirklich bekommen und es wirklich funktioniert — ob ihr es wisst oder nicht, diese technischen Genies erwachen allmählich zu dem Wissen, das ihr im Begriff seid, kennen zu lernen. Mit anderen Worten, sie stehen euch nach. Es sieht so aus, als wären sie euch voraus, aber in Wirklichkeit stehen sie euch nach, weil sie das Erschaffen gerade erst erlernen. Sie erlernen es gerade, ihr wisst bereits davon.

Diese Gruppe fragt sich also: was müssen wir wissen? Was müssen wir wissen, um uns von Belastungen zu befreien? Nun, ihr erfragt eine Menge. Aber schließlich fragt ihr nur nach unerledigten Angelegenheiten. Wenn diese erledigt sind, was wollt ihr dann? „Ich möchte dorthin gehen, wo kein Mensch vor mir hingegangen ist. Ich möchte wissen. Ich möchte dorthin gehen, wo die Götter wohnen. Ich möchte wissen, was es heißt ein Meister zu sein." Und wenn ihr euch einen Meister vorgestellt habt, habt ihr an mich gedacht. Wenn ihr an das Tal der Götter gedacht habt, habt ihr an mich gedacht und euch ausgemalt, wo ich eurer Vorstellung nach hingegangen bin. Und diese faszinierende Reise — dieses faszinierende Rätsel, diese Übung, dieses Spielzeuglabyrinth, das ihr euch in eurer potenziellen Fantasie gebaut habt — hat euch ganz versessen darauf gemacht, spirituell zu sein, denn seht ihr, ihr bekommt es nur, wenn ihr darum bittet. Wie viele von euch verstehen das? Irgendwo auf dem Weg muss es ein Ideal geben, das ins menschliche Bewusstsein dringt und dies auslöst.

In eurer gesamten Geschichte gab es wunderbare Wesenheiten, die gekommen sind und das System umgangen haben, die so kühn, so arrogant, so rein waren, dass sie meterweit über den mittelmäßigen Menschen standen. Was machte sie so anders? Sie waren erfüllt von der Macht des Heiligen Geistes anstatt von der Macht des Tieres. Das machte sie anders. Warum sind sie zurückgekommen? Sie sind zurückgekommen, um euch wieder zu erinnern: „Vergesst mich niemals. Ich werde einen solchen Eindruck auf euch machen, dass ihr mich nie vergesst, denn eines Tages werdet ihr wissen wollen, was ich bin.

DURCH UNSERE ENTSCHEIDUNG FÜR DIE SPIRITUELLE NATUR DEFINIEREN WIR DAS SELBST NEU

Ich bin ein Ideal. Es war erforderlich im Lauf der Geschichte, Ideale in alle Zivilisationen zu streuen, um ihren Zusammenbruch zu verhindern — ein erstaunliches Geschehen zur Mittagszeit, die Erscheinung oder Wiedererscheinung eines Phänomens; ihr versteht jetzt allmählich, woher das kommt — etwas zu geben, das uns aus diesem Traum, diesem schweren Melatonintraum des fleischlichen Lebens reißt, das uns aufweckt, denn dann schalten wir hier oben (das Gehirn) ein. Wenn wir einschalten, dann schalten wir uns als spirituelle Wesen ein und schalten uns als menschliche Wesen ab. Wie viele von euch verstehen das? Ich war euer Katalysator.

Nun, warum solltet ihr im Licht aller Ewigkeit dieses Leben damit zubringen wollen, euer spirituelles Selbst zu entwickeln? Zuerst müsst ihr eure Belastungen überwinden, euch eure Vergangenheit aneignen. Denn das zeigt euch — denjenigen unter euch, die es tun — dass ihr wirklich zu dem Verständnis gelangt seid, dass ihr im menschlichen Bewusstsein bereits alles getan habt. Mein Gott, wer seid ihr noch nicht gewesen? Mein Gott, was habt ihr noch nicht getan? Mein Gott, wen habt ihr noch nicht gehasst und wie viele habt ihr noch nicht geliebt? Wie viele Male müsst ihr sterben? Wie viele Male müsst ihr krank werden? Wie viele Male müsst ihr Erfolg haben, um zu erkennen, dass ihr nie ein Versager wart? Wie viele Male braucht ihr das? Wisst ihr, nur eine Wesenheit, die hierher zurückkommt, weiß, dass der einzige Grund für das Zurückkommen der ist, dass ich zuerst meine Angelegenheiten zum Abschluss bringen muss. Aber mein unvorstellbarer Traum ist es, ein Superwesen zu sein. Welchen größeren Traum könnte es geben als Gott? Es gibt keinen.

Also habt ihr das in die Linie eurer Potenziale mit einbezogen und habt euch an einen Vorfall mit mir erinnert. So ist es entstanden und es war eure Wahl. Ihr wollt verstehen was ihr noch nicht gewesen seid, ihr wollt Erlösung von eurer Bürde und ihr wollt Ganzheit finden. Und diese Ganzheit spricht eine Ganzheit des Selbst an, das, sobald es einmal ganz integriert ist, für das Auftauchen der Zukunft bereit sein wird, so, wie sie auf der Ebene der Glückseligkeit geschaffen wurde.

Jeder hat Charakterfehler; jeder hier hat welche. Aber was sind Charakterfehler? Bis zu welchem Vollkommenheitsgrad finden wir Fehler? Niemand hier ist vollkommen. So etwas wie einen vollkommenen Menschen gibt es nicht. Ganz gleich wie angestrengt ihr euch darum bemüht, ihr werdet es nie erreichen, denn um das zu sein, müsstet ihr so niedrig wie ein Tier sein und ihr habt euch schon zu weit in die andere Richtung bewegt.

Ihr kamt durch eine Zeitlinie hierher, die ihr auf der Ebene der Glückseligkeit geschaffen habt, nicht, um das zu lernen, was bereits da war, sondern das, was da sein könnte. Und ihr kamt her, um etwas zu haben, das euch zu den Erfahrungen, die ihr zu Ende führen müsst, aufruft und euch an sie erinnert. Und sie können so einfach oder so mühsam zu Ende geführt werden, wie ihr wollt, um danach vollkommen und uneingeschränkt frei zu sein, das einzubeziehen, was ihr bereits geschaffen habt, etwas unvorstellbar Schönes. Ich verspreche euch, niemand geht je zurück sobald er von seinen Belastungen frei ist. Er ist wirklich befreit. Er ist vom inneren Tier befreit. Er ist vom Leiden befreit. Er wird ganz. Er findet das Selbst, das, was er wirklich ist.

Nun, heute Abend habe ich euch drei Mal gesagt, dass unsere natürliche Art zu erschaffen sofortige Manifestation ist. Ihr versteht allmählich, warum sich ein Gott in einem Menschen so zersplittert, denn das, was wir sofort erhalten, muss für den Menschen so bearbeitet werden, dass es sich verdichtet. Im Menschen, der immer seine Grenzen schützt — immer nach Opfern sucht, immer zu überleben versucht und immer Geschlechtsverkehr braucht — sind das Eigenschaften der Ungeduld. In der Natur überlebt der Stärkste. Und was das Tier anbelangt, so muss es als Stärkstes in all diese Kategorien passen. Wenn wir echte menschliche Wesen werden, dann zersplittern wir wirklich das Heilige in uns, weil der ungeduldige Mensch nicht an etwas unvorstellbar Vorstellbarem festhalten kann, wenn ein solcher Traum keinen unmittelbaren Bezug zu seiner Sicherheit, seiner Souveränität, seiner Langlebigkeit, seiner Basis für Geschlechtsverkehr und seiner Überlegenheit über Ungleiche aufweist. Der Mensch wird nie an einem Traum festhalten, der es seiner menschlichen Natur nicht leichter macht. Das ist der Grund, warum der Mensch ungeduldig ist und immer von Zweifeln gequält wird, wenn es um die Vorstellungskraft geht.

Und hier sind wir, genau die Götter, die dieses Geschöpf geschaffen haben. Wir schwelgen in der Vorstellung als wahrer Realität, können sie aber auf dieser Ebene nicht bis in die Tiefe eines Gottes genießen, weil der Körper, den wir bewohnen, nicht daran festhalten kann, sie zurückweist und uns damit den Zugang zur Erfahrung verwehrt. Der Körper ist kein Träumer. Er kann Gedanken erzeugen. Er ist ein Computer. Er kann Gedanken holografisch festhalten, aber er findet es ermüdend sie festzuhalten. Der Gott ist der Augenblick. Er ist der Träumer. Und er muss im Körper stark genug sein, um den Traum zu gebären anstatt ihn zu kastrieren.

Das ist ein Kampf, bei dem immer der Körper gewinnt und der Geist verliert, und so stürzen wir ab, in ein weiteres bedeutungsloses Leben hinein; und das einzige, was wir nach unserem Tod tun, ist zurückzukehren und das gleiche Programm nochmals anzusehen. Dann müssen wir uns aufmachen und uns in der gleichen Kontemplation nochmals damit befassen. Oh, wir werden glücklich und erleichtert sein, aber sogar dort gibt es eine höhere Berufung für uns.

Hier sind wir unvollendet. Die spirituelle Reise und der Weg des Meisters fängt dort an, wo sehr schmerzhafte Themen in Angriff genommen werden müssen: die Natur des Menschen und die Natur des Geistes, das Schicksal und wie es sowohl menschlich als auch spirituell wahrgenommen wird. Was für den Menschen wichtig ist, wird für den Geist nicht wichtig sein. Was der Mensch als subjektiv und persönlich empfindet, empfindet der Geist als objektiv und unpersönlich. Außerdem haben wir Körper, die Träume nicht festhalten können und die aufgeben, weil sie auf ihrem Territorium herumstolzieren. Sie müssen in Bewegung bleiben, um ihre Grenzen zu sichern. Und wir haben einen Gott, der sich bemüht, die Erfahrung durchzubringen.

Wenn ihr euch entscheidet ein Leben zu führen, das ihr der spirituellen Offenbarung widmet, dann bittet ihr um ein Leben, in dem ihr die Pferde des sinnlichen Selbst mit festen Zügeln reiten müsst. Und in diesem Leben muss der Geist entwickelt werden. Der schmerzhafte Prozess, die eigene Macht zurückzuholen, bedeutet oft, dem Körper auf die Schliche zu kommen, seinen familiären Wurzeln — und ihm den Boden der Schuldzuweisung und Eifersucht und der Dynamik familiärer Situationen unter den Füßen wegzuziehen, ihm den Boden der Sexualität unter den Füßen wegzuziehen, ihm den Boden des Vorurteils unter den Füßen wegzuziehen — und in nie da gewesenem und doch einheitlichem Ton zu sagen: „Ich habe das geschaffen. Es war nie deine Schuld. Ich ließ dich glauben, es wäre deine Schuld, denn das ist der Feigling in mir. Ich habe dir die Schuld für die Geringwertigkeit gegeben, die ich in mir fühle, obwohl das nichts mit dir zu tun hatte. Ich habe meinen Mangel an Selbstliebe dir übergestülpt; in der Tat bin ich es gewesen, der ich mich selbst zurückgewiesen und abgekapselt habe. Ich bin es, der dich verlassen hat; du hast mich nie verlassen. Ich bin es, der sich in Selbstmitleid aalte und in der Vergangenheit schwelgte. Du warst nie in meiner Gegenwart, weil ich niemals dort war. Ich war weg. Ich war im Gestern. Es ist nicht deine Schuld. Es ist nur eine Angewohnheit von mir."

Es bedarf großer spirituelle Tiefe, um ein ehrenwerter Mann und eine ehrenwerte Frau zu sein. Und es tut zutiefst weh, aber ich würde lieber die Rückkehr des Windes der erzeugten Energie spüren, wie sie sich durch den Emotionalkörper bewegt und sich dadurch reinigt, damit wir ganz werden, als überhaupt niemals ganz zu sein.

Als wir das letzte Mal zusammen waren, sprach ich zu euch über intensive, reine und unbehinderte Klarheit, wo jeder Gedanke mit Entschiedenheit zugeteilt wird. Er wird nie einfach nur zufällig eingesetzt, vielmehr wird er so intensiv kontempliert, dass die außergewöhnliche und erhabene Art zu denken zur üblichen Denkweise wird. Das ist schwierig, besonders dann, wenn euch euer Körper erzählt, dass ihr eine Menge versäumt. Und es ist schwer, in der dunklen Nacht der Seele zu verweilen ohne einen Anreiz zu haben, der euch da herausholt. Aber warum solltet ihr euch da herausholen wollen? Die Energie wird von den schmerzhaften Stellen abgezogen und muss durch den Emotionalkörper hindurch gehen. Darin liegt das wahre Leid, aber darin liegt auch die Reinigung. Das zu dämpfen, es loszuwerden, würde euch die Reinigung und damit die Weisheit versagen. So sei es.

Aber was ist falsch daran, Energie zu verarbeiten? Glaubt ihr nicht, ihr seid stark genug dafür? Es ist wahr, das menschliche Wesen ist eine ungeduldige Kreatur. Und wenn es in die Ecke getrieben wird, wird es auch böse. Aber seid ihr solche Feiglinge, dass ihr euch nicht mit den Problemen auseinandersetzen könnt, die ihr geschaffen habt? Schließlich werden sie nie größer sein als ihr, denn sie kommen von euch. Oder ist es so, dass ihr zwar austeilen, aber nicht einstecken könnt, wenn etwas zurückkommt? Ist eine Droge wirklich nötig als etwas, womit ihr das Empfinden dessen betäubt, was zu euch zurückkehrt, nachdem ihr es ausgeteilt habt? Darüber würde ich an eurer Stelle nachdenken.

ZUSAMMENFASSUNG: DER SPIRITUELLE WEG DES MEISTERS

Oh mein geliebter Gott,
handle an diesem Tag
als mein Heiliger Geist,
um mich
in dein Reich emporzuziehen
und mich dort festzuhalten.
Oh mein geliebter Gott,
lass meinen Geist
unbelastet
aus meinem Wesen ausströmen.
Ich akzeptiere dieses Wissen
in Freiheit.
Ich wünsche,
dass es mir
enthüllt wird.
Oh mein geliebter Gott,
ich bin dankbar
für mein Leben.
Oh mein geliebter Gott,
ich bin dankbar
für meinen Körper.
Mein geliebter Gott,
erfülle mich mit deiner Liebe
in alle Ewigkeit
und mögest du, Gott, mein Leben segnen.
So sei es.
Auf das Leben.

Setzt euch. Denjenigen von euch, die gestern Abend nicht hier waren, sei gesagt, dass wir einen wunderbaren Abend hatten — oder dass ich eine wunderbare, wunderbare Lehre über das Selbst und den Himmel vermittelt habe. Nun wollen wir das ein bisschen wiederholen, einverstanden? Wir werden im richtigen Bewusstseinsrahmen beginnen. Wir wollen uns am heutigen Tag weiterentwickeln, damit wir tieferes Wissen gewinnen können. Fangen wir also mit dem Wissen an, das wir haben und bringen wir unser Denken auf den rechten Weg des Verstehens.

Nun, welches war meine erste Lehre für euch gestern Abend? Ihr habt euch entschieden hier zu sein — wie viele von euch stimmen mir zu? — habt euch entschieden herzukommen und spirituelles Verständnis zu erlernen. Niemand hat euch veranlasst herzukommen. Und ihr seid hier, weil es das ist, was ihr lernen wollt. Mit der eigenen Entscheidung beginnt die Selbstermächtigung oder die Neudefinition des Selbst.

Nun, was war das Zweite, das ihr gestern Abend gelernt habt? Wie man das Selbst definiert. Nun, das Selbst ist für uns noch immer ein bisschen vage und es ist nur ein Begriff. Und diese Worte, die ich verwende, sind auch nur Worte. Wichtig ist, euch an die beiden Abende eurer Zeit zu erinnern, die wir miteinander verbracht haben, wo ich davon sprach, das Hören zu erlernen und warum es wichtig ist, einen Meister als Lehrer zu haben, weil ein Meister euch lehren kann. Und wenn ihr zuhört, was löst das dann in eurem Gehirn aus?[2] Bilder, Hologramme. Das ist die richtige Art zu hören. Nun, diese Worte regen das Gehirn dazu an, Bilder zu erschaffen. Und, wie ihr ebenfalls gestern Abend gelernt habt, ist das wahre Selbst Vorstellungskraft, es ist der Akt der Vorstellung. Das ist unsere Bestimmung. Es ist das, was wir tun sollen. Wenn ihr also heute zuhört, hilft euch das vielleicht, alte Definitionen neu zu definieren, denn wenn ihr mit eurer Aufmerksamkeit bei mir bleiben könnt, während ich spreche, wird euer Gehirn die entsprechenden Bilder produzieren, damit sich meine Worte in eurem Gehirn richtig platzieren können. Und wenn sie das tun, denkt ihr nun in spirituellen Begriffen.

Die Definition des Selbst. Wir müssen ganz zum Punkt Null zurückkehren, zu dem, was ich euch lehrte, als ihr mich das erste Mal aufgesucht habt: Ihr seid Gott. Und dann müssen wir natürlich neu definieren, was Gott ist und dies von den Fesseln der Begrenzungen und des Dogmas befreien. Wir verwenden die sogenannte Physik, um die Metamorphose von Involution und Evolution, von Realität, erklären zu können. Das Selbst ist ein reiner, kreativer Bewusstseinszustand, der mit seiner Gehilfin, der Energie, untrennbar verbunden ist; das ist es, was wir wirklich und wahrhaftig sind. Das erschaffende Selbst ist nichts anderes als die Gottheit selbst. Es ist was wir sind.

Wenn wir nun verstehen, dass wir in Wirklichkeit nicht das Gesicht sind, das wir tragen und dass wir in Wirklichkeit nicht die Kleidung sind, die wir tragen — und dass wir außerdem wirklich nicht das Territorium sind, das wir festlegen — dann fangen wir an, das Selbst in seinem reinsten

---

[2] Die Lehren dieser beiden Abende wurden aufgezeichnet in Ramtha Dialogues®, Band 346, *Crossing the River Part I*, 8. Januar, 1997 und Band 347, *Crossing the River Part II*, 9. Januar, 1997.

Ursprung zu sehen, wenn wir verstehen, dass das Selbst nicht der subjektive Körper ist, in dem wir leben, sondern der objektive Mind aller Realität. Mit diesem Gehirn, das die Fähigkeit hat, sogar in seinen endlichen Begriffen über das Unendliche zu kontemplieren, beginnt ihr zu erkennen, dass unser spirituelles Selbst der fortschreitende Höhepunkt genau der Erfahrungen ist, die es geschaffen hat. Nun, hört zu, ich sagte euch, dass der Geist der fortschreitende Höhepunkt genau der Erfahrungen ist, die er in Äonen der Manifestation geschaffen hat. Das bedeutet dann also im Wesentlichen, dass das Selbst ein weiter Mind ist — wirklich ein Mind — ein Mind, der sich aus all dem Bewusstsein und der Energie zusammensetzt, die das Selbst geschaffen hat; wenn es sich durch eine Schöpfung hindurchbewegte ohne sie zu vollenden, wäre das eine Zersplitterung des Selbst, nicht wahr? Wie viele von euch verstehen das? Denkt daran, dass es das ist, was wir sind. Und als Bewusstsein und Energie, als die Gottheit selbst, haben wir somit nur eine wirkliche Bestimmung — eine wirkliche Bestimmung — und zwar, das Unbekannte bekannt zu machen. Und je mehr wir das tun und uns das Unvorstellbare vorstellen, um so größer wird unsere Einheit, unser Einssein als Gott. Das ist unsere Aufgabe. Wir sind ein Ozean, der in die Ufer der Leere einsickert. Wir sollten das, was wir sind, erweitern. Das ist das Selbst.

Nun, wenn wir also ein Rätsel von mystischer, ätherischer Qualität namens Bewusstsein und Energie sind, dann ist es die Seele, die die endgültige Erfahrung, die abschließende Bewegung dieser Erfahrung aufnimmt und für alle Zeit festhält. Und es ist die Seele und ihr Festhalten an der Erfahrung in ihrer Endgültigkeit, die das Bewusstsein so weit sein lässt. Würde uns die Seele nicht helfen, den Mind zu definieren, würden wir nur erschaffen und uns durch unsere Schöpfung hindurchbewegen. Und sobald wir uns hindurchbewegt haben, wären wir wieder da, wo wir zu Anfang waren, weil wir keinen Rahmen hätten — wir hätten keinen Rahmen geschaffen — keinen Rahmen statischer Realität, auf dem wir andere Konzepte aufbauen können. Versteht ihr was ich sage?

Hier haben wir also die Seele speicherbarer Erfahrung innerhalb eines Selbst aus Bewusstsein und Energie. Das ist die Eigenschaft, die unseren Mind wachsen und sich erweitern lässt. Das gibt uns unsere abgeschlossenen Erfahrungen, die wir als Sprungbretter benutzen, um das nächste Unvorstellbare zu erschaffen. Nun, so ist das Selbst, es ist beeindruckend und mächtig.

Wenn wir das über uns wissen, dann erkennen wir klar, warum das Leben, das wir verfolgen — ein Leben, in dem wir die Wildnis und den trüben Morast hinter uns lassen, ein Leben, das hier geboren wurde und in welchem unser Streben, unsere Bestimmung und unser Ziel darin bestehen, herauszufinden wer wir sind — das erhabenste Leben ist, das wir je führen werden, denn wenn wir anfangen uns nicht mit den Augen der Menschheit vorzustellen, sondern beginnen, uns in viel weiteren Begriffen, in unvorstellbaren Begriffen zu definieren, dann finden wir allmählich heraus, was wir sind. Dann entdecken wir, wer wir sind. Es wird Zeit uns anzusehen, was an uns wahr und wirklich ist. Das nennen wir das spirituelle Leben; es ist das spirituelle Leben.

Nun zur Definition unserer selbst. Gestern Abend haben wir auch gelernt, dass sich das Selbst in einer Körperinkarnation wie der euren befindet; das Selbst, das bei seinem letzten Aufenthalt und bei jedem Aufenthalt auf der Ebene der Glückseligkeit in den Himmel gelangte, wo der große Arbeitsplan — der Tag des Jüngsten Gerichts, die Stunde des Gerichts — darin bestand, selbst sowohl subjektiv wie objektiv die Aspekte zu sehen, nach denen wir Energie platziert und wie wir letztendlich diesen inneren Kern unseres Wesens beeinflusst haben — eine Rückschau auf das vergangene Leben abzuhalten, wie ihr das mit blumigen, kosmischen Begriffen bezeichnet. Wichtig dabei ist, dass in dieser Stunde des Gerichts, dort im Himmel auf der Ebene der Glückseligkeit, niemand da ist, der als Richter fungiert. Was wir sind, sind wir selbst. Und wir haben herausgefunden, dass es die unerledigten Angelegenheiten sind, die unser Selbst überdecken.

Gestern haben wir etwas über den Begriff Belastung, darüber belastet zu sein, gelernt. Wenn ihr also auf euer vergangenes Leben zurückblickt und auf das, was ihr in diesem Leben tun werdet, denn seht ihr alles. Das haben wir gestern Abend gelernt. Nichts wurde in der Energie jemals vergessen, denn jeder Handlung ging ein Gedanke voraus, und er ist das Wirkliche. Der Gedanke ist wirklich, weil er das Selbst ist; Bewusstsein und Energie. Also blicken wir auf das zurück, was wirklich ist. Nichts wird verschwendet.

Und wir sehen alles was wir getan haben, was wir glaubten hinter verschlossenen Türen oder hinter dem gelassenen Gesichtausdruck der Gleichgültigkeit oder eines leeren Lächelns getan zu haben. Wir beginnen es nicht nur als diejenigen zu sehen, die etwas getan oder gedacht haben, sondern als Bewusstsein und Energie vom Standpunkt des Selbst aus, das beides ist. Wir bekommen also nicht nur subjektiv das zu sehen, was wir gedacht haben, sondern wir fühlen es auch subjektiv als Energie und fühlen, worauf diese Energie gerichtet war — wie viele von euch verstehen das? — denn, wie wir gelernt haben, sind wir eins; Gott ist ein Mind. Was wir also tun, das tun wir uns selbst an, ungeachtet unserer Mitspieler. Die Mitspieler sind wir selbst — versteht ihr mich? — denn so groß ist das Selbst.

Wir haben also gestern Abend gelernt, dass wir das, was wir einem anderen antun, uns selbst antun. Wenn wir jemanden zum Opfer gemacht haben, wenn wir gnadenlos oder lieblos waren, wenn wir andere in die Falle gelockt oder versklavt haben, wenn wir dekadent oder hartherzig waren oder anderen nicht vergeben haben, dann haben wir uns das selbst angetan.

In der Lichtrückschau bekommen wir die Gelegenheit, zu spüren wie sich das anfühlt. Wie viele von euch verstehen das? Nun, alles ist Energie und deshalb sind wir die Schöpfer dieser Energie. Folglich kehrt die von uns ausgesandte Energie wieder zu uns zurück. Das ist der Tag des Jüngsten Gerichts.

Und warum ist das ein schmerzhafter Augenblick? Das haben wir gestern Abend gelernt — weil wir wirklich jede Facette von uns selbst zu sehen bekommen und die Dynamik jeder Facette sehen — wir werden der Verletzte, den wir verletzt haben. Wir werden der Versklavte, den wir versklavt haben. Wir sind die Opfer unseres Missbrauchs, und wir spüren das von jeder Seite. Wir haben auch gelernt, warum das wichtig ist. Denn um solche Handlungen in einem Leben zu begehen, brauchen wir eine göttliche Seite, die wir bei unserem Handeln verwenden können. Mit anderen Worten, es gibt keine Handlung — um das nochmals zu sagen — der kein Gedanke vorausginge, und der Gedanke kommt aus der göttlichen Quelle in unserem Inneren. Also sind wir selbst die Handlung. Dann haben wir gelernt und uns vor Augen gehalten, dass wir durch unsere Belastungen unsere Macht abgeben, unseren Gott zersplittern und nicht mehr ganz sind.

Wenn wir das Selbst im spirituellen Leben definieren, geht es darum, nach dem Wissen zu streben, das es uns ermöglicht, unsere Belastungen anzupacken. Das ermöglicht es uns, in einem spirituellen Leben herauszufinden, wer wir sind. Es ist wichtig, dass wir das tun. Unsere spirituelle Reise beginnen wir nie als Engel. Demütig stehen wir mit unseren toten Mauleseln vor der Tür — mit unserem Spuk, unseren Phantomen, unserem Leid und unseren Ängsten — und der Teufel, den wir mitbringen, ist unser modifiziertes Ego.

Wir lernen dann, dass es bei einem spirituellen Leben darum geht, die eigene Macht zurückzuholen. Bei all den Dingen, die ich euch gelehrt habe, besteht die wesentliche Botschaft darin, die Macht, die ihr zersplittert habt, zusammenhängend wiederzugewinnen, denn wenn ihr sie zersplittert, zerlegt ihr den Tempel in eurem Inneren und nehmt eure Gottschaft auseinander. All die Bausteine, all die goldenen Steine, die den Tempel des Selbst bildeten, wurden in all die besonderen Bereiche verlagert, die ein ungeheures Maß an Leid schaffen, weil wir von unserem Gott getrennt sind, weil unser Gott um uns herum verstreut liegt. Das ist eine Belastung.

Um also das Unvorstellbare zu tun, müssen wir diesen Tempel wiederaufbauen. Wir müssen uns selbst neu definieren und das ist nicht einfach. Viele von euch haben gestern Abend darüber kontempliert — in wahrer und aufrichtiger Kontemplation — wohin ihr eure Macht abgegeben habt und was das bedeutet. Es bedeutet nicht, dass ihr eure Macht an einen anderen abgegeben habt, der euer Leben beherrscht, obwohl auch das ein Aspekt davon ist. Das bedeutet es eigentlich nicht. Die Bedeutung ist subtiler, mystischer und meint das Festhalten an eurer Vergangenheit.

Ihr seht, die Zersplitterung Gottes in Belastungen ist nur in eurer Vergangenheit eingeschlossen. Dort ist sie eingeschlossen. Davon haben wir schon gesprochen, von den Opfern eurer vergangenen Erfahrungen. Eine bei dieser Zuhörerschaft verbreitete chronische Opferhaltung ist es, von euren Eltern misshandelt worden zu sein oder von euren Eltern ignoriert worden zu sein oder von euren Eltern im Stich gelassen worden zu sein, und ihr geht mit dieser abscheulichen Einstellung von Mangel durch dieses Leben und zeigt mit dem Finger auf sie oder ihn — das sind nur Beispiele — oder auf euren Freund oder auf jemanden, der euch missbraucht hat oder der euch ausgenützt hat oder der euch den Boden unter den Füßen weggezogen hat. Ihr geht durch euer Leben und zeigt mit dem Finger auf andere: Es ist deren Schuld, dass ich so bin. Das ist Zersplitterung des Selbst, denn es bedeutet, nicht die Verantwortung für das zu übernehmen, was man geschaffen hat — was einen Gott ausmachen würde; Gott ist der Schöpfer und ich sage euch, er ist was ihr seid — und anstatt die Verantwortung dafür zu übernehmen und dadurch das Selbst zu definieren, zersplittert ihr es, indem ihr mit dem Finger auf andere zeigt und sagt: „Derjenige hat mir das angetan und ich war unschuldig." Niemand ist unschuldig. In dem Augenblick, in dem ihr euch so verhaltet und Tyrannen in eurem Leben erschafft, habt ihr einen Teil eures Tempels zu diesen hin verlagert, und die Wirklichkeit und Dynamik dessen besteht darin, euch das anzutun.

Und, wie wir ebenfalls gelernt haben, ist es aus menschlicher Sicht so verlockend Opfer zu sein, weil alle es sind. Es ist das soziale Bewusstsein des Kapitalismus, Opfer zu werden, damit die entsprechenden Leute Wege finden können, euch zeitweilig da herauszuholen Versteht ihr? Das ist einfach, weil es viel leichter ist zu sagen, dass ich wegen diesem und jenem so bin wie ich bin — wegen Menschen, Orten, Dingen, Zeiten und Ereignissen. Und wenn ihr das sagt, dann funktioniert das für eine Weile. Seht euch an, wie ihr das benutzt habt. Ihr habt es benutzt, um eure mangelnde Stärke zu entschuldigen. Ihr habt es benutzt, um eure Krankheit zu entschuldigen. Ihr habt es benutzt, um auf kluge Weise Menschen durch Mitgefühl und Mitleid an euch zu binden. Ihr habt es benutzt, um euren Willen durchzusetzen. Es war euch dienlich. Ihr seid Kapitalisten. Versteht ihr? Das seid ihr.

Und niemand will das wirklich aufgeben, weil, wie wir gelernt haben, das Tier in euch, das aufs Überleben konzentrierte Wesen mit seinen bestimmbaren Grenzen, das Herdentier, ein Geschöpf ist, das nach Überleben verlangt. Wenn also jeder von euch aufhören würde der Herde zu dienen; was geschähe in dem Augenblick, in dem ihr sagt: „Ich habe das geschaffen — ich; das Ich ist Gott — ich habe das geschaffen, das ist meine eigene Schöpfung"; in dem Augenblick, in dem ihr das tut, entzieht ihr euren

102

Eltern und den Menschen, Orten, Dingen, Zeiten und Ereignissen die Macht. Ihr entfernt sie von dort (von außerhalb eurer selbst) und fangt an den Tempel hier drinnen (in eurem Inneren) wieder aufzubauen. Nun, das ist — wie wir ebenfalls gelernt und worüber einige von euch kontempliert haben — ein sehr schmerzhafter Prozess.

Die dunkle Nacht der Seele tritt ein, wenn wir endlich die Verantwortung für unsere Taten übernehmen. Dann geschieht es, dass die Energie von unserer armen Mama und unserem armen Papa nach Hause zurückkehrt — bedenkt, dass sie auch nur Götter sind — die Energie kehrt von eurem Bruder und eurer Schwester oder von eurem Ehemann oder eurer Ehefrau oder eurer Beziehung zurück, wenn ihr anfangt Verantwortung zu übernehmen. Seht, wie das Bewusstsein funktioniert, denn wenn es stimmt, dass es Energie beherrscht und ihr das „ich" von dort draußen holt und hier hinein zurückbringt, denn beginnt sich die Energie von Mama und Papa zu lösen und macht sich wieder auf den Weg zu euch. Und dabei geht sie durch diese Bänder. Sie kehrt nach Hause zurück.

Nun, die dunkle Nacht der Seele tritt dann ein, wenn die Energie durch den Emotionalkörper schnellt. Mit anderen Worten, sie wurde einmal als Gefühl durch den Emotionalkörper hinausgesandt, um zu erschaffen, nicht wahr? Erinnert ihr euch, dass wir das gelernt haben? Nun wird sie also zurückkehren und auf die gleichen Gefühle drücken; das heißt, nur dann, wenn die Energie gereinigt wird, kehrt sie ins physische Reich des Emotionalkörpers zurück. Einfach ausgedrückt, wenn ihr eure Macht davon zurückholt, dass ihr einen anderen zu eurem Tyrannen gemacht habt, dann beginnt die Energie in Form eines Tyrannen zu euch zurückzukehren. Diese Energie ist eine Gedankenform. Sie ist tyrannisch und trifft auf den Emotionalkörper wie eine umgekehrte Ladung. Anstatt von hier (von unserem Inneren) auszugehen und hormonell beeinflusst zu werden, kommt die Energie von dort draußen, geht durch die Energiebänder und trifft als direkte Ladung auf den Körper. Sie geht als umgekehrte Ladung ins Gehirn. Wie viele von euch verstehen das? Wenn das geschieht, aktiviert die Energie das Feld und das verursacht Leid. Daher rühren die Tränen. Daher rührt das Klagen. Daher rührt die Qual. Und wenn jemand euch fragt: „Was ist los mit dir?" „Ich weiß es nicht", dann ist es Folgendes: Eure Küken kehren in den Hühnerstall zurück. Versteht ihr?

Nun, dies zu tun ist sehr schwierig, weil ich euch so oft lehrte, Freude zu haben und ich werde euch das auch weiterhin lehren, aber wir müssen von unseren Belastungen frei werden. Wir müssen das zu Ende bringen, was wir begonnen haben und die Energie in diesen Tempel hier (in unserem Inneren) zurückbringen. Und wir müssen den Tempel in uns selbst erbauen; das ist das Selbst. Das heißt das Selbst neu definieren und das ist schmerzhaft. Niemand möchte für etwas die Verantwortung übernehmen, das ihm all die Jahre so gute Dienste geleistet hat. Keiner möchte die Verantwortung dafür übernehmen, dass wirklich er es war, der in der Vergangenheit bestimmter Umstände weiterlebte, während die Menschen, die damit verbunden waren, längst weg waren. Niemand möchte zugeben, dass er sein Leben auf diese Weise gelebt hat. Das ist schwer.

Wenn die Energie aber die dunkle Nacht der Seele durchschritten hat, dann ist sie zu Hause und das ist der Anfang einer Neudefinition des Selbst. Das ist reines Urteil. Und ich werde euch etwas sagen, was ich euch gestern Abend nicht gesagt habe und was im Laufe dieses Workshops offenkundig werden wird, nämlich, dass der spirituelle Weg ein Weg der Läuterung und ein Weg der Reinigung ist. Das hat nichts mit einer Reinigung des Körpers oder des Darms zu tun. Das hat es nicht. Von solchen Dingen ist hier nicht die Rede. Ich muss mich sehr klar ausdrücken.

Nun, die Energie zwischen zwei Bewusstseinspunkten definiert Zeit und deren Geschwindigkeit und Dynamik; so definiert man Zeit. Nun, in diesem Körper haben wir zwei Bewusstseinsebenen. Wir haben das Körper/Mind–Bewusstsein und wir haben das Gottesbewusstsein; deshalb springt die Zeit zwischen beiden hin und her. Wenn wir das nun zu Grunde legen und Zeit in ihrer Dynamik verstehen, dann steht der Körper ständig unter emotionalem Zwang. Und wenn das so ist, dann bedeutet es, dass die Emotionen, deren Bewegung vom Körperinneren ausgeht, die Vorräte an Hormonen und Energie auslaugen, die sie steuern. Diese fundamentalen Bausteine des greifbar Körperlichen werden jeden Tag dadurch verbraucht, dass wir uns an etwas erinnern, mit dem wir in unserer Jugend davongekommen sind, das aber in mittleren Jahren seinen Tribut gefordert hat. Also zehrt das emotionale Trauma eurer Vergangenheit jeden Tag an euch und das ist Zeit. Das ist der Grund, warum die Reaktion auf die Vergangenheit aufhört, wenn man sich die Belastungen der Vergangenheit angeeignet und die Macht zurückgeholt hat. Wie viele von euch verstehen das? Um auf den Aufstieg zurückzukommen, Aufstieg erfolgt als natürlicher Höhepunkt, wenn man sich die eigenen Belastungen zu Eigen gemacht hat. An dieser Stelle geht der Meister wahrhaft auf dem Angesicht der Erde.

Bei wahrem spirituellen Leben handelt es sich also um ein Leben, in das wir hineingeboren wurden, um das Selbst zu verstehen und zu heilen, und um das Leben der Kunst des Heilens zu widmen. Dann beginnt etwas, das ganz anders ist als bei der Gruppe auf der anderen Seite des Flusses, die Computer erfindet, und zwar, dass das spirituelle Leben ewig ist und wir, wenn wir es heilen, den Zeitaltern angehören; wir gehören der Ewigkeit an. Wenn wir uns auf das konzentrieren, was uns das Leben geschenkt hat und was wir wirklich sind — und wenn wir uns bemühen, das zu werden und seine Methodik, seine Wissenschaft und seine Funktionsmechanismen zu verstehen — wenn wir unser Leben dem widmen, dann ist dieser Geist unser Lohn in einer nie endenden Existenz. Wie viele von euch verstehen das? So sei es.

Nun, diese Schule definiert dieses Selbst, sie definiert es. Wir machen es uns nur selbst schwer. Ist das nicht ein interessanter Ausdruck, „uns selbst schwer"? Er erscheint in einem neuen Licht, nicht wahr? Nun, was war das Dritte, das wir gestern Abend besprochen haben? Was habt ihr als Drittes gelernt? Gestern Abend habt ihr in der Einführung gelernt, wie es ist, wenn ihr ins Licht geht, ihr habt vom Jüngsten Gericht erfahren und gelernt, dass ihr bei der Lichtrückschau alle Dinge seid, das Subjekt genau so wie der Beobachter. Und wir haben gelernt, dass wir nach der Lichtrückschau, so aufwühlend sie auch sein mag, unserem natürlichen Element auf der Ebene der Glückseligkeit näher sind, als hier in diesem fremden Land und dass wir dort einen Ort haben, an dem wir uns der Kontemplation widmen können. Wir haben verschiedene Orte für Kontemplation kennen gelernt, Pizzabuden auf der vierten Ebene, oder wir sitzen an einem großartigen und schönen, ruhigen See — der sofort erscheint — oder irgendwo inmitten der Leere. Wir nennen das die Hallen der Kontemplation — nun, das ist wichtig — in denen wir die Möglichkeit zur Kontemplation haben. Wir wurden nunmehr aus unserem modifizierten Ego herausgelöst.

Wir können unserem früheren Körper weiterhin ähnlich sehen, wenn wir wollen, damit wir daran erinnert werden, was wir zu tun haben, aber wir wurden davon gelöst. Es kümmert uns wirklich nicht mehr, wen wir zurückgelassen haben. Und es kümmern uns wirklich nicht mehr, was nach unserem Tod mit unserem persönlichen Eigentum geschehen ist. Wir interessieren uns wirklich nicht dafür. Auch wenn eure Rechtsanwälte es euch ständig erzählen, es kümmern uns nicht mehr. Und wir sind wirklich ganz anders als wir es in unserer menschlichen Existenz waren, aber wir sind dieser Existenz nahe, weil wir uns nun aufmachen müssen und, angesichts dessen, was wir in dieser Existenz gewonnnen haben, in der Lage sein müssen zu kontemplieren — und zu wissen, dass Kontemplation unserer natürlichen Art entspricht — weil Dinge erscheinen, sobald wir über sie kontemplieren. Wir müssen darüber kontemplieren, wie wir die Angelegenheiten zu Ende bringen, die wir in diesem weiteren Leben nicht zu lösen vermochten.

Wenn wir uns an jenem Ort befinden, dann wissen wir alle, wie feige der Körper, der Mensch ist. Wir wissen es. Wie bewegen wir uns nun in einen Erfahrungskreis hinein, in dem wir einem Gehirn, das sich eindeutig nicht erinnern wird, das einprägen, was wir wollen? Nun, so lange wir die Einheit verstehen — Gott ist eins — werden die süßen Dinge unseres Lebens genetisch weitergegeben. Wenn wir in diesem Leben Kinder hervorgebracht haben, dann haben wir die Ehre, am Beginn einer Blutlinie gestanden zu haben, zu deren Erzeugung wir beigetragen haben und das ist der Vorteil dabei. Wir wissen, dass unsere Einstellungen in der nächsten Generation

Fleisch werden. Könnten wir an einem besseren Ort landen wollen, um unsere unerledigten Angelegenheiten zu Ende zu bringen, als in genau dem genetischen Pool, dem unser gegenwärtiges Bemühen gilt? Wie viele von euch verstehen das?

An jenem Ort bemühen wir uns also, eine entsprechende Potenziallinie auszutüfteln und unsere Zukunft so zu erschaffen, dass wir in der Lage sein werden, diese Angelegenheit zu Ende zu bringen, denn, und das möchte ich euch nochmals sagen, es geht nicht darum, ein guter Mensch oder ein schlechter Mensch zu sein; es geht darum, was wir mit unseren Gelegenheiten anfangen und auf welchem Bewusstseinsniveau wir mit ihnen arbeiten. Arbeiten wir mit ihnen als Mensch, der sich instinktiv feige verhält oder bearbeiten wir sie mit dem alles überragenden Geist? Es geht um das Erschaffen, um das Erleben, damit die Seele einen weiteren Baustein, ein weiteres Werkzeug erhält, um auf der Grundlage solcher Weisheit eine andere Realität aufzubauen. Darum ist das so wichtig.

Wir wissen das alles, aber wir wissen auch, dass unsere unerledigten Angelegenheiten, wie wir gestern Abend lernten, auf der Ebene der Glückseligkeit nie zu Ende geführt werden können. Oh, wir können die Beendigung sehen. Warum? Weil wir sehen können, was wir in anderen Reichen sind. Wir bekommen die Gelegenheit, dort zu spielen. Wir bekommen die Gelegenheit, sofort zu erkennen, was wir in diesem oder jenem oder einem anderen Leben wären. Versteht ihr? Wir sind nur auf das beschränkt, was wir wissen. Wir können das alles tun. Wir können unsere nächste Inkarnation nehmen und sie ganz durchspielen. Wir können uns das alleridealste Leben ausmalen, aber es wird uns nicht widerfahren. Wir werden die Substanz der Weisheit nur gewinnen, wenn wir zum Ort ihres Ursprungs hier unten zurückkehren, zur Ebene der Veranschaulichung — zu dieser dichten, klebrigen, siruppartigen Ebene. Das ist der Ort, an dem wir uns definieren und an dem wir es bekannt machen müssen.

Wie übertragen wir unser erhabenes, strahlendes Bewusstsein, das sich etwas vorstellt, was im gleichen Augenblick ist? Wie bringen wir solche Magie in diesen Körper? Nun, wir wissen, dass die einzige Möglichkeit darin besteht, vor der Zeit, auf der Ebene der Glückseligkeit einen Plan für das festzulegen, was wir hier unten erreichen wollen. Nun, wie kommen wir da hinein? Wir durchdringen die Bänder, die das Gewebe des Kindes im Mutterleib umgeben. Das Kind im Mutterleib nährt sich von diesen Bändern. Aber, was noch wichtiger ist, wir haben das Programm in die Seele eingegeben, die Instanz, die sich erinnert. Und es ist die Seele, die dem Kind in der Gebärmutter das Leben schenkt. Die Seele erzeugt den rhythmischen Schlag des Herzens. Und weil sie die Herrin des Körpers genannt wird, obliegt ihr auch die Entscheidungsgewalt über die Anordnung der Gene, die beim Aufbau des Körpers eine Rolle spielen. Das bewirkt die Seele. Aber

106

sie lässt nicht zu, dass sich das Gehirn an etwas erinnert, woran bisher keine Erinnerung bestand. Wie viele von euch verstehen das? So etwas kann nur im Kleinhirn gespeichert werden. Nur dort darf die Seele es speichern. Das wissen wir nun.

Wir wissen es, wenn wir auf der Ebene der Glückseligkeit sind.

Was zeichnet also einen spirituellen Menschen aus? Es geht darum, dass er ganz und gar sein Selbst ist; dass das Selbst alle Dinge und alle Wesen ist und dass das Selbst — wenn der, der wir sein wollen, spirituell ist — niemals Groll gegen irgendjemanden hegt. Wenn wir es auf der Ebene der Glückseligkeit nicht tun, dort, wo wir die sofortige Manifestation haben, warum beharren wir dann darauf, es hier zu tun? Und zum Zweiten sollten wir allen vergeben, denn wenn wir das tun, vergeben wir uns selbst. Wenn wir uns selbst vergeben, dann weicht der Affe, der auf unserem Rücken sitzt und wir geben die Macht an uns selbst zurück. Wenn wir lernen, dass alle anderen wir selbst sind, so wie wir sind, dann sind wir spirituell, denn warum sollten wir nicht auf der Erde so sein können wie im Himmel? Wir müssen uns nur dafür entscheiden so zu sein und die Bedingungen für ein So-Sein betrachten. Wenn es im Himmel kein Betrügen gibt, warum betrügen wir dann hier? Wie viele von euch verstehen das? Und wenn es im Himmel kein Zweifeln gibt, warum bestehen wir dann darauf, hier zu zweifeln? Wenn es im Himmel keine Bosheit gibt, warum bestehen wir darauf, hier boshaft zu sein? Wie viele von euch beginnen das zu verstehen?

Lasst uns trinken. Auf mehr Freiheit. Stimmt es nicht, dass Wahrheit euch befreit? Es ist so. Gott, lass uns immerzu diese Freiheit wünschen. So sei es. Auf das Leben!

AUFLÖSUNG

Nun, was war das Nächste, der nächste Punkt, den wir am Ende des gestrigen Abends gelernt haben? Auflösung — Auflösung — ein sehr hübsches Wort *(engl. resolution)*. Es klingt fast nach Revolution, nach einer spirituellen Revolte.

Nun haben wir heute bei unserem Rückblick bereits erörtert, was unerledigte Angelegenheiten sind. Zwar habe ich einige sehr harte Beispiele gebracht und es ist eine Ironie, dass immer genau diese Beispiele angeführt werden, aber es gibt, wie ich euch gestern Abend sagte, in unserem Leben Dinge, die uns immer bleiben werden. Es sind die süßen Dinge, das wahrhaft Göttliche. Es sind unsere großen Taten, die wirklich den normalen Lauf unserer Angelegenheiten transzendieren. Es gibt Aspekte, durch die definiert zu werden wir uns das Recht erworben haben. Nun, wir könnten sagen, dass diese Aspekte ebenso wie im menschlichen Bewusstsein die guten Dinge sind. Nun, es sind die tugendhaften Dinge. Es sind die tugendhaften Lektionen. Es sind die tugendhaften Taten. Nun, ihr alle habt Aspekte, Farben und Dimensionen, die etwas recht Spektakuläres an sich haben und ihr habt euch das Recht erworben, diese zu behalten. Diese Dinge sind eurer Natur nicht fremd; sie sind ihr ganz nahe. Darüber brauchen wir nicht zu sprechen, denn wenn wir Handlungen vollbringen, wenn wir von uns aus Außergewöhnliches weitergeben, dann splittern wir nicht auf, sondern wir definieren. Über solche Eigenschaften verfügt ihr alle.

Jeder hier in diesem Raum wurde irgendwann in seinem Leben schon einmal von einem Freund oder einem verzweifelten Nachbarn in einer Zeit von Chaos und Elend gerufen. Und dann ist etwas Größeres in euch zum Vorschein gekommen und ihr habt euch dem gefügt. Nun, das sind die großen, definierenden Attribute in unserem Leben, die uns nie genommen werden, denn sie spiegeln das wider was Gott ist. Und wisst ihr, meine geliebten Leute, es gibt sicherlich viele Geschehnisse in der Natur oder auf Grund absichtlicher menschlicher Zerstörung, an denen ihr alle euren Anteil habt.

Vor nur wenigen Tagen habt ihr euch vielleicht über eure Nachbarn aufgeregt und beschwert — denn es gibt, wie ich euch gestern Abend sagte, Stänkerer in dieser Gruppe und ihr wisst, wer ihr seid. Ist es denn nicht interessant, wie schnell der menschliche Teil in uns genau das bei anderen erkennt, was in uns selbst ist, nicht wahr? Da sitzt unsere Energie, nicht wahr? Das ist unsere Zersplitterung. Und am nächsten Tag könnte diesen Nachbarn ein schreckliches, vielleicht wirklich lebensbedrohliches Unglück widerfahren und plötzlich werden wir ohne nachzudenken aus unserer Behaglichkeitszone von Verachtung und Arroganz herausgezogen und in einen Bereich des Denkens getragen, der irgendwo tief in uns zu entspringen scheint und wir eilen unseren Nachbarn zu Hilfe und helfen. Wir stemmen uns gegen das Wasser; wir tragen Essen. Wir nehmen zerlumpte, stinkende Kinder in unsere Arme und wir, die wir zwei Tage vorher den Anblick von Blut nicht ertragen konnten, sind nun da und reinigen Wunden, drücken Menschen liebevoll an diese unsere Brust, in der unsere Seele wohnt. Und wir helfen. Und wo wir uns zwei Tage vorher über unseren Mangel an Einkünften oder Geldmitteln beklagt haben, ist das plötzlich gar kein Thema mehr. Eure Hand greift nach eurer Brieftasche, ihr zieht sie heraus und ihr gebt und denkt über die Folgen eures Geben überhaupt nicht nach.

Nun, das ist unsere Natur, das sind unsere wahren, das Selbst definierenden Augenblicke; wenn wir helfen, was es auch kosten mag — und manchmal ertönt ein größerer Ruf, der größere Kosten, größere Anstrengung verlangt — dann sind es diese Augenblicke, in denen wir als Gott definiert werden. Wir werden wahrhaft als Gott definiert. Oder, wie einige Historiker es ausdrücken würden, das sind die definierenden Augenblicke, die krönenden Juwelen menschlicher Existenz. Das sind unsere großartigen Aspekte. Es gibt keinen unter euch, der nicht wirklich schon einmal in kleinem oder in großem Rahmen in nur wenigen Augenblicken von der Heuchlerei ins Gottsein gezogen wurde. Da herrscht Freundlichkeit, Rücksichtnahme, da gibt es Räume von Großzügigkeit ohne einen Gedanken an die Auswirkungen auf euch selbst. Wenn ihr so handelt, dann seid ihr Gott. Wenn ihr innehaltet, reflektiert und nachdenkt, dann definiert ihr eure Grenzen neu, der Augenblick geht vorüber und die Chance Gott zu definieren wurde verpasst.

Das Handeln in der Not, zu dem wir uns erheben, hilft uns nicht nur das Selbst zu definieren, es bindet uns auch an das ewige Selbst. Nun, das sind die großen Dinge, die wir getan haben, wisst ihr. Wenn jemand, der seinen Geldbeutel mit den Ersparnissen eines ganzen Lebens verliert und ihr, die ihr an märchenhaftem Reichtum arbeitet, sie findet, dann ist es eine große Versuchung zu sagen, das sei eure Manifestation. Das ist der modifizierte menschliche Überlebensinstinkt. Der ehrenhafte Gott würde fraglos den rechtmäßigen Eigentümer ausfindig machen, weil wir in einem solch erlesenen Augenblick uns wieder auf der Ebene der Glückseligkeit befinden, denn auf der Ebene der Glückseligkeit gibt es kein Bedürfnis, wisst ihr; es gibt nur die Erweiterung des Wissens, um großartigere Formen der Vorexistenz zu schaffen. Das ist der Moment, in dem der Gott sich einschaltet. Das ist der Augenblick, in dem wir am besten sind. Das ist der Augenblick, in dem wir am erhabensten sind.

In wie viele Gelegenheiten werdet ihr hineingestellt, in denen die lebendige Wahrheit des Geistes anstelle der Schlauheit des Fleisches sprechen kann? Nun ja, ihr habt solche Gelegenheiten jeden Tag. Wie viele Gelegenheiten gibt es für euch, den Geist auf erhabene Weise leuchten zu lassen, wenn es leichter wäre, sich zu verstecken, zu erbleichen und wegzulaufen? Ihr alle habt das getan und das macht eure Schönheit aus. Dafür braucht ihr euch im Angesicht aller Ewigkeit niemals zu schämen. Das ist nichts, was ihr euch in diesem Leben zu Eigen machen müsst; es ist das Gewebe, aus dem das Selbst aufgebaut ist. Euch allen steht es zur Verfügung. Man muss ein wahrhaft bemerkenswerter Mann oder eine wahrhaft bemerkenswerte Frau sein, wenn man im Feuer des gesellschaftlichen Bewusstseins steht und plötzlich, in einem blendenden Augenblick, den rechten Weg erkennt und ihn einschlägt.

Auflösung bedeutet dann sozusagen, diese strahlenden Augenblicke zu eurer Ehre zu ergreifen und sie in den Bereichen einzusetzen, in denen ihr belastet seid, und sie nicht nach menschlicher Logik einzusetzen — denn dann wird es immer ein Hintergrundmotiv geben, wie ihr wisst — sondern sie geradewegs aus dem sogenannten spirituellen Selbst heraus, das diese irgendwo anders geschaffen hat, einzusetzen.

Ich sage euch, es ist edler, sich von den Emotionen, die euch zerreißen, zu entfernen. Ein edles Wesen ist jemand, der sich wieder von den Knien erheben, sich den Staub abklopfen und weggehen kann. Und wenn er das tut, hat er vielleicht nichts, aber er ist in diesem Augenblick edler, erhabener und spiritueller als im Kampf darum, wer Recht hat und wer Unrecht hat. Ein Mensch muss sehr mächtig sein, um das zu tun, aber das sind die Handlungen, die uns in unserer Eigenschaft als Gott definieren.

Ihr habt euch für spirituelles Lernen entschieden. Deshalb seid ihr hier. Ich habe das Format dafür geschaffen. Ihr habt euch entschieden hier zu sein, um etwas über das zu lernen, was nicht vollständig berührbar ist. Ihr habt in diesem Leben das gelernt, was euch hilft euch zu definieren, anstatt wie im Nebel ein Leben nach dem anderen zu leben. Auf dieser Ebene vor eurer Inkarnation hier habt ihr alle den Kern von etwas gefunden, das getan werden musste. Es war für euch notwendig zu lernen. Es war für euch notwendig das zu definieren, was vergessen war, anstatt die immer gleichen bedeutungslosen Erfahrungen zu durchleben ohne darin je eine Lösung zu finden. Also habt ihr im Himmel einen Teil eures linearen Prozesses gewählt. Wenn ihr das nicht getan hättet, wärt ihr nicht hier.

In dieser Zuhörerschaft gibt es keine Opfer dieser spirituellen Unterweisung. Alle sind hier, weil sie es so geplant und gewählt haben. Ihr folgt der Reise eurer Seele. Könnte jemand ein höheres Leben führen als ein Leben, das Gott definiert, denn letztendlich ist alles Gott. Und ihr habt euch entschieden, zu solchem Lernen hier anwesend zu sein. Bedenkt, dass ihr offenbar dachtet, ich wüsste wovon ich spreche und dass es für euch wichtig genug wäre, um eine Weile bei mir zu verweilen und einen Teil eures Lebens darauf zu verwenden, euch das anzueignen. In diesem Potenzial habt ihr erschaffen; ihr habt den Wert dessen natürlich gesehen und ihr habt gesehen, dass ich einen anderen Weg eingeschlagen habe als den, den ihr bisher immer eingeschlagen habt. Daran habt ihr euch erinnert. Ihr seid also hier, um euch dem Wissen zu widmen, das ich euch vermittle und damit ich euch lehre wie ihr denken sollt — nicht als ein zersplitterter Gott, sondern als einer, der ganz ist — und damit ich euch das durch Prozesse veranschauliche, die trotz ihrer Schwierigkeit doch sehr einfach sein können. Und ihr habt euch entschieden hier zu sein.

Die spirituelle Gottheit ist die Lösung für alles, denn sie kann dafür sorgen, dass das Selbst dann, wenn wir etwas darüber lernen, nicht länger durch ein Mysterium verhüllt bleibt. Auch wenn es größer und umfassender ist als wir es in einem Gemälde jemals darstellen könnten, beginnen wir doch seine Gegenwart zu empfinden. Wir beginnen unsere Spuren zu untersuchen und wir beginnen die Spuren zu betrachten, die wir hinterlassen haben. Und wenn wir das tun, kommen wir der unsichtbaren Gegenwart näher, die sie gesetzt hat. Ihr seid hier, um das zu erkennen. Und wenn wir das wissen, dann finden wir all die Antworten, die die Belastungen auflösen, mit denen ihr alle zu tun habt. Ihr habt schwere Belastungen, aus denen ihr offensichtlich nicht herauskommen konntet und so seid ihr auf dieser Ebene zur Quelle selbst gegangen, um einen Weg heraus zu finden und euch davon zu befreien.

Also, wie lösen wir sie auf? Die Auflösung ist so einfach, dass sie in einem Augenblick geschehen kann. Es ist der gleiche Augenblick der Klarheit, wie er eintritt, wenn ihr auf dem Feld endlich eure Vergangenheit aufgebt und den Fokus ins klare Wasser legt, dann geschieht es. Es ist eine Dynamik, die uns zeigt, dass wir nichts weiter zu tun haben als fähig zu sein, uns über die Vergangenheit zu erheben und uns nicht länger mit ihr zu verbinden. Die Arbeit — nach allen Seiten zu verzeihen — müssen wir als Menschen tun, damit wir Vergebung finden, denn nur dann wird uns vergeben. Es muss von uns selbst ausgehen. Wenn wir es hier draußen tun, erlauben wir dem Gott oder dem verlorenen Sohn nach Hause zurückzukehren, und Freudentränen durchdringen die emotionale Barriere. In jedem Bereich unseres Lebens müssen wir nachsehen, was uns stört, was unseren Frieden beeinträchtigt, was uns antreibt, wer uns antreibt und warum wir immer wieder in Begriffen unserer Vergangenheit und nicht in Begriffen unserer Gegenwart denken. Das müssen wir loswerden, indem wir unsere Energie davon abziehen. Wenn wir das tun, werden wir ganz.

Das soll nicht heißen, dass sich das Drama berührbarer Realität nicht weiter abspielt; es wird sich noch eine Weile fortsetzen. Das bringt dann die Lehre voll zum Tragen, in der es darum geht, auf den Tisch zu blicken und ihn voll zu sehen, obwohl er dem Auge leer erscheint. Vergebt, vergebt, vergebt, vergebt, vergebt; lasst los, lasst los, lasst los, lasst los, erlaubt, erlaubt, erlaubt. Mit jeder Handlung auf dem Weg bekommen wir Macht. Denkt daran, wir wollen die Macht vollständig zurückhaben, und in unserer Vergangenheit ist sie eingeschlossen. Wir wollen sie ganz zurückhaben.

Nun kommt der furchterregende Augenblick, in dem wir es tatsächlich tun. Wenn wir so handeln, dann durchtrennen wir manchmal die Rettungsleine zu unserer eigenen Souveränität, ist es nicht so? Mit anderen Worten, unsere Souveränität, unsere Grenzen, unsere Definition von Liebe und Kameradschaft basieren alle auf Punkten, die wir gerade im Begriff sind, unter uns herauszuschneiden. Wir ziehen buchstäblich unserem fleischlichen Leben den Boden unter den Füßen weg, nicht wahr? Nun, genau darum geht es bei der spirituellen Reise. Das wollen wir. Das wollen wir. Wir wollen die Kiste nehmen, sie schütteln und hinauswerfen. Ja, wir werden auf die Nase fallen. Ja, für eine Weile kommt alles zum Stillstand. Ja, es wird geschehen. Was erwartet ihr denn? Gut, der Schrank ist leer, aber ich habe Macht. Ja, ja, die habt ihr. Aber wenn ihr es auch nur wagt zu bedauern, dass der Schrank leer ist, dann habt ihr keine Macht, denn, ist

Bedauern nicht auch eine Ermächtigung der Gottheit? Ist es das nicht? Ihr müsst aufhören zu bedauern. Es kann keinerlei Bedauern mehr geben, keines, denn wenn ihr bedauert, seid ihr zersplittert. Wir wollen nicht das Gesicht wahren sondern wieder unsere Macht bekommen. Versteht ihr? Wie viele von euch verstehen das?

Nun, im Sinne dieser Begriffe, von denen ich gesprochen habe, macht uns das nackt und verletzlich wie es scheint und wir zittern und sind nervös. Aber wenn wir diesen reinen Raum halten können, den gleichen Raum, der sich schließlich auftut, wenn ihr euch überwindet und diesem einen Narren endlich die Wahrheit sagt. Ihr wisst, dann kümmert es euch überhaupt nicht mehr, welche Folgen das hat. Es kann nicht schlimmer sein als das, was ihr erlebt habt. Wie viele von euch haben eine solche Situation erlebt? Und wenn es endlich vollbracht ist, dann fühlt ihr euch so leicht, nicht wahr? Euch ist es gleichgültig, ob das Haus um euch herum zusammenstürzt, ihr fühlt euch leicht. Das ist spirituell; das ist der Geist. Versteht ihr? Nun, dann beginnt der Geist zu schweben. Es ist ein erneutes Zusammenfügen. Und hier wird die Schulung so wichtig, die euch lehrt, wie ihr anfangen könntet, reine Macht auf das was ihr tut, anzuwenden.

Nun, wenn Auflösung stattfindet und wir in unserem Leben daran arbeiten, welches ist dann die beste Art daran zu arbeiten? Nun, ihr müsst bewusst bleiben, wisst ihr. Also, ihr könnt acht Stunden am Tag unbewusst arbeiten, aber lasst uns wenigstens zwei Stunden des Tages darauf verwenden bewusst zu sein, so bewusst und gewahr zu sein, dass wir wirklich auf die anderen acht Stunden Einfluss nehmen. Wie viele von euch verstehen, dass wir damit tatsächlich Wirkung erzielen? Ich lehre euch, wie man in diesen bewussten Augenblicken zuerst die Energie aus den ersten drei Siegeln freisetzt, denn das ist die Grundlage.

Die erste Disziplin, die ihr erlernt, besteht darin, die Energie hochzuziehen. Ich lehre euch diese Disziplin, und ihre Wirksamkeit ist wissenschaftlich erwiesen. Ich lehre sie euch. Also, ihr müsst zuerst raus — raus — aus dieser Ebene und ihr müsst in der Lage sein, mobil im Geist zu werden. Ihr müsst also die Energie von diesen Orten abziehen und sie muss nach hier oben kommen (in die oberen vier Siegel). Das bewirkt C&E™. Und wenn die Energie dort oben ist, dann könnt ihr weiterschießen bis hinein in die Leere und dorthin solltet ihr gehen. Ihr solltet es euch gestatten euch in nichts aufzulösen — in nichts. Ich lehrte euch wie man sich zu Punkten des Lichts hinbewegt, wie man beweglich wird und wie man sich dreht und buchstäblich in der Leere selbst ist. Erinnert euch, dass Bewusstsein und Energie Realität erschaffen. Die Ebene der Glückseligkeit ist unser natürliches Zuhause. Wir sind die Vorstellung. Sie ist unser Produkt. Also müssen wir zu unserem natürlichen Selbst heimkehren, der Produktivität unserer Vorstellungskraft. Es ist die Leere, in die wir hineintauchen, um geklärt und gereinigt und von unserer Bindung frei zu werden. Und wenn wir dann bereit sind, wenn wir ungebunden sind, dann können wir uns von der Leere aus wieder zurück in den Punkt Null hinein bewegen. Dann bewegen wir uns aus dem Nichts zu Gott — aus dem Nichts zu Gott — und von Gott sind wir zum Gipfel unseres spirituellen Selbst gelangt. Wie lange dauert das? Es hängt vom einzelnen Meister ab. Einige von euch werden auch in einer Stunde des Blasens nicht dorthin gelangen; bei anderen von euch genügen zwei Atemstöße und sie sind da. Es gibt keine Norm. Alles ist individuell. Es hängt damit zusammen wie tief ihr in den ersten drei Siegeln verwurzelt seid und ob ihr aus diesen herauskommen wollt. Manche Menschen wollen nicht herauskommen. Manche Menschen wollen sich morgens müde fühlen, sie wollen dieses und jenes fühlen und deshalb sind sie dort, wo ihr Wollen liegt.

Wenn wir uns also bei der spirituellen Arbeit dem soweit nähern, dass es uns zur Grundvoraussetzung wird, dann wollen wir diesen Körper von uns abwaschen, wir wollen im Nichts schwimmen und absolut rein zur Gottheit zurückkehren. Wir sind auf dem spirituellen Gipfel. Wir sind jetzt in der Warte des Beobachters. Jetzt können wir einen Blick werfen. Wenn wir vom Punkt Null herunterzufallen beginnen und in die fünfte, die vierte und dritte Ebene fallen — was wir tun werden, wenn wir beginnen uns etwas vorzustellen — werden wir zu einem sehr vertrauten Ort zurückkehren. Es ist der Ort, von dem aus wir uns in diesem Leben die Gelegenheiten erschufen und in diese fallen wir hinein. Sie werden uns sehr vertraut sein. Wir werden in sie hineinfallen und als Beobachter zulassen, dass sich ein Rückblick auf dieses Leben und das, was wir erreichen wollen, vor uns abspielt. Die Linie des Potenzials, die es euch ermöglicht das zu tun, wurde bereits für euch eingerichtet. Es ist leicht.

Woran wollt ihr also arbeiten? Ihr wollt die Belastung durch eure Reue loswerden. Heute ist es Reue und sie wird euch einfach überkommen. Was ihr tun sollt, ist, die Reue zu nehmen und sie drei Mal auszublasen — genau wie die nächste Sache, die ich euch lehrte, bis Klarheit da ist. Ihr werdet wissen, wann ihr etwas bewirkt habt, denn im vierten Siegel wird sich eine unglaubliche Leichtigkeit des Seins einstellen. Dann geschieht es, dass all die Menschen, Orte, Dinge, Zeiten und Ereignisse, an die Reue gebunden war, an euch vorbeiziehen und mit jeder einzelnen Sache oder Person verfahrt ihr auf die gleiche Weise: Ihr befasst euch damit. Ihr befasst euch nun bewusst damit.

Vielleicht ist es auch Vergebung. Erinnert euch, ich sagte euch, dass ihr von der Ebene der Glückseligkeit her wisst, mit wem ihr zusammenstoßt. Demjenigen, mit dem ihr eine Vereinbarung getroffen habt, werdet ihr am schwersten verzeihen können; es ist jemand, der sich bereit erklärte, für euch und für sich selbst diese Rolle zu spielen. Ihr werdet das ausgraben

113

und ihr werdet den anderen finden und ihr werdet euch der Sache annehmen müssen. Wenn es um eure Eltern geht — eine höchst prekäre Beziehung — könnt ihr euch nicht länger als Richter über die Handlungen anderer aufspielen. Bisher wart ihr durch euer Opfersein Folterer eurer Eltern. Ihr könnt nicht länger am Ort der Macht sitzen und die anderen verantwortlich machen und ihnen für alles in eurem Leben die Schuld zuweisen. Ihr werdet sie freilassen müssen, denn nur wenn ihr das tut, bekommt ihr die Macht zurück, die dann nicht länger in Schuldzuweisung verankert ist. Dann seid ihr frei. Mein Gott, ihr seid frei. Und ihr könnt spüren wie euch das allmählich reinigt.

Vielleicht verbringt ihr die nächsten sechs Monate mit demselben Prozess bis die Angelegenheit eines Tages zu einer Nicht-Angelegenheit geworden ist. Ihr werdet am Morgen aufwachen, ihr werdet aus dem Fenster sehen und sie ist nicht mehr da. Gott, möge es geschehen, dass wir solchermaßen in unserer Macht ruhen. In dem Augenblick, in dem wir uns dazu entschließen, betreten wir den wahren spirituellen Weg, denn das bedeutet, nach einer höheren und erhabeneren Ordnung zu greifen, um die niedrigere Ordnung in uns zu bändigen. Wie viele von euch verstehen das?

Nun, wie viele von euch sehen einen Wert darin auf diese Weise das anzunehmen, was ihr hier eurer Wahl entsprechend gelernt habt? Denkt daran. Es verleiht euch Macht. Es war eure Wahl, hierher zu kommen, um selbstgewählt dies hier zu lernen, also hattet ihr in der Tat bereits einen Vorsprung. Wie viele von euch sehen nun einen Wert darin, sich der Rückgewinnung der eigenen Macht zu widmen, und wie viele von euch können klar erkennen, dass die Macht in den Einstellungen, die alle in der Vergangenheit gründen, eingeschlossen ist? Und wie viele von euch sehen einen Wert darin, die Disziplin auf einer bewussten Ebene jeden Tag anzuwenden? Wie viele von euch können den Wert erkennen und sehen, was euch das als reifende Frucht in eurem Leben bringt? Versteht ihr das?

Nun, das ist das Mittel. Das ist die Art und Weise wie wir es erreichen werden. Der heikle Teil besteht darin, dass wir uns um überflüssige Dinge kümmern könnten, die wirklich nicht tief in unserem Kern liegen. Aber wir müssen hineingreifen und die Themen finden, von denen wir gestern Abend sprachen. Ich sagte euch, wenn ihr euch nun der Zersplitterung eures Gottes stellt und diese jetzt heilt, wird es nichts mehr geben, was künftig im Licht betrachtet werden muss. Versteht ihr das? Wie viele von euch verstehen das? Und damit erkennen wir immer mehr, wie das Selbst identifizierbarer wird.

Ein wirklicher Gott ist einer, der von seinen Belastungen und von der Bürde, seine eigenen Schöpfungen zu Ende führen zu müssen, befreit ist — seht, was er dann vor sich hat, welch enorme Fülle und welch enormes Maß

114

an Realität er hervorbringen kann. Weil er nicht überladen ist, bringt er Dinge schnell hervor, nicht erst nach einem langen Zeitraum des Wartens.

Der einzige Grund, warum ihr nicht alles bekommen habt, was ihr wollt, liegt darin, dass dem zu viele Dinge im Wege stehen. Was ihr wollt, ist die Zukunft; was im Wege steht, ist die Vergangenheit. Wie könnt ihr denn Raum für die Zukunft schaffen, wenn ihr keine habt, weil sie mit der Vergangenheit überladen ist? Einfach nur zu wollen ist nicht genug. Es muss Macht da sein, um etwas in die Wege zu leiten und Macht, um es sich vorzustellen. Wie könnt ihr euch denn etwas Unvorstellbares vorstellen, wenn eure Gedanken immer zu irgendeinem kleinen emotionalen Trauma hingezogen werden, das ihr fühlt? Ihr werdet euch das Unvorstellbare nicht vorstellen, wenn ihr ans Essen denkt. Ihr werdet euch das Unvorstellbare nicht vorstellen, wenn ihr da sitzt und leidet, wenn ihr da sitzt und bedauert, wenn ihr da sitzt und euch wünscht woanders zu sein. Dann ist kein Raum dafür da. Dann ist kein Gott dafür da, der es geschehen lässt, also funktioniert es nicht. Deshalb ist es wichtig, dass wir es aus ganz freier Entscheidung tun, denn dann geben wir uns selbst genug Macht, das weiter zu verfolgen, was wir lernen, nicht wahr? Wir verfolgen es niemals weiter, wenn wir nicht hier sein wollen. Es kommen keine Boten und nichts geschieht. Ihr müsst dafür offen sein. In der Auflösung klären wir uns von unserer Vergangenheit, sie ist nicht länger vorhanden und unsere Energie ist nicht mehr darauf gerichtet. Der Meister jagt und stellt die Vergangenheit, er gräbt sie aus, entwurzelt sie und konfrontiert sich mit ihr, er konfrontiert sich mit ihr zum Wohl des Selbst.

Was die anderen tun, ist wirklich nebensächlich. Wenn ihr den Schritt getan habt, um eure Energie zurückzugewinnen, wenn ihr den anderen etwas vergebt, was sie nicht ganz loslassen können, dann schnellt das Gummiband zurück und ihnen mitten ins Gesicht, nicht wahr? Die darin enthaltene Energie kehrt zu euch zurück. Versteht ihr? Nun ist es deren Angelegenheit. Also hat es nichts mehr mit euch zu tun. Das werdet ihr daran erkennen, dass die anderen keine Reaktion mehr hervorrufen, so sehr sie es auch versuchen, weil nichts mehr hervorzurufen ist. Es ist, als hätte es den Vorfall nie gegeben. Versteht ihr?

Nun, das verspricht ein interessanter Tag zu werden, wenn wir weiterhin auflösen, nicht wahr? Und darauf sollte euer Fokus gerichtet sein. Worüber werden wir dann reden? Worüber müssen wir reden? Irgendwie ist es das Gleiche wie die Frage, was ihr zum Tisch eines Meisters bringt. Warum glaubt ihr es zu verdienen, in seiner Gegenwart zu sein? Ihr verdient es nicht. Genauso verhält es sich mit der Frage, worüber ihr reden müsst, wenn ihr die Vergangenheit mit irgendeiner Person, irgendeinem Ort, irgendeinem Ding, irgendeinem Ereignis aufgelöst habt? Worüber müsst ihr dann reden? Es gibt nichts zu bereden, nicht wahr? Versteht ihr was ich hier sage? Das ist der Zeitpunkt, an dem ihr wisst, dass ihr frei davon seid. Ihr braucht keine Verabredung, um zurückzukehren und alles wieder aufzuwärmen. Manchmal lieben Menschen es einfach, die Vergangenheit auszugraben, weil es sie aus der Gegenwart herausbringt und sie zurückzieht; sie denken nämlich, sie müssten das tun. Es gibt nichts zu bereden, nicht wahr? Das ist der Zeitpunkt, an dem ihr wisst, dass es beendet ist.

Nun, warum länger dort verweilen? Warum sollte ein Meister da sitzen und zu euch über euch sprechen wollen? Warum sollte er das wollen? Nun, es ist die gleiche Analogie. Ist das nicht das, was wir sein wollen? Warum sollten wir dann zurückgehen oder das Bedürfnis haben zurückzugehen und uns zu unterhalten, wenn die Unterhaltung immer auf einer Dynamik von Reue, Groll, Versagen, gebrochenem Herzen und Verlust basiert? Das können wir auf alle Kategorien anwenden: Eifersucht, Neid, Verrat, all das. Wenn wir es in uns gelöst haben, dann gibt es nichts mehr zu bereden, nicht wahr? Also, was für eine Art von Unterhaltung werdet ihr führen? Werdet ihr versuchen es wiederzukäuen, es wieder nach oben zu holen, es wie verrückt wieder hochzutreiben, damit eure Spielfelder gleichrangig sind? Köpft es.

Daraus wird dann — wie ihr bald sehr klar erkennen werdet, — die sogenannte Erleuchtung. Ihr fangt an zu erkennen, warum ihr zermürbende Beziehungen habt. Sie zermürben euch, Dinge zermürben euch. Wisst ihr warum? Weil es vorbei ist und die einzige Grundlage einer solchen Begegnung die ist, euch eben unter solchen Bedingungen zu begegnen. Ihr wisst nicht, wann ihr gehen sollt. Ihr seid hier ein bisschen verwirrt was Verpflichtung anbelangt. Ihr wisst nicht, wann ihr die Beziehung aufgeben sollt, denn das einzige was sie euch gibt, ist die Reibung hier hinten. Ihr seid gewachsen. Ihr passt nicht mehr hinein. Versteht ihr? Dann ist der Zeitpunkt für euch gekommen, wegzugehen, weil die Rolle gespielt worden ist und abgeschlossen sein sollte. Nun, was bewirkt das? Wird mich eure menschliche Intelligenz fragen, ob das bedeutet, eure Freunde einfach rauszuwerfen? Sie sind keine Freunde, sie sind Gott. Ihr habt keine andere Verpflichtung gegenüber einem Gott, als ihm die Freiheit zu geben. So liegen die Dinge.

Wahre Freundschaft zermürbt nicht. Sie wächst miteinander. Sie besteht aus Göttern, die miteinander in höchster Freiheit wachsen. Es gibt keine Zermürbung. Deshalb sage ich euch, es gibt darin keinen Mangel. Also, warum kehrt ihr zurück, kehrt ihr zurück, um es wieder aufzuwärmen, nur weil das der einzige Boden ist, auf dem ihr euch gleichrangig begegnen könnt? Sagt mir, meine Lieben, ist das Auflösung? Nein, das ist ein Neuerschaffen von Zersplitterung; das ist es. Wir müssen weggehen. Wir haben nichts zu bereden. Denkt an die Basis eurer täglichen Unterhaltungen. Worauf basieren sie? Das kommt auf den Menschen an, nicht wahr, den Ort, das

Ding, das Ereignis. Darauf kommt es an, nicht wahr? Nun, warum es wieder aufsuchen? Es ist vorbei.

Darin liegt Würde. Ist es nicht würdevoll, eine Gemeinschaft von Individuen als Familie zu haben, wobei es in einer solchen größeren, spirituellen Familie kein Herrschen gibt und die Familie keine Vereinbarung getroffen hat, sich unter den Bedingungen von irgendetwas Vergangenem zu begegnen, sondern jeder in der Familie ein individueller Gott ist — ein Wald von heranwachsenden Göttern — und sich die Energie, die in einem von ihnen wächst und verändert, auf alle ausbreitet? Das ist es, was wir wollen.

Ihr seid verwirrt in Bezug auf Freundschaft. Wir haben im Paradies Freundschaften geschlossen. Wir haben nur deshalb mit anderen Freundschaft geschlossen, weil sie sich uns auf unserer Reise hier in wesentlichen Bereichen eng angeschlossen haben. Wir sind ihnen im Laufe unseres Lebens unterwegs begegnet. Und wir müssen noch vielen anderen begegnen, die gerade darauf warten, ihre Rolle in dem Potenzial zu spielen, das sich entfalten wird, sobald das Selbst geheilt wurde. Sie werden auch noch kommen. Wie viele von euch verstehen das?

In Gott sind wir eins. Wir brauchen keine klare Abgrenzung zu schaffen. Als ihr eurem Nachbarn geholfen habt, habt ihr nicht darüber nachgedacht, ob er euer Freund ist oder nicht. Ihr habt ihm geholfen, denn da war etwas Drängendes in euch, das gehandelt hat. Das ist die Art von Beziehung, von der ich spreche. Versteht ihr? Wie viele von euch verstehen das? So sei es.

ANLEITUNG ZUR PRAKTISCHEN ANWENDUNG DIESER LEHREN

Wir haben nun eine Liste von vier Dingen: freier Wille und freie Wahl, die Definition des Selbst, unerledigte Angelegenheiten und Auflösung. Ich möchte, dass ihr jeden dieser Punkte nehmt und ihn euch einzeln vorstellt. Bei der Auflösung beispielsweise wird das ein bisschen schwierig sein. Ich möchte, dass ihr Bilder davon malt. Ich möchte, dass ihr die freie Wahl, hier zu sein, malt. Wie sieht das für euch hier oben aus?[3] Wie sehen freier Wille und freie Wahl aus? Wenn ihr nämlich darüber nachdenken müsst, dann bekommt ihr eine neue Definition der Bedeutung und der Wirkung davon.

---

[3] Mit anderen Worten, wie visualisieren wir das, was wir zu manifestieren wünschen im Stirnlappen unseres Gehirns.

117

Die Definition des Selbst; nun, wie zeichnen wir das Selbst? Eines der liebenswertesten Symbole, das wir verwenden können, ist natürlich der blaue Stern. Aber ich liebe das Herz, weil Gott Liebe ist und das Herz auch am vierten Siegel sitzt. Wie wäre es also, wenn wir mit der Prämisse beginnen, dass das Selbst ein Herz ist. Lasst uns mit diesem Konzept beginnen und es dann in Stücke reißen. Lasst es uns zersplittern und zerbrechen und Splitter und Teile hierhin und dorthin bringen, um zu demonstrieren, dass ein Teil meines Herzens, ein Teil meines Gottes meiner Opferhaltung Macht gibt, oder dort drüben meiner Tyrannei, oder dort meiner Gier, oder dort etwas anderem. Nun obliegt es euch, eure Vergangenheit, in der eure Energie eingeschlossen ist, sehr sorgfältig aufzubereiten; lasst dabei nichts aus. Nehmt einen Teil eures Herzens, um zu zeigen, dass der einzige Grund, warum die Vergangenheit noch an Ort und Stelle ist, darin besteht, dass das durch göttliche Energie so sanktioniert wurde.

Wenn wir das auf einer Zeichnung effektiv darstellen können, bekommen wir visuell ein großartiges Bild — inspiriert vom Meister und vom Schüler angewandt in einer großartigen, profunden Lehre — wenn wir das zu einem Bild zusammenfügen und es zeichnen können, dann wird es eines der größten Mandalas sein, das wir schaffen können, weil es unser eigenes ist. Es ist real. Es handelt von uns und unserer Reise.

Dann machen wir eine andere Zeichnung über das Definieren. Nun, die Definition wird diese zwei Aspekte hier umfassen. Zuerst müssen wir die Energie zurückholen, also sehen wir in einem Bild nach dem anderen, was wir tun müssen, um unser Herz zurückzuholen, um es dorthin zu bringen, wo es wieder vollkommen ist. Also erkennen wir Stück für Stück, was wir tun müssen, um unsere Energie zurückzuholen. Und davon müsst ihr Bilder zeichnen.

Diese Bilder werden dann auch das Dritte einbeziehen, die unerledigten Angelegenheiten, weil die unerledigten Angelegenheiten das belastete Selbst sind. Es ist das vergangene Selbst; es ist unerledigte Vergangenheit. Und davon werden wir Bilder malen. Was ist unerledigt? Was habt ihr angefangen, wo befindet ihr euch mittendrin und könnt nicht herauskommen? Wo seid ihr noch menschlich, wo seid ihr nicht Gott? Worin scheint in diesem Leben euer großes Lernen zu bestehen? Wo liegen eure Schwächen? Das wird euch die unerledigten Angelegenheiten und das belastete Selbst aufzeigen. Ich möchte, dass ihr keine Karikatur einer fiktiven Wesenheit zeichnet sondern eine Karikatur von euch selbst und dem, was unerledigt ist. Und wie auch immer ihr es darstellt, so ist es in Ordnung.

Dann möchte ich, dass ihr die Auflösung zeichnet. Die großartigste Art und Weise, die Auflösung darzustellen, ist es vielleicht nochmals ein Herz zu zeichnen. Da sitzt ein überdimensionales, strahlendes und leuchtendes Herz in einem zu klein geratenen Körper, das von einem Ort des spirituellen

Friedens erzählt. Vielleicht können wir auch den Körper zeichnen und ihn als Tempel darstellen, durch dessen Türme und Fenster das strahlende Licht spiritueller Macht scheint. Vielleicht sehen wir es so. Oder vielleicht sehen wir die Auflösung als das Entrollen einer alten Schriftrolle, die lange unvollendet liegen geblieben war, und wir sehen wie sie aufgerollt wird. Vielleicht sehen wir auch einen sich öffnenden Käfig, dem eine Taube entfliegt. Wie auch immer wir es darstellen, es muss ein Bild sein, das Bedeutung für uns hat. Wenn wir es richtig machen, werden wir unsere eigene Reise verstehen. Mandalas sollte man nicht massenweise anfertigen. Sie sind personalisierte Aspekte der eigenen Reise. Wir selbst sollten sie erschaffen. Versteht ihr?

Für den Meister ist es wichtig, ein Meister zu sein, aber keiner, der einschüchtert. Für den Meister — dessen größtes Phänomen sein wird, dass er unaufhörlich Weisheit zeigt; das ist das Geschenk des Meisters — ist es wichtig, nicht einzuschüchtern sondern Mut zu machen. Und ich sage euch, bitte schöpft durch das, was ihr heute gelernt habt Mut und spürt, dass ihr euch an einem Ort befindet, an dem es sicher ist, sich damit auseinander zu setzen und an dem ihr sicher genug seid, um Mut zu fassen und den Wunsch nach Veränderung in euch zu verspüren, denn ich sage euch, ihr werdet mich nie enttäuschen. Oh, ich habe schon solche Seminare verlassen und musste zuweilen meinen Traum umgestalten, ihn immer weiter verkleinern, aber ihr werdet mich nie enttäuschen, denn ich befinde mich nicht in einer Position, in der ich je enttäuscht werden könnte, Gott sei Dank. Ihr seht, damit habt ihr die Freiheit, ihr selbst zu sein und die Freiheit euch auf den Weg zu machen und euch zu verändern. Meine Liebe zu euch wird sich nicht verändern. Sie fließt nicht zu euch hin und wieder von euch weg wie die Gezeiten. Sie ist nicht wankend. Ich liebe euch. Ich wünsche mir, dass ihr euch wohl genug fühlt, um euch durch das, was ich bin und wer ich bin, inspirieren zu lassen, auch wenn ihr mich nicht sehen könnt, denn das ist das Königreich des Geistes. Es ist das, was hier vor euch ausstrahlt und so schön ist. Angesichts dieses Ideals wird vielleicht der Wunsch in euch so stark, dass ihr genug Leidenschaft entwickelt, um dazu zu stehen und es zu tun. Ich möchte euch dafür Raum geben. Ich dachte einfach, das sollte ich euch sagen. So sei es.

Wenn ihr ganz und gar in eurer eigenen Macht seid, dann wird das, was irgendjemand über euch sagt, euch nie aus eurem Zentrum bringen und es wird euch nicht zersplittern. Es herrscht dann einfach ein Zustand strahlender Liebe. Und wenn ihr den anderen trotzdem noch lieben und ihn für seine Meinung segnen könnt, dann gehört ihr wirklich der höchsten Ordnung an. Aber ihr solltet euch nicht um der Zugehörigkeit willen auf die Stufe des anderen hinunterbegeben. Ihr müsst in der Mitte der anderen blühen, trotz der anderen und für die anderen. Und ich verspreche euch, dass eine süße

Stunde kommen wird, in der die anderen euch rufen. Und ihr werdet die Macht haben, für ihre Bedürfnisse wunderbare Dinge zu vollbringen. Darin liegt das Geschenk, sein eigener Meister zu sein.

Ich erwarte von euch, dass ihr das, was ihr hier gelernt habt, gewissenhaft anwendet, weil es euch von einem höheren und kostbareren Ort als diesem uns bekannten Ort gegeben wird. Wendet es an. Wenn ihr es nicht tut, könnt ihr euch nicht beschweren, wenn euer Leben, anstatt in Folge dieser Lehren großartiger zu werden, durch diese Lehren vermindert zu werden scheint. So sei es. Seid glücklich. Ich liebe euch.

Oh mein geliebter Gott,
ich erwache für deine Gegenwart
in der Gegenwart.
Oh mein geliebter Gott,
befreie mich von meiner Vergangenheit
und lass mich mein Königreich wieder zurückgewinnen.
Oh mein geliebter Gott,
bring in mir
die großen Tugenden hervor,
die ich verdiene.
Oh mein geliebter Gott,
Gott segne meinen Körper
und verändere mein Leben.
So sei es.
Auf das Leben.

KAPITEL 5
DER TOD UND DIE ENTHÜLLUNG UNSERES HINTERGRUNDMOTIVS

„Wenn ihr nicht das Unerhörte erschafft, werdet ihr alt werden und sterben. Wisst ihr, unser Traum ist es frei zu sein, Leute — frei, frei. Das ist das Hintergrundmotiv; Freiheit — sie sollte das Motiv sein."

— *Ramtha*

DIE ENTHÜLLUNG UNSERES HINTERGRUNDMOTIVS

Oh mein geliebter Gott,
manifestiere sogleich
den von mir erschaffenen Tag,
und lass mich meine einfache Macht
bestaunen.
So sei es.
Auf das Leben.

Die Ebene der Glückseligkeit ist dieser wunderbare goldene Ort, von dem ich euch lehrte und an den ihr gelangt, nachdem ihr im Tod den physischen Körper zurückgelassen habt. Sofern ihr das Glück habt dann weiterzugehen — einige gehen nicht weiter, aber wenn ihr das Glück habt, weiterzugehen — werdet ihr, nachdem ihr zum Licht gelangt seid, wo ihr die Abstreifung erlebt, alles sehen: von eurer Empfängnis im Schoß bis zu dem Tag, an dem ihr verschieden seid. Denn, denkt daran, alle Handlungen sind die unmittelbare Folge einer bewussten Absicht, nicht wahr? Und so ist die Handlung wirklich die Energie bewusster Absicht. So wird bewusste Absicht durch Handlung — Energie — zu einem lebendigen, realisierbaren Konzept. Wenn ich euch sage, dass Bewusstsein und Energie untrennbar verbunden sind, ist dies eine Wahrheit, denn eure Handlungen sind euer in die Tat umgesetztes Wissen und wir bezeichnen dieses Tun als das Erfahren der Wirklichkeit.

Nun, alle diese Erfahrungen, die ihr hier oben (im Neuronennetz) gespeichert habt, sind in den Bändern, die euren Körper umgeben. Diese Bänder wiederum, die den Körper umgeben, werden, wenn ihr so wollt, von der Seele gesteuert, worüber ihr heute mehr lernen werdet. Und in einer Lichtrückschau ist es die Seele, die ihr Wissen enthüllt. Mit anderen Worten, das Buch des Lebens wird geöffnet. Und wenn wir über das sprechen, was wir beim Öffnen des Lebensbuches sehen, können wir uns nicht auf lineare Zeit beziehen, sondern wir müssen sagen, dass das Anschauen nur einen kurzen Augenblick und doch eine Million Jahre dauert; dass ihr, wenn ihr das Leben betrachtet, das ihr hier führtet, zugleich Beobachter, Teilnehmer und Empfänger seid. Das ist interessant, denn diese Aussage geht auf die Äußerung zurück, dass wir alle Dinge in unserer Wirklichkeit sind, alle Menschen eingeschlossen und dass diese Menschen und unsere Zuneigung und das was wir in der Tat als unsere Anziehungskraft ihnen gegenüber bezeichnen, Aspekte in ihnen betreffen, die wir selbst sind. Durch diese sind wir an sie gebunden. Genau wie Dinge in unserer Wirklichkeit Reflektionen unserer Selbst sind, ist der Ort, an dem wir uns befinden, eine Reflektion unserer Wirklichkeit. Also ist alles um uns herum wirklich die Aktivität, durch welche die Gedanken, die wir hier oben (im Neuronennetz) haben, verwirklicht werden.

Nun, Menschen haben ein Problem, da sie dies in ihrem Leben als etwas von ihrem Handeln Getrenntes betrachten. Sie sehen sich selbst als getrennt von den Dingen in ihrem Leben. Sie sehen sich selbst als getrennt von den Menschen. Mit anderen Worten, wir sagen, dies ist ein feiner Mensch und diese Person ist ein souveräner Gott, aber die Feinheit, die wir in einem Individuum sehen, entspricht der Feinheit, die wir selbst sind. Also sind sie aus dem Grund in unserem Leben, weil sie auf vollkommene und exquisite Weise einen Aspekt unseres Selbst reflektieren.

Nun, der Königsweg zur Vollkommenheit besteht darin, das Unvollkommene aus unserem Leben zu entfernen und es nur mit Reflektionen zu füllen, die uns das Höchste dessen widerspiegeln, was wir in uns selbst beschwören. Etwas anderes zu tun bedeutet, eine Lüge zu leben — eine heuchlerische Lüge — oder ein Leben zu leben, in dem wir die erhabeneren Aspekte in uns zu Gunsten des gemeinsamen Nenners des schlichten Akzeptiertwerdens oder des gemeinsamen Nenners des Überlebens verkauft haben, was zweifellos dem in den unteren drei Siegeln gelebten menschlichen Drama entspricht: sexuelle Aktivität, Geburt, Schmerz, Macht und Opfersein. Wenn wir der Versuchung unterliegen, unser Leben hier auf eine Weise zu führen, die unsere Erhabenheit beschämt, werden wir in einer Lichtrückschau genau sehen, was dies bedeutet. Nun, ein Meister sortiert sein oder ihr Leben aus und beseitigt den Unrat, das Unvollkommene. Ein Meister beseitigt die Verführung, beseitigt die Lüge, die Heuchelei, das Opfersein, die Tyrannei, er beseitigt all dies und bringt nur das in sein Leben, was die höchste Fähigkeit des Meisters, Wirklichkeit zu erzeugen, auf exquisite Weise widerspiegelt — und sei es nur eine einzige strahlende und schöne Sache — so dass diese eine strahlende und schöne Sache genau dem entspricht, was sich hier oben (im Neuronennetz) befindet.

Nun, ihr alle lernt jetzt einfach, wie man das macht. Darum ging es in meinem Vortrag gestern Abend: es ging um Veränderung, aber eine Veränderung im produktiven Sinne, in dem Veränderung bedeutet, euer Leben aus den Fugen geraten zu lassen und den Unrat, die Schwere loszulassen, die zu große Anstrengung, etwas zusammenzuhalten, das keine Freude bringt. Aber nur wenn ihr es hier (im Neuronennetz) zusammenleimt, entsteht dort drüben (in unserer Wirklichkeit) ein Riss. Wie viele hier verstehen das?

Nun gut, um auf die Lichtrückschau zurückzukommen: das Hervorragende an einer Lichtrückschau ist, dass sich das Drama — auf Grund der Art und Weise, in der die Seele die Energie darstellt — in mehr als drei Dimensionen abspielt. Es sind eigentlich sieben Dimensionen, da wir es von Gottes Warte aus sehen, der jeder Mitwirkende des Dramas zugleich ist. Wir sehen es aus der Sicht des Beobachters, der im Drama der [Heilige] Geist ist. Und wir sehen es so, wie die Seele, das Persönlichkeits-Individuum des Dramas, das sich für ein Einzelwesen hält, es wahrnimmt. So sehen wir es von einer heiligen Warte aus auf allen Ebenen. Und dann geschieht es, dass euer ganzes Leben sich vor euch abspielt. Jeder Gedanke erzeugt eine Aktivität. Ihr werdet zu dem Gedanken. Als Persönlichkeit fühlt ihr die Aktivität. Aber als der Gott, der Geist, seid ihr dann die Reaktion der gesamten Umgebung auf diese Aktivität, wodurch ihr es auf allen Ebenen erfahrt. Und liegt nicht wahres Lernen darin, tatsächlich zu erkennen, welche Auswirkungen unsere Taten und Handlungen auf andere, auf andere Lebensformen haben?

Dies ist ein schmerzhafter Vorgang, aber der Gott in uns stützt uns durch Liebe und erhält die multilaterale Sicht aufrecht, damit wir nicht zusammenbrechen und weinen und uns in unserer Individualität verfangen, die nun das Drama sieht, das sie erschaffen hat. Sie sieht das Leid, das sie in anderen Personen, in anderen Lebensformen hervorgerufen hat. Sie sieht die Schwierigkeiten, die sie aus egoistischen Gründen in ihrer Umgebung verursacht hat, weil sie als Einzelwesen anerkannt werden wollte. Sie sieht ihre Macht und wie diese Macht krümmt und verbiegt. Aber dieser Gott erhält in seiner Liebe unsere Gesamtperspektive aufrecht. Er hält während dieser Rückschau den Geist intakt, hält die Seele — die in der Rückschau die Persönlichkeit ist — und den Gott intakt. Sie alle bleiben zusammen.

So weinen wir also in einem Augenblick und können es kaum ertragen, das zu betrachten was wir vor uns sehen. Aber dann durchströmt uns die Liebe Gottes, der alles ist, und verleiht uns die Stärke, es weiter anzuschauen und es weiterhin aus der Sicht verschiedener Reflektionen zu betrachten; andernfalls würdet ihr es nie bis zu Ende durchstehen, denn es reicht schon, dass ihr in diesem Leben so viel Bedauern hervorgerufen habt. Es wird ein sehr schwieriges Problem werden, in der Lichtrückschau eure Absichten anderen, der Umwelt, den Lebensformen gegenüber zu sehen. Und später, wer wird letztendlich beeinträchtigt? Ihr. Und euch allen ist dies zuvor schon passiert und es wird euch auch wieder passieren.

Wenn ihr euch erst einmal darüber im Klaren seid, was das große Selbst wirklich ist, seid ihr wirklich etwas viel Außerordentlicheres als der isolierte Mensch, für den ihr euch haltet. Ihr seid wirklich mehr als das. Erinnert ihr euch daran, was ich euch gestern Abend sagte: Was macht einen großen Eingeweihten aus? Was ist es, das Eingeweihten Größe verleiht? Wie viele hier erinnern sich daran? Wendet euch eurem Partner zu und sagt es ihm. Habt ihr zugehört? Gut, wenn ihr euch nicht daran erinnert, dann habt ihr mich nicht gehört. Ich werde es nicht wiederholen, denn wenn wir

124

zusammenkommen, nehmt ihr von diesem Treffen und den Lehren das mit, was ihr hören wollt. Und wenn ihr es nicht gehört habt, bedeutet dies, dass es nicht das ist, was ihr hören wolltet. Also werden wir jetzt fortfahren. Dieser individuelle Körper, der so isoliert zu sein scheint, ist nur ein Splitter dessen, was ihr wirklich seid, denn das große Selbst ist letztlich alles.

Nun, es gibt Leute, die diese Lehre auf sehr fanatische und bedauerliche Weise prostituieren. „Alles ist das Eine und das Eine ist alles." Nun ja, dies ist eine Philosophie, die noch nicht verwirklicht wurde, außer zu eigennützigen Zwecken. Versteht ihr das? Wenn sie eigennützigen Zwecken dient, wird sie verwirklicht, wenn nicht, bleibt sie philosophisch. Mit anderen Worten also, Menschen spielen mit einem spirituellen Leben, weil es zu gewissen Zeiten von Vorteil für sie ist. Es verschafft ihnen einen Vorteil, anstatt ihnen eine Stabilität zu verleihen, in der es zum Brot ihres Lebens wird, mit dem sie ihr Leben bestreiten. Sie brauchen ein umfassenderes Verständnis. Im Licht also sehen wir dann, wie unsere Absichten sich so tiefgreifend auf alle auswirken und wie, wenn wir bei irgendeiner unserer Handlungen in irgendeiner Weise versteckte Beweggründe haben, diese immer das ausschlaggebende und zu Grunde liegende Vergehen sind.

Das Hintergrundmotiv — das verborgene, das wahre Motiv hinter einer Handlung — ist das, wonach wir beurteilt werden. Wir werden nie nach der Oberfläche beurteilt; wir werden auf Grund unseres Hintergrundmotivs — dem Verborgenen — beurteilt und gewogen. Deshalb ist es so wichtig für die Schüler die Verantwortung für ihre Untadeligkeit ernst zu nehmen. Seid untadelig. Seid ohne Hintergrundmotiv. Solltet ihr eines haben, beseitigt all die Augenwischerei und seht es euch an. Es ist genau das, was wir veredeln müssen, nicht den äußeren Schein, sondern den versteckten Beweggrund hinter unseren Handlungen. Tadellos zu sein bedeutet, von diesem verborgenen Ort aus zu leben, denn das ist der Antrieb unseres Lebens und es ist der Antrieb hinter allem, was wir tun.

Und wie verbreitet ist das? Nun gut, hier ist ein typisches Beispiel: nett, ausgesprochen freundlich zu jemandem zu sein, aber nicht um der Freundlichkeit willen; es gibt einen versteckten Beweggrund dafür. Nun, ihr alle habt das getan, und das Hintergrundmotiv ist, dass ihr etwas von dieser Person wollt. Ihr wollt etwas von ihr, sei es nun eine Beziehung auf einer beliebigen Ebene oder sei es, dass sie euch etwas gibt. Und normalerweise ist das Hintergrundmotiv das, was ihr wirklich wollt. Wir benutzen Freundlichkeit als das Vehikel, um es zu bekommen. Versteht ihr das? Ja? So, ihr alle versteht nun die Bedeutung von „Hintergrundmotiv", nicht wahr?

Das Hintergrundmotiv in uns ist das, was wir veredeln müssen und dies muss ohne Emotionen geschehen. Mit anderen Worten, es ist schon mit einer Emotion verbunden. Zu dieser Emotion zu werden bedeutet wieder das

125

Hintergrundmotiv zu werden. Wir müssen es ohne Leute, Orte, Dinge, Zeiten und Ereignisse veredeln. Wenn wir dies tun, haben wir die Substanz unseres Seins verändert. Nun werden wir ein tadelloser Mensch. Wir tun genau, was unser Hintergrundmotiv sagt. Wir sind unser Hintergrundmotiv. Es gibt da draußen kein Verwechseln der Signale mehr. Wir sind, was wir sind.

Die Lichtrückschau wird dadurch erschwert, dass die Persönlichkeit das Hintergrundmotiv — das Hintergrundmotiv — erfährt. Als das Objekt unseres Hintergrundmotivs erfahren wir die Täuschung, wobei die Täuschung die nicht-tadellose Absicht ist. Versteht ihr? Wie viele hier verstehen das? Mit anderen Worten, wir werden zu der Person, zu der wir freundlich sind: wir werden gedrängt etwas herzugeben; wir fühlen uns benutzt; wir fühlen uns betrogen. Oder wir waren ein Bauer in einem Spiel und als wir aus wahrer Freundlichkeit etwas von uns gaben, erkannten wir, dass wir als Bauer in einem Zug benutzt wurden, um etwas von uns zu bekommen, dass die Freundlichkeit unaufrichtig war. Also erfahren wir den Verrat eines unaufrichtigen Zuges. Versteht ihr das? Und wie kommt es, dass wir das verstehen können? Weil viele von euch schon auf der Seite des Empfängers gewesen sind, als eine unaufrichtige Person euch gab, was ihr wolltet, nur um etwas von euch zu bekommen.

Und wir können das sehr grundlegend angehen und wir können über die Macht sprechen, die Frauen über Männer haben. Frauen besitzen eine absolute Macht über Männer, da sie die Lenden eines Mannes beherrschen. Ja, das tun sie, täuscht euch da nicht. Sie beherrschen die Lenden und das ist ihre Macht. Ist das Liebe? Nein, es ist Verführung. Nun gut, was ist Verführung? Ein Hintergrundmotiv für etwas anderes: die Aktivität dient als Machtmittel, um die männliche Energie einer beherrschenden Kraft zu unterwerfen, die ganz andere Pläne hat. Nun, hier können wir die rohsten, tierähnlichsten Aspekte dieser Macht sehen und wie sie missbraucht wird. Wir sehen die Unwissenheit des Mannes — die Unwissenheit und Dummheit des Mannes seiner Lenden wegen — dessen Gehirn sich tatsächlich in seinem Penis befindet. Und wir sehen eine machtvolle Frau, die sich dessen geschickt bedient, eine Femme fatale. Und im Licht werden wir all das. Wir wissen, was es bedeutet, benutzt zu werden.

Seht ihr, wir können dieses Beispiel dann auf die Ebenen von Schmerz und Leid übertragen — Schmerz und Leid. Ein leidender Mensch besitzt Macht über einen gesunden Menschen. Ein machtvoller Mensch — ein ausdrucksvoller, mächtiger Mensch — waltet über weniger machtvolle Menschen. Aus diesem Grund gibt es Fürstentümer und Königreiche, Staaten, Länder und Kommunen. Politiker sind die Macht über das Volk. Das ist dieselbe Verführung wie wir sie zwischen Mann und Frau haben, um darauf zurückzukommen. Versteht ihr das? Und wofür? Weil der Mann einen Instinkt besitzt. Und über Instinkt sprachen wir gestern Abend. Instinkt entwickelte sich aus der Empfänglichkeit gegenüber der ursprünglichen Polarisation: Wir sind demgegenüber empfänglich, was wir nicht sind. Versteht ihr? Wir sind empfänglich für das, was wir nicht sind, denn wenn wir es bekommen, werden wir ganz und aus der Ganzheit bringen wir Kinder hervor. Kinder werden nicht aus Nicht-Ganzheit geboren. Das Gesetz der Natur ist sehr einfach: Wir werden von dem angezogen, was wir nicht sind, und wenn wir mit dem, was wir nicht sind, zusammenkommen, bilden wir eine Einheit des Einsseins. Im Einssein gibt es keine Polarisation. Eins und ohne Polarisation zu sein, bedeutet, im analogen Zustand zu sein. Im analogen Mind wird der Same in den Schoß gepflanzt. Genau das macht die Ekstase der Erfahrung aus: der Augenblick, in dem euer Verstand derartigen Erschütterungen ausgesetzt ist — eure Nerven haben euch in solche Ekstase versetzt — dass es in diesem Augenblick der orgastischen Erfahrung keine Zeit gibt, sondern nur das Erleben. Die Erfahrung als solche ist machtvoll, energiegeladen und analog. Diese analoge Erfahrung ist Ganzheit, und nur daraus kann dem natürlichen Gesetz zufolge ein Kind entstehen, das Kind im Schoß.

Warum also sind Männer Dummköpfe? Wegen ihrer Empfänglichkeit für das, was sie selbst nicht sind. Die Schlangenkraft in ihrem Glied ist enorm stark, denn ihre Empfänglichkeit hat zu einem Instinkt geführt, der für die menschliche Fortpflanzung sorgt. Den Motiven der Männer liegt ein Fortpflanzungsinstinkt zu Grunde, und diesem Fortpflanzungsinstinkt entspricht es, Frauen während ihrer fruchtbaren Zeit zu begatten, um so mehr Kinder hervorzubringen. Es ist das Ringen des niedrigen Tieres nach Einheit oder nach Gott in dem Augenblick, in dem die Fortpflanzung stattfinden kann. Erinnert euch, Fortpflanzung ist hier (im ersten Siegel). Und so erschaffen wir: die Polaritäten kommen analog zusammen. Die Idee, die in sie hineinkollabiert, wird zur Wirklichkeit. Versteht ihr? Das ist die höchste Ordnung. Ihr entspringt alle Natur. In ihrer primitivsten Schicht läuft es auf Geschlechtsverkehr hinaus und dieser ist ein Ort der Macht.

Frauen sind nicht im selben Maß vom Instinkt motiviert wie Männer es um der Orgasmuserfahrung willen sind. Ihre wahre Motivation ist nicht die orgastische Erfahrung, sondern ihre wahre orgastische Erfahrung ist die machtvolle Unterwerfung ihres Partners. Das ist der wahre Orgasmus. So sehen die Frauen es. Obwohl Frauen orgastisch erfüllt werden können, ist ihr Modus Operandi, ihr Instinkt, die Unterwerfung ihres Partners. Das ist die größte Freude, die sie erfahren können. Darum gibt es den ältesten Beruf der Welt noch immer. Darum ist er so erfolgreich. Sie lassen sich nie richtig auf diese Leute ein, sondern sie wissen, wie sie sie in die Knie zwingen und von ihnen bekommen können, was sie wollen. Was wollen sie von ihnen? Geld, Gold, Überleben, Luxus, eine Existenz. Versteht ihr? Ja?

Nun, auf der Ebene der Glückseligkeit werdet auch ihr das sehen, ob ihr nun ein Mann oder eine Frau seid. Eure Lebensdaten werden nicht bearbeitet. Ihr bekommt all die Male zu sehen, die ihr hinter verschlossenen Türen Geschlechtsverkehr hattet. Ihr seht all die Fantasien, in denen ihr es tatet, denn sie haben Aussagekraft, sie sagen viel darüber aus, was erforderlich ist, damit ihr unterwürfig werdet. Und die Fantasien werden verzerrter und immer verzerrter, bis es schließlich Kinder sind, denen nachgestellt wird, da die verzerrten Fantasien während des Sexualaktes mentale Bilder erzeugen, in denen die orgastische Erfahrung die Vergewaltigung von Unschuld ist. Und darum haben wir heute Menschen, die auf Beute aus sind — nie zu meiner Zeit, aber heute — die Kindern nachstellen, weil sie es herbeifantasiert haben. Es war ihnen nicht angeboren, sie haben sich dazu gemacht. Versteht ihr? Ja? Ausgezeichnet.

Diese Erklärung lässt sich sodann auf das Hintergrundmotiv zurückführen. Was also ist das Hintergrundmotiv, das hinter jeder Handlung steckt? Ich lehrte euch über die sieben Siegel im Körper — die sieben Ebenen des Körpers — und welche Energie aus ihnen hervorströmt, welche Drüsen aktiviert werden, und wir können ganz klar sagen, dass das Gehirn in diesen Siegeln lebt.[1] Wir können die Festprogrammierung eines Menschen ganz klar sehen, denn obwohl das Gehirn hier oben sitzt, wird seine Programmierung tatsächlich von den unteren drei Siegeln hier angelegt. Und wir sehen die Handlungen eines Menschen so deutlich. Und was ist sein Hintergrundmotiv? Sein Hintergrundmotiv ist die Energie. Sie ist das, was er wirklich will.

Auf der Ebene der Glückseligkeit ist all dies sehr beschämend für den individuellen Aspekt, der es sich betrachtet. Nicht so für den Beobachter, der mittels der Seele einfach die Fakten berichtet. So wird es beschämend sein, wenn ihr es euch anschauen müsst, da euer Persönlichkeits-Individuum es sehen wird. Und ihr wisst, euer Gott hat die ganze Zeit schon zugeschaut und eure Seele ist sehr beschäftigt gewesen — ach je — und ihr denkt: „Nun, das muss aber besser werden." Dann sehen wir jedoch, dass das Hintergrundmotiv sich kontinuierlich durch jedes einzelne unserer Leben zieht. Da ist dieses Hintergrundmotiv, das sich in jedem Tag unseres Lebens findet, und wir sagen: „Oh Gott."

Und er sagt: „Ja?"

„War das wirklich ich? Ich dachte, mein Leben war so abenteuerlich und so produktiv. Ich dachte, dass ich mit all diesen Menschen in meinem Leben eine tolle Freundschaft hatte und all dieses und all jenes. Ich dachte wirklich, ich hätte viel größere Fortschritte gemacht."

---

[1] Siehe Abb. 2.

Es ist mir gleich, wer du bist. Ob du nun der König der Welt gewesen bist und die ganze Welt dir untertan war oder ob du ein Armer auf der Straße der Käsehersteller warst, der dort um Käse bettelte, die Wirklichkeit wird dieselbe sein, wenn jeden Tag dasselbe Hintergrundmotiv bestand. Ganz gleich wie viele Menschen in dein Leben kamen, wie viele Menschen dein Leben verließen, wie viele Dinge du bekamst, wie viele Dinge du nicht bekamst — sie alle waren eine Folge des Modus Operandi des Persönlichkeits-Selbst, des Hintergrundmotivs. Und du wirst sagen: „Mein Gott, ich dachte, ich hätte so viel Gutes getan." Nun ja, war nicht das Hintergrundmotiv, das dahinter steckte, dasselbe, das du schon als 22-Jähriger benutztest? Und als du sieben Jahre alt warst und dachtest, dass du ein Opfer warst? Nein, du wurdest zum Opfer und es verlieh dir Macht. Das ist das Hintergrundmotiv, das hinter dieser Geschichte steckt.

Und was hattest du am Ende davon? Jeder Tag deines Lebens war einfach dieselbe alte Leier und das ist beschämend. Und wir sehen, dass du mit zunehmendem Alter fanatischer und somit immer gewiefter beim Ausüben deiner Kontrolle wirst. Mit anderen Worten, du magst im Alter vielleicht etwas leiser treten, aber ist das Hintergrundmotiv verschwunden? Nein, denn es wurde nie betrachtet und die Rolle, die es in deinem Leben spielte, wurde nie erkannt: alles, was es bewirkt, all das Drama, das es hervorbringt, all der Schmerz, den es auslöst und all die Krankheit, die es verursacht.

Die Lichtrückschau ist eine entsetzliche Erfahrung. Aus diesem Grund war es für die großen Götter von früher, die zu Priester-Pharaonen wurden, das Ziel ihrer Herrschaft, dass am Ende ihres Lebens ihr Ka und Ba auf den Waagen von Osiris gewogen werden konnte; dass wenn ihr Herz auf eine Waagschale gelegt würde und eine Feder auf die andere, es keinen Gewichtsunterschied gäbe, dass das Herz, das für die Absicht steht, gegen eine Feder aufgewogen würde. Und so war die gesamte Zeit ihrer Herrschaft eine sehr heikle und doch waren jene, über die sie herrschten, gesegnet, denn es waren wahrlich königliche Gottheiten, die in einer Machtposition darum rangen, vollendete Diener, vollendete Priester und vollendete Herrscher des Volkes zu sein — die Vollendeten. Es gibt heutzutage keinen Politiker, dessen Seele gegen eine Feder aufgewogen werden könnte. Und wäre dies nicht ein neues, interessantes Motiv für eine politische Kampagne? „Wenn ihr mich wählt, werde ich euch auf eine Weise führen, dass am Ende dieses Lebens meine Absichten gegen eine Feder aufgewogen werden können." Wir alle würden ihn wählen. Nun, was bedeutet das? Ohne Vorurteil — Vorurteil — ein wichtiger Begriff. Seht ihr, in einer Lichtrückschau geschieht sehr viel und wir sehen allmählich, wie tief Hintergrundmotive — Vorurteile — darin verwickelt sind.

Diese Wesen — es ist mein Bestreben, euch zu lehren, ein solches zu werden — müssen dann in einer Lichtrückschau verstehen, dass es während des Betrachtens irgendwann einmal offenkundig wird, dass eine bedeutende Veränderung vonnöten war, und diese Veränderung war nicht unbedingt eine veränderte Umgebung. Sie musste erst im Innern des Selbst stattfinden.

Liebe dich selbst und du wirst frei sein. Was bedeutet das? Es bedeutet: forsche hier drinnen nach; finde es heraus. Was ist dein Hintergrundmotiv und in welchem Maß wird es von deinem Vorurteil bestimmt? Sehr einfach. Männer finden schöne Frauen anziehend und schöne Frauen wissen das. Sie sind sogar sehr bestrebt, schön zu sein, um so wiederum die Macht zu besitzen, ein Heim zu haben, Verbindlichkeit und Kinder, ihr Überleben zu sichern. Und sollte es nicht klappen, können sie sich immer noch gewissermaßen aufdonnern und einem anderen nachstellen — darin liegt ihre Macht — und den armen Mann mit seinem gezückten Glied verlassen. Ihr lacht, weil es die Wahrheit ist. Oder umgekehrt: Wenn die Frau es sich zu gemütlich gemacht hat und ihre Schönheit verblasst und das Interesse des Mannes schwindet, ersetzt sie diese durch Schuld, Kinder und „dein rechtmäßiger Platz". Und er macht sich auf und sucht nach neuen Reizen, während sie mit all den Bürden zurückbleibt. Aber sie besitzt noch immer die Macht; sie wird Schuld genannt.

Er kann also ausgehen und unterwürfig sein so viel er möchte, aber genau wie es sein Vorurteil war, das ihn in die Irre führte, war es ihr Vorurteil, das ihn verlockte, ihn festhielt oder gehen ließ. Versteht ihr? Man muss die Regeln dieses Spieles verstehen, und diese werden recht unerquicklich, sobald wir uns nach hier unten begeben. Seht ihr, all das ist kein schöner Anblick. Nicht eine Frau hier wird stolz auf das sein, was sie zu sehen bekommen wird. Und nicht ein Mann hier wird stolz auf das sein, was er sich ansehen müssen wird. Aus diesem Grund kommen wir zurück — das ist der Grund, aus dem ihr hierher zurückkehrt — denn wir werden von der Ebene von Terra und der Erfahrung des Menschseins nur dann befreit, wenn wir sie überwinden. Und wie überwinden wir sie? Indem wir unser Hintergrundmotiv enthüllen und das Maß an Vorurteil, mit dem wir es benutzen. Das sagt uns dann alles.

Was also finden wir dann in diesem sehr schmerzhaften und doch äußerst ungewöhnlichen, aufschlussreichen Leben heraus? Nun ja, die Seele sieht es sich völlig fasziniert an. „Ich kann nicht glauben, dass du all das getan hast." Wisst ihr, wenn alles vorüber ist, ist die Seele euer dickster Kumpel. „Ich kann nicht glauben, dass du das getan hast."

„Nun ja, du hast mich bis spät in die Nacht wach gehalten."

„Und ich hielt dich nachts wach, weil ich dich genau hier plagte."

„Oh ja, daran erinnere ich mich."

„Nun gut, weißt du, wann wirst du endlich lernen? Weißt du, du hast all die vielen Tage, die dir in diesem Leben zur Verfügung standen, auf derselben Seite verbracht. Ich habe es aufgeschrieben. Ich langweile mich. Ich habe jeden Tag dasselbe aufgeschrieben."

Nun gut, wenn es einmal vorüber ist, seht ihr ganz klar, wie primitiv oder wie fortentwickelt ihr seid. Und selbst jene, die am weitesten fortgeschritten sind, finden, dass sie primitiv sind. Das ist so wunderbar, denn die Sehnsucht, zu vorzüglicher Vollkommenheit zurückzukehren, lässt sie zurückkommen, und sie bringen die Gaben dieser veredelten Existenz mit sich. Und ihre Energie ist einfach nicht im Bereich eines normalen Hintergrundmotivs zu finden. Sie befinden sich schlicht anderswo. Sie sind ganz und gar einzigartig. Nun, das sind Menschen mit Substanz.

Was also geschieht auf der Ebene der Glückseligkeit? Nun ja, nach dieser strapaziösen Lichtrückschau könnt ihr erst einmal zwei- oder dreitausend Jahre lang alles essen, was ihr nur wollt — ihr wisst schon, jede Menge Wein, Ziegenkäse, Oliven, Süßigkeiten, Truthähne, wisst ihr, all so was — und dann wird dieses herrliche Reich, in dem ihr verweilen könnt, die Ebene der Glückseligkeit genannt. Es ist die goldene, wunderschöne, exquisite Ebene mit Namen Paradies. Und dort könnt ihr zur Schule gehen. Und in der Schule lernt ihr im Wesentlichen etwas über den genauen Ursprung eurer Schwierigkeit und ihr untersucht sie auf dieselbe Weise, in der sie euch in der Lichtrückschau gezeigt wurde. Ihr lernt etwas über eure damaligen Freunde, an denen ihr dies verübtet und die es an euch begingen — eure damaligen Liebhaber, eure damaligen Kinder, eure damalige Familie — und darum geht es in eurer Schule. Ihr könnt jedoch nur zu einer höheren Schule oder einer größeren Halle weitergehen, wenn ihr die richtigen Fragen zu stellen versteht. Alles, was ihr dort wirklich tut, ist, etwas über die Einheit Gottes als Ganzes zu lernen, dass Gott in seinem Ausdruck als Einzelwesen auf die Ganzheit von allem, was Gott ist, einwirkt, und über die Herrlichkeit, die Gott ist. Und das lernen wir.

Danach gehen wir weg und ihr habt eine so genannte lange Kontemplationszeit. Diese lange Kontemplationsperiode an diesem wunderbaren Ort kann an jeglichem Ort sein, der eurer Vorstellung von ruhig und friedlich entspricht. Zum Beispiel wird das, was ihr unter Ruhe und Frieden versteht, augenblicklich vor euch erscheinen. Für manche wird es ein langer, träger Sommertag an einem ruhigen See sein, in dessen kräuselnden Wellen sich Trauerweiden spiegeln und hin und wieder eine Blume dahin treibt. Nun, das ist Kontemplation. Und dort werdet ihr andere Wesen treffen, die etwas mit euch gemeinsam haben, und die Gemeinsamkeit ist, dass auch sie einen gleichartigen Ort manifestierten, den ihr mit ihnen teilt. Wenn ihr totale Einsamkeit wünscht, werdet ihr totale Einsamkeit bekommen: derselbe Ort ohne Besucher. Dort wird alles respektiert und nichts ausgeschlossen. Oder, wenn ihr euren Kontemplationsort als einen hohen, mit wunderbarem Schnee bedeckten Berg seht, wird es so geschehen. Wenn

Kontemplation für euch bedeutet, auf einem stolzen Ross in eine Schlacht zu reiten und wenn dort eure Energie und euer Adrenalinspiegel am höchsten sind, werdet ihr dieses Szenario bekommen.

Wenn euer Kontemplationsort, wo immer er sich auch befinden mag, in der Nähe von Kindern ist, dann könnt ihr dort Kinder um euch haben. Und warum bleiben sie kleine Kinder? Weil im Kindsein die größte Unschuld liegt, in der sie kontemplieren können. So kehren sie als die Kleinen, als kleine Kinder zur Glückseligkeit zurück. Und in dieser Erfahrung sind sie vielleicht tatsächlich im Alter von zweiundachtzig, hundertvierzig, zweiundfünfzig oder neunundzwanzig Jahren gestorben. Aber wie ruhen sie sich aus? Als Kind, und vielleicht wollt ihr in ihrer Gesellschaft sein. So lernen sie ganz einfach zu sein, damit ihre Einfachheit sich über alles hinwegsetzt, wenn sie zurückkommen. Und wenn wir einfach sind, haben wir keine Hintergrundmotive, wir sind eben einfach. Versteht ihr das?

Versteht ihr? Bevor wir fortfahren, nehmt euch einen Augenblick Zeit und erklärt eurem Partner in euren eigenen Worten, was ihr soweit gelernt habt. Seht, ob ihr zugehört habt. Welch wunderbare Gespräche ihr führt, nicht wahr? Nun kommen wir voran. Dies ist die Art von Austausch, die ihr braucht, um euer Leben zu bereichern. Und wenn ihr keinen fruchtbaren Austausch hattet, nun ja, das spricht dann auch für sich selbst, nicht wahr? Das ist hervorragend. Auf diese Weise begreift ihr es. Wenn ihr es aussprechen und verstehen könnt, beginnt ihr mit der Aufdeckung eures eigenen Hintergrundmotivs. Wie viele hier sehen das? Nun, passt auf. Das Hintergrundmotiv ist die stürmische Leidenschaft eures Lebens. Dort liegt eure wahre Leidenschaft. Dort liegt euer wahres Kraftzentrum. Wenn ihr dies aufgedeckt habt, dann habt ihr das große Energiereservoir eures Lebens freigelegt. Und wenn ihr es auf einfache Weise an die Oberfläche bringen könnt, können wir Wunderdinge damit vollbringen.

Aus diesem Grund kann man Teilchenstaub auf den Boden fallen hören, wenn ich während eines Vortrages über Sexualität spreche. Wisst ihr, wir haben es hier mit Hintergrundmotiven zu tun und alle hören gebannt zu: Geld — gebannte Aufmerksamkeit, oder außergewöhnliche Phänomene — gebannte Aufmerksamkeit. Das sind Hintergrundmotive. Und ist es nicht interessant, dass alle drei auf verschiedenen Stufen Anwendung finden? Das ist durchaus so, nicht wahr?

Nun gut, das ist der Grund, warum ihr ins Licht geht: Wir müssen zurückblicken und sehen, welche Wahrheit ihr in diesem Leben hervorgebracht habt. Und das ganze Problem besteht darin, dass wir es einzig aus dem Grund tun, um zu überprüfen, welche Fortschritte wir beim Bekanntmachen des Unbekannten gemacht haben und wo wir so gefangen sind, dass wir uns nicht weiterentwickeln können.

FREIHEIT VON DER TÄUSCHUNG DER VERGANGENHEIT

Wisst ihr, unser Traum ist es, frei zu sein, Leute — frei, frei. Das ist das Hintergrundmotiv; Freiheit — sie sollte das Motiv sein. Freiheit wovon? Freiheit davon, irgendjemanden, irgendeine Person, einen Ort, ein Ding, eine Zeit oder ein Ereignis benutzen zu müssen, um es zu werden; es einfach zu sein. Meisterung bedeutet, sie Leuten, Orten, Dingen, Zeiten und Ereignissen zu entringen, denn dreht sich eine Lichtrückschau nicht ausschließlich um Leute, Orte, Zeiten und Ereignisse? Absolut.

Denkt darüber nach: Genau in diesem Moment wechseln Millionen von Seelen auf die andere Seite über und haben ihre Lichtrückschau. Nun, irgendwo finden ganz viele Feuerwerke statt, nicht wahr? Millionen von Seelen verscheiden jetzt gerade. Nur wenige Meilen von hier ist gerade jemand gestorben. Dieser Mensch ist gegangen; er ist nicht mehr hier. Er ist auf dem Weg. In einer Stadt nicht allzu weit von hier wurde jemand erschossen, und wisst ihr, was dieses Wesen nun tut? Nun, es ist gerade aus seinem Körper herausgeschlüpft und nun dreht es sich um, sieht die phosphoreszierende Hülle daliegen und bricht in Panik aus. Es versucht, wieder in ein Gehirn hineinzukommen, in dem es nicht mehr funkt. Es versucht, zum Blut eines Körpers zurückzukehren, in dem kein Blut mehr fließt. Es gelingt ihm nicht. Es geht in einem toten Körper ein und aus. Er ist dahin. Nun ja, was macht das Wesen nun? Sein Modus Operandi bezog sich ausschließlich auf sein körperliches Leben. Tja, der Grund dafür, dass es erschossen wurde, war, dass sich bei ihm alles um körperliche Dominanz drehte. Darum ging es. Wie erleuchtet ist diese Seele? Sie ist nicht sehr erleuchtet.

Oder eine Frau stirbt an einer Vergewaltigung. Welche Art Fantasien hatte diese Frau? Wozu haben sie schließlich geführt? Womit hat diese Frau geflirtet? Worauf hat sie ihre Verführungskünste angewendet? Was war ihre ultimative Fantasie? Und nun ist sie ohne Körper. Was ist ihr Wert? Was ist euer Wert, wenn ihr keinen Körper habt? Betrachtet euch die Person, mit der ihr zusammen seid. Wenn ihr nicht diesen, sondern einen anderen Körper hättet, wärt ihr immer noch ein Paar? Denkt darüber nach, denn es wird kommen. Alter und Zeit sorgen wundervoll dafür. Ausschweifungen sorgen ganz wundervoll dafür. Denkt darüber nach. Und wenn ihr euren Partner anseht, den Menschen, von dem ihr sagt, dass ihr ihn liebt: Würdet ihr diese Person immer noch lieben, wenn sie anders aussähe? Wenn ihr dies nicht könntet oder gekonnt hättet, wer seid ihr dann? Nun, ihr seid nichts weiter als ein Körper. Was wird mit euch geschehen? Ihr werdet große Probleme haben.

Bedenkt, dass nicht jeder, der verscheidet, auch eine Lichtrückschau hat. Viele stecken zwischen hier und dem Mond fest. Sie schweben über dem Boden. Sie befinden sich im Nebel. Sie befinden sich in der Atmosphäre. Sie sind die nächtlichen Mondschatten. Sie lungern in Bars und Kneipen herum. Sie lauern an Orten der Ausschweifung. Leute, nicht jeder bekommt eine Lichtrückschau. Solche Menschen können sie meist nicht finden, weil ihr Hintergrundmotiv völlig auf den Körper bezogen war. Ich sage euch dies, und es ist mir gleich, wer ihr in dieser Zuhörerschaft seid, es ist mir gleich, wie schön oder wie hässlich ihr seid, wenn ihr auf den Körper gesetzt habt, seid ihr der Verlierer — der Verlierer.

In der großen Schule alter Weisheit geht es nicht um alte Körper. Es geht um die Entfaltung des Unsichtbaren, des substanziellen Aspekts. Das erreichen wir, indem wir den Modus Operandi, das Hintergrundmotiv, verstehen. Wenn wir lieben wer wir sind, haben wir spirituelle Substanz in uns aufgebaut. Das geht weit über den Körper hinaus. Dann gehören wir zu den Erhabenen, die weitergehen können, weil sie wirklich diese Substanz sind, sie können sich vom Körper lösen und nichts weiter mit ihm zu tun haben — mit Leichtigkeit. Warum? Weil sie den größten Teil ihres Lebens außerhalb ihres Körpers verbringen, was nicht heißen soll, dass sie ihn verlassen haben, sondern dass ihre Denkvorgänge sich nicht ausschließlich mit ihm befassen, dass sich ihr Denken in ihrem täglichen Leben auf andere Reiche bezieht. Ihre Leidenschaft gilt nicht dem Körper; sie gilt dem Leben. Sie gilt Gott und das ist Manifestation. Für diese Menschen ist es ein Wermutstropfen, von ihrem erhabenen Hoch herunterzukommen und sich um den Körper kümmern zu müssen. Es ist eine Ernüchterung für sie.

Dies ist nicht eine alte Schule des Körpers, sondern es ist eine Schule, in der das große Selbst die Dominanz über denselben erlernt. Und dieses große Selbst ist dasjenige, das sich letztendlich dieses Leben wieder ansehen wird: dieses Leben, diesen Körper, das Gewand im Schrank der Lebenszeiten.

Und was war die fruchtbare Erfahrung? Erinnert euch daran, warum wir hier sind. Erinnert euch daran, warum wir hier sind: Wir sollen das Unbekannte bekannt machen, nicht das bereits Bekannte sein, sondern das Unbekannte. Deshalb sind wir hier, Leute. Darum hungert der Geist im Kadaver. Aus diesem Grund kann sich die Persönlichkeit keinen Reim darauf machen, was sie eigentlich ist und leidet so sehr, weil sie sich auf Fleisch und Blut und Knochen gründet, und darauf, wie ihr von eurem genetischen Erbgut zusammengewürfelt wurdet.

Nun, ich weiß, dass dies philosophisch hochwertiger Stoff ist. Aber Tatsache ist, dass er im täglichen Leben nur dann brauchbar ist, wenn man auch eine Leidenschaft dafür besitzt, die Wahrheit dessen so weit zu verstehen, dass man sie auch leben kann. Und damit erhält man die Schlüssel zum Himmelreich, denn es handelt sich um etwas, das gelebt werden muss. Ihr seid nicht die Gesamtsumme der Masse, aus der ihr besteht. Das seid ihr nicht. Und wenn ihr hier sitzen und sagen wollt: „Na ja, so bin ich halt" — fein. Wenn ihr es satt habt, „halt so" zu sein, dann kommt zu mir. Wir können das in Ordnung bringen. Wir können uns verändern, denn wir sind unserem Wesen nach göttlich.

Nun, es gibt so viele Variablen, die in dieser Lebensrückschau zum Tragen kommen. Ich meine, in dieser Zuhörerschaft gibt es keinen, den das Betrachten der Lichtrückschau nicht in die Knie zwingen wird, denn ihr habt in eurem Leben nichts getan, das nicht mit Scham behaftet wäre. Ihr habt vieles getan, das mit Scham behaftet ist, und zumeist habt ihr es gegen besseres Wissen getan. Daraus entsteht wahre Scham und durch die Ausführung — die Ausführung — dieser bewussten Handlungen wird allmählich die Persönlichkeit und die Festprogrammierung hier oben festgelegt. Dann werdet ihr es sehr schwierig finden, aus diesem Loch wieder herauszukriechen. Hier geht es jedoch um eine Umprogrammierung. Es geht hier darum, dass ihr heute dieses Wissen lernt, das sich in eurem Leben zeigen wird, wenn ihr es in euer Neuronennetz eingegeben habt und dieses Wissen täglich zum Ziel eurer Denkvorgänge macht. Dann werden die Früchte dieses Denkens sich zeigen. Nun lässt sich die Aktivität des Göttlichen in eurem Leben allmählich erkennen: wundersame, fruchtbare Veränderung.

Es gibt niemanden in dieser Zuhörerschaft, der sich nicht verändern kann — niemanden. Nun, was ändern wir? Stellt euch vor, ihr hättet jetzt eure Lebensrückschau. Wie wäre es, wenn ihr heute diese Bänder auslegen und alles von allen Perspektiven aus sehen könntet — aus Gottes Sicht, aus der spirituellen Sichtweise, aus der Sicht der Seelen-Persönlichkeit — was würdet ihr heute verändern? Denn wenn ihr die Antwort auf diese Frage kennt, müsst ihr heute nicht sterben und erneut unwissend wiedergeboren werden. Wenn ihr die Antwort auf die Frage, was ihr an euch ändern würdet, kennt — wenn ihr alles und jeder und das Umfeld eures Lebens wärt, welches Hintergrundmotiv würdet ihr ändern? — wenn ihr heute die Antwort darauf kennt, Leute, werdet ihr in diesem Leben nie sterben müssen. Menschen sterben, weil sie das Motiv ihrer Existenz nicht kennen. Das ist alles. Und das wird so deutlich, wenn ihr die andere Seite betrachtet. Hier zeigt sich, wie fantastisch es ist, ein geübter Beobachter zu sein, weil der Beobachter von der Persönlichkeit und dem Emotionalkörper gelöst ist. Er kann von jedem Blickwinkel aus unsere Absichten — unsere Absichten — den Pfeil, der anzeigt, worauf sie sich richten, betrachten. Er kann sie beobachten, sie sehen und sie in allen Positionen sein.

Lösgelöst und der Beobachter zu sein, ist schwierig. Und warum? Weil wir selbst unsere eigene Kritik am meisten fürchten — wir selbst. Ihr fürchtet euren Beobachter. Ihr könnt wohl andere Menschen täuschen, aber nicht euch selbst. Und ihr fürchtet euch davor, den Modus zu wechseln, denn sobald ihr dies tut, werdet ihr sehen, was ihr wirklich gewesen seid. Und von diesem Blickwinkel aus hat das Licht seine tiefgehendste Wirkung. Wie viele von euch verstehen das? Ihr seht das? Erkenne dich selbst und du wirst frei sein. Wenn ihr zum Beobachter werdet und euer Handeln im Leben betrachten könnt und euren Modus Operandi, euer Hintergrundmotiv findet, bedeutet das auch, dass die Persönlichkeit kritisiert wird. Sie fühlt sich bedroht, und das wird sie auch. Als der Beobachter könnt ihr es freiheraus zugeben. Sobald ihr zur Persönlichkeit überwechselt, werdet ihr die dementsprechende Emotion erleiden. Ihr werdet schreien, weinen und es ableugnen — es ist alles eure Einbildung — doch dies sind die charakteristischen Aspekte, die die Rückschau vornehmen, und diese Aspekte erlauben uns in der Tat, zur Ebene der Glückseligkeit weiterzugehen.

Aber ihr müsst nicht sterben, um dies zu tun. Ihr könnt es hier machen. Wie geht dies vor sich? Lange Kontemplation und sich bewusst sein, wie wir uns verschiedenen Menschen gegenüber verhalten. Welche Ziele verfolgen wir damit? Wie verhalten wir uns der Natur gegenüber? Welche Ziele verfolgen wir dabei? Wie verhalten wir uns bei unserer Arbeit? Welche Ziele verfolgen wir damit? Wie verhalten wir uns in unserer Familie? Welche Ziele verfolgen wir dabei? Was sind sie? Wie verhalten wir uns in unserem Sexualleben? Welche Ziele verfolgen wir hier? Was sind unsere wahren Ziele? Schaut es euch an. Fürchtet euch nicht, es anzusehen. Wenn ihr das tut und es herausfinden könnt, ihr wunderbaren Leute, wird es ganz klar werden, das kann ich euch sagen.

Und es ist einfach; es ist nicht kompliziert. Ihr braucht keinen Psychiater, um es herauszufinden — die finden nie irgend etwas heraus. Ihr müsst es einfach für euch selbst erkennen, es wird alles individuell sein. Sobald ihr es erkennt, ist es die eine Sache, die wir im Schmelztiegel auflösen müssen. Das ist das Motiv: es kommt in den Schmelztiegel, wo es aufgelöst werden muss. Genau an dieser Stelle verändern wir uns, genau hier, denn wenn wir uns nur oberflächlich ändern, haben wir am Kern der Sache nichts geändert.

Wir können oberflächliche Veränderung vornehmen. Wir können Partner wechseln, was für viele hier gang und gäbe ist, ihr wechselt die Partner untereinander wie die Fliegen. Wisst ihr, ihr könnt eure Partner wechseln. Ihr könnt umziehen, ganz oft umziehen. Ihr könnt Dinge loswerden und neue Sachen bekommen. Ihr könnt losgehen und die alten Kleider wegwerfen, neue Kleider kaufen; die neuen Kleider wegwerfen, alte Kleider besorgen. Wisst ihr, es ist ganz egal. All das spielt sich an der Oberfläche ab. Aber es hat keine Wirkung auf den Kern der Sache. Euer Kern und eure Aufgabe hier ist das Hintergrundmotiv. Es muss geändert werden. Ist es einmal geändert, wird das wiederum eine tiefgreifende Wirkung auf eure gesamte Umgebung haben. Dann beginnt der Unrat eures Lebens abzufallen. Und darin liegt die wahre Prüfung.

136

Wisst ihr, Gott prüft euch nicht. Jeder hier verwendet den Ausdruck: „Es ist halt eine Prüfung." Tja, es gibt keine Prüfung. Es gibt niemanden, der euch nach Punkten bewertet. Es ist einfach eine Frage der Entscheidung. Und wenn ihr Entscheidung als Prüfung bezeichnen wollt — so sei es. Seht ihr, es gibt keine Prüfungen, sondern nur Gelegenheiten und Entscheidungsmöglichkeiten. Sobald alles sich aufzulösen beginnt, weil ihr den Kern aufgebrochen und verändert habt — und wenn ihr unter den äußerlichen Wirkungen dieser Veränderungen im Kern zu leiden beginnt — besteht die Versuchung, ihn wieder zusammenzufügen und zu leimen, weil ihr als Persönlichkeit emotional damit nicht umgehen könnt, wie ihr es von der erhabenen Position des Beobachters aus getan habt. Ihr könnt mit Emotionen nicht umgehen, weil der Beobachter nicht emotional ist, und ihr werdet nicht wissen, was ihr eigentlich getan habt, bis ihr zu eurer Persönlichkeit zurückkehrt. Dann bricht die Hölle los. Dann erkennt ihr, was ihr getan habt, seht ihr?

Nun, jeder sagt: „Hm, das war eine echte Prüfung. Nun, was soll ich damit anfangen? Werde ich zurücklaufen? Ich kann es einfach nicht ertragen. Ich fühle mich so schuldig und ich möchte nicht, dass diese Person jene Person bekommt. Ich komme nicht klar damit, dass er mit ihr schläft. Ich komme damit nicht klar. Ich kann das nicht tolerieren. Ich kann dieses nicht, ich kann jenes nicht. Ich kann meine Kinder nicht verlieren. Ich kann mein Zuhause nicht verlieren. Ich kann meine Ansicht nicht aufgeben. Ich kann es nicht. Ich kann es nicht. Ich kann es nicht. Ich kann es nicht." Und, seht ihr, was als eine vom Punkt Null ausgehende Kernreaktion begonnen hat und zu einer biophysikalischen Reaktion wurde, ist — es ist keine Prüfung — sondern die Frage: könnt ihr es ganz zu Ende führen und es sich auflösen lassen? Könnt ihr dies tun, ohne es wieder zusammenzufügen und zu leimen?

Nun, hier ist die Warnung, die ich euch so oft gebe: Kehrt nicht zu eurer Vergangenheit zurück. Und genau das meine ich damit. Wenn ihr euch einmal verändert habt, ändert die Veränderung nicht wieder. Klebt sie nicht wieder zusammen. Weil ihr emotionale Persönlichkeitsgeschöpfe seid, besteht die Versuchung genau dies zu tun und, in territorialem Sinne, einen Strich im Sand zu ziehen. Und was geschieht dann? Durch Emotionen kehrt ihr zu eurer Vergangenheit zurück. Was sind Emotionen? Schuld, Scham, Angst, Unsicherheit, Neid, Bedrohung, Macht. Diese Emotionen bringen euch dazu, wieder ganz zurückzuschwingen. Und wenn ihr an diesen Emotionen festhaltet und zurückgeht, um alles wieder zusammenzuleimen, entsteht daraus ein Problem, nicht wahr, denn die im Kern eingetretene Veränderung wird von der physischen Veränderung, die wieder in ihren vorherigen Zustand zurückversetzt wurde, nicht reflektiert. Nun besteht also ein großer Konflikt.

137

Einige hier mögen wissen, dass eure Vergangenheit, zu der ihr zurückgekehrt und die ihr tatsächlich wieder zusammengeleimt habt, nie wieder dieselbe war. Warum war sie nicht dieselbe? Weil sich etwas ganz Grundsätzliches geändert hatte. Obwohl ihr zurückgingt und alles wieder zusammenfügtet, war doch eine Veränderung geschehen. Was geschieht in solchen Situationen? Alle Emotionen werden verstärkt — verstärkt. Warum? Weil das Hintergrundmotiv geändert wurde. Das ist der Grund. Die Emotion muss für sich alleine stehen. Sie kann sich nicht länger auf ein Hintergrundmotiv stützen und so wird sie hysterisch. Wendet euch zu eurem Partner und erläutert dies. Wie viele unter euch lernen? Ihr lernt? Findet ihr an diesem kleinen Vortrag Gefallen? Ihr seid so wunderbar. Dieses Verstehen ist nun eine Einleitung für ein Aktionsschaubild, das ihr heute im Laufe des Tages noch zeichnen werdet, um so zu verstehen, was mit einer Absicht, die in eine Reinkarnation kommt, gemeint ist. Wir werden das verstehen.

EIN EHRENHAFTER UND UNTADELIGER MENSCH SEIN

An dieser Stelle möchte ich einen Augenblick innehalten und darüber sprechen, was denn nun Ehre ist. Alle — alle — schätzen das Wort „Ehre", ehrenhaft sein, nicht wahr? Jeder möchte irgendwie ehrenhaft sein. Es scheint sich dabei um eine angebrachte und edle Seinsweise zu handeln. Ich aber werde euch erklären, was Ehre ist. Ehre ist, wenn ihr keine Spiele spielt und einfach euer Hintergrundmotiv seid. Dann seid ihr untadelig. Es ist nicht unbedingt schön, aber es ist untadelig. Das bedeutet es, ehrenhaft zu sein. Dann seid ihr geradeheraus und so, wie ihr wirklich seid. Da gibt es keinen Mischmasch. Da gibt es keine Grauzone. Da gibt es kein Vielleicht. Da gibt es weder heiß noch kalt: dass ihr an einem Tag voll dabei seid und am nächsten gar nicht. Wisst ihr, da gibt es keine Instabilität. Wenn ihr zu dieser Zeit in der Zeit, wie ihr sie kennt, einfach seid, wer ihr seid, dann seid ihr ehrenhaft und untadelig. Davon abzuweichen bedeutet, nichtuntadelig zu sein. Wie viele unter euch verstehen das? Und liegt nicht Wahrheit in dem Spruch, dass es „Ehre unter Dieben" gibt? Ja? Ja. Und könnte es nicht sein, dass euer Feind — *der* Feind, euer fürchterlichster Feind — euch näher steht als euer Liebespartner? Absolut. Absolut.

Das nenne ich eine untadelige Person. Und ich werde mich an der Gesellschaft dieses untadeligen Menschen ausnehmend erfreuen. Wisst ihr, ich bin sehr wählerisch, wenn es darum geht, wen ich in meine Gesellschaft zulasse, denn man hat immer mit den Seifenopern der Leute zu tun, die Hintergrundmotive haben, mit denen man sich immerzu befassen muss. Wie Seifenblasen ändern sie ständig ihre Farbe, sie sind wie von einem Film

138

überzogen und wollen nie wirklich wissen. Sie müssen ständig unterhalten werden oder können gar nicht angesprochen werden, da sie keine untadeligen Menschen sind. Sie sind nicht, wer sie sind. Sie sind Heuchler. Sie sind eine Imitation. Sie sind nicht echt. Viele der Zuhörer hier, die jetzt diese Botschaft hören, sind unaufrichtig. Ihr seid unaufrichtig, weil ihr das, was ihr hier gelernt habt, in eurem Leben nicht lebt. Ihr seid unaufrichtig, weil ihr das, was ihr hier gelernt habt, als Vorspiegelung verwendet, während ihr die ganze Zeit einen verdorbenen Charakter und euer Hintergrundmotiv verbergt. Aus diesem Grund sind eure Leistungen in der Schule nicht gleich bleibend.

Nun könnt ihr dort draußen ein konsequenter Schuft sein. Schufte finden immer ihre Karten und erhabene Leute finden sie nicht und umgekehrt.[2] Es liegt am Hintergrundmotiv, wie ihr versteht. Wo steht ihr im Bezug darauf? Und diese rührseligen Seifenoper-Menschen sind niemals aufrichtig. Ich erfreue mich an aufrichtigen Menschen und ich befasse mich mit ihnen, denn mit ihnen ist ein echter Austausch möglich, da sie nichts zu verbergen haben. Wenn sie sich also auf etwas einlassen, geschieht das aus Ehrlichkeit. Wenn sie lernen, ist ihr Lernen echt — nicht rührselig — es ist wirkliches Lernen. Nun, wie viele von euch verstehen das?

Für das Licht gilt dasselbe, denn im Licht wird alles aufgedeckt und die Seifenoper spielt sich direkt vor euch ab. Dann seid ihr alle Mitwirkenden zugleich und seht, wie abstoßend all das ist. Und hinterher fühlt ihr als der Persönlichkeitsaspekt des großen Selbst, dass ihr euch selbst eure Ehre nahmt — euch völlig entehrt habt — mit der Folge, dass ihr aus diesem Grund andere Menschen manipuliert und falsch und unaufrichtig wart.

Nun, ich bezeichnete Lügen immer als „schöpferische Wahrheiten" und das sind sie noch immer. Eine schöpferische Wahrheit bedeutet, das Motiv zu umgehen. Wenn ihr einfach seid, was ihr seid, müsst ihr niemals aufpassen, was ihr sagt; ihr müsst euch nie sorgen, was ihr sagt, denn all eure Gedanken stehen in der euch umgebenden Energie geschrieben — geschrieben — genau so als würden sie am Himmel oben geschrieben stehen. Und ihr müsst euch nie sorgen. Wenn diese Gedanken, dieses Hintergrundmotiv in hunderttausend Jahren zu euch zurückkehren würde, würdet ihr euch dessen nicht schämen, weil das Motiv nicht unaufrichtig war. Es war ein in der Weiterentwicklung begriffenes Motiv. Es hat nicht viele Menschen dazu verführt, darauf hereinzufallen. Es nutzte weder aus, noch war es missbrauchend, es war aufrichtig. Das ist wahre Evolution.

Nun, wenn die fossilen Überreste heutiger Tiere ausgegraben werden, ist in ihrer heutigen Erscheinung eine Anpassung, eine Veränderung gegenüber ihrer Erscheinung vor zehn Millionen Jahren zu erkennen. Wenn wir

---

[2] Siehe „Fieldwork™ (Feldarbeit)" im Glossar.

diese Überreste betrachten, sagen wir nicht: „Oh, das ist aber schlecht, das war ein Fehler. Wir sind mit dem heutigen Modell viel besser dran." Evolution wird nicht aus dieser Sicht betrachtet. Man betrachtet das Fossil einfach unter dem Gesichtspunkt, auf welchem Stand es sich in seiner Vergangenheit befand und wo es sich heute befindet, und auf Grund seines geologischen Alters lässt sich so die Evolution dieser Tierart nachvollziehen. Und wir feiern, dass es sich veränderte. Das gibt uns Hoffnung für uns selbst. Aber wir sehen uns nie das, was es einmal war, verächtlich an. Das tun wir nur, wenn wir unehrlich sind.

Wenn wir im Licht nachschauen, ob wir ehrenhafte Menschen sind, werden wir unsere Ehre sehen. Wir werden sehen, dass wir offen das lebten, was wir waren und das klar abgegrenzt hatten. Es wird sich deutlich zeigen, wer wir waren und wie sich das auf alle anderen auswirkte. Gewisslich bedurfte es einzigartiger Menschen, um an eurem Leben als ehrenhafte Person teilzuhaben, aber genauso wart ihr für sie der Funken Ehre in ihrem Leben. Was also werdet ihr als Gott sehen, wenn ihr euch im Licht die Konsequenzen aller Handlungen betrachtet? Denkt darüber nach. Dann werdet ihr zu der Person werden, der ihr diese Ehre zurückgespiegelt habt und in diesem Moment werdet ihr ihre Ehre fühlen. Es ist vielleicht nicht der Höhepunkt der Evolution, aber es ist ein Evolutionspunkt dieses Lebens. Er verfestigte sich, er war echt.

Wenn wir also Ehre besitzen, können die Menschen, die sich in unserer Gesellschaft befinden, nur deshalb mit uns zusammen sein, weil wir so sind. Sie können uns nur lieben, weil sie an uns das lieben, was sie an sich selbst lieben: die schonungslose Wahrheit, die Ehre, den Edelmut. Das mag wohl unmodern sein, aber es ist echt. Es ist greifbar. Es ist substanziell. Es ist keine Illusion.

Illusionen: Wenn ihr eine Illusion liebt, heißt das nur, dass ihr selbst eine Illusion seid. Darum ist es niemals von Dauer. Beziehungen, die auf illusionärer Liebe basieren, sind Illusionen und beide Beteiligten sind illusionär. Solche Beziehungen sind nie von Dauer. Sie sind wie Nebelschwaden, die sich auflösen, sobald die Sonne auf sie scheint. Wenn in einer solche Beziehung echte Hitze entsteht, löst sie sich auf, weil sie eine Illusion ist. Hintergrundmotiv gesellt sich zu Hintergrundmotiv und dazwischen ist Seife — ein gutes Schmiermittel.

KÖNNTE ES SEIN, DASS IHR SCHON TOT SEID?

Nun, eines möchte ich euch sagen: ihr habt es zuvor schon gesehen — ihr habt es schon oft gesehen, sonst wärt ihr nicht hier — und ihr werdet es auch wieder sehen. Ich sage euch, dass ihr — wenn ihr dies hier in eurer Lichtrückschau sehen werdet, wenn ihr den heutigen Tag sehen werdet und das ist der ganz große Scherzpreis dieser Schule — nach eurem Tod alles noch einmal durchleben könnt, jeden Kurs, an dem ihr je teilgenommen habt. Ein kleiner Extrazusatz, wenn ihr ins Jenseits geht. Seht ihr, in diesem Augenblick — hört mir zu. Nun, könnt ihr so denken? In diesem Augenblick seht ihr euch alles, was ihr hier gerade tut, vom Jenseits aus an. Ihr schaut es euch an. Es geschieht schon jetzt. Ihr seid die Wesenheit, die betrachtet wird. Denkt darüber nach. Werdet mir jetzt nur nicht linear. Denkt darüber nach. In diesem Augenblick seid ihr tot und im Jenseits und ihr betrachtet dieses Leben. Und das geschieht in diesem Augenblick, Leute — es geschieht jetzt gerade.

Was also hört ihr im Jenseits? Ja, was hört ihr dort? Was sage ich euch? Was denkt ihr gerade? Nun, ihr seht es jetzt, in diesem Moment. Es hat sich entfaltet. Es befindet sich in eurem Zeitfluss. Was sage ich euch? Was hört ihr? Es geschieht genau in diesem Augenblick. Ihr schaut euch alles hier an und ihr seid schon fort. Euer ganzes Sein erinnert sich daran, dass ihr hier teilgenommen habt. Könnte das sein? Könnte das sein? Moment mal. Ist dies hier die einzige Wirklichkeit, in der ihr lebt, oder seid ihr Wesen multipler Wirklichkeiten? Wenn das stimmt, dann seid ihr schon dort und ihr lebt das, was ihr euch jetzt gerade anschaut. Denkt daran, in Gott sind wir ewig. Wir sind gleichzeitig Vergangenheit, Gegenwart und Zukunft. Als menschliche Wesen sind wir nur die Vergangenheit, die um eine Zukunft kämpft, aber in Gott ist es bereits geschehen. Wendet euch eurem Partner zu und erklärt ihm das.

Denkt ihr? Denkt ihr? Visualisiert ihr ohne Zeit? Seid ihr dessen fähig? Wenn ihr das könnt, seid ihr das, was die großen Meister ausmacht, denn auch sie besitzen die Fähigkeit, die Zeit außer Kraft zu setzen, das heißt, dass sie die Zeit als dominanten Faktor ausschalten.

Lasst uns das noch einmal durchsprechen. Könnte es sein, dass ihr schon tot seid? Ja? Es ist wahr. Sprehce ich zu einem Publikum aus der Unterwelt? Warum nicht? Warum könnt ihr dies nicht in Erwägung ziehen? Denn wenn ihr es in Erwägung zieht, seid ihr nur sehr lose an euren Körper gebunden. Wenn ihr es nicht könnt, werdet ihr Schwierigkeiten haben. Warum könnt ihr nicht in Betracht ziehen, dass ihr vielleicht schon tot seid und dass der gerade stattfindende Unterricht in diesem Moment in der

Lichtrückschau gehalten wird und es einer der Kurse ist, die ihr besucht? Kratzt euch ruhig weiter. Ihr werdet es verstehen.

Warum nicht? Welche Art Meisterlehrer wäre ich, wenn ich euch sagen würde, dass es nicht so wäre? Ein Meister-Gott denkt auf diese Weise. Versteht ihr denn nicht, dass ich euch gerade ein dynamisches Geheimnis gegeben habe — ein dynamisches Geheimnis — und dass ich euch gerade zu einem dimensionalen Mind gemacht habe? Ich habe euch eben dazu gebracht, einen Moment lang ein dimensionaler Mind zu werden. Und die ganze Zeit über denkt ihr vielleicht, dass ihr wirklich am Leben seid. Vielleicht seid ihr ja einfach tot und durchlebt diesen Augenblick im Licht wieder. Und kommt mir nur nicht mit: „Oh, das ist nicht real." Es ist real, realer als dieser Ort hier eurer Ansicht nach ist.

Heute seid ihr in der Schule. Warum seid ihr hier? Ihr bekommt Informationen über genau das, was ihr euch gerade anschaut. Ihr erfahrt etwas darüber. Und ihr wollt wissen: „Wie kann ich das drehen und wenden? Was fange ich damit an? Wie ordne ich das ein?" Das ist wundervoll. Ihr habt keine Zuordnung dafür. Ihr habt keine Zuordnung dafür. Das ist sogar noch wunderbarer. Wenn ihr es eurer Vorstellungskraft überlasst, dient es euch nicht. Wenn ihr einfach sagt, dass es möglicherweise eine Fangfrage ist, wird es euch dienen, aber seht ihr, in beiden Fällen wurde es nicht integriert.

Denkt es euch folgendermaßen: ihr seid schon tot. Ihr befindet euch im Licht und seht euch dies hier an und ihr seid zurückgekehrt und durchlebt diese Erfahrung wieder. Warum? Um den Schlüssel zu finden und zu verstehen, was es bedeutet „das Rot im Regenbogen" zu sein, um zu verstehen, warum ihr dies noch einmal tun müsst und die Frage zu stellen: „Wenn ich den Schlüssel dazu finde, was kann ich dann damit anfangen[3]?" Falls ihr den Schlüssel morgen früh findet, seid ihr vom Totsein wieder in dieses Leben übergewechselt. Ihr seid in dieses Leben zurückgesprungen und nun habt ihr einen neuen Lebensplan. Ihr habt euch in einem unsterblichen Körper reinkarniert, über Unsterblichkeit werden wir nämlich im Zusammenhang mit der lebendigen, vitalen Energie, Idee genannt, sprechen. Wendet euch zu eurem Partner und erklärt ihm das.

Nun möchte ich euch daran erinnern, dass es für den Geist keinen Unterschied zwischen Leben und Tod gibt. Den gibt es nicht. Im Geist gibt es weder Leben noch Tod. Leben und Tod gibt es nur in der individuellen Persönlichkeit und in dem Körper, mit dem sie zusammenlebt. Für den Geist und das Gottwesen gibt es keine klare Unterscheidung zwischen den

---

[3] „Rot im Regenbogen" zu sein ist ein Ausdruck, der die unter Menschen weit verbreitete Unfähigkeit beschreibt, ihre eigenen Einschränkungen und Unzulänglichkeiten zu erkennen. Wenn wir Rot im Regenbogen sind, können wir alle Farben sehen — nur Rot nicht.

beiden. Aber ich möchte euch daran erinnern, dass das, wovon ich gerade sprach, jetzt gerade geschehen könnte und auch geschieht — es geschieht jetzt. Warum also seid ihr hier? Um etwas zu lernen, einen Schlüssel zu finden, um etwas zu verstehen, etwas Wichtiges zu verstehen, ein bisschen Wissen zu erwerben, damit ihr wisst, was ihr fragen sollt, damit ihr wisst, was ihr augenblicklich aktivieren und wissen könnt, denn genau darum geht es auf der Ebene der Glückseligkeit.

Seht ihr, es gibt einen echten Grund dafür, dass wahre Meister die Lenker ihres Körpers werden. Erst einmal sterben sie dem Körperlichen gegenüber. Irgendwann im Laufe ihrer Einweihung sterben sie dem Körperlichen gegenüber, was bedeutet, dass sie sich nicht länger mit dem Körperlichen befassen. Sie sterben der Welt gegenüber. Sie werden wiedergeboren in ein Leben als Eingeweihte, als Meister, in dem es keine klare Linie zwischen Leben und Tod gibt. Und sie können direkt in eine Szene wie diese hier überwechseln und sie sich noch einmal betrachten und sie immer und immer wieder durchleben, ohne je körperlich sterben zu müssen.

Und wer vermag etwas über die vorhandenen Potenziale zu sagen — wusstet ihr schon, dass ihr die Ideen, die Dinge, die aus Atomen gemacht werden können, nie aufbrauchen könnt? Ihr könnt nicht einmal die Wahrscheinlichkeiten der Potenziale, zu denen sie werden können, erschöpfen. Sie sind nichts anderes als verdichtete Ideen in Energieform. Sie sind unerschöpflich. Ihr könnt in einem Leben nicht lange genug denken, um sie zu allem werden zu lassen, was sie ihren Potenzialen entsprechend werden können. Und wer weiß, ob ihr nicht schon dorthin (auf die Ebene der Glückseligkeit) zurückgesprungen seid? Lasst uns Folgendes sagen: Wer weiß, vielleicht seid ihr einer der Meister auf der anderen Seite, die so nahe dran sind — so nahe. Ihr seid in diese Zeit zurückgesprungen. Ihr seid dieser Lichtrückschau gegenüber gestorben. Ihr seht sie euch noch einmal an — ihr seht sie euch noch einmal an — etwas ist euch entgangen. Ihr habt die Macht dazu.

Warum solltet ihr dies ohne den Gebrauch eurer Fähigkeit, einfach zu sterben, tun wollen? Warum diesen physischen Körper nicht einfach aufgeben? Ich meine, er stellt zweifellos eine Falle dar. Er ist ein Gefängnis. Es ist mir gleich wie ihr ihn betrachtet — er ist ein Gefängnis. Warum ihn dann nicht einfach aufgeben? Ihr habt die Macht, euren Körper einfach zu verlassen, von ihm wegzukommen. Warum erlernen wahre Meister dann die Kunst der Langlebigkeit und Unsterblichkeit? Warum? Es muss einen Grund dafür geben, dass sie ihn erhalten wollen. Und dabei geht es nicht um ihr Aussehen und es geht nicht darum, wie viele Orgasmen sie haben können und auch nicht darum, wie viel Essen sie zu sich nehmen können. Sie wollen ihn erhalten. Es geht nicht um seine Kurven oder fehlenden Kurven, es hat nichts mit der Erscheinung zu tun. Sie starben dem gegenüber schon vor langer Zeit, denn als sie spirituell geboren wurden, konnten sie nur noch das Spirituelle lieben.

Nun, warum sollten sie den Körper bewahren wollen? Warum sind sie hier? Warum springt ihr plötzlich — einige unter euch, nicht alle, wie ich sehe, nicht alle; nur wenige hier sind echte Meister — in die Todesszene zurück? Ihr seid auf der anderen Seite und ihr lebt dies. Warum tut ihr das? Weil ihr etwas über euch selbst in Erfahrung bringen werdet, für das ein leidenschaftliches Feuer in euch brennen wird. Wenn ihr Hintergrundmotive aufdeckt, werdet ihr damit die Macht des Kernes erschlossen haben. Ihr besitzt eine absolut strahlende, atomare Energie. Sie ist im Innern des Hintergrundmotivs eingeschlossen. Warum würdet ihr dann in diese Szene zurückspringen wollen, in der ihr tot seid und euch dies in einer Inkarnation anseht? Was wäre der Grund dafür? Der Grund ist, dass ihr, wenn ihr in dieser Schule, im Licht, etwas in Besitz bringen könnt, das ihr immer wieder aufsucht, daraus die Frage hervorholen werdet, deren Antwort nur ihr besitzt und die euch auf der anderen Seite dieser Lichtrückschau die Unsterblichkeit des Körpers erschließen wird. Und das wollt ihr.

Warum wollt ihr es? Weil die körperliche Unsterblichkeit dafür, das Unbekannte bekannt zu machen, ebenso ein Mysterium und ein Wunsch ist, wie begehrenswertes, verführerisches Essen oder Unterhaltung es für ein körperliches Leben sind. Wir wollen die Langlebigkeit des Körperlichen meistern und das kann nur von einem machtvollen Geist vollbracht werden. Nur ein erleuchtetes Wesen kann dies vollbringen. Nur eine Wesenheit mit Stärke, mit Willen und Absicht kann das vollbringen. Warum? Weil das die wahre Manifestation des Gottesbildes ist und weil es solche Wesen sind, durch die die großen und wunderbaren Taten Gottes offenbart werden.

Alle Meister sind unsterblich. Bedeutet dies, dass sie für immer in diesem Körper gefangen sind? Es ist genau so, wie sie es wollen; es richtet sich ganz nach ihren Bedingungen. Sie können den Körper in seinen Regenbogenkörper, seinen goldenen Körper, seinen Blauen Körper® und wieder ganz zurück in seinen fleischlichen Körper, seinen Lichtkörper, seinen Infrarotkörper verwandeln. Sie sind Herr der gesamten Leiter, Herr aller Dimensionen. Sie müssen niemals sterben, das haben sie überwunden. Und was bringt eine derart machtvolle, spirituelle Absicht mit sich? Nun, sie birgt den Keim der Unsterblichkeit selbst in sich. Es ist unmöglich, aus einer spirituellen Absicht heraus Unsterblichkeit als Hintergrundmotiv zu haben, ohne gleichzeitig auch die Substanz dessen in unserem Leben zu besitzen.

Es gibt einige hier, die in der Zeit zurückgegangen und tot sind und sich jetzt gerade diesen Augenblick, der vor langer Zeit geschah, wieder betrachten und daran arbeiten, zu verstehen, was zuvor nicht verstanden wurde — in dem Wissen, dass es eine Gelegenheit ist — dass dieser

144

Meister, wenn ihr im Licht Teilnehmer, Beobachter und Gott seid, in diesem Moment sein Selbst auf allen Ebenen dorthin zurückbringt. Und für das Selbst ist es kein Problem, diese Zeitverbindung, die genau hier geschieht, zu sehen. Es hat keine Schwierigkeiten, sie zu sehen. Ein wirklich körperorientierter Mensch wird große Schwierigkeiten haben, dies zu verstehen, ein spiritueller Mensch hingegen nicht, denn für ihn hat Manifestation nichts mit einer Verdichtung in der Zeit zu tun, sondern es geht dabei völlig um eine Verdichtung im Gedanken. Das ist ein spiritueller Mensch; ein materialistischer Mensch ist das genaue Gegenteil.

So weiß ich also schon, wer aus dieser Schule hervorgehen wird. Ich weiß schon, wie diejenigen zu mir stehen. Ich weiß es schon, das ist sicher. Aber, indem wir es wieder aufsuchen, ermöglicht dann dieser erneute Besuch nicht das Erblühen von etwas, das sich aus der Gelegenheit nicht entwickelt hätte? Ja. Woher wissen wir das? Weil es das Reinkarnationsgesetz nicht gäbe, wenn dies nicht wahr wäre. Es gäbe keine Reinkarnation, es gäbe die Seelen- und Geistwanderung nicht — und doch existieren sie. Warum? Kann Zeit sich nicht in sich selbst hineinkrümmen? Natürlich kann sie das. Und was, sage ich euch, krümmt die Zeit? Mind. Mind krümmt die Zeit. Mind ist das Subjekt Gottes, so dass Zeit nur zwischen den beiden existiert.

Wenn wir in diesem Leben das Licht wieder besuchen, erhalten wir dadurch eine weitere Gelegenheit, das, was wir beim ersten Mal nicht gehört, was wir dort nicht gefühlt haben, zu polieren, zu verbessern, mitzunehmen? Wenn wir dieselbe Situation mit erweitertem Wissen erneut aufsuchen, wird die Szene sich dann verändern? Immer. Das entspricht dem Gesetz, das Unbekannte bekannt zu machen. Wie oft müssen wir also zum Licht zurückkehren und uns dasselbe Quellenmaterial der Seele wieder ansehen, bevor wir es ändern? Wir verstehen, dass Wissen und dessen geistige Integration das Feuer ist, das es verändert. Wir verändern unseren größten Schwachpunkt, wenn wir ihn mit Wissen wieder aufsuchen.

Wie oft habt ihr diese Botschaft heute von mir gehört? Möchte jemand eine Schätzung wagen? Wie oft habt ihr im Licht diese Klasse wiederholt? Wie oft wurde diese Lehre übermittelt? Den heutigen Tag, euer Aussehen, das Aussehen eures Nachbarn, wie oft habt ihr das gesehen? Bekommt ihr nicht ein vages Déjà-vu-Gefühl? Ist dies das einzige Mal, dass der heutige Tag stattfand? Meint ihr, dass das schon alles war und das Seminar kam und vorüberging? Wie oft bin ich hier oben gestanden und habe dieses Seminar gehalten? Wie oft habe ich Anfänger unterrichtet? Wie oft habe ich über den Punkt Null und das unermesslich große Nichts gelehrt — wie viele Male — in eurer kurzen Karriere als Schüler dieser Schule? Nun, die heutige Lehre habe ich noch öfter als die eben aufgezählten Male dargebracht. Ich sage immer wieder dasselbe. Ich wandle es ab. Warum wandle ich es ab?

Weil ihr verwandelt seid. Ihr seid bereit zu hören. Ihr seid bereit zu sehen. Ihr seid bereit zu fühlen. Wenn ihr nicht bereit seid, seid ihr tot; dann seid ihr tot.

Ich möchte, dass ihr ein Bild malt, dass ihr in einem abstrakten Schaubild festhaltet, wie ihr all dies im Licht seht, dass ihr schon tot seid und dass ihr bald wiedergeboren werdet und doch die ganze Zeit dachtet, ihr wärt am Leben. Zeichnet es auf. Zeichnet es und malt es aus. Warum möchte ich, dass ihr das tut? Weil ich möchte, dass dieses Wissen sich hier oben befindet (im Gehirn). Warum? Weil ihr am Ende des Tages Dinge wissen sollt, die die Seele weiß. Und wenn ihr es nicht zeichnen und bunt ausmalen könnt, werdet ihr es auch nicht wissen. Dann werdet ihr diesen Tag wieder aufsuchen müssen. So sei es.

DIE LEERE, DER PUNKT NULL, DAS SPIEGELBEWUSST-SEIN UND UNSERE MENSCHLICHE INKARNATION

Gott, segne,
umfange,
und lass
all die Stimmen
meines Gesamtselbst
gehört und
gesehen werden.
So sei es.
Auf das Leben.

Setzt euch. Ich möchte, dass ihr nun eure Zeichnungen hervorholt. Wendet euch als der Beobachter zu eurem Nachbarn und erklärt ihm die Zeichnung. Ihr könnt anfangen. Erinnert ihr euch daran, dass ich gestern sagte, ich müsse eine Art Lexikon zu Rate ziehen, um zu versuchen, das nahezu Unerklärliche zu erklären? Heute haben wir das bisher großartig gemacht. Es ist noch immer unvollständig, denn es bedarf in hohem Maß der Worte, um den Mind zu erschüttern. Eure Sichtweise muss erschüttert werden, damit ihr verstehen könnt, was ich als Letztes zu euch sagte. Ich habe die Worte also gut gewählt. Ich bemühe mich, das sehr einfach zu halten, damit ihr das erfassen könnt, was ihr wieder verstehen wolltet, als ihr hierhergekommen seid.

146

Der Tod und die Enthüllung unseres Hintergrundmotivs

ABB. 1: DAS GEHIRN

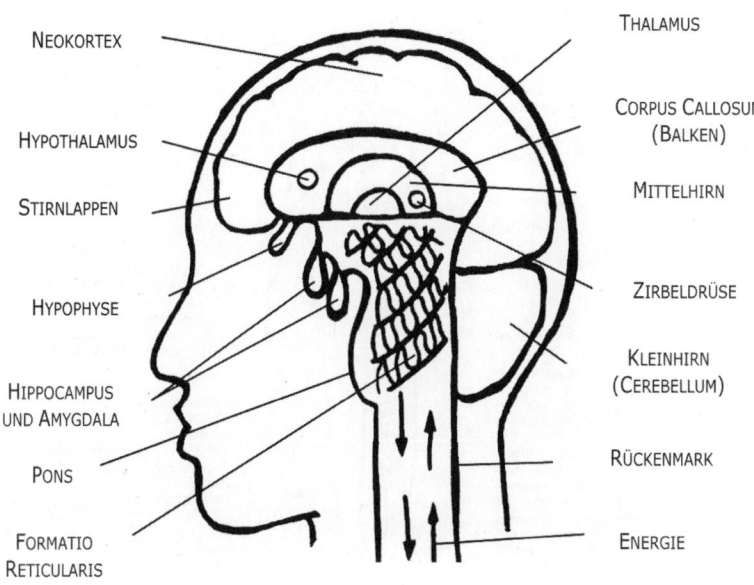

DIES IST DIE ZWEIDIMENSIONALE, KARIKATURHAFTE ORIGINALZEICHNUNG, DIE RAMTHA FÜR SEINE LEHREN ÜBER DIE FUNKTIONSWEISE UND PROZESSE DES GEHIRNS BENUTZT HAT. ER ERLÄUTERTE, DASS DIE VERSCHIEDENEN ASPEKTE DES GEHIRNS IN DIESEM BILD ÜBERZEICHNET UND FARBIG HERVORGEHOBEN SIND, UM SO DAS LERNEN UND VERSTEHEN ZU ERLEICHTERN. DIESE CHARAKTERISTISCHE ZEICHNUNG WURDE ZUM STANDARD-UNTERRICHTSMITTEL IN ALLEN FOLGENDEN LEHREN ÜBER DAS GEHIRN.

Das Mysterium von Geburt und Tod — Das Selbst neu definiert

ABB.2: DIE SIEBEN SIEGEL, DIE DEN SIEBEN BEWUSSTSEINSEBENEN IM
MENSCHLICHEN KÖRPER ENTSPRECHEN

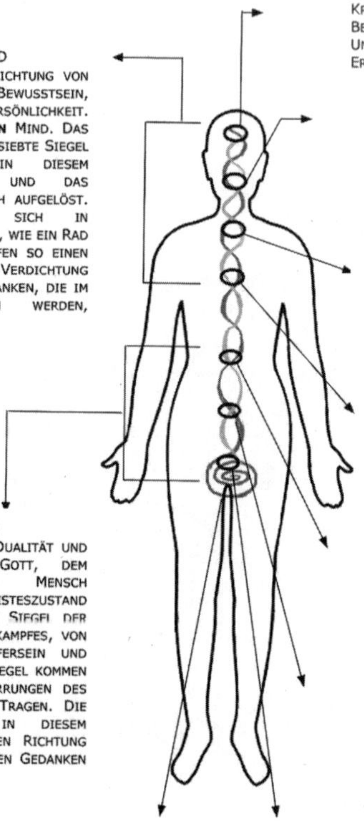

7.SIEGEL
DIESES SIEGEL STEHT IN VERBINDUNG MIT DER KRONE DES KOPFES, DER HYPOPHYSE, DEM ULTRA-BEWUSSTSEIN, DER FREQUENZ DES UNENDLICHEN UNBEKANNTEN UND DER ERLANGUNG VON ERLEUCHTUNG.

ANALOGER MIND
IST DAS ERGEBNIS DER AUSRICHTUNG VON PRIMÄREM UND SEKUNDÄREM BEWUSSTSEIN, DEM BEOBACHTER UND DER PERSÖNLICHKEIT. ANALOGER MIND BEDEUTET EIN MIND. DAS VIERTE, FÜNFTE, SECHSTE UND SIEBTE SIEGEL DES KÖRPERS SIND IN DIESEM GEISTESSZUSTAND OFFEN UND DAS DUALISTISCHE IMAGE HAT SICH AUFGELÖST. DIE BÄNDER DREHEN SICH IN ENTGEGENGESETZTER RICHTUNG, WIE EIN RAD IN EINEM RAD, UND ERSCHAFFEN SO EINEN MACHTVOLLEN WIRBEL, DER DIE VERDICHTUNG UND MANIFESTATION DER GEDANKEN, DIE IM STIRNLAPPEN FESTGEHALTEN WERDEN, BEWIRKT.

6. SIEGEL
DIESES SIEGEL STEHT IN VERBINDUNG MIT DER ZIRBELDRÜSE, MIT HYPER-BEWUSSTSEIN UND DEM GAMMASTRAHLEN-FREQUENZBAND. DIE FORMATIO RETICULARIS, DIE DAS WISSEN DES UNTERBEWUSSTSEINS FILTERT UND VERSCHLEIERT, ÖFFNET SICH, WENN DIESES SIEGEL AKTIVIERT WIRD.

5. SIEGEL
DIESES SIEGEL STEHT IN VERBINDUNG MIT DER SCHILDDRÜSE, MIT SUPER-BEWUSSTSEIN, DER RÖNTGENSTRAHLEN-FREQUENZ UND MIT DEM AUSSPRECHEN UND LEBEN DER WAHRHEIT OHNE DUALISMUS.

4. SIEGEL
ES STEHT IN VERBINDUNG MIT BEDINUNGSLOSER LIEBE, DEM BRÜCKEN-BEWUSSTSEIN, DER ULTRAVIOLETTBLAUEN FREQUENZ, DER THYMUSDRÜSE UND IHREN ANTI-ALTERUNGS-HORMONEN.

BINÄRER MIND
DER MIND, DEN EIN IN DER DUALITÄT UND GETRENNT VON SEINEM GOTT, DEM BEOBACHTER, LEBENDER MENSCH HERVORBRINGT. IN DIESEM GEISTESZUSTAND SIND NUR DIE UNTEREN DREI SIEGEL DER SEXUALITÄT, DES ÜBERLEBENSKAMPFES, VON LEID UND SCHMERZ, OPFERSEIN UND TYRANNEI AKTIVIERT. DIESE SIEGEL KOMMEN GEMEINHIN BEI ALLEN VERWIRRUNGEN DES MENSCHLICHEN DRAMAS ZUM TRAGEN. DIE BÄNDER DREHEN SICH IN DIESEM GEISTESZUSTAND IN DERSELBEN RICHTUNG UND WIEDERHOLEN DIE GLEICHEN GEDANKEN AUS DER VERGANGENHEIT.

3.SIEGEL
DIESES SIEGEL IST DAS ENERGIEZENTRUM DES BEWUSSTEN GEWAHRSEINS UND DES SICHTBAREN LICHT-FREQUENZBANDES. ES STEHT IN VERBINDUNG MIT KONTROLLE, TYRANNEI, OPFERSEIN UND MACHT. ES IST IM BEREICH DES SONNENGEFLECHTS ANGESIEDELT.

2. SIEGEL
DIESES SIEGEL IST DAS ENERGIEZENTRUM DES GESELLSCHAFTLICHEN BEWUSSTSEINS UND DES INFRAROT-FREQUENZBANDES. ES STEHT IN VERBINDUNG MIT LEID UND SCHMERZ UND IST IM UNTERLEIBSBEREICH ANGESIEDELT.

KUNDALINI ENERGIE

1.SIEGEL
DIESES SIEGEL STEHT IN VERBINDUNG MIT DEN FORTPFLANZUNGSORGANEN, MIT SEXUALITÄT, DEM ÜBERLEBENSKAMPF, DEM UNTERBEWUSSTSEIN UND DEM HERTZ'SCHEN FREQUENZBAND.

148

ABB. 3: DER ABSTIEG VON BEWUSSTSEIN UND ENERGIE VOM NULLPUNKT

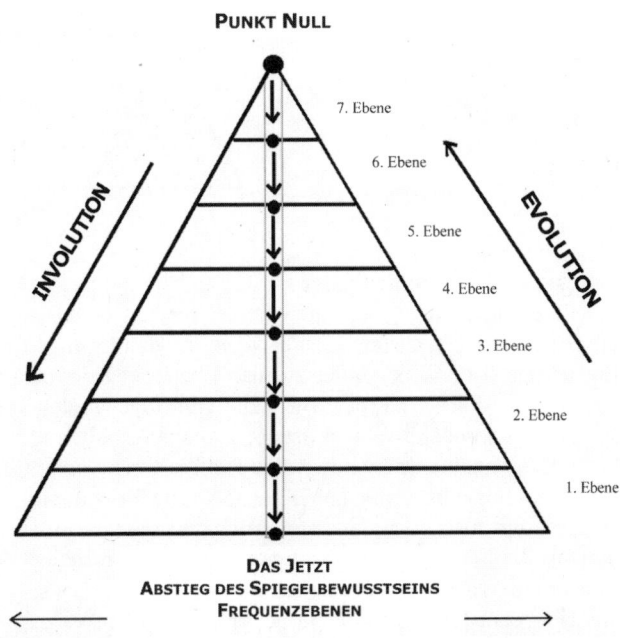

Ihr alle erinnert euch aus eurem ersten C&E®- Seminar an das hier. Was ist das? Punkt Null, primäres Bewusstsein. Malt einfach einen schwarzen Punkt hinein. Schreibt seitlich darüber: primäres Bewusstsein — das ist eine ganz einfache Zeichnung hier, eines meiner besseren Meisterwerke.[4] Der violette Punkt ist das sekundäre Bewusstsein. Ihr seht hier eine grüne Verlängerung. Der grüne Punkt ist die Seele. Die Seele reist mit dem sekundären Bewusstsein. Sie zeichnet die Ereignisse auf. Der rote Punkt oder Kreis oder Fleck ist die Inkarnation, der Körper selbst. Und hier haben wir das, was wir als Körper-Mind-Bewusstsein bezeichnen — als Körper-Mind-Bewusstsein. Mit anderen Worten, wir müssen dem Körper zugestehen, dass er seine eigene Intelligenz hat, denn die hat er. Er ist bewusste Intelligenz, ist ein biophysisches, empfindungsfähiges Wesen.

---

[4] Siehe Abb. 4.

149

ABB. 4: PRIMÄRES UND SEKUNDÄRES BEWUSSTSEIN

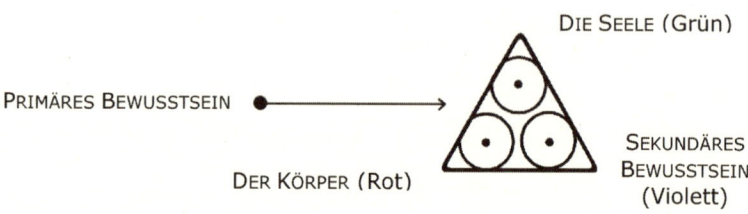

Nun, das ist die Reihenfolge, in der sie in Erscheinung treten. Das Große Selbst bildet sich durch die Integration dieser vier hier (siehe Abb. 4). Ob dieser Körper nun der sechsten Ebene angehört, der fünften Ebene, der vierten Ebene, der dritten Ebene, der zweiten Ebene oder der ersten Ebene, er bleibt ein Körper. Dieser Körper wird dann vom sogenannten spirituellen Körper oder dem sekundären Bewusstsein zusammengehalten und das, was alle Teile zusammenhält ist der sogenannte Heilige Geist, die spirituelle Interaktion des Gesamtselbst. Hier haben wir also die Vorstellung von einer Triade.[5] Kehren wir also nochmals zum Anfängerseminar zurück, um eure Inkarnation aus der Ebene der Glückseligkeit besser zu verstehen, oder vielleicht euren erneuten Besuch in dieser Schule.

Ich möchte euch eine sehr wichtige Frage stellen: Warum wollt ihr meine letzte Aussage nicht glauben, dass ihr bereits tot seid und euch im Augenblick in einer Lichtrückschau befindet? Warum wollt ihr das nicht glauben? Warum ist das unglaubhaft? Das ist eine sehr machtvolle Frage, weil sie ganz auf das von euch integrierte, spezifische Wissen über Zeit, Raum und Bewusstsein abzielt. Sie zeigt euch das Ausmaß des Wissens auf, über das ihr bisher verfügt. Das Körper-Mind-Bewusstsein würde nie glauben, was ich gerade gesagt habe. Es würde das für eine fantastische Vorstellung halten, ein Paradigma — eine Monade, wenn ihr so wollt — aber es würde niemals daran glauben, weil es auf den Körper zeigen und sagen kann: „Schau, ich kann diesen Körper zwicken und er tut weh. Schau, ich weiß nicht, was dieser Mensch denkt. Schau, ich habe den Friedhof besucht und ich liege dort — noch — nirgends begraben." Stimmt's?

Nun möchte ich euch etwas sagen. Hört mir zu. Wenn das zum Entscheidungsfaktor wird, nach dem wir die Realität bestimmen, dann werden wir ganz und gar nicht an die Potenziale glauben, in denen wir existie-

---

[5] Siehe Abb. 3.

ren können. Mit anderen Worten, wir haben uns auf die Seite unseres Körpers gestellt, nicht wahr? Ja, wirklich. Wir haben uns auf die Seite unseres Körpers gestellt, weil wir nicht ganz glauben können, dass so etwas möglich wäre. Nun, was sagt euch das? Es sagt euch, dass der Spaß auf eure Kosten geht, wenn ihr euch auf die Seite eures Körpers stellt, weil ihr weiterlebt und euch sagt: „Schau, ich lebe weiter. Eines Tages werde ich sterben." Ist es denn möglich, dass wir, wenn wir uns so verhalten, einer täuschenden Illusion erliegen? Ist das möglich? Absolut.

Warum also wollt ihr euch auf die Seite eures Körpers stellen? Was habt ihr davon? Was wäre, wenn ihr euch auf die Seite dessen hier stellen würdet, auf die Seite dieser beiden, des primären und des sekundären Bewusstseins? Warum sekundäres Bewusstsein? Weil es der Geist im Körper ist, der den spirituellen Körper enthält, in welchem die Seele selbst wohnt. Und, erinnert euch, dass es die Seele ist, die alles mitverfolgt, was ihr gewesen seid. Sie katalogisiert was ihr seid, sie ist die Trägerin der Erinnerungen der Persönlichkeit, wenn ihr so wollt. Und sehen wir der Tatsache ins Auge: wenn ihr euch kürzlich oder vor längerer Zeit einen Leichnam angeschaut habt, dann fragt ihr euch, wo die Person ist. Wisst ihr, ihr schaut auf den Mund, den ihr geküsst habt, auf die Augen, die zu tanzen pflegten, die Bewegung der Hände, die Sanftheit der Berührung oder die athletische Bewegung des Körpers. Ihr seht den Körper an und er ist steif, er ist hart und leblos. Hört mir zu. Er ist leblos, ja. Was hat ihn verlassen? Das sekundäre Bewusstsein, die Seelenpersönlichkeit; sie haben ihn verlassen. Seid ihr das wirklich? Es ist tatsächlich ein Teil von euch.

Wenn wir es beispielsweise so betrachten und ihr heute diese Lehre annehmen könntet, wonach ihr euch im Augenblick in Wirklichkeit in einer Lichtrückschau befindet — und tatsächlich Rückschau haltet auf euch, die ihr in einem Klassenzimmer seid, in dem es ironischerweise genau um das Thema geht, mit dem ihr euch gerade auseinandersetzt — wenn ihr das glauben könnt und euch Raum gebt das anzunehmen, dann zeugt das von einer großen evolutionären Reifung eures eigenen persönlichen Bewusstseins. Es bedeutet, dass ihr so erhaben seid, dass euch die Vorstellung, euch tatsächlich in einer Lichtrückschau zu befinden, überhaupt nicht erstaunt.

Warum wäre es von Vorteil, wenn ihr euch in dieser Angelegenheit auf die Seite des primären und des sekundären Bewusstseins stellen würdet? Offensichtlich deshalb, weil es diese Selbste sind, die bleiben, wenn die Reinkarnation ihren zyklischen Lauf von Geburt und Tod nimmt; sie bleiben. Welchen anderen Vorteil gibt es noch? Nun, es gibt folgenden Vorteil: Wenn ihr wirklich glaubt, was ich euch heute sagte — ich meine, wenn ihr es wirklich glaubt — dann kennt ihr am Ende des heutigen Tages euer Hintergrundmotiv. Und weil ihr es kennt, werdet ihr es verändern. Welche Art von Dynamik wird diese Veränderung in Gang setzen? Welche? Es muss für euch so real sein, wie die Leugnung der Realität dessen für euch real ist. Es muss die gleiche Schlagkraft vorhanden sein. Es muss so real sein, wie die Leugnung real ist. Wenn es so ist, dann stellt euch die Möglichkeiten vor, die in dem liegen, was wir hier betrachten. Ihr befindet euch tatsächlich in einem Augenblick beobachtbarer Teilnahme an etwas, woran ihr schon vorher teilgenommen habt. Ihr seid zurückgekommen und so vieles klingt vertraut. Das beginnt in eurem Denken aufzutauchen. Und wenn ihr danach greift und versucht, es euch anzusehen, dann löst es sich auf wie Dunst. Es ist euch schon vertraut.

Warum ist es wichtig zu glauben, dass das möglich ist? Weil es im Zyklus der Reinkarnation — dem linearen Ablauf von Geburt und Tod, Leben nach dem Tod, neuem Aufenthalt — in dem gesamten Ablauf — um die Fähigkeit geht, ein Leben aus der Perspektive des Gesamten und nicht nur des Einzelnen zu sehen, wie es so typisch ist für die menschliche Art. Die Menschen sind so sehr Einzelwesen und so sehr abgetrennt. Sie können nicht durch den Mind Gottes sehen, nur durch den Mind der Körperpersönlichkeit. Das zeigt sich sehr deutlich in der Art, wie ihr lebt.

Wenn dem so wäre, dann würdet ihr in der Lichtrückschau alles zu sehen bekommen und ihr würdet zu sehen bekommen, wo euer Problem liegt. Und aus dieser Lichtrückschau könntet ihr eine Menge über das Problem entnehmen und lernen und ihr könntet dann auf der Ebene der Glückseligkeit Leuten begegnen, die das gleiche Problem oder einen Aspekt dieses Problems haben. Vielleicht — vielleicht — ist ein kleiner Bereich, der für euch nicht wichtig ist, aber doch ein Teilproblem darstellt, für einen anderen eine große Blockade und ihr trefft euch auf der Ebene der Glückseligkeit, weil ihr voneinander angezogen werdet. Und in der gegenseitigen Anziehung arbeitet ihr eine Beziehung aus, die zuerst dort existiert, ehe sie hier existiert, eine Beziehung, für die ihr diese Person hier in euer Leben treten lassen wollt; ihr wollt, dass die Erinnerung daran und die Bindung auf der Ebene der Glückseligkeit so stark werden, dass ihr euch dem Wiedererkennen nicht verschließen könnt; dass da gleichsam eine sofortige Akzeptanz dieser Person da zu sein scheint — eine Harmonie, wenn ihr so wollt, oder auch eine Disharmonie — denn, wenn wir es richtig gemacht haben, werden alle diese Faktoren in ein Leben inkarniert, in dem wir als blinde Männer und Frauen darum kämpfen, das Mysterium zu enthüllen, das große unvorstellbare Geheimnis darum, was wir hier tun. Was will dieser Mensch mir über mich selbst sagen, und, in der Tat, was will ich mir selbst über mich sagen. Der andere ist nichts weiter als eine Reflexion meiner selbst. Er ist da, um mir eine Lektion zu vermitteln oder vielleicht sind wir beide da, um Lektionen unterschiedlichen Ausmaßes zu lernen. Warum brauche ich diese Lektion? Nun, weil es entmutigend ist. Dieses Thema taucht immer wieder auf. Und so wird jeder zum Spieler im Leben des anderen.

Nun, die einzige Schwierigkeit hier ist — und das habe ich immer gesagt und an dieser Stelle weiche ich in gewissem Maß vom Denken des New Age ab, weil diesem die vollständige Information fehlt — dass immer allgemein verstanden wurde, dass ihr euch eure Eltern aussucht. Nun, in der Naivität der menschlichen Kultur stellt man sich einfach vor, dass ihr in diesen großen Elterngarten im Himmel hineingeht und sagt: „Ich nehme dich und dich," und dass ihr vorher schon wisst, wer diese Eltern sein werden. Das ist unzutreffend. Es ist etwas Wahres daran, aber es ist keine solide, substanzielle Wahrheit.

Es funktioniert so, dass ihr, welche Probleme ihr auch immer habt, was immer die nächste Ebene sein mag, die zu bearbeiten ihr auf der Ebene der Glückseligkeit beschlossen habt — tatsächlich an den gleichen Problemen arbeitet, an denen ihr schon vor zweitausend Jahren gearbeitet habt. In den aufeinander folgenden Generationen und mit euren technischen Veränderungen habt ihr wenig Fortschritt erzielt — ihr steckt noch immer in einem Problem. So wie die ganze Welt. Ihr setzt euch noch immer mit einem Thema auseinander, das zweitausend Jahre alt ist. Es hat nichts mit dem auf Technologie gegründeten, sich schnell entwickelnden zwanzigsten Jahrhundert des künstlichen Lebens zu tun. Es ist ein Thema, das weit zurückreicht. Und das Frustrierende daran ist, dass es eine ganz einfache Sache ist. Aber was für den Geist einfach ist, ist für den Menschen so schwierig, weil die Emotionen den Menschen so kompliziert machen.

Es geschieht also nicht, dass wir, sobald wir konzipiert haben, was wir hier auf der Ebene der Veranschaulichung lernen wollen, unsere Eltern auswählen. Wir werden zu einem genetischen Pool hingezogen, der nicht größer ist als die Frage, die wir gestellt haben. Warum sollte darin keine Kontinuität liegen? Gott weiß nur, was ihr wisst. Warum solltet ihr zu einem genetischen Pool hingezogen werden, der mehr weiß als ihr? Das wird nicht der Fall sein. Ihr werdet in der Wirklichkeit nur das manifestieren — ob es sich um atomare Strukturen oder um Zellbiologie, ob es sich um Umweltliches oder um Gedanken und Vorstellungen handelt — ihr werdet nur das manifestieren, dem ihr entsprecht und das zu eurem Lernen hier passt. Ihr sucht euch eure Eltern insofern aus, als Gleiches Gleiches anzieht, aber nicht in Bezug auf ihre individuelle Beschreibung.

Nun gibt es Menschen, die ein Problem mit dem Körper haben und die schon immer ein Problem mit dem Körper hatten. Sie schwingen immer zu denen hin, die ihnen die besten Körper verschaffen können, aber das ist Körper-Mind-Bewusstsein. Und das ist auch offensichtlich, denn es ist ihr größtes Gut und nichts anderes.

Nun, was ist mit den Genies? Mein Gott, wisst ihr nicht, dass die brillantesten — brillantesten — Denker, die es je gab, von sehr einfacher Herkunft waren? Das ist erstaunlich, nicht wahr? Es ist fast so, als wäre der

153

genetische Stamm nicht komplex, sondern einfach gewesen. Mit anderen Worten, die Gene hatten klare Sichtscheiben, so dass das, was hineingegeben wurde, klar übertragen werden konnte, in ein Leben und in einen Mind, die wachsen und erblühen konnten. Wir können als exquisite Blumen in einem einfachen Garten wachsen und gedeihen. Wenn er überwuchert ist, werden wir von Unkraut und anderem Gestrüpp und Ähnlichem erstickt. Wie viele von euch verstehen das?

Nun, ihr werdet also geboren — und ich möchte, dass ihr das jetzt alle wisst; ihr denkt an euren Körper — und ihr werdet genau mit dem genetischen Körper geboren, der als Vehikel zu euch passt, damit ihr euch durch euren veränderten Lebensplan, euer Karma, eure Lektion durcharbeiten und sie zu Ende bringen könnt. Nun, das ist ziemlich erstaunlich, denn dann fangen wir an, den Körper zu betrachten und es wird sehr klar, wer was gewählt hat und aus welchem Grund. Alles erzählt eine Geschichte. Hintergrundmotive zeigen sich im Körper, sie zeigen sich buchstäblich im Körper.

Ihr werdet in eine Familie hineingeboren. Welche Familie ist das? Bedeutet das, dass eure Brüder und Schwestern, mit denen ihr eine Inkarnation teilt, vom gleichen Ort auf der Ebene der Glückseligkeit kamen? Nein, denn seht ihr, der genetische Pool, durch den sie kamen, bot primitive und höher entwickelte Möglichkeiten. Sie können auf anderen Ebenen sein, aber der Körper passt zu ihnen. Wie viele von euch verstehen das? Wirklich? So sei es.

Nun möchte ich euch nochmals diese Frage stellen: Warum wollt ihr nicht glauben, dass ihr euch in einer Lichtrückschau befindet? Warum nicht? Ich sage es euch. Opfer wollen es nicht glauben und materialistische Menschen wollen es nicht glauben und fleischlich orientierte Menschen wollen es nicht glauben, denn wenn sie diese Möglichkeit, die ich euch vorher aufgezeigt habe, leugnen können — schlaft nicht ein — wenn sie sie leugnen können, dann gibt es für sie keine Bedrohung, deretwillen sie ihr Leben ändern müssten, es gibt keinen Vorwand. Sie sagen: „Ich bin was ich bin und kann es nicht ändern. Mir gefällt was ich bin. Mir gefällt es, das zu hassen was ich bin, also brauche ich mir die Mühe nicht zu machen." Das ist also sehr sicherer Boden, nicht wahr? Er ist sicher, nicht wahr?

Morgen früh werdet ihr aufwachen; ihr werdet noch immer in der Schule sein. Aber am Tag danach werdet ihr aufwachen und an einem anderen Ort sein. Darauf könnt ihr euch verlassen. In einem körperlichen Leben könnt ihr euch darauf verlassen, jeden Tag aufzuwachen, jeden Abend schlafen zu gehen und dazwischen Spaß zu haben. Das ist ein Gefühl von Sicherheit. Ihr habt einen pragmatischen Verstand, der das primäre Bewusstsein leugnet und sagt, dass es nicht existiert. Du wirst niemals sterben? Was für ein Narr. Wer glaubst du zu sein? Geh auf den Friedhof.

Aber da gibt es ein kleines Problem, wisst ihr. Die Wissenschaft beginnt aufzuwachen, wie ihr gelernt habt, es gibt die Quantentheorie, wonach alle potenziellen Möglichkeiten gleichzeitig existieren — alle potenziellen Möglichkeiten. Erinnert euch an das, was ich euch über kosmische Atome, über die Atomlehre sagte? Sie besagt, dass man die Potenziale für die Verwendung von Atomen als Bausteine nicht erschöpfen kann.

Nun möchte ich euch noch etwas anderes fragen; es ist eine sehr wichtige Frage: Wenn ihr das akzeptiert habt und glaubt, wie würde sich euer Leben heute verändern, wenn ihr plötzlich sagt: „Oh mein Gott, ich bin in einer Lichtrückschau, ich bin tot. Tatsächlich sehe ich als der Beobachter zu, wie ich mein Leben gelebt habe. Gott sei Dank bin ich in diese Schule gekommen, denn sonst wäre ich nicht so wach, um zu erkennen, dass ich im Licht daran denken soll." Es ist so: ich rufe euch von jenseits des Grabes zu: „Was denkt ihr, während ihr dem zuseht?" Was solltet ihr denken? „Mein Gott, genau in diesem Augenblick kann ich mein Leben verändern, denn ich erwarte nur das zu sehen, was ich meiner Erinnerung nach gewesen bin."

Wisst ihr wie schwer es ist, sich an den Rest seines Lebens zu erinnern? Nicht sehr schwer. Denkt darüber nach. Wenn ihr nicht mit erhabenen Gedanken gearbeitet habt, wie schwer wird es dann sein, euch an den Rest eures Lebens zu erinnern? Es ist ziemlich vorhersehbar, nicht wahr? Nicht wahr? Ihr freut euch auf die Abende, an denen ihr ausgeht und dies und das tut, und dann geht ihr wieder zur Arbeit, dann tut ihr jenes und dann habt ihr kleine Probleme mit eurer Familie, kleine Streitereien hier und da, aber ihr wisst, dass sie früher oder später beigelegt werden. Ihr habt hier ein kleines Problem, aber dort wird es in Ordnung sein. Und ich bin ein Jahr älter und ich bin dies und ich bin das. Wie könntet ihr euch nicht an das erinnern, was noch kommen wird? Es ist schon passiert, weil es vorhersagbar ist. Diese Vorhersagbarkeit gibt eine mächtige Sicherheit und es gibt Menschen, die sich der vorhersagbaren Sicherheit wegen der Gelegenheit zur Veränderung verweigern. Das geschieht jeden Tag.

Nun, warum wollt ihr es nicht glauben? Was würde geschehen, wenn es bei dieser großartigen, großen und schönen Kugel, die auf diesen Schultern sitzt, endlich Klick machen würde und sie sagte: „Was wäre, wenn ich tot wäre; was wäre, wenn ich tot wäre? Hier ist meine Chance. Was werde ich in meinem Leben anders machen? Was nehme ich daraus mit? Was will ich mehr als alles andere? Wenn ich die Gelegenheit habe, noch mal zu leben, was will ich dann? Oh mein Gott, ich möchte diesen Augenblick niemals vergessen. Ich möchte nicht unwissend geboren werden. Ich möchte diesen Augenblick irgendwie bewahren. Ich möchte nicht, dass er mir entflieht und wegfliegt, ich möchte ihn nicht verlieren, wenn ich im Geburtskanal bin, ich möchte ihn nicht verlieren, wenn ich jung bin und ich möchte ihn nicht während der Unbesonnenheit meines Erwachsenseins verlieren. Wie kann ich mich an ihn erinnern?"

Denkt darüber nach. „Dieser Augenblick kann mein Leben verändern. Nichts ist festgelegt. Es ist eine Lichtrückschau und ich bin mitten drin. Wie möchte ich mich jetzt sehen?" Strahlt, meine lieben Leute! Wie wollt ihr euch sehen? Ihr wollt euch so sehen, wie euch das primäre Bewusstsein sieht; das ist es, was ihr wollt. Ihr wollt euch nicht so sehen, wie das Körper-Mind-Bewusstsein euch sieht, denn wenn ihr das tut, seid ihr exakte Abbilder und ihr werdet zurückkommen. Alles ist zu haben; das ganze Leben ist vorbei. Ich dachte, ich gehe zu einer Veranstaltung. Wunderbarer Gedanke, nicht wahr? Ist das die Wirklichkeit? Ja? Nur ihr kennt die Antwort. Aber wenn es wirklich ist, ist es absolute Freiheit. Mein Gott, was fangt ihr mit diesem Schatz an? Wie wollt ihr von diesem Augenblick an sein? Wie möchte ich mich sehen? Wie möchte ich mich sehen? Welches ist die großartige Spiegelung, die ich zu mir zurückwerfen muss, wenn ich letztendlich im Licht beobachte?

Nun, denkt über Folgendes nach: Ihr werdet sterben. Diejenigen von euch, die im Körper-Mind-Bewusstsein sind, werden sterben. Ihr werdet ins Licht gehen, weil ihr darüber Bescheid wisst. Ihr werdet diesen Tag wiedersehen. Warum sollte die Seele diesen Tag auslassen? Warum sollte sie diesen Tag auslassen? Warum sollte sie diesen Vormittag auslassen? Sie wird all das in Erinnerung behalten, was ihr hinter verschlossenen Türen getan habt und da sollte sie das hier vergessen? Nein. Sie hat alles aufgezeichnet. So wie diejenigen von euch, die sich Notizen machen, ihr schreibt die gleichen Worte nieder wie eure Seele. Aber eure Seele fügt hier Sternchen ein, Fußnoten und Seelennoten hier unten. Seelennoten, das ist der Beobachter, der beobachtet, wie die Notizen niedergeschrieben werden. Könnt ihr mir folgen? Wie viele von euch können mir noch folgen? So sei es.

Nun, wenn dieser Tag also wiederkehrt — und ihr mit eurem Heiligen Geist und eurem Gott da steht und es anfängt, über euch zu kommen — und ihr bei der Betrachtung dieses Lebens aus jeder Sicht, vom Schoß an, das Große Selbst gewesen seid, warum sollte dieser Tag ausgelassen werden? Wie wichtig also ist der heutige Tag? Wie wichtig ist er? Sehr wichtig. Warum? Was wollt ihr euch heute selbst mitteilen? Was wollt ihr euch selbst mitteilen? Das wird wieder abgespielt werden. Was wollt ihr sehen und hören? Wendet euch zu eurem Nachbarn und sagt es ihm. Was wollt ihr?

Ich möchte, dass ihr jetzt euer Papier, euren Bleistift oder euer Schreibgerät zur Hand nehmt. Das ist kein Scherz. Was soll eurem Wunsch nach von diesem Tag in Erinnerung bleiben — das bereits geschehen ist und gerade wieder betrachtet wird — in Bezug auf euch? Also, was wollt ihr hören und sehen? Alles ist möglich. Es wäre sehr weise von euch, wenn ihr das

156

einbeziehen würdet, was das von euch gefundene Hintergrundmotiv ist und wenn ihr es aussprechen würdet. Schreibt es auf. Was ist es und wie hat es euch gedient? Es ist wichtig, dass ihr euch erinnert, was es ist, was ihr gewesen seid, welches der Haken ist, der euch immer wieder hierher zurückholt. Es ist wichtig, dass ihr das aussprecht.

Und wenn ihr es ausgesprochen habt, müsst ihr hinzufügen und dabei vollkommen und untadelig ehrlich sein, ob ihr bereit seid, es aufzugeben, denn wenn ihr nicht dazu bereit seid — was auch immer ihr seht, wie viele Menschen auch immer verletzt wurden, wie viele Menschen auch immer benutzt und missbraucht wurden, was auch immer ihr getan habt und wie schlau ihr wart — wenn ihr es nicht aufgeben könnt, seid ihr dazu verdammt, es erneut wiederzuerleben. Ihr seid dazu verdammt, es erneut wiederzuerleben. Also müsst ihr dem, der das hier gerade betrachtet, zurufen, was man verändern muss und was man sein möchte und dann muss die große Verlautbarung, die große Frage, der große Wunsch folgen. Was hat das mit der Ebene der Glückseligkeit zu tun? Alles.

NAHTODERFAHRUNGEN UND DIE ÄGYPTISCHEN ÜBERGANGSRITEN

Es wird berichtet, dass Wesenheiten, die Nahtoderfahrungen gemacht und diese voll erlebt haben, von solchen Erfahrungen bereichert sind und auf wunderbare Weise verändert werden; sie sind nie mehr die, die sie waren. Das, was sie waren, wird nie wieder aufgegriffen. Warum? Weil sie in einem einzigen Leben einen Herzanfall hatten, ertranken, an einem Stromschlag starben, eine tödliche Dosis von irgendetwas nahmen und ihren Körper verließen; und sie gelangten bis hin zur großen Lebensrückschau. Einige von ihnen machten die ganze Lebensrückschau mit und bekamen das Selbst aus allen Perspektiven zu sehen. Sie wurden zum Selbst in allen Perspektiven, mit Ausnahme des Aspekts, der Gott genannt wird, dieses große Wesen, von dem bedingungslose, tiefe Liebe ausströmt. Sie sagen alle, dass sie mit diesem großen Wesen verbunden waren, und doch war es Gott. Sie waren nicht fortgeschritten genug, um zu wissen, dass das große, strahlende Wesen sie selbst als Gott waren. Sie wussten das nicht, vermuteten aber eine wechselseitige Verbundenheit mit allem. Sie bekamen zu sehen, mit wem sie verheiratet waren, sie sahen ihre Kinder und ihre Probleme und Themen von Erfolg und Misserfolg, ihre Vorurteile und Hintergrundmotive.

Ich meine, wie großartig ist das Hintergrundmotiv von jemandem, der sich selbst töten möchte? Menschen, die sich selbst töten, tun das aus Rache

157

gegenüber anderen. Das ist die Art, es jemandem heimzuzahlen — das ist so — damit es ihm leid tut. Welches ist die stärkste Art, einen anderen fertig zu machen? Das ist die stärkste Art. Nun, das ist eine Übertreibung, aber ein Herzanfall ist ein Versagen zu leben. Es ist ein Versagen des Selbstausdrucks. Es bedeutet, das man Dinge zusammenhält, die losgelassen werden sollten. Es ist in gewisser Weise ein Selbstmord.

Nun, sie gelangen dorthin und sehen plötzlich all diese Dinge, sie sehen, welche Auswirkungen sie auf das Leben anderer Menschen hatten. Schlaft jetzt nicht ein! Das könnte eure nächste Erfahrung sein. Diese Menschen sehen das und bekommen plötzlich ein Verständnis dafür, wie wichtig das Leben ist. Mit anderen Worten, sie erwachen in der Lichtrückschau. Sie erwachen in der Lichtrückschau. Deshalb können sie zurückkommen. Deshalb können sie zurückkommen und diesen toten Körper wieder zum Leben erwecken, der dort auf dem Tisch liegt, deshalb bringt diese Maschine das Herz wieder zum Schlagen oder werden diese Chemikalien in den Körper gejagt, um wieder Gehirnwellenaktivität auszulösen. Sie können wieder in diesen Körper zurückkommen. Was für eine Erlösung. Wenn sie zurückkommen und erwachen, sind sie nicht mehr der gleiche Mensch, der nur Augenblicke vorher in diesem Körper gelebt hat. Sie sind verändert, zutiefst verändert. Ihre Lebensansichten haben sich so drastisch geändert, dass man glauben könnte, nicht mehr den gleichen Menschen vor sich zu haben. Warum erzähle ich euch das? Weil ihr all das, was diese Menschen erleben, heute und heute Abend, in der gleichen Demonstration erleben werdet. Ihr müsst wissen, dass dieser Tag unausweichlich ist. Erkennt das, denn es ist so.

Warum ist dieser Tag also so wichtig? Weil er sich vielleicht schon ereignet hat. Vielleicht ist dies hier die Gelegenheit, in einer Rückschau das zu sehen, was euch euer ganzes Leben lang beharrlich gequält hat. Vielleicht ist das der Tag, an dem ihr aufwacht und den Wert dessen erkennt, was ihr auf der anderen Seite dieses Tages haben werdet. Was ist der Unterschied? Vielleicht seid ihr schon tot. Glaubt ihr, ich werde darauf warten und mir Sorgen machen, wenn ich sterbe? Vielleicht seid ihr schon gestorben und ihr seid nun der Angeschmierte, denn seht, ihr solltet jeden Tag bewusst leben und das nicht aufschieben. Jeder Tag sollte primäres (Bewusstsein) sein — nicht sekundäres (Bewusstsein) oder Körper-Mind-Bewusstsein — primäres (Bewusstsein), weil dieses jeden Tag den Geist des sekundären Bewusstseins anfeuert. Nun, warum denkt ihr dann, das wäre etwas, was ihr abwarten und mit dem ihr herumspielen könnt? Wie könnt ihr wissen, wie wunderbar euer Leben in Kürze sein wird? Wie könnt ihr das wissen? Was sagtet ihr gerade, soll in Erinnerung bleiben? Ihr werdet das heute Abend sagen. Ihr werdet heute Abend zu euch selbst sprechen und

158

das wird in Erinnerung bleiben und es wird wieder abgespielt werden. Was werdet ihr dann hören wollen?

Was wird den Unterschied ausmachen? Wenn ihr eine Lichtrückschau habt, dann werdet ihr eurem Körper sagen — werdet eurem Leben sagen: „Siehst du, ich bin deine Erinnerung. Ich habe diesen Augenblick erwartet. Lass mich dir sagen, was ich möchte. Ich war tot. Ich war uninspiriert. Ich habe als menschliches Wesen gelebt und um das Entzücken einer spirituellen Haltung gerungen. Ich habe mich danach gesehnt, aber ich habe es noch nicht — noch nicht — erreicht. Erinnere dich an mich, ich sage es dir. Was möchte ich? Ich möchte, dass dieser Tag in meinem Leben als der Tag in Erinnerung bleibt, an dem ich auseinandergefallen und verändert wiedergeboren wurde — grundlegend und tiefgründig innerlich verändert." Ich möchte, dass ihr euch daran erinnert, denn ob es der heutige Tag ist oder der morgige, dieser Tag hat sich schon ereignet und wird zweifelsohne kommen.

Was möchtet ihr sagen? „Warte, du hast Zeit. Du, ich möchte, dass du meinen Körper wieder zum Leben erweckst. Ich möchte, dass du zurückkehrst, ich möchte aber, dass du mit diesem Wissen zurückkehrst. Ich möchte nicht in einem anderen Körper wiedergeboren werden. Ich habe meinen Teil zu sagen. Hör mir zu. Ich möchte eine neue Chance, aber ich möchte nicht vergessen. Ich möchte wissen und mich erinnern. Kehr also zurück in den Körper, belebe ihn wieder und bringe mich in ihn hinein, bewusst verändert und gewandelt. Was möchte ich verändert haben? Ich möchte nicht wieder ein begrenztes menschliches Wesen sein. Ich möchte nicht, dass mein Wert auf meinem Körper beruht. Ich möchte, dass mein Wert auf dem Bewusstsein dessen beruht, was aus meinem Inneren erblüht. Ich möchte keine Spiele mehr spielen. Ich will, dass die Bekundung des großen Arkanum verwirklicht wird. Ich möchte ein Meister aus lebendigem Feuer sein. Kehr zurück in diesen Körper und wache auf."

Niemand hat euch gesagt, dass ihr das sagen sollt. Ich sage euch, dass ihr das sagen sollt, weil ihr bereits gestorben seid. Ich sage euch, dass wir in einer Inkarnation unsterblich sein müssen. Wir brauchen uns nicht zu inkarnieren. Wir brauchen nur jetzt aufzuwachen.

Ihr fragt euch also: was ist das Problem? Das verstehe ich jetzt nicht. Wisst ihr, was das Problem ist? Dass ihr nicht erkannt habt, was euch zurückgehalten hat, worin eure Macht verdichtet ist. Sie ist in euren Hintergrundmotiven verdichtet. Dort liegt eure wahre Leidenschaft. Leidenschaft ist Macht. Wenn ihr etwas Neues anfangen wollt und es nicht im Einklang mit eurem Hintergrundmotiv steht, dann werdet ihr nicht die Leidenschaft aufbringen, es zur Erfüllung zu bringen. Es muss eure Leidenschaft sein. Wenn ihr für den heutigen Tag eine solche Leidenschaft habt wie für euer Hintergrundmotiv, dann werdet ihr für alle Zeit bewusst leben

— für alle Zeit. Ihr werdet für immer leben. Woher weiß ich das? Nun, weil ich das bin, weil dieses primäre Bewusstsein und diese Wesenheit hier (sekundäres Bewusstsein) in Übereinstimmung sein müssen. Diese Übereinstimmung ist der Heilige Geist und die Macht des Heiligen Geistes. Sie sind, was ihr seid. Sie werden ohnehin leben. Aber wie verhält es sich damit, warum brauchen wir das? Weil wir dieses Stadium der Erforschung noch nicht abgeschlossen haben. Und die Wahrheit ist, dass wir das hier (das primäre Bewusstsein) nicht voll und in reichem Maße sein können, ehe wir es nicht hier (im sekundären Bewusstsein) waren, solange bis das eine das andere spiegelt. Wenn ihr das vollbringt, dann habt ihr nur das (das primäre Bewusstsein).

Nun, wer sagt freilich, dass ihr es ja doch nicht wagen würdet und dass ein solches Machtwort nicht überstürzt werden sollte? Wer wird euch aufhalten, Gott und seine Engel? Ihr seid Gott und seine Engel. Wer wird auch aufhalten? Der einzige, der euch aufhalten kann, seid ihr selbst. Wisst ihr, warum ihr euch aufhalten werdet? Weil ihr nicht an das glaubt; ihr glaubt nur an dies (den physischen Körper). Das ist der Grund. Das ist der Grund.

Aber ich sage euch, ihr werdet diese Botschaft aufschreiben, weil dieser Tag wieder abgespielt werden wird und jemand euch an das erinnern muss, was ihr inmitten einer Lebensrückschau zu sagen habt. Was sagt ihr? Wann erwacht ihr in diesem Traum? Und wann gebietet ihr dem Traum? Was wird geschehen, wenn ihr zu euch selbst sagt — während der Lichtrückschau dreht ihr euch um, ihr seht euch selbst an und ihr sagt — ich weiß, dass du mich jetzt beobachtest. Ich weiß, dass du mich beobachtest. Du, der du weitergegangen bist, ich gebe dir jetzt eine Botschaft, denn du wirst mich wiedersehen. Ich bin du. Ich bin so, wie ich im Körper aussehe. Du siehst mich außerhalb dieses Körpers. Lass mich dir sagen, was du nach meinem Wunsch tun sollst: Erinnere dich an mich. Wenn ich begraben bin, dann ist mit mir die Weisheit, die du erlernt hast, begraben. Du wirst dir kein genetisches Kind nehmen, das ganz offen ist. Erinnere dich an mich. Kehre zurück und komm zu mir und bringe dieses Wissen mit, damit ich wieder zum Leben erweckt werde; ich gebiete dir heute, mich wieder zum Leben zu erwecken. Was glaubt ihr, wird geschehen? Bewusstsein und Energie erschaffen die Natur der Realität.

Was ist Einweihung? Was ist Wiederauferstehung? Was ist die Wiederauferstehung der Toten und die Wiedergeburt? Wozu dient diese Einweihung? Sie soll auch darauf vorbereiten, wie ihr handeln müsst. Was ist *Das Ägyptische Totenbuch*? *Das Ägyptische Totenbuch* soll den Herrscher lehren, was er tun soll, sobald er seinen Körper verlassen hat, was er sagen soll, wohin er gehen soll, mit wem er sprechen soll, wen er sehen soll, was er tun soll. Er ist davon bezaubert. Warum sagen die Priester vierundzwanzig Stunden am Tag Gebete auf und rezitieren diese Passagen, rezitieren sie immer und immer wieder? Weil die Priester sich in der Lichtrückschau dieses Herrschers befinden. Diese Priester beten für den Herrscher und der Herrscher in seiner Lichtrückschau hört die Priester vom Jenseits aus. Versteht ihr nicht? Warum ist es notwendig, für die Seelen der Verstorbenen zu beten? Nun, betet nur, wenn ihr ihnen etwas zu sagen habt.

Was geschieht, wenn die Herrschaft in den Händen eines versierten Vermittlers, Aleph, liegt, der eine Hand im Himmel und einen Fuß auf der Erde hat? Der höchste Vermittler ist derjenige, der nach dem Himmel und nach der Erde greifen kann. Das ist ein Meister. Was geschieht, wenn ein Meistervermittler genau weiß, wo er euch im Jenseits erreichen und finden kann und was er euch sagen will? Dann wird das Chanten gesehen werden und er wird weiter und immer weiter chanten und auf Nut den ganzen Weg hinüberreiten, bis zum Wiegen des Herzens, dem Wiegen der Seele.[6] Immer und immer wieder muss das Gewicht einer Feder entsprechen — immer und immer wieder. Wie viel wird der Herrscher zu sehen bekommen, das nicht einer Feder gleicht? Eine ganze Menge. Was aber sieht er immer wieder, wenn er die Waagschale betrachtet? Eine Feder. Wie wird sie abgewogen werden? Gegen eine Feder. Wer wiegt ihn? Er sich selbst.[7]

ABB. 5: DIE ÄGYPTISCHE GÖTTIN NUT

[6] Die ägyptische Göttin Nut. Sie wird als Frau dargestellt, deren Körper sich über den Himmel wölbt, und sie trägt ein mit Sternen verziertes Kleid. Nut war die Himmelsgöttin, deren Körper ein Gewölbe oder einen Baldachin über die Erde legte. Nut war die Schwester/Gemahlin von Geb, dem Gott der Erde. Sie war auch die Mutter von Isis, Osiris, Nepthys und Seth. Die alten Ägypter glaubten, dass Nut am Ende des Tages den Sonnengott Ra verschlingt und ihn am nächsten Morgen wieder gebärt. Im Lichte von Ramthas Lehren steht die Göttin Nut für den Zwischenort, an dem die Seele ruht und ihr Leben nach dem Tod wiederbetrachtet.
[7] Siehe *Papyrus Ani,* allgemein als *Das Ägyptische Totenbuch* bezeichnet, wonach das Herz eines Menschen, während nach seinem Tod Gericht gehalten wird, gegen eine Feder aufgewogen wird.

161

Leuchtet das einigen von euch ein? Das alles geschieht gleichzeitig, im gleichen Augenblick. Wer also wird für euch die Gesänge anstimmen, wenn ihr hinübergeht? Wer hat sie angestimmt? Wer ist der größte Vermittler in diesem sensiblen Augenblick? Ihr seid es. Was werdet ihr sagen? „Kehr hierher zurück und sei erleuchtet. Um Gottes willen, grab mich aus und lass uns damit weitermachen."

Und ihr sagt: „Ich will diesen Körper nicht länger. Er schmerzt zu sehr. Ich bin so froh, von diesem beschwerlichen Gefängnis frei zu sein." Und ihr werdet hinzufügen: „Ich weiß, was du hier oben denkst," — das sagt ihr zu euch selbst im Licht — „ich weiß, was du denkst und wie gut es sich anfühlt mich nicht zu haben. Du fühlst dich so großartig, weil du mich nicht mehr hast, weil ich keine Kopfschmerzen habe und keine Rückenschmerzen und weil ich nicht dies und nicht das bin, nicht schwer bin und gerne esse. Und du denkst, dass du ohne mich besser dran wärst. Hör mir zu. Wir werden zusammen besser dran sein, wenn du für mich zurückkehrst und mich so gestaltest, wie du mich haben willst. Gestalte mich nach dem Bild Gottes. Wenn du das tust, dann brauchst du nie mehr zu sterben und du brauchst nie mehr wiedergeboren zu werden." Wendet euch zu eurem Nachbarn und erklärt ihm das.

Eines Tages, wenn ihr die Gelegenheit habt — eines schönen Morgens oder eines herrlichen Abends — euch zu einer Versammlung von Meistern dazuzusetzen, dann habt ihr euch das Recht verdient, dort zu sein, weil ihr euch für eine gewisse Zeit so weit verändert habt, dass ihr buchstäblich so denkt wie sie. Und die heutige Lehre ist so, wie sie denken.

FÜR EINEN MEISTER GIBT ES WEDER GEBURT NOCH TOD, ES GIBT NUR SCHÖPFUNG

Wisst ihr, für einen Meister gibt es weder Geburt noch Tod. Die gibt es einfach nicht. Sie sind Illusion. Es gibt nur die beständige Fähigkeit des Meisters, Zustände von Wirklichkeit zu erträumen. Um einen bedeutsamen Dialog mit einem Meister zu führen, müsstet ihr ihn auf einer solchen Ebene des Denkens führen wie dieser hier, denn wenn ihr anders wärt, wenn ihr wieder engstirnig würdet und in das egoistisch Menschliche zurückkehren würdet, dann wäre das keine attraktive Unterhaltung für einen Meister. Ein Meister fühlt sich nicht zu Seifenblasen hingezogen, er fühlt sich nicht zu Seifenopern hingezogen und er fühlt sich nicht zu wankelmütigen Menschen hingezogen.

Aber wie wäre es dann möglich? Ist es möglich? Wenn das hier heute beispielsweise eine Lichtrückschau wäre und ihr wärt mitten drin und erhieltet eine machtvolle Orientierungshilfe — und sie wäre bedeutsam für euch und ihr würdet glauben, dass so etwas tatsächlich geschehen kann — dann habt ihr euch selbst einen Quantensprung in eurer Evolution gestattet, weil ihr in der Tat das arrangiert habt, was war und was sein wird und weil ihr euch Anweisungen und Anleitungen für genau das gegeben habt, was ihr wollt. Eben diese Dinge sollte man vollbringen können.

Wie viele Menschen gehen in jedem Augenblick ins Licht ohne das zu wissen? Wie viele Menschen können sich nicht vorstellen, dass sie schon tot sind und gerade Rückschau auf ihr Leben halten? Wie viele Menschen können es sich vorstellen, wisst ihr das? Nicht sehr viele, nicht wahr? Eine solche Unterhaltung führt ihr nicht in euren Salons oder auf dem Fleischmarkt. Das ist kein Gesprächsthema. Es ist ein seltenes Gesprächsthema, nicht wahr? Und doch sollte man alles so tun, als täte man es im Licht aller Ewigkeit. Nun, ihr könnt mir also nicht beweisen, dass ihr nicht tot seid — das könnt ihr nicht — denn dann müsstet ihr die Tatsache beweisen, dass ihr lebt und wie wollt ihr das anstellen?

Nun, wie würdet ihr dann mit den Adlern zusammenkommen? Wie würdet ihr mit den Meistern zusammenkommen? Wie käme das zum Tragen? Nun, das ist der Teil, den wir morgen vertiefen werden. Heute Abend werden wir ihn einleiten.

Erinnert ihr euch an euer Anfängerseminar — das ein so ungeheuer wichtiger Einstieg in diese Schule ist, weil ihr ohne dieses Wissen verloren seid — erinnert ihr euch, dass wir mit diesem kleinen Punkt Null begonnen haben, der das Kind der Leere ist, materiell ein unermessliches Nichts, das alle Dinge potenziell enthält? Wie viele von euch erinnern sich an diese Lehre?[8] Exzellent, nicht wahr? Ihr wisst gar nicht wie exzellent sie ist, bis ihr schließlich wieder lebendig seid und dies hier eure primäre Wirklichkeit ist. Ich sage euch, einfacher geht es nicht. Hier ist es. Und die einzige Art damit etwas zu bewirken, besteht darin, die Bühne für etwas zu schaffen. Daran wird mit Sicherheit keine Interaktion mit der Leere beteiligt sein, weil die Leere keine Parameter hat, mit deren Hilfe sich die Grundlagen einer Bühne in der Zeit schaffen ließen. Zeit ist wichtig, weil sie der Energie erlaubt, in einer Idee zu verdichteter Kraft zu werden.

Ist es nicht interessant, dass ihr nach innen gehen und kontemplieren musstet, um euch auszudehnen? Das ist das größte Gesetz, welches alles

---

[8] Siehe *A Beginner's Guide to Creating Reality,* überarbeitete und erweiterte Ausgabe (Yelm: JZK Publishing, ein Unternehmensbereich von JZK, Inc., 2000).Deutscher Titel: *Das Erschaffen von Realität. Ein Leitfaden für Anfänger* (Horamus Publishing, Inc.,1997)

Leben auf allen Ebenen aller Spektren, auf allen Planeten, in allen Vergangenheiten, in allen Zeiten der Zukunft in Gang gesetzt hat. Es war dieses einfache Konzept hier. Nun, seht es euch an. Erinnert ihr euch, dass ich euch bat, euch das anzusehen?[9] Zeigt mir die Zeit. Zeigt sie mir.

ABB. 6: DARSTELLUNG DER ERSCHAFFUNG VON ZEIT MIT HILFE DER HÄNDE

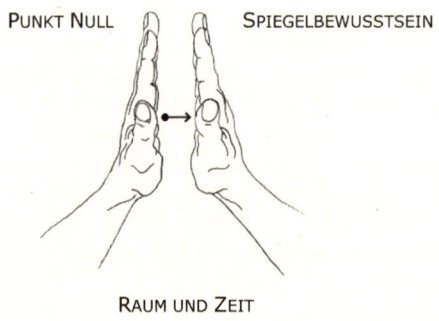

ABB. 7: DIE PENDELBEWEGUNG DES SPIEGELBEWUSSTSEINS

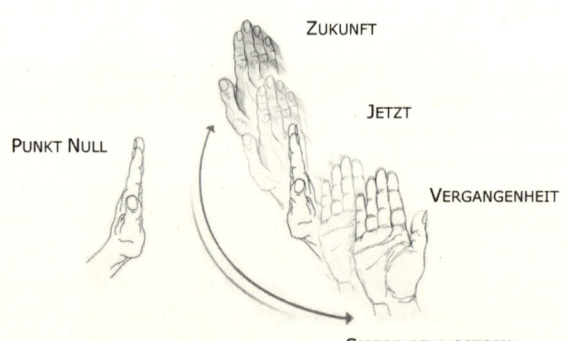

Nun, aus welchem Grund hatten wir diese beiden hier, mit einer Atmosphäre dazwischen — einer sehr feinen Atmosphäre — wie die Erdatmosphäre? Zwischen Erde und Sonne befindet sich eine Atmosphäre, die beide teilen. Nun, zwischen dem primären Bewusstsein und dem sekundären Be-

---

[9] Siehe Abb. 6.

wusstsein gibt es eine Atmosphäre, die genau der Atmosphäre, wie ihr sie hier habt, entspricht.

Nun, das ist sehr wichtig und ich möchte, dass ihr es euch merkt: Woher weiß ich, dass ihr Gott seid und woher wisst ihr es mit Sicherheit? Weil ihr euch genau hier getrennt (siehe Abb. 6) und angefangen habt, zur Atmosphäre des Lebens beizutragen. Nun, ich will damit sagen, dass sich die Energie von eurer Seite (dem primären Bewusstsein) zu dem strahlenden Spiegel, der ihr ebenfalls seid, hinbewegt; diese Energie bewegt sich zwischen eurer Seite und dem Mind hin und her. Was die Energie anbelangt, die zwischen dem primären und dem sekundären Bewusstsein ausgetauscht wird, wie ich es euch bereits genau erklärte, die Energiewelle — wir können die Welle anhand der verfügbaren Zeit bestimmen — so können wir anhand der Anatomie der Frequenz selbst bestimmen, welche Frequenz auf welcher Ebene existiert, wie lang oder wie kurz sie ist. Wir können gut erkennen, woher die Energie kommt.

Die Superquarks beispielsweise — flüchtige Tachyonen, die nur für kurze Augenblicke der Zeit erscheinen, die so minimal sind, dass man es hier gar nicht festhalten kann — müssen gleichsam aus einer außergewöhnlichen Atmosphäre stammen. Und was ist eine außergewöhnliche Atmosphäre? Merkt euch, Atmosphäre ist das, was zwischen zwei Bewusstseinspunkten existiert, und die einzigen zwei Bewusstseinspunkte, die es gibt, sind das primäre und das sekundäre Bewusstsein. Ein Tachyon ist also ein Ausbruch in einem kurzen Augenblick in der Zeit, es kommt aber aus einer anderen Zeit, einer anderen Atmosphäre, weshalb es hier unten flüchtig ist. Es ist in dieser Atmosphäre flüchtig, weil es hier fremd ist; es gehört woanders hin. Ich lehrte euch auch, dass das hier, auch wenn es nur eine lineare Zeichnung ist, ein Falten und Entfalten darstellt. Es ist ein Falten und Entfalten, das von der Leere ausgeht, vom primären Bewusstsein hin zum sekundären Bewusstsein. Und was geschieht? Es ist Träger einer Absicht, eines Bewusstseins, einer Idee — versteht ihr? — wenn es also kollabiert, verfügt es über die Intelligenz, zu etwas zu werden. Schlaft jetzt nicht ein! Zu etwas zu werden? Moment mal. Ich dachte, diese Energie kommt aus mir. Das tut sie. Ich dachte, sie würde in den Mind Gottes zurückprallen. Das tut sie, aber wenn sie sich zwischen Gott und euch hin- und herbewegt und ihr beide einig seid, dann gebt ihr der Sache Leben. Wie viele von euch verstehen das? Wirklich?

Am Anfang war also die Atmosphäre zwischen dem primären und dem sekundären Bewusstsein, das Kind des primären und des sekundären Bewusstseins in Form einer Atmosphäre. Und woraus bestand diese Atmosphäre? Sie bestand aus Energie und Teilchenpotenzialen. Wer formt die Idee, die auf der Energie reitet? Wer ist dafür zuständig, der Energie eine Vorstellung zu vermitteln, durch welche sie kollabiert und ein Konzept

165

formt? Wer macht das? Glaubt ihr, das geschieht einfach? Glaubt ihr, es gäbe im Himmel irgendeinen großen Topf, aus dem dieses Zeug herunterregnet, ohne dass ihr dafür verantwortlich seid, weil jemand anderer verantwortlich ist? Glaubt ihr, es liegt an der Sonne, dass das geschieht? Ihr seid es. Ihr seid es immer gewesen.

Was will ich euch also sagen? Wer schuf diese Erde? Wer schuf diesen Baum da draußen, wer schuf die Insekten, wer schuf die Fische, wer schuf die Würmer und wer schuf die Bakterien? Wer hat das alles gemacht? Woher kam all dieser Überfluss des natürlichen, mit Intelligenz begabten Lebens — bei Gott, sogar die Steine haben Intelligenz — woher kam die Intelligenz? Es gibt nur zwei Orte, von denen sie stammen kann. Genau hier zwischen diesen beiden (primäres und sekundäres Bewusstsein). Du meinst, ein Fels hat Intelligenz? Ja. Woher hat er seine Intelligenz? Er erhielt seine Intelligenz durch eine primitive Form von Polarisierung. Woher kam diese Polarisierung? Von zwei Bewusstseinspunkten. Welche zwei Bewusstseinspunkte waren das? Das primäre und das sekundäre Bewusstsein. Was in aller Welt haben die beiden gemacht? Sie erschufen. Und was erschufen sie? Gedanken. Wo sind die Gedanken? Sie sind in dem Felsen. Nun, alles Leben sind und waren wir.

Ich erzählte die folgende wunderbare Geschichte immer in der Zeit unserer Dialogtage — das klingt sehr nach etwas aus alter Zeit, nicht wahr — eine wunderbare Geschichte darüber, wie es zuging, dass wir Blumen erschufen, wie wir Tiere erschufen, wie wir Insekten erschufen und wie deren symbiotische Beziehung nur eine symbiotische Beziehung widerspiegelte, die wir als mächtige göttliche Schöpfer teilten und wie das Leben nur so aus uns heraussprudelte, weil jeder Gedanke, den wir hatten, selbsttätig war. Wir dachten nicht darüber nach, wie man einen Felsen macht, der Fels kam einfach aus unserem Kopf. Er kam von dieser Seite und war das Ergebnis unserer Bewegung. Er war das Ergebnis davon.[10] Als wir uns trennten, begannen wir die Dinge zu verdichten. Nun, was sind das für kleine Dinger? Was sind das für kleine Geschöpfe? Nun, es sind genau die intelligenten Gedanken, die aus der Göttlichkeit geboren wurden, als wir analog wurden.

Wohin glaubt ihr gehen analoge Gedanken? Glaubt ihr, wir haben einfach eine Kopulation von primärem und sekundären Bewusstsein und das war es dann; beide fühlen sich großartig, wir trennen uns und bleiben Freunde für immer? Nun, was geschieht mit dieser analogen Vereinigung? Welche Reaktion entsteht aus der analogen Vereinigung? Eine Atmosphäre. Was ist die Atmosphäre? Nun, die Atmosphäre ist eine Verdichtung der analogen Vereinigung.

---

[10] Siehe Abb. 7.

Als wir hier waren, schufen wir eine Existenzebene. Wer erschuf sie? Wir. Wie haben wir das gemacht? Dadurch.[11] Und jedes Mal wenn wir es taten, geschah Folgendes: Die Atmosphäre wurde kompakter, die Dinge begannen sich zu verdichten, Gedanken und Ideen begannen Form anzunehmen. Was war eine Form? Wir hatten nie zuvor eine Form gesehen. Wir wussten nicht was Form ist. Sie war die Reaktion auf eine Absicht, die für uns natürlich war. Das Phänomen, das in Erscheinung trat, wurde zur Wirklichkeit. Wir wussten es nicht. Keiner hatte es uns gesagt. Es war die Auswirkung der Zeit auf die Energie, es entsprach genau dem Fluss der Gedanken und Ideen in der Zeit. Sie sprudelten einfach aus einem analogen Quell hervor und der waren wir.

Was ich euch zu sagen versuche, ist Folgendes: Ich versuche euch zu sagen, dass wir, als wir auf dieser Leiter nach unten stiegen, ausgedehnte Kontinente mit wunderbaren, unberührten Gegenden hinterließen. Stellt euch einmal vor wie unberührt sie sein müssen, denn es waren die Zeitalter der Unschuld — es waren die Zeitalter der Unschuld — der wahren und reinen Göttlichkeit. Diese Ebenen müssen unbeschreiblich sein und sie sind es auch. Woher kam nun dieser Ort? Aus dem Unbeschreiblichen. Jedes Mal wenn wir auf die Energie einwirkten, jedes Mal wenn wir uns im primären Lauf der Involution trennten, fingen wir an, alle Ebenen durch unsere Ideen zu beeinflussen. Sie wurden befruchtet.

Woher kam also die Erde? Woher kamen all die Planeten? Woher kamen die schwarzen Löcher und die weißen Löcher, diese Quantentunnels, in denen sich potenzielle Materie und Gase entfalten und falten? Sie kamen aus dem analogen Geist und der Intelligenz von euch allen, die ihr hier im Raum seid und von all denen, die nicht hier im Raum sind, von all denen, die sichtbar oder unsichtbar sind, von all denen, die in anderen Dimensionen, auf anderen Planeten, in anderen Galaxien, in anderen Formen und Stratosphären leben. Sie stammen von uns allen.

Sollen wir also davon ausgehen, dass wir im Abstieg, in einem Absturz, begriffen sind? Sollen wir, weil wir so viele sind, uns als Funken oder als loderndes Feuer betrachten? Wir sind ein loderndes Feuer. Haltet euch nie für einen Funken; das ist einfach nicht gut genug. Ich würde mich nie für einen Funken halten; ich bin ein loderndes Feuer. Und das seid ihr auch. Woher weiß ich das? Weil ihr nur die Umgebung bewohnen könnt, der ihr analoge Intelligenz verliehen habt. Ihr könnt keine Umgebung bewohnen, zu ihr nicht beigetragen habt. Was habe ich gerade gesagt? Ihr seid immer dort, wo ihr steht und sein sollt.

Nun, es ist euch noch nicht klargeworden — aber ich habe den starken Wunsch hier etwas in euch aufzusprengen, denn es sollte auch Eindruck

---

[11] Ebenda

hinterlassen — dass ihr euch allein aus dem Grund in dieser Erdinkarnation befindet, weil die Erde der einzige Ort ist, zu dem ihr beigetragen habt. Habt ihr das verstanden? Wo solltet ihr von der Ebene der Glückseligkeit aus also anders hingehen? Glaubt ihr, ihr werdet zur Venus gehen? Glaubt ihr, ihr werdet ins dreiundzwanzigste Universum gehen? Nun, meine große Schule dort bringt bemerkenswerte Wesenheiten hervor; sie waren mit euch vor langer Zeit auf dem Marsch. Wie kommt es, dass sie dort und nicht hier sind? Weil sie die Geschichte glaubten, die ich ihnen hinterlassen hatte. Sie glaubten die Geschichte, die ich ihnen hinterlassen hatte, in den einhundertzwanzig Tagen des Zusammenseins. Nun, was war das für eine Geschichte? Ich erzählte euch wohin ich ging, an einen unvorstellbaren, überwältigend schönen Ort. Diejenigen, die verstehen konnten, verstanden. Und sie trugen zu diesem Ort bei, denn dort lag ihr Sehnen, ihre wahre Leidenschaft. Nun, wisst ihr wo eure Leidenschaft liegt? Wisst ihr also, warum ihr hier seid? Weil dies der einzige Ort ist, zu dem ihr beigetragen habt.

Jene Menschen gingen fort, weil sie den leidenschaftlichen Traum träumten, mir zu folgen, also gingen sie dorthin. Und doch waren sie einmal Geschöpfe dieser Welt und sie sind (jetzt) anderswo. Auch sie hatten Lebensrückschauen. Sie wissen bereits was ich euch gerade lehrte, und es dauerte nicht allzu lange bis wahre Meister hervortraten, unter denen auch Frauen waren. Sie haben es begriffen. Sie haben es verstanden. Sie haben es erkannt. Es war in ihrer Reichweite. Und sie lassen es niemals mehr los. Sie rangen mit Gott, bis sie ihn bezwangen. Versteht ihr? Nun, sie sind Krieger und es ist für sie in Ordnung so. Sie waren eine Armee auf dem Marsch. Sie verstanden etwas von Belagerung und gaben nicht auf, also begriffen sie das Konzept und eroberten es sich.

Wenn ihr also nur dorthin gelangt, wo ihr hingehört, dann seht euch euer Leben einmal an. Nehmt euch einfach einen Augenblick Zeit und seht es euch an. Ihr könnt nicht länger die Opfer von irgendetwas oder irgendjemandem in eurem Umfeld sein. Ihr verdient genau die, die ihr bekommen habt. Ihr verdient sie. Ihr verdient genau das, was ihr in eurem Leben habt. Ihr verdient nicht mehr und nicht weniger. Ihr habt genau das, dessen ihr wert seid. Dazu habt ihr beigetragen. Was die Gelegenheiten in eurem Leben anbelangt, ihr bekommt nur diese Gelegenheiten, weil ihr nur zu diesen beigetragen habt. Und vielleicht bekommt ihr nicht einmal die, weil ihr sie irgendwie nicht ins Leben hineingeglaubt habt, weil ihr hier zu sehr mit physischen Angelegenheiten beschäftigt wart. Versteht ihr? Ihr könnt nie dorthin gehen, wo ihr nicht hingehört. Das wird nie geschehen. Das verstieße gegen das Gesetz, wonach das primäre und das sekundäre Bewusstsein die Natur der Realität erschaffen.

Also habt ihr die Umwelt, in der ihr euch befindet, ganz erschaffen. Wie ist das mit einem niedrigen Wurm? Nun, wie glaubt ihr kam der Wurm

168

zu seiner Intelligenz? Intelligenz zeugt von einer Seele. Hat ein Wurm eine Seele? Ja. Wie kam er zu einer Seele? Dadurch dass ihr zum Wurm wurdet. Dadurch dass ihr zum Wurm wurdet. Wie kommt ein Wurm zu seiner Intelligenz? Er ist ein bemerkenswertes Geschöpf, das aus dem Instinkt heraus funktioniert — aber was haben wir über Instinkt gelernt? — und dieser Instinkt war Sensibilität, eine Sensibilität, die sich zu einem instinktiven genetischen Gedächtnis auswuchs, welches wiederum ein empfindendes Wesen hervorbrachte. Dieses empfindende Wesen verfügt über Intelligenz, und wo es Zeichen von Intelligenz gibt, gibt es eine bemerkenswerte Seele, die in dieser Intelligenz eingefangen ist. In kleiner und unbedeutender Form, ja, aber es ist nichtsdestotrotz Intelligenz. Woher bekam der Wurm Intelligenz, wenn es nur dies und das hier gab (primäres und sekundäres Bewusstsein)? Wo kam die Intelligenz her? Von euch. Wie bekam der Wurm Leben? Durch damit verbundene schöpferische Ideen — Ideen, Menschen. Alles was ihr tun musstet, war, die Idee zu haben. Musstet ihr den Motor der genetischen Evolution anwerfen? Nein, alles was ihr tun musstet, war, die Idee zu haben. Seht ihr, so funktioniert das auch auf der Ebene der Glückseligkeit, diesem bemerkenswerten, von der physischen Ebene losgelösten Ort. Alles erscheint sofort so wie ihr es wünscht.

Und, könnt ihr sagen, dass es wirklich ist? Nun, was nennt ihr wirklich? Welcher Faktor bestimmt Wirklichkeit? Ob ich etwas berühren, riechen oder fühlen kann? Genau. Ihr wollt, dass es wirklich ist, nicht wahr? Nun, springt in den See, den See der Ruhe und seht nach, ob es darin Fische gibt und es wird Fische geben. Seht, ob ihr nass werdet und ihr werdet nass werden. Seht, ob ihr das Wasser trinken könnt und ihr werdet es trinken können. Seht, ob ihr aus dem Wasser steigen und euch auf dem Gras im strahlenden Sonnenschein aufwärmen könnt. Werdet ihr die Wärme spüren? Ja, ihr werdet die Wärme spüren. Ist es dann also wirklich? Ist dies hier wirklich? Wo seid ihr? Beginnt ihr jetzt nicht, euch das zu fragen? Wo zum Teufel bin ich? Was tue ich hier? Wer bin ich? Ich weiß es überhaupt nicht mehr. Aber genau so sollt ihr denken. So entsteht ein großartiger Eingeweihter. Ich weiß überhaupt nicht mehr, wo ich bin. Ich weiß nicht was wirklich ist, also werde ich jetzt in meinem Handeln alle Dinge ernst nehmen.

Das also ist die Wahrheit. Die Wahrheit ist, dass die Umgebung, in der ihr lebt, diejenige ist, zu der ihr beigetragen habt. Also ist die gesamte euch umgebende Natur eine Widerspiegelung eurer selbst, weil ihr dieser Natur irgendwann einen Besuch abgestattet habt. Wie viele von euch verstehen das? Genau. Genau. Nun, ist das nicht wunderbar? Es ist, als würde von unserer Seite Leben hervorströmen. Aus unserem Mind strömen Ideen hervor, mit denen wir nicht einmal etwas anfangen müssen. Sie sind die Gesetzgeber der atomaren Welt. Woher bekommt also die atomare Welt ihre Intelligenz? Von uns, die wir sie als Atmosphäre erschaffen haben. Ich sage euch — ich sage euch gerade — dass es so ist und das gilt einheitlich für unseren ganzen Weg zurück nach oben bis zum Punkt Null.

Nun, ich möchte, dass ihr über das Folgende nachdenkt: Wenn ihr das bekommt, was ihr auf Grund eures Denkens verdient und ihr dann bei der Lebensrückschau aus der Erinnerung zu euch selbst sprecht, dürft ihr nicht vergessen etwas Bestimmtes zu sagen, und zwar: „Meine Leidenschaft, lass meine Leidenschaft eine Leidenschaft für das Unbekannte sein. Ich möchte dem Abgrund angehören, ich möchte den Potenzialen angehören. Ich möchte in einer Umgebung leben, in der sich Ideen um mich herum zu manifestieren beginnen so wie Regentropfen. Ich will das, weil die Umgebung, aus der ich komme bereits verfestigt und verdichtet ist. Ich will eine neue Umgebung."

Nun, um zu erreichen, dass ihr mit Meistern zu Tisch sitzt, müsst ihr denken wie sie. Nun, wenn wir über ein so erhabenes Konzept sprechen und dann überlegen, ob es so ist oder nicht, wie wollt ihr euch selbst überzeugen? Das wird euch nie gelingen. Aber diesen Tag werdet ihr noch einmal sehen; dessen sind wir sicher. Was ich euch mit Nachdruck vermitteln will, ist, dass vielleicht dann, wenn ihr in der Kontemplation über diese Dinge nachsinnt, etwas Wunderbares seinen Anfang nimmt, meine Lieben. Hört mir zu.

Kehren wir zurück zum Anfängerseminar mit diesen beiden (primäres und sekundäres Bewusstsein). In der Kontemplation machen wir das (siehe Abb. 6), nicht wahr? Nun, betrachten wir das einmal aus der Sichtweise eines Anfängers. Ihr seid hier unten auf der ersten Ebene, nicht wahr, ihr lebt in einem fleischlichen Körper mit einer Hertzfrequenz, hier unten, nicht wahr? Genau hier (erste Ebene). Unsere heutigen Gedanken sind einem großen Mind vorbehalten, einem, der normalerweise ungefähr dort (fünfte Ebene) und dort (sechste Ebene) existiert. Was besagt das? Es bedeutet, dass ihr sicherlich keine Unterhaltung führen würdet, die auf diesen Siegeln basiert (den ersten drei Siegeln); ihr führt die Unterhaltung vielleicht im vierten Siegel. Aber es ist mehr als wahrscheinlich, dass diese Art von Unterhaltung in diesem Siegel dort (dem fünften Siegel) und diesem dort hinten (dem sechsten Siegel) stattfindet. Und wenn ihr kontempliert, warum es dieses oder jenes [Siegel] ist, dann wird es für euch offensichtlich.

Ich möchte, dass ihr Folgendes versteht: Wenn ihr es genau dort tut, dann beginnen wir tatsächlich auf der fünften Ebene zu denken, nicht wahr? Wenn wir so denken wie heute, dann dauert es entsprechend nur so lange, um analog zu werden — habt ihr verstanden? — anstatt zu versuchen, das Pendel genau an dieser Stelle anzuhalten (im Jetzt). Ich meine hier herrscht ein Durcheinander. Ihr seid genau dort oben (sechste Ebene); ihr seid genau dort (fünfte Ebene), so nahe dran. Nun, was bringt euch das? Es bringt euch

170

geradewegs wieder hinein in eine sehr feine Atmosphäre. Im primären/sekundären Bewusstsein kümmern wir uns nicht um den Körper, weil hier nicht der Körper spricht. Gott-Geist-Seele sprechen und wir befinden uns genau dort (auf der fünften Ebene). Wenn wir dort sind, werden wir in eine sehr feine Atmosphäre gehoben. Wie viele von euch haben heute diese Atmosphäre hier im Raum gespürt? War es nicht so, dass ihr anfingt zu wissen? Wie viele von euch waren plötzlich nahe daran zu erfassen, was ich sagte? Hebt die Hand. Nun, das ist die Atmosphäre und in diese gelangen wir genau dort (im fünften Siegel). Dort kommt es zu einer sehr hohen Aufladung.

Nun, wenn ihr lernt, eine Weile in jener Atmosphäre zu bleiben, dann werdet ihr unausweichlich das tun (Ausrichtung auf Punkt Null). Und wenn ihr das tut, werdet ihr euch in eine völlig veränderte Realität begeben. Es wird nichts Ungewöhnliches sein, wenn ihr mitten im Gespräch plötzlich einen Tunnel betretet. Ihr werdet ihn sehen und euch umschauen, werdet aber nicht in der Lage sein, aus eurer peripheren Sicht zu sehen; es wird dunstig werden. Und ihr werdet geradewegs in den Nebel schauen und sagen: „Mit meinen Augen stimmt etwas nicht." Nein, ihr seid am Gehen. Ihr bewegt euch in eine sehr feine Wirklichkeit hinein.

Nun, ihr könnt in diese Wirklichkeit hier zurückkehren, indem ihr euch die Augen reibt und darauf besteht wieder hier zu sein (auf der ersten Ebene) und es wird sich aufklaren. „Puh, ich bin froh, dass das vorbei ist. Ich dachte für einen Augenblick, dass etwas mit mir nicht stimmt." Ihr solltet dort verweilen wollen, weil ihr dann beginnen werdet, Blitze von blauem und wunderbar goldfarbigem Licht aufleuchten zu sehen. Wenn ihr sie seht, dann seid ihr in einer sehr feinen Atmosphäre. Ihr seid auf der fünften Ebene. Ihr seid an einem Ort, an dem die eurem Mind entströmende Atmosphäre sich zu manifestieren beginnt. Das Anormale wird anfangen als normal zu erscheinen. Das ist der Augenblick, in dem der Meister aus dem Nebel hervortreten wird, denn er befindet sich bereits dort. Wie viele von euch verstehen das?

Nun, an jenem Bewusstseinsort tun wir auch das Große Werk — dort tun wir wirklich das Große Werk — und befruchten das Leben mit jener Atmosphäre. Wir müssen in jener Atmosphäre, in jener Energie leben, dann strömen rings um uns die Ideen einfach nur so aus uns heraus. Alles was wir tun müssen, ist, in der Atmosphäre zu sein, darin zu verweilen, dann werden die Manifestationen wie Schweißtropfen von uns abperlen. Doch mit jedem Schweißtropfen geschieht eine Verwirklichung. Da ist diese kostbare, wässrige Substanz aus verdichtetem Gedanken, ein Abenteuer, etwas Wunderbares und Großartiges. So gelangen wir in eine neue Sphäre. Die Leute fragen: nun, wie stelle ich das an? Wie wendet man das an? Kehrt einfach zu dem Prinzip zurück: Bewusstsein und Energie erschaffen die Natur der Realität.

Wenn ihr die Frage stellen könnt, wenn ihr um größeres Wissen bitten könnt, dann verdient ihr in diesem Wissen zu leben.

Wenn ihr im Licht eine Ansicht vertreten könnt, die vom Status quo der weltlichen Existenz abweicht und der ganzen Inszenierung Einhalt gebietet, wenn ihr eine Neugestaltung verlangt und auf einer Neugestaltung besteht, dann wird mitten drin das Licht und alles andere verschwinden und das neue Leben wird auftauchen wie ein Traum; ihr werdet verändert sein, euch aber an den Traum erinnern. Und ihr werdet euch fragen: habe ich geträumt oder ist das hier der Traum? Wo bin ich? Wer bin ich? Welche Rolle spiele ich hier? Wie habe ich das hervorgebracht? Mit solcher Art von Mind beginnen wir unsere wahre Evolution.

Nun, das besagt auch, dass alles — alles Gegenständliche — auf das primäre Bewusstsein zurückzuführen ist. Alles hat eine Geschichte, die auf jenen bedeutsamen Augenblick zurückgeht, nicht wahr? Mit anderen Worten — hört mir zu — der Alchemist weiß vielleicht mehr als zunächst erkennbar ist. Vielleicht versucht der Alchemist wieder jenen Punkt dort zu erreichen (die siebte Ebene), um die Atmosphäre dort einzufangen. Und vielleicht ist der Stein der Weisen die in Form eingefangene Atmosphäre der siebten Ebene. Und wenn es so ist und dieser Stein in den elektromagnetischen Körper eingeführt wird, dann wird er diesen Körper in einen Seinszustand der siebten Ebene zurückkatapultieren und ihn für alle Zeit bewahren. Ist es nicht so, dass ihr selbst die Prima Materia sein solltet?

Ich möchte, dass ihr die Liste praktiziert — aber die Liste enthält das, was ihr heute eurem Gott geschrieben habt — immer und immer wieder. Und mit dieser Liste solltet ihr einschlafen. Wie viele von euch verstehen das? Mit anderen Worten, wir beginnen die Wirklichkeit hier (auf der ersten Ebene) zu verzerren. Wenn ihr euch hinlegt, werdet ihr irgendwann die Kontrolle aufgeben und einfach sagen müssen: „Vielleicht bin ich tot. Vielleicht ist es wirklich so. Was also muss ich tun? Was muss ich hier tun, um die Situation zu bereinigen?" Und wenn ihr es wirklich glaubt und so zu sprechen beginnt, wenn ihr unmittelbar zu euch selbst sprecht — denn so oder so, meine Lieben, werdet ihr diese Rede, die ihr heute Abend hier unter dem Bündnis eurer Capes (Twilight®) hört, im Licht wiederbesuchen; sie hat sich bereits ereignet und sie wird sich noch einmal ereignen — nun, was also wollt ihr sagen? Wenn ihr vollkommen die Kontrolle aufgebt, weil es sich vielleicht schon ereignet hat und ihr das vielleicht mit solcher Stärke, mit solcher Absicht, solchem Willen und solcher Kraft tut, werdet ihr vielleicht morgen Früh erwachen und neu geboren sein. So sei es.

UNSER HERZ, AUFGEWOGEN GEGEN EINE FEDER

Seid gegrüßt, meine wunderbaren Meister. Aus dem Herrn und Gott meines Seins grüße ich den Herrn und Gott eures Seins. Lasst uns trinken.

Oh, mein geliebter Gott,
segne mich an diesem schönen Tag.
Erwecke meine Seele
und mein Bewusstsein zum Hören.
Gott segne mein Leben
und all die Veränderungen,
die darin
liegen.
So sei es.

Nun, wie viele von euch hatten gestern Abend einen höchst bedeutsamen Dialog über das, was bereits gewesen ist und wieder kommen wird? Wie viele von euch spürten die Leidenschaft? So sei es. Wie viele von euch sehen darin etwas sinnhaft Gutes? So sei es.

Nun, alles was ihr tut — jeder Gedanke, den ihr denkt — sollte im Licht der gesamten Ewigkeit abgewogen werden. Jeder Gedanke, jedes Gefühl sollte gegen eine Feder aufgewogen werden. Warum? Weil die Seele genau hier in der Brust sitzt. Warum glaubt ihr, sitzt das Herz etwas links von eurem Brustbein? Dort befindet sich eine Höhlung mit einer sehr kraftvollen Drüse. Wie viele von euch kennen den Namen dieser Drüse? Dort ist der Sitz der Seele. Wie oft habt ihr etwas gedacht und dort eine Reaktion verspürt? Hebt die Hand. Ihr habt das erlebt?

Nun, es ist interessant zu versuchen diese Reaktion zu erklären, denn wenn ihr sie je analysiert habt, sobald das Gefühl dort auftritt, dann ist es das gleiche Gefühl bei Schuld, es ist das gleiche Gefühl bei Scham, es ist das gleiche Gefühl bei Angst, es ist das gleiche Gefühl bei Unsicherheit, es ist das gleiche Gefühl bei Zögerlichkeit. Denkt darüber nach. Erinnert euch, dass das Gefühl hier (in der Brust) gleich war, ob ihr nun Angst hattet, euch schuldig fühltet, euch schämtet oder euch schlecht fühltet. Es ist ein und dasselbe Gefühl. Wer also bestimmt den emotionalen Zustand dieses Gefühls hier drin? Ihr.

Wenn ihr euch gegen dies hier (die Seele) stellt, indem ihr irgendetwas denkt, wenn ihr euch dagegen stellt, dann fühlt ihr in eurer Brust wirklich das, was ihr auf der Ebene der Glückseligkeit zusammengefügt habt. Auf der Ebene der Glückseligkeit betrachten wir — genau so wie ihr es gestern Abend getan habt und wir es gestern gelernt haben — ein Leben aus der Sicht des großen Selbst, aus der Sicht Gottes, des heiligen Geistes, der Seele und der Persönlichkeit. Wir betrachten es aus allen möglichen verschiedenen Perspektiven. Und in der Gesamtschau werden wir zu der Verletzung, die wir einem anderen zugefügt haben, weil wir plötzlich die Ungerechtigkeit spüren, mit der wir einen anderen behandelt haben. Wir spüren das. Wir spüren den Schmerz, den wir anderen zufügen. Wir spüren ihn zuerst als das Selbst, das sich in seinem Tun völlig gerechtfertigt fühlt, aber wir nehmen auch das Gefühl der Seele im Augenblick solchen Tuns wahr. Das Gehirn ringt mit der Seele oder dem Herz, wie man es zu bezeichnen pflegte und dann teilt man aus. Und wenn man austeilt, fühlt man sich im Recht. Das Selbst bekommt das also bei der Lichtrückschau zu sehen. Dann spürt der Gott die Reaktion darauf, weil wir Wirklichkeit erschaffen. Es ist unsere Aufgabe Wirklichkeit zu erschaffen. Was also war die Absicht und was hat uns diese Absicht vermittelt und der Fülle an Erfahrung hinzugefügt? Das bekommen wir zu spüren; wir spüren also plötzlich, was mit dem anderen geschah. Wir spüren was wir getan haben.

Nun, während dieser Rückschau zeichnet die Seele das auf und wir gehen aus der gesamten Lichtrückschau mit einer Ansammlung von Gefühlen, Ideen aus subtiler Energie und Absichten hervor und müssen diesen Sack halten und es uns ansehen. Was ihr anderen antut, das tut ihr euch selbst an. Wir sehen das und dann wird alles aufgezeichnet und wir gehen aus dieser Erfahrung mit einem Sack voll gemischter Güter hervor, weil wir auch sehen, was wir anderen antun.

Wir sehen unsere Gedanken. Wenn wir Freundlichkeit, Mitgefühl und Verständnis der rebellischen Natur des menschlichen Wesens, das fit fürs Überleben sein möchte, vorziehen — wisst ihr, wenn wir uns entscheiden alle Teile zu sein und wenn wir Freundlichkeit in uns hervorrufen, wenn wir in dem Maß wie unser Verständnis reicht, Verständnis in uns hervorrufen — dann können wir zu einem anderen Menschen sagen: „Ich verstehe deine Erfahrung nicht ganz, aber ich verstehe sie zum Teil und ich verstehe meinen Anteil daran. Ich verstehe, was ich dazu beigetragen habe. Nun, in der Klarheit meines Seins hätte ich es besser machen können, aber ich habe mich dagegen entschieden. Ich verstehe allerdings nicht das volle Ausmaß dessen, was du durchmachst, weil das etwas Intimes und Persönliches ist; es ist dein Weg und den hast du dir auf der Ebene der Glückseligkeit zusammengestellt. Lass mich meinen Anteil daran korrigieren, nicht deinetwegen sondern meinetwegen."

Wenn wir also Verständnis zeigen, können wir ehrlich sein und sagen: „Ich kann nicht wirklich sagen und zugeben, dass ich wüsste, was es bedeutet in deinen Schuhen zu stecken. Ich verfüge über Weisheit bezüglich

174

mancher Dinge, die ich an dir beobachtet und die ich mir zu Eigen gemacht habe, aber du musst sie dir selbst zu Eigen machen, um die Farben zu sehen, die ich sehe, ansonsten wird das für dich keinen Sinn ergeben." Das sind Gelegenheiten. Wenn wir das in unserem Leben tun, wenn wir unaufgefordert solche Akte der Freundlichkeit in uns hervorrufen — denn wir können etwas tun, was oberflächlich betrachtet unaufgefordert erscheint — dann müssen wir immer unser Hintergrundmotiv überprüfen, denn dieses wird letztlich abgewogen werden. Es ist das Hintergrundmotiv, das wir am Ende zu sehen bekommen und der Punkt, an dem wir am klarsten sein sollten. Jedes Mal also, wenn wir uns Mühe gegeben und geholfen haben und wenn wir freundlich waren ohne an Belohnung zu denken — ohne an etwas anderes zu denken als dass der Lohn in der Sache selbst liegt — jedes Mal, wenn wir geduldig waren, jedes Mal, wenn wir angesichts eines Gefühls von Schwäche stark waren, wird auch all das gesehen und abgewogen. Und so verlassen wir diese Erfahrung ein bisschen verletzt aber andererseits mit einem guten Gefühl, weil unser Leben in einem gewissem Maß erfüllt war, weil wir das Leben anderer verbessert haben, weil wir unser eigenes Leben verbessert haben.

Seht ihr, ihr müsst verstehen, dass alles zu seinem ursprünglichen Schöpfer zurückkehrt und die ursprünglichen Schöpfer eines jeden einzelnen eurer Leben seid ihr. Warum? Weil ihr die Befugnis zu freiem Willen und Absicht bekommen habt und die könnt ihr anwenden, wie es euch passend erscheint, ohne Wertung als gut oder schlecht.

Was ist das also für ein Schmerz, an dem wir leiden? Es ist der Schmerz, den wir anderen zufügen, der uns weh tut. Unser Leiden hat nichts mit anderen zu tun, es geht um unser eigenes Leiden. Und aus dieser Sicht wird alles abgewogen. In so vielen Leben hat die Güte ohne äußeren Anlass nicht die provozierte Absicht überwogen, zu zerstören, schlechtzumachen oder andere zu verletzen, um am Leben zu bleiben. So viele Leben werden unbillig gelebt, weil sie nur um des Überlebens willen gelebt werden, anstatt für die Gottheit selbst. Also wiegt das, was wir in jedem Leben tun schwerer an Fehlern als an Vollkommenheit und deshalb kommt ihr nach jedem Leben wieder zurück. Ihr geht an jenen Ort, erlebt eine Rückschau, kehrt zurück und baut wieder neu auf, so lange bis ihr eines Tages die Waagschale so stark in Bewegung gesetzt habt, dass das bemerkenswerte Gute die Fehler überwiegt. Dafür arbeiten wir — für unsere Verfeinerung. Warum? Wir könnten auch irgendwo anders hingehen, stimmt's? Ja? Nun, innerhalb der gesamten Leere und des gesamten himmlischen Königreichs könntet ihr irgendwo anders hingehen.

Aber nun kommt ein Punkt, den ihr verstehen müsst. Ihr könnt nur das tun, was ihr wisst. Ihr könnt nur an einen Ort gehen, den ihr kennt und an den ihr gebunden seid. Und alle sind an ihre Unvollkommenheit gebunden und daran, sie zu vervollkommnen. Und aus welchem Grund; um frei zu sein? Warum wollen wir Freiheit? Weil wir uns diese Ebene zu Eigen machen wollen und weil wir die habgierigen Einstellungen in den Griff bekommen wollen, die die Kultur mit sich zu bringen scheint. Wir wollen sie uns in einem Maß zu eigen machen, dass wir keine mehr davon in uns tragen, weil wir die Mission zu erfüllen haben, das Unbekannte bekannt zu machen. Mit anderen Worten, wir sind Erforscher in der Leere. Wir sind Reisende auf dem Weg ins Unendliche Unbekannte.

Von welcher Art von Gott würde ich euch lehren, wenn das einzige für euch erkennbare Ziel dieses Lebens darin bestünde, das Leben wie normale Leute gleichsam in einer weltlichen Situation zu leben, in der es keine Herausforderung, keine Widrigkeiten und kein Wachstum gibt, wo jeder Nachbar versucht sein Eigentum zu schützen? Welche Art von Gott würde euch ein solches Leben geben? Ich meine, ist das der höchste Gipfel der Errungenschaften eines Lebens? Nein, jeder hat das schon gelebt. Der höchste Gipfel liegt darin, die Widrigkeiten des Lebens, die uns verletzbar machen, in Angriff zu nehmen, damit in der Tat kurzen Prozess zu machen, weil wir nicht daran gebunden sein wollen. Wenn wir durch irgendein Vorurteil daran gebunden sind, dann fesselt uns das in dem Augenblick, in dem wir uns im Licht abwiegen.

Nun, das bemerkenswerte Geschenk — das einige von euch erkannt haben, das aber noch nicht alle erkannt haben — war die gestrige Lehre. Sie ist sehr tiefgreifend, weil sie euch nahelegt, dass ihr, wenn es wirklich so wäre — und es ist durchaus möglich, dass es so ist, denn welche Beweise habt ihr dafür, dass es nicht so ist? — in diesem Augenblick wisst, dass ihr euch selbst betrachtet und wenn es nicht in diesem Augenblick ist, dann wird der Augenblick noch kommen; wie wollt ihr ihn betrachten? Denn dies ist eine Bushaltestelle, es ist ein Bahnhof. Habt ihr für dieses Leben keine größeren Bestrebungen? Wie steht es mit all den Träumen, die herein- und wieder fortgehuscht sind und nicht gelebt wurden? Wie erreichen wir sie? Indem wir in unserem Leben Platz für sie schaffen. Nun, wie stellen wir das an? Indem wir die Festgefahrenheit in unserem Leben auflösen und so klar werden, dass wir eine Idee halten können, denn dann manifestiert sie sich, ohne in den Gehirnwindungen zu verklumpen. Wie viele von euch verstehen das? So sei es.

Wenn ich euch also sage, denkt jeden Gedanken so, dass man ihn für jedermann sichtbar in den Himmel schreiben könnte — denkt jeden Gedanken so, dass ihr diesen Gedanken in hunderttausend Jahren, in hundert Jahren oder in fünf Jahren wieder willkommen heißen würdet, weil er aus einem Zustand der Ehrenhaftigkeit entstanden ist — dann liegen darin verschiedene Evolutionsstufen. Vergesst nicht bei allem was ihr tut zu bedenken, dass ihr es im Licht der gesamten Ewigkeit tut. Welche Art von Rache,

176

von kleinlicher Rache ist es wert Zehntausende von Malen reinkarniert zu werden? Ich möchte behaupten, dass der Preis ein klein wenig zu hoch ist; wer ist das wirklich wert? Niemand. Niemand ist es wert, dass ihr deshalb die Evolution versäumt. Sie ist der Zug, in dem ich euch sehen möchte.

Nun, bei der Lichtrückschau, wenn alles vorüber ist, erleben wir die Abstreifung unserer Emotionen. Sie werden vom Licht aufgesogen, weil Emotionen polarisiert sind. Die Herren des Lichts nähren sich von polarisierten Gefühlen — von Energie, die in diese und jene Richtung geht — denn Licht ist genau das, und die Emotionen werden von uns abgestreift. Wir dürfen weggehen, uns ausruhen und kontemplieren und wir bekommen genau den exquisitesten Ort, den wir uns je erträumen konnten, um eine solche Kontemplation durchzuführen. Und in diesem Ruhezustand haben wir Tausende von Jahren Zeit — die uns wie ein Nachmittag erscheinen mögen — Tausende von Jahren, um Dinge zu erwägen, um zu heilen, zu reifen und uns für die Rückkehr bereit zu machen.

UNSER GEWOHNHEITSMÄSSIGES DENKEN ERSCHAFFT UNSER TÄGLICHES LEBEN

Nun, wirken sich das Bewusstsein und die Energie von der Ebene der Glückseligkeit auf der Erdebene aus? Absolut, denn was geschieht am See der Ruhe? Was geschieht dort? In der Kontemplation, wenn wir kontemplieren, wenn wir uns Betrachtungen hingeben, wenn wir auf bemerkenswerte und gewagte Weise zum ganzen Selbst in jeder Situation werden, dann werden wir dazu auch in jedem unserer Wünsche. Dort ist nicht einfach ein Ort, an dem wir über die Missetaten unseres Lebens nachsinnen. Es ist ein Ort, an dem wir über die Träume unseres Lebens nachsinnen und wir können dort lange Träume haben — lange Träume. Träume sind oft die größten Heiler, denn sie können so von Leidenschaft erfüllt sein — von Leidenschaft erfüllt bedeutet auf der Ebene der Glückseligkeit analog — dass sie in einem Maß analog und eindrucksvoll werden, dass die gesamte Wesenheit einbezogen und inmitten des Traumes selbst transformiert wird; und dort kann man solche Träume träumen.

Ihr habt das Gleiche getan, besonders dann, wenn etwas euch sagt, dass ihr das könnt. Was geschieht auf Grund eines solchen Traums? Nun, wenn das gesamte Selbst auf der Ebene der Glückseligkeit ermächtigt wird und sich auf analoge Weise eine Welt, ein Leben, eine Erfahrung ausdenkt, dann hat das dort nichts mit Fokussierung im Sinne einer Disziplin zu tun. Ihr seid einfach das Entsprechende. Was immer ihr auch tut, ihr seid in einem fokussierten Zustand, der sehr tief ist, ganz einfach deshalb, weil das auf der

177

Ebene der Glückseligkeit der natürliche Zustand ist. Ihr habt keinen physischen Körper, der an euch zerrt und der Fürsorge bedarf, es sei denn, ihr seid so physisch gewesen, dass ihr euch ein Selbst nur innerhalb eines Körpers vorstellen könnt. Überwiegend aber beschränkt ihr euch auf euren spirituellen Körper — einen schönen, exquisiten Körper, wisst ihr — und der zerrt nicht an euch. Ihr habt keine Körperprobleme. Was also geschieht auf natürliche Weise in einem Zustand, in dem sich das Selbst in Kontemplation oder in einem Traum befindet? Die Wesenheit ist vollständig in dem Traum. Es gibt kein Zerren, keines. Das ist also der Zustand auf der Ebene der Glückseligkeit.

Wie machtvoll ist das? Wenn ihr hier in diese Schule kommt und lernt — und es mein Bestreben ist und ich euch dränge, das in euer Leben zu übertragen — bemühe ich mich darum, dass ihr einen Zustand der Fokussiertheit annehmt und diesen Zustand der Fokussiertheit in hohem Maße schützt, denn was immer hier als ein gewohnheitsmäßiger Gedanke sitzt, ist Wirklichkeit. Und, seht ihr, wenn das Hintergrundmotiv in jedem von euch absichtlich geändert wird, dann trägt das deutlich dazu bei, die Anatomie des gewohnheitsmäßigen Denkens zu ändern, denn wenn ihr innerlich unglückliche Menschen seid, dann spiegeln eure gewohnheitsmäßigen Gedanken das ständig wider. Sie strahlen das einfach ständig aus und in euer Leben hinein.

Nun, ich möchte, dass ihr mir an dieser Stelle zuhört, weil die Saat für das Erblühen solcher Gedanken im Hintergrundmotiv liegt. Wenn ihr rachsüchtige Menschen seid, dann tragt ihr Hass im Herzen; er ist die Saat, aus der gewohnheitsmäßiges Denken erblüht. Ein derartiger täglicher Austausch kann dann in einem Leben zur Blüte gelangen. In einem solchen Fall haben wir buchstäblich ein Erblühen von Gift. So ist der Garten. So ist das Bewusstsein, das in einigen von euch blüht. Nun, dieses gewohnheitsmäßige Denken ist Wirklichkeit. Und die Idee ist, dass, wenn es uns gelingt eure Brust zu öffnen, all den Müll herauszuholen, der sich dort befindet, die Fächer zu polieren und dort eine schöne, strahlende Sache zu platzieren, diese dann zum Hintergrundmotiv werden kann. Dann ist sichergestellt, dass das daraus erblühende gewohnheitsmäßige Denken euch ein magisches Leben, ein süßes Leben, ein ermächtigtes Leben bescheren wird, das im Einklang und nicht im Kriegszustand mit der Natur ist, ein Leben, das dem Traum erlaubt, schnell wahr zu werden. Dann ist Licht da, wisst ihr: ihr fühlt euch leicht im Körper, nicht schwer im Körper.

Und dort auf der Ebene der Glückseligkeit ist unser Hintergrundmotiv nicht begraben — es ist an der Oberfläche — und daraus erblühen lange Träume. Es gibt diejenigen, die bemerkenswerte Träume von der Zukunft haben; sie sind so analog und verweilen so lange Zeit in diesem Zustand, dass sie bei ihrer Inkarnation einen völlig neuen Lebensplan mitzubringen scheinen. Sie sind nicht normal in dem Sinne wie andere Leute normal sind. Was andere Menschen interessiert, kann sie für kurze Zeit ebenfalls ein wenig interessieren, aber ihr erkennt allmählich, dass die Kraft, die solche Menschen treibt, ganz anders ist oder geringfügig anders ist als bei Menschen, die nicht mit großen Träumen zurückkommen. Und solche Träume werden zum Hintergrundmotiv, sogar schon im Kindesalter; das Motiv beginnt sich im Lauf des Lebens aufzubauen. Solche Menschen setzen vielleicht durch ihre grauenvollen Erfahrungen mit Gesellschaft und Kultur Rost und Verkrustungen an, aber überwiegend ist ihr Traum, ihr Wunsch von der Ebene der Glückseligkeit so fest integriert, dass er unmittelbar unter der Oberfläche bleibt. Und all ihr darauf basierendes, gewohnheitsmäßiges Denken ist zwar durch Oberflächenkorrosion verfärbt, aber doch im Großen und Ganzen viel machtvoller. Solche Leben sind bedeutungsvoll, weil das darin herrschende Motiv bedeutungsvoll ist — bedeutungsvoll. Seht ihr, hier wurde ein angeborenes Ziel gesteckt.

Wenn ihr solche Träume nicht träumt und mit einem Sack von Gemischtwaren zurückkehrt, um die ihr euch kümmern müsst, dann sind das die Hintergrundmotive, die in euch sitzen und damit kehrt ihr zurück. Wenn ihr früher eine harte Wesenheit wart, so kommt ihr wieder als solche zurück, damit ihr Gelegenheit habt, eure Härte zu überwinden und ins Gegenteil zu verkehren. Und ihr werdet genau die gleiche Art von Wesenheiten in eurem Leben vorfinden wie im letzten Leben, denn sie, die ebenfalls zu lernen bemüht sind, sind notwendig, damit ein Austausch stattfindet. Also ist alles im Leben eine Gelegenheit, sich darüber zu erheben, eine Gelegenheit sich weiter zu entwickeln, eine Gelegenheit sich zu verändern.

Nun zur Seele: Die Seele empfindet hier (Brust). Warum sendet sie euch diese Botschaften? Weil das, was wir in der Seele als Trägerin niederlegen, bei unserer Rückkehr der Lebensplan für diese Existenz wird. Und dieser Lebensplan sagt uns nach Abschluss unserer Kontemplation: „Ich werde es besser machen." Und wenn sich die Gelegenheit ergibt und ihr in die alten Muster zurückfallt, dann denkt daran, dass der Müll die Bedeutsamkeit überwiegen kann. Wir tragen eine Menge Müll mit uns herum und wenn wir rückfällig werden und sagen: „Nun, so bin ich eben", dann ist das ehrenhaft; aber wäre es jetzt nicht ehrenhaft zu sagen, dass nun meine Gelegenheit gekommen ist, das in mir zu ändern? Möchte ich mich weiterentwickeln oder nicht? Möchte ich wachsen oder nicht? Möchte ich an einem Leben teilhaben, in dem ich nicht mehr so hart arbeiten muss, weil ich in diesem Leben das gute Werk vorgesehen habe? Kann ich dann eines Tages zurückkommen — weil ich hier noch nicht fertig bin, kann ich nirgend anderswo hingehen, denn ich habe hier noch zu tun; weil ich zu primitiv bin, um anderswo hinzugehen und zu fortgeschritten, um anderswo hinzugehen, hänge ich genau dort fest, wo zu sein ich mir geschaffen habe —

179

und Klarheit haben und ganz ungebunden aber machtvoll sein? Ja, also müssen wir uns irgendwann entschließen, das Werk zu tun.

Wenn wir uns aber dagegenstellen, dann bekommen wir diesen Schmerz genau hier (Brust). Wie viele von euch waren es noch, die ihn schon verspürt haben? Ihr solltet darauf hören. Ihr solltet immer darauf hören, weil das ein Klotz ist, den ihr euch auf der Ebene der Glückseligkeit zurechtgelegt habt. Wenn ihr euch dagegenstellt, müsst ihr es wiederholen. Wann werdet ihr es leid, das zu tun? Irgendwann müsst ihr Position beziehen und in den Krieg ziehen und dann erobert ihr es. Holt es hervor, schärft euer Schwert und marschiert. Und mir ist es gleich, ob das eine demütigende Erfahrung ist, denn Größe kommt aus der Demut. Demütige Menschen sind verwegen und wagemutig. Sie fallen auf.

Wenn wir danach leben und hier drinnen Angst empfinden — erinnert euch, die Gefühle sind alle gleich — wer kann sagen was das ist? Wir können sagen was es ist. Wovor haben wir Angst? Diese Frage müssen wir uns immer stellen: Warum habe ich Angst? Habe ich Angst vor dieser Konfrontation? Habe ich Angst ehrlich zu sein? Welche Angst empfinde ich hier drinnen? Oder deute ich das falsch, was ich hier drinnen empfinde? Meistens ist es so, weil die meisten Menschen sich nicht gerne mit ihrem eigenen Gewissen auseinandersetzen. Deshalb braucht ihr bei der Lichtrückschau euer ganzes Selbst, denn es ist schmerzhaft und schwierig, das aus der Sicht des Persönlichkeitsselbst zu sehen. Aus diesem Grund steht der Beobachter da, der Heilige Geist ist da, so dass das Umschalten in absoluter Liebe und Unterstützung erfolgt und das Geschaute keine Angst erzeugt. Unsere größte Angst ist es, mit unserem Gewissen in Kontakt zu kommen und wir vermeiden das. Das geschieht hier drin.

Nun seid ihr zurückgekehrt und werdet mit einem Sack voller Güter zurückkehren. Einige davon sind überhaupt nicht schön, aber einige sind erlesen. Und ihr seid schön und ihr wisst es. Es gibt Teile in euch, die lieben was ihr seid. Vielleicht überwiegt das bei Weitem eure Erbärmlichkeit. Aber sucht nach einer kleinen Sache. Haltet jeden Tag daran fest: „Das liebe ich an mir." Wisst ihr, das ist das sinnhaft Gute. Ihr müsst auch ein Lächeln aufsetzen und sagen: „Das Wunderbare an alledem ist, dass ich bei den Schwierigkeiten, die ich in meinem Leben habe, bei dieser Persönlichkeit, mit der so schwer zurechtzukommen ist, das von mir weiß. Was ich aber feiere, ist die Tatsache, dass ich so mächtig war, mich so zu machen; das ist erfrischend, denn ich bin wirklich auf dem Weg, es umzukehren. Ich weiß, dass ich die Macht hatte, es herbeizuführen. Ich weiß, dass ich die Macht habe, es auszulöschen." Seht ihr? Vielleicht ist das die einzige kleine, strahlende Sache, die ihr an euch finden könnt, aber das reicht aus.

180

Es gibt andere unter euch, die einfach eine ganze Menge an Gutherzigkeit mitbringen werden. Es gibt eine große, großartige und ausgedehnte Bandbreite an Freude, eine großartige Bandbreite. Freude ist der natürliche Überschwang eines Menschen, der erobert hat. In seinem Leben gibt es mehr Freude als Depression, wisst ihr. Solche Menschen haben etwas gemeistert. Bei dieser Meisterschaft geht es nicht darum, andere Menschen zu meistern, sondern uns selbst. Solche Menschen sind in einem natürlichen Zustand der Freude, der ein bisschen irritierend ist, weil es fast den Anschein hat, als wären sie an euren Problemen nicht interessiert. Aber das sind sie. Das sind sie wirklich. Und wisst ihr, das macht euch fertig. Es macht euch fertig, weil ihr anderen Menschen leid tun wollt. Und auf die Menschen, denen ihr nicht leid tut, werdet ihr nicht eingehen. Wisst ihr, ihr wollt eine „Ich-Armer-Gruppe". Nun, seht euch um. Wenn ihr ein „Ich-Armer-Mensch" seid, dann seht euch um, die anderen sind es auch.

Aber seht, Freude ist eine Befreiung und sie ist auch Weisheit. Wir finden sie, wenn wir uns selbst genug lieben, um unsere Schwierigkeiten anzupacken. Es ist sinnlos zu erwarten, dass ein anderer das für uns tut. Ich als euer Lehrer werde euch nicht glücklich machen. Ich bin hier, um euch zu sagen was ihr seid — und dann könnt ihr davon ausgehend Entscheidungen treffen — und um euch exzellentes Wissen zu vermitteln, das ihr allmählich integrieren könnt, um euch Hoffnung zu geben und euch immer wieder daran zu erinnern, dass ich hier zu Göttern spreche. Ich spreche zu Unsterblichen, die so mächtig sind, dass sie sich selbst in den ewigen Tod hineinglauben können. So mächtig seid ihr. Ich spreche zu Göttern.

Seht ihr, das vergesst ihr ständig. Es ist eine reine Botschaft. Es ist das, was ihr im Licht wissen werdet. Ihr wisst, dass ihr es wert wart, zu einer zweiten Betrachtung zurückzukehren. Seht ihr das nicht? Was, wenn ihr es nicht tut? Was, wenn das alles wäre und ihr anschließend in den großen Schlaf versinken würdet, um nie wieder zu erwachen? Ihr vergesst ständig, dass ihr göttliche Wesen seid. Und das ist so süß, weil es bedeutet, dass ihr an Gottes Busen lebt, wo die einzige Verdammnis, die ihr je erleben konntet, von euch selbst kommt. Und die einzige — einzige — Begnadigung, die ihr je bekommen werdet, kommt von euch selbst. Sollte eine souveräne Wesenheit nicht genau so sein? Absolut.

IHR SEID GÖTTER, SCHÖPFER DER WIRKLICHKEIT

Gestern sprach ich davon, dass ihr vielleicht schon tot seid und das könnte tatsächlich der Fall sein. Aber ich bin hier, um euch an etwas zu erinnern — ihr werdet es wieder hören und ich werde es euch nochmals sagen, wenn ihr auf dieses Leben Rückschau haltet — und zwar, dass ihr Gott seid; merkt euch das. Ihr seid göttlich; merkt euch das. Es geht immer um Wahlmöglichkeiten und um Gelegenheiten; dort ist euer rechtmäßiger Platz im Königreich des Himmels. Auch wenn die gestrige Botschaft nach Verhängnis und Verunsicherung geklungen haben mag, war es doch eine Botschaft, die eines göttlichen Ohrs wert war.
Wie viele von euch verstehen das?

Ja, ihr seid es wert, das zu hören. Es bedeutet, dass ihr große Menschen, große Wesen — große Wesen — seid und daran sollt ihr euch erinnern, wenn ihr mich wieder hört und ich es euch in einem glückseligen Augenblick nochmals sage: Ihr seid inkarnierte Götter und ihr müsst einen Weg wählen, auf dem die Gottheit als totale Macht, als totaler Mind, als totale Liebe und Ewigkeit wahrgenommen wird. Ihr müsst ein Leben erschaffen, in dem diese bemerkenswerte Charakteristik zu jeder Zeit durch euch strahlen kann; ich möchte euch daran erinnern, dass ihr die Macht habt, ein Leben zu leben, in dem Gott durch euch in Erscheinung tritt und die wundersamen Taten der höchsten Intelligenz durch euch manifestiert werden können, und dass ihr all den von euch hervorgebrachten Schmerz und all das Leid selbst geschaffen habt.

Es ist niemals zu spät, um zu fragen: was will ich? Will ich dieses Spiel weiterspielen oder ein wunderbares Wesen sein, so dass die Macht und die Liebe des Heiligen Geistes durch mich fließen? Nun, wie lässt sich das im Leben anwenden? Es bereichert die Arbeit, die ihr tut. Die Arbeit sollte nicht nur ein Job sein, sie sollte eine Gelegenheit sein, eine geschaffene, ausgeschmückte Gelegenheit, es besser zu machen. Es gibt euch Gelegenheit, in eurer Familie zu scheinen, bedingungslose Liebe zu sein, Wahrheit auf jeder Ebene zuzulassen, eure Kinder bedingungslos zu lieben, und ein Leben zu führen, in dem ihr in ihren Augen Riesen seid und nicht klein werdet, wenn sie alt genug sind, eure Täuschung zu durchschauen. Ihr könnt euer Leben auf eine Weise leben, die bemerkenswert ist und ihr könnt für die, die in eure Fürsorge gegeben sind, das große Amt der Obhut ausüben, indem ihr ihnen zeigt, wie man besser sein kann und wie man größer sein kann und ihr könnt sicherstellen, dass es keine Hintergedanken gibt, die das Kind sehen kann. Es gibt auch Gelegenheit, das für eure Geliebten, für eure Ehemänner und eure Ehefrauen zu sein.

182

Gestern fragte ich euch, warum ihr es zusammenhaltet, denn das ist schmerzhafter als ehrlich zu sein. Es bedarf eines großartigen Menschen, der euch genug liebt, um nein zu sagen und sich selbst genug liebt, um nein zu sagen. Wollt ihr jemanden, der Substanz hat und wahren Charakter, jemanden, der verlässlich ist und auf den ihr zählen könnt? Solche Menschen werden hinter euch stehen und an eurer Seite sein, weil es wertvolle Menschen sind und keine Heuchler.

Warum lasst ihr es nicht auseinanderbrechen? Für viele von euch klingt das grausam. Warum? Weil man euch beigebracht hat, Opfer zu bringen, um es zusammenzuhalten? Wofür? Für eine Lüge? Welche Früchte trägt das in einer Beziehung? Lasst los. Ich spreche von jeder Ebene — wo immer ihr dieses Problem in eurem Leben habt — lasst es los. Strahlt. Was geschieht dann? Alle packen und ziehen um; lasst es geschehen. Ihr habt hier das Sagen. Ihr lasst es geschehen. Warum? Ja, es ist emotional schmerzhaft, aber was ist nun das neue Hintergrundmotiv? Es ist Ehrenhaftigkeit; es ist Integrität. Es klingt grausam, es klingt selbstsüchtig. Aber sprechen wir hier nicht darüber, im Einklang mit dem Selbst zu sein? Und manchmal, wenn ihr loslasst, bedeutet das, einen Käfig zu öffnen und einen Vogel fliegen zu lassen. Ihr solltet niemals ein Gefangener oder der Gefängniswärter sein wollen, denn wenn ihr es seid, seid ihr es für euch selbst. Denkt daran, wir kehren wieder zurück zu den Handlungen einer Wesenheit, die alleine in einer Lichtrückschau steht.

Lasst es los. Lasst es auseinanderfallen. Und vielleicht fallt ihr selbst auseinander, aber es gibt dabei ein Hintergrundmotiv für Wohlbefinden. Ihr braucht nichts anderes zu sagen. Ihr braucht nichts zu entschuldigen. „Ich spüre nichts als Heilung." Das ist genug. Alles andere ist Gegenstand von Vermutungen. Wie eure Neuformung aussehen wird, ist etwas, das ihr geschehen lassen und euch dabei erlauben müsst, in Übereinstimmung mit dem entsprechenden Hintergrundmotiv zu wachsen. Wir müssen immer sicherstellen, dass es sich an seinem Platz befindet und dass es rein ist.

Was geschieht dann? Viele Dinge werden geschehen. Die unreifen Menschen in eurem Leben werden wie Schlacken sein und sie werden weggehen. Gut. Gut. Es ist aber auch Zeit. Lasst sie gehen. Die unreifen Menschen werden immer jaulen und aus der Entfernung schnappen und zischen: „Ich Armer, was für ein Übel!" Dann bekommt ihr zu sehen, was ihr da zusammengehalten habt. Beängstigend, nicht wahr? Ein wenig beängstigend. Ihr lasst es los, weil euch jetzt alles wirklich klar wird — oder weil ihr es loslasst, genauso zu fühlen — und in jede Behausung kehrt Heilung ein. Was wir dann haben, ist ein fulminanter Start in der Beziehung, wie auch immer, was auch immer diese Beziehung ist. Sie könnte zwischen euch und einem Schmetterling bestehen. Dann seid ihr auf dem besten Weg.

Es gibt immer Alternativen, aber uns ist immer die am wichtigsten, die wir selbst hervorbringen. Und das ist die Lehre, denn ich verspreche euch, wenn ihr sagt: ich habe mein Leben aufgegeben und für diesen Menschen gelebt, dann wird das, was ihr im Licht zu sehen bekommt, Groll sein, wisst ihr. Das ist keine Liebe, Leute. Was wir vielmehr tun wollen — das war die Lehre von gestern — und wozu wir genau jetzt die Gelegenheit haben, ist, großartig zu sein. Jede Gelegenheit ist großartig. Wir müssen uns entscheiden.

Und noch etwas anderes Schmerzhaftes müssen wir tun: Wir müssen unser Schwert ziehen und unserer Vergangenheit den Kopf abschlagen. Wir müssen sie dem Erdboden gleichmachen. Warum? Weil ihr die Zerstörung auf eine Art und Weise durchführen solltet, dass ihr sie nie wieder aufsucht — niemals wieder. Zerstört sie, alles daran. Ihr zerstört sie, weil ihr sie nie wieder aufsuchen wollt. Ich weiß, dass sie euch dienlich war. Ich kenne eure Opferhaltung, eure Tyrannei, euren Schmerz, euer Leid, all das hat euch gedient. Ich weiß, dass ihr das gegen andere verwendet, damit sie sich schuldig fühlen, sich schämen oder dass ihr ihnen leid tut; das ist alles Manipulation. Es ist Manipulation. Seid ihr so jämmerlich, dass ihr dermaßen erbärmlich Menschen manipulieren müsst? Seid ihr wirklich so jämmerlich? Wisst ihr, ich sehe euch — und ebenso sieht euch euer Gott — als Schwächlinge, als üble Schwächlinge. Seid ihr wirklich so armselig, dass ihr diese Spiele spielen müsst? Nein. Setzt dem ein radikales Ende. Das ist es. Ihr wurdet vor zwei Minuten geboren. Vor zwei Minuten wurdet ihr wiedergeboren. Das versuche ich euch zu sagen. Dies hier ist eine Lichtrückschau; ihr werdet wiedergeboren werden. Wollt ihr in eure Vergangenheit zurückkehren? Wollt ihr zu eurem früheren Leben zurückkehren? Nun, in die Vergangenheit zurückzukehren bedeutet, in ein früheres Leben zurückzukehren. Wie viele von euch verstehen das?

Nun, hier ist ein hervorragendes Beispiel, das von einem wunderbaren Meister stammt. Er sagte, dass dieses Mysterium von Geburt und Tod wie das Labyrinth ist.[12] Und diejenigen von euch, die die süße und wunderbare Gelegenheit hatten, am Labyrinth teilzunehmen, verstehen, dass sehr körperliche Menschen immer zusammen herumhängen. Ein sich entwickelnder Gott, der ein spirituelles Leben lebt, wird sehr weit kommen, er kann weit in das Labyrinth hinein gelangen, geradewegs in die Leere (*engl. the Void*), er tut das auf untadelige Weise. Oder ihr könnt sagen: „Ich weiß, dass ich die abenteuerliche Reise zur Leere antreten kann, aber ich werde zurückkehren, meinen eigenen Fußspuren folgen und hier weiter mit euch herumhängen. Mit anderen Worten, ich lebe lieber in den äußeren Korridoren als in der Leere. Warum? Nun, es ist schließlich meine Vergangenheit.

---

[12] Mit anderen Worten, es entspricht der Disziplin des Tanks (The Tank®).

Sie ist mir wichtig; also, warum sollte ich mich je anstrengen vorwärts zu gehen? Lasst mich einfach hier bleiben. Das ist kein Problem. Es ist meine Vergangenheit." Oder es ist ungefähr so, als würdet ihr den Weg bis zur letzten Leiter gehen, die euch in die Glückseligkeit führt und sagen: „Nein, ich glaube nicht, dass ich dorthin will. Ich will zurück zu meiner Vergangenheit. Ich habe Freunde dort über den Würmern und ich möchte dorthin zurückkehren und den Rest des Tages dort bleiben."[13] Ist es nicht so? Wie viele von euch verstehen das?

BESTÄNDIGKEIT IN DEN DISZIPLINEN DES GROSSEN WERKS

Nun, sprechen wir über gestern Abend. Ich habe euch die Lehre gegeben, dass ihr die Atmosphäre erschafft und dass alles Leben ist. Wisst ihr, es gibt eine Denkrichtung, die von Seelenwanderung spricht, wobei die Seelen ihre Wanderung bei niedrigen Amöben und Felsen beginnen.[14] Nun, in gewisser Weise trifft das zu, weil sich alles in Evolution befindet. Und was sind die Motoren der Evolution? Ihr seid es. Wenn die niedrige Amöbe ihren willkürlichen kleinen Start ins Leben durch etwas erhielt, das ihr mit eurem Gott besprochen habt und aus dem gleich die Amöbe hervorschoss, nun, dann repräsentiert die Amöbe tatsächlich diese Unterhaltung.

Erinnert ihr euch an das hier? Alle Energiewellen sind Träger einer Idee, einer Intelligenz, eines Gedankens. Und so sieht gewohnheitsmäßiges Denken aus, wisst ihr.

---

[13] Die hier erwähnten Würmer sind keine lebenden Organismen. Sie sind ein Aspekt der Struktur und Erfahrung im Labyrinth bei der Disziplin des Tanks (The Tank®).

[14] Der Glaube an die Seelenwanderung wird gemeinhin als Metempsychose bezeichnet: der Glaube, dass die Seele, der Geist oder die Persönlichkeit beim Tod in einen anderen Körper eintreten, sei es ein Körper der eigenen oder einer anderen Spezies. Die Wurzeln dieses Wortes gehen auf das griechische „meta" zurück, das Veränderung bedeutet und auf „psyche", was die Seele bezeichnet. Metempsychose ist ein anderes Wort für Reinkarnation. Dieser Glaube war in allen Religionen des alten Griechenlands und im Osten weit verbreitet. Die überwiegende Mehrheit aller Menschen, die je gelebt haben, hat diesen Glauben geteilt.

ABB. 8: EINE ENERGIEWELLE KOLLABIERT UND WIRD ZU EINEM TEILCHEN

Das ist eine Kinderzeichnung, aber dadurch lernen wir am süßesten, wisst ihr. Nun, so sieht gewohnheitsmäßiges Denken aus und es führt Gedanken folgendermaßen aus: Gedanken strahlen von euch aus wie von einer Zentralsonne. Nun, eure gewohnheitsmäßigen Gedanken werden durch eure Bänder abgestrahlt. Und offensichtlich ist diese kleine Wesenheit ziemlich glücklich, so dass das Hintergrundmotiv hier wie Sonnenschein ist. Und weil es an der Basis der bewussten Intelligenz dieser Person sitzt, bewegen sich gewohnheitsmäßige Gedanken nach außen und in bewusste Energiepotenziale hinein und fangen an, sich einfach spiralförmig um die Person zu drehen. Ihr scheidet dieses Zeug einfach ab, wisst ihr — hier ist es eine Amöbe — und wisst nicht einmal, dass ihr das tut.

Wisst ihr, jeder Gedanke, der dorthin ausstrahlt (zu den Bändern), tut das hier (siehe Abb. 8) und dreht sich dann spiralförmig in die Bänder hinein. Und so erschaffen wir Wirklichkeit. Und wenn ihr in die Schule kommt und eure Studien zur Meisterschaft aufnehmt, erkennt ihr allmählich, dass ihr das immer getan habt und dass der Grund, warum ihr in eurem Leben keine bemerkenswerten Dinge gesehen habt, darin besteht, dass diese immer um euch herum sind. Wisst ihr, es ist ähnlich wie bei einem Fisch, der Wasser trinken will. Was sagt ihr einem Fisch, der sagt, er sei durstig? Nun, das ist es, was ihr zu verstehen beginnt. Die Teile fügen sich allmählich zusammen. Und ihr bekommt auf der Ebene der Glückseligkeit wirklich ein Gefühl dafür. Weil alles um euch herum bereits geformt ist, betrachtet ihr es nicht als Wunder; aber tatsächlich hat all das fortlaufend eure Wirklichkeit erschaffen. Wenn wir also sagen: „Warum ist mein Leben so wie es ist?", dann müssen wir uns auf die Suche machen und die Wurzeln, die dieses Geschehen verursachen, genau hier (im Gehirn) finden.

Nun wissen wir also, dass das gewohnheitsmäßige Denken unser mächtiges Manifestationswerkzeug ist und wenn wir in die Schule kommen, lernen wir die Gewissenhaftigkeit in der Disziplin: fokussierte Konzentration und lange Zeiten auf dem Feld (Feldarbeit (*Fieldwork*^{SM})), eure Liste und der Weg durch das Labyrinth. Bei allen Disziplinen, die wir hier anwenden, geht es darum, absichtlich Wirklichkeit zu erschaffen. Wir tun etwas, was für euch ein natürlicher Zustand ist, mit Absicht. Aber das Wunderbare daran ist, dass darin Ideen enthalten sind, Gedanken — ich gebe sie euch und ihr beginnt sie zu zeichnen — und wenn ihr anfangt euch absichtlich darauf zu konzentrieren, dann beginnen sie von euch abzustrahlen. Das war nicht einfach von alleine da. Es wurde nicht von alleine stimuliert, weil euer Modus operandi ein Motiv ist, das hier sitzt, fest im Gehirn einprogrammiert ist und euch jeden Tag so denken lässt. Wie viele von euch verstehen das? Und die Lehre war, dass ihr jedes Mal, wenn ihr eure Karte zu einer wunderbaren, von euch gezeichneten Sache gefunden habt, ein solches Glück in euch verspürt habt, denn ihr habt es als ein großes Wunder betrachtet. Ich meine, es macht euch solche Freude, das zu vollbringen und zu wissen wie es ist, die erste Karte zu finden — ihr konzentriert euch so angestrengt und verhaltet euch untadelig und findet diese Karte — da ist sie und es nimmt euch den Atem. Ich meine, ihr habt es wirklich getan. Aber, wisst ihr, eigentlich tut ihr das jeden Tag. Wir haben einfach künstlich eine Idee eingeführt, an die ihr nicht gedacht hattet. Wie viele von euch verstehen das? Aber das Großartige daran ist, dass sich die Idee auf dem Feld manifestierte. Wenn diese Idee sich nun als Hintergrundmotiv festgesetzt hätte, dann würdet ihr sie jeden Tag ausstrahlen.

Warum also lehrte ich euch die Liste zu praktizieren? Für den ernsthaften Schüler wird die Liste buchstäblich zu einer Möglichkeit, das Neuronennetz neu zu verknüpfen und dabei die Absicht neu festzulegen. Nur geschieht es bei den meisten Leuten, dass ihre Absicht oder ihr Hintergrundmotiv so stark verwurzelt sind, dass sie bestimmte Punkte auf der Liste nicht glauben. Wenn sie zu diesen Punkten kommen, dann ist da ihr Hintergrundmotiv, das die Liste nicht unterstützt und das wird genau so wie hier dargestellt (siehe Abb. 8) abgestrahlt. Das ist fast die absichtliche Verneinung von etwas Wunderbarem für euch.

Nun, der ernsthafte Schüler dieser Schule kann seine Liste betrachten und sagen: „Nun gut. Ich war in der Lage, diese Dinge auf meiner Liste zu manifestieren und so lange ich sie beständig praktiziere, strahle ich diese Gedanken aus, so dass sie geschehen werden. Warum sind bestimmte Dinge auf meiner Liste nicht geschehen?" Das ist ein Hinweis auf ein Hintergrundmotiv und hat mit Selbstentdeckung zu tun.

Und wie kommt es, dass ihr nicht in der Lage wart eine wunderbare Heilung zu vollbringen? Weil ihr es nicht glaubt und das ist das Hintergrundmotiv. Und ihr könnt nicht darauf vertrauen, dass ihr dazu in der Lage seid, wenn ihr nicht daran glaubt. Mit anderen Worten, ihr seid mit euch selbst uneins. Ihr habt die Gelegenheit zu Wunderbarem, aber da ist die Entscheidung, die sich schon in euch festgesetzt hat, dass ihr nicht daran glaubt. Ihr könnt euch also nicht auf die Blue Body®-Arbeit verlassen, weil sie nicht eurem inneren Modus operandi entspricht. Wie viele von euch verstehen das?

Was also wollt ihr unternehmen? Nun, darin besteht die Arbeit. Ihr müsst euch selbst sagen: „Wenn sich die Karte auf dem Feld manifestiert hat und diese anderen Dinge sich manifestiert haben, bin ich diesbezüglich in einem Zustand der Akzeptanz. Wenn etwas nicht geschieht, bin ich nicht im Zustand der Akzeptanz." Warum? An dieser Stelle müsst ihr das Hintergrundmotiv hervorzerren und betrachten. Fragt euch: „Habe ich das von der Ebene der Glückseligkeit?" Ja. Warum? Vielleicht habt ihr festgelegt, dass keine Heilung erfolgt. Vielleicht habt ihr festgelegt, dass etwas erlitten werden muss. Vielleicht müsst ihr leiden. Vielleicht habt ihr die ganze Sache so arrangiert; denn nichts geschieht durch Zufall; alles ist beabsichtigt. All das gewohnheitsmäßige Denken ist beabsichtigt. Und wenn ihr am See der Ruhe sitzt, an diesem wunderbaren Ort, dann strahlt eure Kontemplation von euch aus wie von einer großartigen Zentralsonne.

Was ist es also? Was ist das für ein Ding, das da sitzt und euch sagt, dass ihr das eine haben, das andere aber nicht haben könnt? Ist das änderbar? Heute ist es änderbar. Sagt zu euch selbst, die ihr in diesem Augenblick Rückschau haltet: „Ändere das. Ich bin strahlende Gesundheit wert. Weißt du, warum ich es wert bin? Weil ich mich selbst liebe und mein Leben liebe. Ich möchte mein Leben ganz und gar lieben und ich habe einfach keinen Platz für irgendetwas anderes als das Leben." Auf diese Weise müsst ihr es also betrachten.

Und was tut ihr dann? Ihr tauscht diesen Punkt auf eurer Liste aus und setzt das Hintergrundmotiv an seine Stelle. Ihr verändert das Motiv. Anstelle von: „Ich akzeptiere Blue Body®- Heilung," fügt ihr ein: „Ich akzeptiere jetzt das Leben. Ich bin es wert gesund zu sein." Und jedes Mal, wenn ihr das sagt und sich etwas in euch dagegen sperrt, sagt ihr es noch hundert Mal, bis es nachgibt — wie viele von euch verstehen das? — denn auf der Ebene der Glückseligkeit, ohne den Körper, ist es leicht, das zu tun. Hier ist es fest verwurzelt, es ist ein Programm und dieses Programm müsst ihr ändern. Das ist Teil der Meisterschaft.

Die andere Seite ist, dass ihr andernfalls immer ausstrahlt, dass ihr des Lebens nicht wert seid; das untergräbt alles. Und das ist das gewohnheitsmäßige Denken, das wir deshalb ausstrahlen, weil wir hier oben einen Griesgram sitzen haben, der von Hass und Rache erfüllt ist. Nun, sofern ihr hier erfüllt von Terror, Wut und Böswilligkeit dasitzt, seht es euch an. Ganz gleich was während des Tages geschieht, ihr könnt am Morgen aufwachen, die Vögel singen und euch wäre es genau so lieb, wenn sie tot wären. Schafft sie weg von hier. Euer Kind wacht glücklich auf und ihr wollt es nicht sehen. Alles hat diese hässliche kleine Seite an sich. Das ist gewohnheitsmäßiges Denken. Was ist es? Etwas, das dort sitzt. Wann werdet ihr es leid? Wie viele von euch verstehen das?

Es geht auch um Freude. „Gott bewahre, dass du glücklich bist. Gott bewahre, dass du glücklich bist; ich will nicht, dass du auch nur einen wirklich glücklichen Tag hast. Ich leide." Seht es euch an. Die Tauben scheißen einem solchen Menschen auf den Kopf, wisst ihr. Nun, es könnte ein Mensch sein, der des Lebens nicht wert ist und das strahlt er aus. Es steckt in jeder kleinen Aussage. Es steckt in jeder kleinen Handlung. Es steckt in jedem kleinen Gefühl. Es tropft nur so von einem solchen Menschen herab. Warum? Warum verändert ihr das nicht? Verändert es einfach; verändert es einfach; befasst euch damit.

Dann gibt es Menschen, die scheinen einfach nicht in der Lage zu sein, ihren märchenhaften Reichtum geschehen zu lassen. Nun, Selbstwert ist eine wunderbare Sache, wisst ihr, weil wir Wert als Energieaustausch ansehen, Selbstwert. Es gibt Menschen, die sich nicht wertvoll fühlen, weil sie mit Schuld oder Scham oder etwas anderem Derartigem beladen sind, denn wenn es darum geht, märchenhaften Reichtum anzunehmen, dann entspricht der Reichtum dem Wert. Und der Mangel an Selbstwert untergräbt das immer. Wie könnt ihr dauernd sagen, ich akzeptiere märchenhaften Reichtum, wenn eure Kernüberzeugung von Wert das negiert? Wie viele von euch verstehen das? Das müsst ihr verändern, wisst ihr. Ihr müsst sagen: „Wessen bin ich nicht wert? Sprechen wir nicht über Dollar und Cent, über Rubine und Gold. Wessen fühle ich mich nicht wert? Wer hat mich überzeugt, welche Lüge habe ich geglaubt, wonach ich keine Geltung und keinen Wert haben sollte? Was habe ich da akzeptiert, so dass ich ständig meine Gelegenheiten zunichte mache?" Stellt euch selbst diese Frage und fürchtet euch nicht, die Wahrheit zu erfahren. Fürchtet euch nicht davor, zu fühlen, was es ist. Denkt daran, was ihr am meisten fürchtet, ist euer menschliches Gewissen. Lasst euch darauf ein und findet heraus, was ihr getan habt und was die Ursache dafür ist, dass ihr einen solchen Mangel in eurem Leben habt. Und Mangel hat nichts mit Geld zu tun; es hat vielmehr mit Selbstachtung zu tun. Habt ihr irgendwie in diese Inkarnation hineinprogrammiert, dass eure Bürde auf dieser Seite so schwer sein soll, dass ihr euch nicht wertvoll fühlt?

Nun, das müssen wir gleich jetzt ändern, denn Karma kann in jedem Augenblick neutralisiert werden. Sobald das Hintergrundmotiv geändert ist, gibt es kein Karma mehr. Es ist erledigt. Es ist erledigt. Wir sind kein Gott mit einem Ratenzahlungsplan; es ist erledigt. Wir brauchen nur die Wurzel genau hier (im Gehirn) zu finden.

Nun zum Glücklichsein: Wisst ihr, wenn wir bereit sind, Freude zu akzeptieren, können wir Freude nicht so akzeptieren, dass sie aufeinen anderen Menschen beruht. In der Tat, wir können Freude nicht so akzeptieren, dass sie aufGeld beruht, wir können Freude nicht so akzeptieren, dass sie aufAlter und Aussehen beruht. Wir müssen bedingungslose Freude haben, ohne Menschen, Orte, Dinge, Zeiten und Ereignisse; denn wenn wir Freude in irgendetwas anderem gründen lassen, bedeutet das, unsere Macht und unser fruchtbares Glück wegzugeben. Ihr müsst lernen, mit drei Bohnen glücklich zu sein. Ihr müsst lernen, ohne irgendjemand anderen in eurem Leben glücklich zu sein. Seid ihr nicht gut genug, um einfach nur alleine zu sein? Seid ihr euch als Gesellschaft nicht gut genug? Wenn ihr das nicht seid und Angst habt alleine zu sein, dann solltet ihr euch einmal ansehen, mit wem ihr zusammenlebt, das bedeutet euch selbst. Warum genießt ihr nicht eure eigene Gesellschaft? Eure Gedanken gefallen euch nicht, wie? Euch gefällt nicht was ihr tut? Nun, das sollte ein klarer Hinweis für euch sein, dass niemand euch jemals glücklich machen wird — nicht eure Kinder, nicht eure Erscheinung, nicht euer Verschwinden, nicht die Menge des Geldes, das ihr habt. Nichts wird euch glücklich machen, wenn ihr euch nicht selbst liebt und nicht mit euch zurechtkommt, denn ihr seid diejenigen, die in der Lichtrückschau stehen werden, meine Lieben.

Das zu tun, heißt Gott zu lieben. Das zu tun, heißt alle anderen zu lieben. Glücklich zu sein, ohne beständig etwas tun zu müssen, einfach dazusitzen und mit euren Gedanken heiter zu sein, ist etwas Außerordentliches, weil es das bewirkt. Wenn ihr etwas tut und die ganze Zeit unterhalten werdet, dann wird euer Hintergrundmotiv durch die Unterhaltung überdeckt. Das ist dann das, was ihr ausstrahlt. Mit sich selbst glücklich zu sein, bedeutet so rein zu sein, dass die Sonne hervorkommt. Dann wird euer Großes Werk getan. Das ist keine Massenbekehrung, es ist persönliche Transformation. Wie viele von euch verstehen das?

Das sind die bemerkenswerten Lektionen, die ihr wieder hören werdet. Ihr werdet meine Stimme hören, die euch das erzählt, wenn ihr bei eurem Heiligen Geist steht. Ich möchte, dass ihr euch daran erinnert. Bedenkt, es wird wiederkommen und ihr werdet es wieder hören. Und wenn ihr es wieder hört, dann werdet ihr vielleicht dazu geworden sein und eure Seele wiegt so viel wie eine Feder. Wie exquisit.

Könnt ihr euch auf menschlicher Ebene vorstellen, wie ich mich dabei fühle? Versteht ihr jetzt meine Mission? Versteht ihr jetzt, warum ich solche Geduld mit euch habe, warum ich euch so liebe? Versteht ihr, warum ich so zu euch spreche und euch so lehre, wie ich es tue und warum ich nicht zulasse, dass ihr in irgendetwas abgleitet? Weil es wiederkommen wird. Ich weiß, wenn ihr dort stehen werdet, dann werde ich bei euch sein. Und ihr werdet wirklich erkennen, dass dort tatsächlich Etwas ist, das euch einfach liebt. Euer Gott liebt euch einfach und dieser Botschafter hier liebt euch wirklich und weiß, dass es wiederkommen wird, jedes Wort, jedes Nicken von euch, jede Bewegung und alles, was ihr fühlt oder nicht fühlt. Und wenn ihr es bei dieser Wiederkehr einfach seid, wenn ihr wunderbar seid und euer Haus gereinigt habt, dann werden wir zusammen erstrahlen.

190

Wie glaubt ihr fühle ich mich? Wisst ihr es nicht? Seht ihr, es geht nicht darum, an mich zu glauben. Hört, was ich euch sage: Glaubt an euch selbst. Ich bin deshalb zurückgekommen, weil jeder Kurs, den wir abhalten bedeutungsvoll ist, und wenn er euch jetzt nicht verändert, dann wird er euch noch verändern. Wenn ich euch jetzt nicht erreiche, dann werde ich euch noch erreichen. Versteht ihr? Seid keine Narren, die glauben, dies hier würde nicht in Erinnerung bleiben. Seid keine Narren. Seid nicht so töricht anzunehmen, dass das aus eurer Lichtrückschau ausgelassen würde. Es ist dabei. Also, denkt bitte einmal einen Augenblick darüber nach, weil ihr mich jetzt verstehen könnt. Ihr könnt viel erhabener denken. Ihr könnt Gedankenmuster haben, die viel großartiger sind als dieses geringe, kleine, mickrige Leben, das ihr bisher hattet. Ihr fangt damit an, ihr öffnet euch gerade jetzt dafür. Denkt darüber nach. Was wäre, wenn ihr zu all dem geworden wärt, was ihr jetzt seht? Denkt darüber nach. Wie fühlt sich euer Gewissen heute an? Ist es schwer oder wird es leichter? Wird es leichter? Nun, seht ihr, das ist Evolution und das bedeutet, die Flügel freizulegen — versteht ihr? — und ihr fangt an euch leichter und überschäumender zu fühlen. Das strahlt ihr aus.

Was für eine Art von Ruheperiode werdet ihr dann nach der Rückschau haben? Ich meine, ich habe euch solches Wissen vermittelt — und dabei noch nicht einmal an der Oberfläche gekratzt — damit ihr versteht, wie ihr denken sollt und ich habe euch Dinge erzählt, die so eindrucksvoll auf euch wirken, dass sie euch in dem Augenblick, in dem ihr sie betrachtet, verändern werden. Also sage ich euch, dass ich weiß, dass ihr die Wahl habt, den Körper (wieder) aufzunehmen oder weiterzugehen; ihr könnt euch auch einen neuen Körper machen, aber irgendwann müsst ihr dazu kommen, für diesen einen Liebe zu empfinden. Ihr habt ihn zu eurem Meister gemacht. Ihr habt ihm die Macht verliehen, Herrschaft über euch auszuüben. Dadurch aber habt ihr ihm einen schlechten Dienst erwiesen, weil ihr nicht da seid, um ihn zu retten, wenn er in Schwierigkeiten ist. Ihr wisst nicht, wie ihr ihn retten könnt und ihr habt nicht die Macht es zu tun. Ihr wisst nicht, wie ihr verhindern könnt, dass er altert. Ihr wisst nicht, wie ihr ihn gesund erhalten und ihm Frieden und Ruhe schenken könnt. Das wisst ihr nicht. Und indem ihr nicht Meister eures Körpers seid, habt ihr ihm einen schlechten Dienst erwiesen. Wenn ihr dann dort steht — das wird so schnell geschehen — und sagt: „Kehr in den Körper zurück," dann wollen wir beten, dass ihr euren Körper bis zu diesem Punkt genug geliebt habt, indem ihr sein Meister und nicht sein Sklave wart und dass ihr nicht länger an Äußerlichkeiten, sondern an Gesundheit interessiert seid. Ihr seid an Äußerlichkeiten nicht interessiert, also macht euren Körper nicht dafür verantwortlich, jemanden zu bekommen oder nicht zu bekommen, weil der Körper sterben und von Würmern gefressen werden wird.

DER TRIUMPH ÜBER DEN TOD UND DIE ALCHEMIE DER VERWANDLUNG

Wenn ihr euch selbst genug liebt, um zurückzukehren, dann werdet ihr euch einer großartigen Gruppe von Meistern anschließen, denn ihr werdet zurückkehren und euer Herz wird zu schlagen beginnen. Und ihr werdet bewusste Erinnerung und Macht mit hierher bringen. Und dann, wisst ihr, könnt ihr das Alter auslöschen, ihr könnt Glamour erschaffen. Ihr könnt jung oder alt werden, was auch immer. Ihr habt die Macht. Es ist so, dass dieses Geschenk nie stirbt, so dass ihr jetzt über einen Körper verfügt, der Wissen und Erinnerung nicht mehr verliert. Ihr könnt es hier zu Ende führen und leichter, leichter und immer leichter werden.

Und was ein Fehler war, wird sich jetzt korrigieren, weil ihr alle durch und durch wunderschön seid. Im Reich Gottes gibt es so etwas wie Hässlichkeit nicht. Ihr werdet von Gott beurteilt, nicht von Männern, nicht von Frauen — ihr werdet von euch selbst, nicht von anderen beurteilt — und das bedeutet, absolut rein und wunderbar zu sein. Und diejenigen von euch, die sich dazu entschließen, werden ganz außerordentlich erleuchtet zurückkehren. Ihr habt die andere Seite gesehen und wisst, dass das die Wahrheit ist. Ihr wisst es. Also ist alles andere, was ich euch sagte, die Wahrheit und ihr wisst es und seid siegreich. Ihr habt den Tod gemeistert und lebt euer Leben in höchster Freiheit. Es gibt keine Grauzonen. Es gibt nur das Hintergrundmotiv.

Und es gibt andere unter euch, die sagen werden: „Oh, nein. Ich weiß so viel, nun möchte ich meinen Körper gestalten. Ich weiß jetzt wie man das macht. Ich weiß, wie man das macht und ich weiß, wie ich ihn so machen kann, dass er diesen Augenblick nicht vergisst." Und ihr werdet es tun, weil das das Ausmaß des Wissens sein wird, über das ihr verfügt, im Gegensatz zu diesen bemitleidenswerten Christen, die dorthin ins Licht gehen und auf Jesus warten, damit er sie rettet oder so etwas, wisst ihr; und dann diese Buddhisten, die einfach ins Vergessen gehen — ein Vergessen in orange — mit spitzen Schuhen und allem Drum und Dran.

Ihr werdet über echtes Wissen über das Leben verfügen, das ihr darlegen könnt, denn das Leben ist nicht schlecht. Wir haben dieses Leben geschaffen. All diese wunderbaren Atome, die euch umgeben, seht wie ihr sie abscheidet. Nun, wisst ihr, ihr habt sie in jeder Atmosphäre, die ihr erschaffen habt, in jedem dieser Reiche abgeschieden. Einfach dadurch, dass man einen Traum hat, diesen analog verdichtet und sich wieder zurückzieht, wird die Energie befruchtet und zu der Idee gezogen. Sie ist da und ihr scheidet sie einfach von euch ab. Das ist Manifestation. Seht euch

192

um; ihr geht in eurem eigenen Stoff herum. Nun, dieser Stoff, dieser ursprüngliche Stoff ist Intelligenz, das seid ihr. Die Alchemisten wollen das Niedrigste zum Höchsten führen. Warum wollen sie das? Sie wollen vom Niedrigsten ausgehen. Nun, wisst ihr, es gibt nichts Niedrigeres als Staub. Sie wollen den Staub nehmen und ihn wieder zu diesem Original hier (Punkt Null) zurückführen. Sie müssen weit nach oben gehen, um das zu erreichen. Seht euch an, wohin sie gehen (zur siebten Ebene).

Der Stein des Weisen wird genau hier manifestiert (auf der siebten Ebene). Er wird tatsächlich hier vervielfacht, dann zurück nach unten geschickt, dann zurück nach oben geschickt, Involution, Evolution, und da ist er. Seht ihr, Alchemie hat mit Involution und Evolution zu tun. Sie befasst sich mit dem transzendenten Leben der Teilchen, die sich in die Masse hinein und aus der Masse heraus bewegen. Und woher wussten die Alchemisten, dass das das große Arkanum, die große Panazee war, was soviel wie Allheilmittel und Elixier der Unsterblichkeit bedeutet? Weil es auf der siebten Ebene konzipiert wurde. Es befindet sich genau dort am Punkt Null, dem Anfang. Wie ewig werden wir?

Der Ansatz der Alchemisten besteht darin, das Gewöhnliche ins Ungewöhnliche zu überführen, es bis zu dem Augenblick zurückzuführen, als wir das hier gemacht haben (siehe Abbildung 6). Was immer genau dort existiert, ist genau dort der Stein der Weisen.

Ist das möglich? Ja, weil jedes Teilchen selbst wiederum aus Teilchen besteht. Und so sehen sie aus, wenn sie aufgerollt sind. Was also ist das hier? Wir nehmen eine Substanz zu uns, die als Idee, die wir ursprünglich als Gott hatten, aufgerollt wurde. Oh, cool! Ja, das ist sehr cool. Wir verwenden unser Bewusstsein und unsere Energie auf dieser Ebene (der siebten Ebene). Oh, was bewirkt das im physischen Körper? Was bewirkt das bei allen anderen Körpern? Es ist eine machtvolle, strahlende Kraft, die transformiert. Der Körper ist nicht länger der Zeit hier (auf der ersten Ebene) unterworfen. Er unterliegt der Ewigkeit im Punkt Null. Wie viele von euch verstehen das? Das verändert die Molekularstruktur des Körpers und öffnet das Gehirn vollständig. Was bedeutet das? Stellt es euch so vor: ihr esst die Substanz des ersten Gedankens. Ihr esst euren eigenen ursprünglichen Gedanken. Ihr esst eure eigene Idee. Ihr nehmt die ersten Körper Gottes zu euch. Wendet euch zu eurem Nachbarn und erklärt das. Versteht ihr jetzt, was ein Alchemist ist?

Ein wahrer Alchemist wird immer den Stein der Weisen erschaffen. Wisst ihr warum? Weil die Kenntnis der sieben Ebenen einen wahren Alchemisten ausmacht. Er muss über einen gnostischen Verstand verfügen — einen gnostischen Verstand — und den Anfang, den Punkt Null, den Abstieg, die Involution, die Erfahrung und die Evolution verstehen. Und er versteht es. Er versteht ferner, dass jede Substanz und alle Dinge der natürliche Niederschlag dieses Anfangs sind, so dass Teilchenebenen entstanden, die buchstäblich das Göttliche selbst enthalten.

Nun, Jeschua ben Joseph hat etwas höchst Bemerkenswertes gesagt, soweit die Menschen es verstanden — und Apollonius von Tyana hat es verstanden — als er sagte, dass das Königreich des Himmels in einem Sandkorn oder einem Senfkorn zu finden ist. Noch hat das niemand hinreichend erklärt, aber, seht ihr, das sollte bedeuten, dass in einem so kleinen Ding alle Himmel enthalten sind. Es enthält sie in Form von atmosphärischem Bewusstsein und Energie. Die Ideen, die dort existieren und das Wissen, das es dort gibt, sind in einem Sandkorn enthalten.

Die Alchemisten, die verstanden, dass Bewusstsein und Energie die Natur der Wirklichkeit erschaffen, und nicht alle verstanden das — sie verstanden nicht, dass Energie eine Idee trägt — aber diejenigen, die es verstanden, hatten Erfolg bei der Entwicklung des Steins. Warum? Weil sie verstanden, dass Staub eine Idee ist, die aus dem Himmel heruntergekommen ist. Sie ist ein Niederschlag vom Punkt Null. Sie ist ein Niederschlag von der siebten Ebene, der sechsten Ebene, der fünften Ebene, der vierten Ebene; diese Alchemisten verstanden das. Und so verstanden sie also, was sie zu tun hatten, sie mussten ein Sandkorn nehmen und seinen Zerfall herbeiführen.

Nun, erinnert ihr euch daran? Ich sagte, dass bei eurem Tod, in dem Augenblick, in dem der Geist und die Seele den Körper verlassen, sofort der Zerfall einsetzt. Wie viele von euch erinnern sich daran? Die Totenstarre setzt innerhalb von Minuten oder Stunden ein; so schnell kommt es zum Zerfall. Lasst etwas, das ihr liebt zurück und kehrt nach zwei Wochen wieder; in eurer Abwesenheit hat ein Zerfallsprozess stattgefunden. Hört ihr mir zu? Ein Zerfallsprozess. Warum? Weil ihr die Dinge zusammenhaltet. Wenn ihr weggeht, wenn der Geist das Haus verlässt, dann beginnt das Haus zu zerfallen. Was ist Zerfall? Ein einfaches Sich-Entrollen.

Beim Sandkorn wussten die Alchemisten also, dass sie es zerfallen lassen mussten; mit anderen Worten, sie mussten seinen Zerfall herbeiführen. Also begannen die Moleküle des Sandkorns sich voneinander zu lösen und jedes Molekül, das jene Teilchen enthielt, begann sich aufzuspalten. Und bei dieser Aufspaltung trennten sich im Innern des sich auflösenden Moleküls jene Teilchen voneinander. Wie viele von euch können das erkennen? Und damit einhergehend kommt die Idee, nicht wahr?

Zuerst muss also die Absicht das Sandkorn verlassen. Die Absicht muss es verlassen. Ein Meister kann bewirken, dass die Absicht das Sandkorn verlässt. Wenn die Absicht geht — betrachtet es auf diese Weise — dann hat der Geist das Sandkorn verlassen und darauf waren die Alchemisten aus, auf den entweichenden Geist. Wir sind auf den entweichenden Geist aus, denn der entweichende Geist ist es, er ist die Idee des Ganzen. Wie viele

194

von euch verstehen das? Nun in der Liquefaktion gelangt das, was üblicherweise fest ist, in einen flüssigen Zustand. Es zersetzt sich, es zerfällt. Es ist wie bei einer verpuppten Raupe; der Geist, der die Raupe zusammenhält, ist gewichen und es kommt ein neuer Geist, der Schmetterling genannt wird. Nun, beim Zerfall geht das gesamte Sandkorn in flüssige Form über und die ganze freie Energie bewegt sich darin herum. Nun haben die Alchemisten nichts weiter zu tun, als den Zerfall auf den verschiedenen anderen Energieebenen immer weiter zu führen.

Mit anderen Worten, sie nehmen dieses kleine Sandkorn und bringen es durch Hitze in einen höheren Zustand — durch Hitze. Erinnert ihr euch an Hitze? Was ist Hitze? Nun, sie ist nichts weiter als Energiereibung in der Atmosphäre. Nun, mit Hitze verändern die Alchemisten die Atmosphäre. So funktioniert das. Und im Laufe der fortschreitenden Veränderung geschieht es, dass sich dieses kleine Sandteilchen auf dem Weg nach oben soweit verändert, dass die atomare Struktur seines Kerns auseinander zu fallen beginnt. Und sobald wir erreicht haben, dass der Kern auseinander fällt, können wir die Eier (die subatomaren Teilchen) im Inneren des Kerns nehmen und diese sich auflösen lassen. Wir setzen immer mehr frei. Immer mehr gelingt es uns, sogar den Geist aus dem Inneren der Quarks herauszuholen und dann lassen wir auch diese sich auflösen. Die Quarks werden sich erst ungefähr hier auflösen (auf der fünften Ebene). Wenn sie freigesetzt sind, dann haben sie die ganze Energie, die ganze kurzwellige Energie, die dieser Ebene hier angehört (der fünften Ebene). Und diese lockern wir immer weiter und bringen sie dann nach hier oben (auf die sechste Ebene) und dann weiter bis hierher (auf die siebte Ebene).

Wenn es uns gelingt, ein Sandkorn soweit aufzulockern, dass es den Weg zurück bis zum Anfang seiner Idee vollzieht, dann haben wir die Idee auf der siebten Ebene und im siebten Körper aufgeschlossen. Wir sind unmittelbar am Punkt Null und das ist reine Unsterblichkeit. Und wenn ihr das dann einem physischen Körper einverleibt und dieser es konsumiert, dann verhält es sich genau wie es soll: Die Idee kehrt zu ihrem Urheber zurück und stellt das Gehirn des ursprünglichen Urhebers wieder her. Das bedeutet, dass das Unterbewusstsein darin zum Leben erwacht, weil in diesem genau der Augenblick enthalten ist, in dem diese Idee entstand und das wird aktiviert. Dann haben wir einen Körper, dessen Schwingungsrate außergewöhnlich ist und der durch eine Metamorphose geht. Er löst sich langsam in die Unsterblichkeit hinein auf. Und er bleibt immer schön. Wendet euch zu eurem Nachbarn und erklärt es ihm. Habt ihr etwas gelernt? So sei es. Ich liebe euch. So sei es.

ABB. 9: DIE ATOMSTRUKTUR

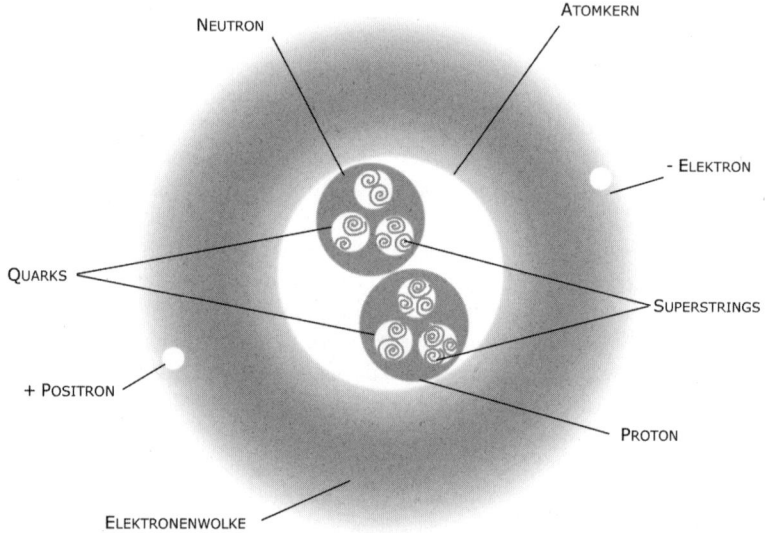

NEUTRON

ATOMKERN

- ELEKTRON

QUARKS

SUPERSTRINGS

+ POSITRON

PROTON

ELEKTRONENWOLKE

KAPITEL 6
ZUM SCHLUSS: DER DIMENSIONALE MIND IM VERGLEICH ZUM LINEAREN MIND

„Wenn jemand in seinem Bewusstsein ein Ideal erschafft, sollte er ohne den leisesten Zweifel wissen, dass dieses Ideal eine Wirklichkeit darstellt, die keiner Rechtfertigung durch die Sinne bedarf. Ihr habt die Macht, das Wunderbare zu erschaffen. Dehnt eure Grenzen aus und bezieht das Außergewöhnliche mit ein."

—Ramtha

Wo seid ihr?[1] Geschieht es wirklich? Ja. Nun, für die Fanatiker hier in der Zuhörerschaft: es ist nicht nötig, dass ihr die Telefongesellschaft anruft und sagt: „Ich bin tot und deshalb brauche ich meine Rechnung auch nicht zu bezahlen." Sie lassen euch sonst vielleicht abtransportieren, und das steht im Augenblick bestimmt nicht auf eurem Programm, oder?

Wisst ihr, große Meister sind außerordentlich mitfühlende Wesenheiten, wie ihr euch vorstellen könnt. Und sie sind schwer beladen mit Weisheit — schwer beladen mit Weisheit. Stellt euch einen Augenblick vor, wie sie wohl denken müssen. An diesem Wochenende habt ihr einen Vorgeschmack davon erhalten. Was haben die Meister im Sinn? Nun, sie haben ihr Hintergrundmotiv im Sinn; dieses ist immer ihr Motiv. Es kann so ausgedehnt sein wie die Leere um Mitternacht. Es ist nie etwas Geringes. Es ist erhaben und fortschrittlich. Die Meister wandern auf einem solchen Pfad und bei ihrer schwergewichtigen Weisheit sind sie oft versucht, den unwissenden Menschen zu helfen. Aber sie verfügen auch über die Weisheit, die sie lehrt, dass unwissende Menschen auch die Last der Opferhaltung mit sich herumtragen und dass Hilfe das größte Hindernis darstellen könnte. Denn, wenn man versucht, jemandem zu helfen, der das Leben nur aus der Sicht eines Opfers sieht, dann betrachtet derjenige die Hilfe nur als etwas, das ihm das Leben schwer macht. Es wird schwerer.

Nun, welcher wichtigen Einsicht bedarf es, wenn man mit Menschen arbeitet? Ihr müsst in der Lage sein, die Gedanken und Absichten der Menschen zu sehen und all die Potenziale, die von ihnen ausgehen, oder um es einfach so auszudrücken: ihr müsst fähig sein, ihre Seele zu erkennen, ihre Gedanken zu lesen und müsst verstehen, wer Hilfe braucht und wer nicht. Natürlich braucht jeder Hilfe, aber nicht jeder ist reif genug, sie zu erhalten. Es ist so, dass nicht jeder bereit ist, im Leben vorwärts zu kommen. Aus diesem Grund sind so viele Menschen so engstirnig und so faul. Sie lassen lieber andere für sich denken anstatt es selbst zu tun.

Nun, nicht jeder wird diese Botschaft verstehen. Nicht jeder wird sie verstehen, weil manche sich nichts anderes als einen linearen Mind vorstellen können. Sie können sich nicht vorstellen, dass die voneinander getrennten Teile des Bildes gleichzeitig geschehen. Sie können sich überhaupt nicht vorstellen, dass etwas bereits geschehen ist und sie nun darauf zurückblicken, und dann auf eine weitere Reihe von Ereignissen, und dass es Erleuchtung ist (zu sagen): wenn das so ist, dann kann ich es in einem Augenblick verändern. Manche können nicht auf diese Weise denken. Sie denken nur linear: rauf und runter, geboren, gestorben, zurück und vorwärts. Sie können nicht vielschichtig denken.

---

[1] Sind wir lebendig oder sind wir tot und erleben eine Lebensrückschau?

198

Zum Schluss: Der dimensionale Mind im Vergleich zum linearen Mind

Nun, ein Meister braucht aber einen dimensionalen Mind, denn ein Meister weiß, dass er Bewusstsein und Energie ist. Warum sollte er einen linearen Pfad wählen? Warum sollte er nicht alle Pfade gleichzeitig wählen? Ein interessantes Konzept, nicht wahr? Anstatt im Werden begriffen zu sein, sind die Meister schon geworden. Versteht ihr? Wie schaffen sie es, alle Potenziale gleichzeitig zu sehen? Sie haben das zu ihrer Absicht gemacht. Genau so wie ihr es zu eurer Absicht gemacht habt, so oder so zu sein, ist es ihre Absicht, alle Dinge zu wissen. Und das bekommen sie. Was sollte sie aufhalten?

Entspricht das Erschaffen von Wirklichkeit nicht dem, was ihr zu erträumen vermögt? Entspricht es nicht dem, was man als die Stufe des Wissens bezeichnet, über die jemand verfügt? Warum? Das ist der Unterschied zwischen einem träumenden Kind und einem träumenden Erwachsenen. Je mehr Informationen und Daten wir sammeln, um so weiter wird unser Horizont. Nun, dieses Wochenende zielt darauf ab, das zu erreichen. Aber ihr müsst wissen, dass erhabene Wesen erhabene Gedanken haben. Und sie denken alle auf die gleiche Weise: In diesem Augenblick existiere ich im Lichte aller Ewigkeit. Wie soll ich mein Licht leuchten lassen? Welche Wohltaten sollen auf mich zurückfallen? Welchen Pfad möchte ich einschlagen? Denn der Pfad, auf dem ich gehe, wird mit dem Sand meines Bewusstseins bestreut sein. Wird es ein dorniger Pfad sein? Wird es ein gefährlicher Pfad sein? Besteht der Sand, auf dem ihr geht — die unter euren Füßen verdichteten Ideale, dieser safranfarbene Staub — aus explosiven Teilchen? Sind die Teilchen giftig? Sind die Teilchen gefährlich? Oder sind es Vorstellungen von Liebe, günstigen Gelegenheiten und Unbegrenztheit? Zu welcher Form hat sich euer Pfad verdichtet?

Ihr könnt nicht auf dem Pfad eines anderen gehen. Nun, seht euch das an, dieses kleine Gebilde hier. Ich bewundere es. Es erinnert an Sylvester, nicht wahr?[2]

ABB. 10: DAS ATOM

Seht euch an, wie es hier herunterkommt und sich verdichtet (siehe Abb. 8). Ihr verändert unmittelbar den Boden, auf dem ihr geht. Der Pfad, die tägliche Existenz eures Lebens besteht aus eurem eigenen Bewusstsein.

---

[2] Siehe Abb. 10

199

Wenn ihr also dieses bisschen Sand auflöst und auf die siebte Ebene zurückbringt, dann könnt ihr darauf wetten, dass eine steinige Straße vor euch liegt, weil ihr sie so gestaltet habt.

Schaut von heute an, wo ihr steht; schaut, was euch umgibt. Welcher Klebstoff hält diese Hütte zusammen? Welche geistige Kraft wirkt in den Dingen, die euch umgeben? Wurden sie auf einem Bewusstsein aufgebaut, das auf Ärger beruht? Welches Hintergrundmotiv gab es? Denn dieses hat sich in dem Material verdichtet, das ihr um euch habt und in dem Material, auf dem ihr steht.[3] Denkt darüber nach. So denkt ein Meister. Ein Meister würde nie auf einem anderen Pfad gehen als dem eigenen. Er würde nie auf einem anderen Pfad gehen als dem eigenen. Denkt daran: sobald ihr euer Haus verlasst, beginnt es zu zerfallen. Bedenkt das. Und wenn jemand

---

[3] Edward Witten, Physiker am Institute for Advanced Study in Princeton, gilt als der prominenteste Befürworter der Superstringtheorie, welche davon ausgeht, dass sich Quarks aus Strings zusammensetzen. Superstrings existieren in einer zehndimensionalen Raum-Zeit. Die zusätzlichen sechs Dimensionen bilden in eingerollter Form die innere Struktur der Quarks und Elektronen. Strings bewegen sich in einer Größenordnung von 10^{-33} cm, sind also Milliarden mal kleiner als ein Proton mit einer Größe von 10^{-13} cm. Superstrings werden als vibrierende Energiefäden oder Risse im Gewebe der Raum-Zeit beschrieben. Sie können lose Enden haben wie ein Seil oder einen geschlossenen Kreis bilden, wie ein Gummiband. Jedes String hat — ebenso wie eine Klaviersaite — verschiedene Schwingungsformen und Oberschwingungen. Bei einem dieser Modi zeigen sich die Eigenschaften, die dem lang gesuchten Graviton entsprechen, dem Quantum gravitativer Wellen. Im Gegensatz zur herkömmlichen Quantentheorie, welche die Schwerkraft unmöglich macht, setzt die Stringtheorie Schwerkraft voraus. Die Stringtheorie vereinigt somit die allgemeine Relativitätstheorie, die Quantentheorie, die Theorie der Elementarteilchenmodelle und die Theorie der vier Grundkräfte. Zwischen 1970 und 1994 wurden fünf Superstringtheorien und eine Superschwerkrafttheorie entwickelt, die sich bezüglich der allgemeinen Eigenschaften der Strings signifikant voneinander unterscheiden. 1995 vereinigte Witten alle sechs Theorien zu einer einzigen, grundlegenden Theorie, die er als M-Theorie bezeichnete. Das M steht für eine elfdimensionale Matrix oder Membran. Nach der M-Theorie sind die Strings oder Loops an Flächen oder Blasen verankert, die als d-Membranen oder d-Branen bezeichnet werden. Damit lassen sich auch die von einigen Wissenschaftlern spekulativ-theoretisch erwarteten, subatomaren schwarzen Löcher beschreiben. Ramthas acht Räume umfassendes Diagramm, das die siebenfache Involution von Bewusstsein und Energie ausgehend vom Punkt Null zeigt (siehe Abb. 3), kann in den Begriffen der M-Theorie erfasst werden. Der Punkt Null wäre dabei einem subatomaren schwarzen Loch ähnlich. Die Superstrings entsprächen den sieben Existenzebenen, von denen sechs in aufgerollter oder gefalteter Form existieren, wozu noch die Dimension der Zeit und die drei Dimensionen der Raumes, Länge, Breite und Höhe hinzukämen.

kommt, um es zu reparieren, dann steckt dessen Energie in der Reparatur. Wie viele von euch verstehen das? Wie könnte eine erleuchtete Wesenheit auf dem Boden der Realität eines anderen stehen, die nicht die eigene ist?

Nun beginnt ihr also das Mysterium um solche Meister zu verstehen, die auf einem Pfad von safranfarbenem Staub gehen. Sie verehren die Lebewesen und diese legen sich ihnen zu Füßen. Vögel lassen sich auf ihnen nieder. Blumen blühen dort, wo sie gehen, denn diese Meister schreiten auf dem Pfad der Heilung. Und wer auch immer ihnen unmittelbar nachfolgt, wird einfach dadurch geheilt, dass er den gleichen Boden betritt, auf dem der Meister ging. Der Grund ist, dass der Boden und der Meister eins sind. Wir sind nicht von unserer Umgebung getrennt. Unsere Umgebung ist die verdichtete Kraft unseres üblichen Denkens.

Wie kommt ihr zu der Vorstellung, dass es an einem Ort spukt? Ist da nicht etwas Wahres an diesen Geschichten von Ehefrauen und Ehemännern? Ist da nicht etwas dran? Es ist wahr, dass erdgebundene Geister, Menschen, die sehr fleischlich waren, kein Wissen haben, sie lebten nur Tag für Tag für ihren Körper. Sie können sich sich selbst nicht ohne Körper vorstellen, weil jeder Teil ihres Bewusstseins der Körper war. Das war ihr Weg. Und doch verrottet und verfällt dieser Körper jetzt. Und diese Geister bleiben erdgebunden und halten sich in den Bereichen auf, in denen sie Energie haben. Sie bleiben in der Atmosphäre. Sie bleiben an dem Ort, den sie besetzen, weil sie dort gebunden sind. Der Boden, an den sie gebunden sind, spult immer wieder eine bestimmte Energie ab. Was also ist eine nebelhafte Vision? In der Tat, was ist das? Wie kommt es, dass ihr manchmal in dem Dunst, der an bestimmten Orten vom Boden aufsteigt, ein blasses Bild erkennen könnt? Wisst ihr warum? Weil dieser Boden aus einem solchen, zur Gewohnheit gewordenen Gedanken besteht.

Es gibt demnach viel über die Indianer Nord- oder Südamerikas zu sagen, die glaubten, dass der Geist ihrer Großväter in den Bergen und der Geist ihrer Mütter in den Steppen lebt oder dass sich die großen Häuptlinge in bestimmten Cañons oder auf bestimmten Berggipfeln versammeln oder dass der Geist des großen Büffels noch immer existiert. Wie kommen sie zu solchen Vorstellungen? Und warum? Weil die spirituelle Energie den entsprechenden Ort zu dem gemacht hat, was er war. Deshalb ist er heilig. Deshalb können sie dorthin gehen und palavern und sie können genau dort sitzen, wo die dort üblichen Gedanken intensiv sind und die Energie der Älteren empfangen. Das ist eine Wahrheit.

Warum sollte es nicht Wahrheit sein? Wie sonst sollte sich der Stoff der Materie bilden? Durch Zufall? Nein. In Gottes Königreich gibt es keine Zufälle; es gibt nur Absicht. Was macht einen heiligen Ort aus? Ein heiliger

Gedanke. Das Feld ist ein heiliger Ort.[4] Diese Arena, die große Halle, ist ein heiliger Ort, weil ihr dort gesessen und große Arbeit geleistet habt. Wäre dies eine Arena, in der sich große Tragödien abgespielt haben, dann würdet ihr kummervoll dasitzen und es spüren. Warum? Weil die langsam zerfallenden Teilchen hier die Energie dieses Kummers ausströmen würden. Wie viele von euch haben so etwas erlebt? So sei es.

Das ist der Grund, warum ihr, wenn ihr die Vergangenheit zerstört, manchmal genau das tun müsst. Ihr müsst das auffächern, was man als Energie bezeichnet und diese sich zersetzen lassen. Lasst sie zurückkehren, um gereinigt zu werden. Eine Feuerreinigung ist ein langes Ritual der Verbrennung — der Verbrennung — einer Stelle von Kummer, der Verbrennung einer Stelle von Erinnerung, der Verbrennung eines Spuks. Was bewirkt die Verbrennung? Sie erzeugt im Inneren des Holzes den Schwefel, der sich entzündet und entfaltet, und das übliche Denken geht in Rauch auf. Wendet euch zu eurem Nachbarn und erklärt es ihm. Wie viele von euch verstehen das? Aus diesem Grund tragt ihr bei der Consciousness & Energy®(*Bewusstsein und Energie*)–Arbeit keinen Schmuck, während ihr fokussiert — besonders keine Metalle, die in Verbindung mit der Vergangenheit stehen — weil sonst die Vergangenheit in die Energie mit eingeschlossen wird.

Metall ist vielleicht der stärkste Speicher für Bewusstsein und Energie, den es gibt. Deshalb wird Gold aus Liebe und Freundschaft verschenkt. Wenn das Gefühl nicht mehr besteht, dann sollte man es abnehmen und einschmelzen, denn wenn ihr es weiterhin tragt, wird euch beständig ein bestimmter Gedanke eingefüttert. Wie viele von euch verstehen das? Wirklich? Wunderbar.

Bedeutet das nun, dass ihr nach Hause gehen und ein Buschfeuer legen sollt? Ich möchte nicht, dass ihr das tut. Ich möchte, dass ihr versteht, dass diese unsichtbare Depression, die ihr empfindet, manchmal mit dem Ort zu tun hat, an dem ihr steht. Sie kommt von dem Raum, in dem ihr euch befindet. Es ist etwas, das euch umgibt und euch etwas einfüttert — wie viele von euch verstehen das? — darum müsst ihr euch kümmern. Bedenkt, wir können nicht auf einem Boden stehen, der unbeeinflusst ist. Der gesamte Boden ist beeinflusst. Meister erschaffen ihren eigenen Weg. Wie viele von euch verstehen das? Ich bitte euch es zu tun. Denn zu erkennen, dass ihr, wo immer ihr hintretet und wo immer ihr hingeht, nur einfach Erweiterungen der Umgebung eurer Wahl seid, bedeutet, dass ihr noch unreife Meister, noch unreife Schüler seid. Versteht, dass dieser Effekt sich überall zeigt und dass der Niederschlag des üblichen Denkens sich die ganze Zeit verdichtet.

---

4 Das für Fieldwork™ (Feldarbeit) benutzte Feld

Zum Schluss: Der dimensionale Mind im Vergleich zum linearen Mind

Überlegt einmal: wie oft habt ihr in einem Zimmer, das fast hermetisch verschlossen war, bei eurer Rückkehr Staub vorgefunden? Wo kam er her? Es sind eure Gedanken, die sich im Raum verdichtet haben oder es ist der Raum, der zerfällt. Ihr braucht keine äußere Quelle, von der der Staub hereinkommt; er entsteht von alleine. Er ist in der Atmosphäre. Wie viele von euch verstehen das? So sei es. Wir sprechen hier von Schichten des Magischen.

Was also geschieht, wenn ihr eine Veränderung eures Hintergrundmotivs erschafft? Ihr fangt an, zur Gewohnheit gewordene Gedanken auszustrahlen, und diese beginnen sich um euch herum zu manifestieren. Wenn Meister keinen Schmutz auf ihrem Gewand wollen, weil er dort nicht hingehört, gelangt er auch nie dort hin. Meister schreiten leichtfüßig auf ihrem Weg dahin, weil ihre üblichen Gedanken leichte Gedanken sind. Wenn es scheint, dass Meister ein Leben ohne Schattenseiten führen, dann deshalb, weil sie es so geschaffen haben. Sie scheinen alles, was sie tun, gut zu machen; stets verläuft alles nach ihrem Wunsch. Der Grund ist, dass sie es sich so geschaffen haben, dass sie grundsätzlich auf entsprechende Art und Weise denken, weshalb alles in ihrem Umkreis in dieses Denken einbezogen ist. Versteht ihr?

Nun, das sollte eine starke Wirkung auf euch haben. Ihr solltet nach Hause gehen und euch ansehen, was euch deprimiert und wo ihr gerade steht. Was ist in dem euch umgebenden Material gespeichert, welche Art von Gedanken? Diese sollten verändert werden. Außerdem solltet ihr, wenn ihr pflichtgetreu und so wie ihr es gelernt habt, euren Tag kreiert, daran denken und euch selbst daran erinnern, dass ihr den Tag so kreiert, dass sich an diesem Tag entsprechendes übliches Denken — absichtsvolles, zur Gewohnheit gewordenes Denken — niederschlägt.

In diesem Augenblick seid ihr noch nicht soweit, dass ihr einfach aufwacht und wie ein Meister denkt. Ihr habt die Angewohnheit zu denken: „Oh mein Gott, es ist Morgen; es ist Zeit, es ist spät, ich wünschte, ich könnte länger schlafen." Seht ihr, ihr seid nicht daran gewöhnt, die Augen zu öffnen und sobald ihr sie ganz geöffnet habt, habt ihr euren Tag bereits zur Hälfte kreiert, einfach durch die Art eures Denkens. Ihr müsst euch disziplinieren, um die gewohnheitsmäßigen Gedanken beim Kreieren eures Tages genau so zu erschaffen, wie ihr sie wollt. Das ist wie Magie. Warum? Weil aus solchen gewohnheitsmäßigen Gedanken ein Niederschlag entsteht, der sich zu eurem Pfad und zu eurem Tag selbst verdichtet.

Was könntet ihr nicht einbeziehen? Wenn es eure Absicht ist, einen wunderbaren Tag zu haben, einen magischen Tag, einen heilsamen Tag, einen Tag voller Energie, einen Tag voller Wunder, dann müsst ihr genau diese Gedanken gewohnheitsmäßig ausstrahlen. Dann wird der Tag euch genau das geben. Es funktioniert immer, es sei denn, ihr hättet da so ein elendes

Hintergrundmotiv sitzen, das euch sagt: na ja, na ja, na ja. Solche Dinge müsst ihr loswerden. Dann schlägt sich an diesem Tag das Wunderbare nieder — wie viele von euch verstehen das? — und Gott enttäuscht euch nicht.

Wie also verhält es sich mit diesem Leben? Es ist ein Niederschlag aus der Ebene der Glückseligkeit. Wie verhält es sich mit der Lichtrückschau? Sie ist der Niederschlag eures Lebens. Wie verhält es sich mit dieser Rückschau? Sie wird nicht vergessen werden. Was habt ihr davon? All die Vorteile erweiterter Weisheit, Gelegenheit, Wahlmöglichkeit und Veränderung. Nun, was ihr damit anfangt, liegt ganz alleine bei euch, denn ihr seid Herr und Gott eures Seins, ihr seid souverän. Aber lasst nie zu, dass ein Tag verschwendet wird. Ein Tag ist kostbares Leben, ist ein Tag näher an der Ewigkeit.

Denkt daran, sprecht und denkt alles nach dem Maßstab des Lichtes aller Ewigkeit. Wenn ihr das tut, habt ihr die Regeln der Meister gelernt und euer Leben wird reicher, glücklicher, freudvoller, friedlicher, angenehmer, schöner und auf wunderbare Weise vorhersehbarer werden. Wenn ihr so lebt, gibt es nichts, das ihr fürchten müsst.

Wenn ihr an diesem Wochenende außerdem etwas über das Hintergrundmotiv und über eure Absicht gelernt habt — und versteht, dass die größte Angst in eurer Brust ist, euch mit eurem eigenen Gewissen zu konfrontieren — dann wird es vielleicht Zeit, genau das zu tun, da hineinzugehen, zu sehen, was zu sehen ihr gefürchtet habt und dann mit der Veränderung anzufangen. Wenn ihr so handelt, dann versteht ihr die Ebene der Glückseligkeit. Und dieses Leben — dieses Leben — kann die Ebene der Glückseligkeit sein.

Denkt daran, ihr habt die Gelegenheit, sowohl ein linear denkender Gott als auch ein multidimensionaler Gott zu sein. Ich würde sagen, ergreift die Gelegenheit auf allen Ebenen und lebt diesen Tag multidimensional. Lebt ihn so, dass er wieder und immer wieder betrachtet werden kann, so als wäre dieser Tag der Tag, an dem ihr ihn betrachtet, so wie ihr wollt, dass er gelebt wird. So sei es.

Ich liebe euch. Ich werde euch im Licht wiedersehen.

Oh mein geliebter Gott,
ich danke dir sehr
für diese Rückschau.
Und für dieses Leben,
das ich wertschätze
und ehre.
Oh mein geliebter Gott,
ich wünsche mir
Klarheit
und Abenteuer.
Befreie mein Leben
von meinen Illusionen,
damit mein Abenteuer
beginnen kann.
So sei es.

RAMTHAS GLOSSAR

Abstrakter Gedanke: Abstrakte Gedanken sind Gedanken aus dem Unbekannten. Sie sind Paradigmen des Denkens, die noch nicht erfahren wurden und daher keine emotionale Ladung tragen.

Ätherisch: Etwas, das zur Unterwelt, dem Äther, der spirituellen Ordnung gehört.

Affenverstand (_monkey-mind_): Affenverstand bezieht sich auf den flatterhaften Verstand der Persönlichkeit.

Ahk Men Ra: Name einer der individuellen Gruppen in Ramthas Schule der Erleuchtung, die Ramtha ins Leben gerufen hat. Er gab jeder Gruppe ihren Namen und betraute sie mit einem speziellen Zweck und einer besonderen Aufgabe, die den Gruppenmitgliedern Einheit und Identität verleihen.

Akasha: Ein Begriff aus dem Sanskrit, der in der Hindu-Philosophie die Unterwelt, den Äther oder die geistige Ebene beschreibt.

Alltagsgedanke: Alltagsgedanken sind durch Erfahrung bereits im Gehirn festverdrahtete Gedanken. Sie sind in der menschlichen Persönlichkeit üblich.

Alte Weisheit: bezieht sich auf die Weisheit vergangener Zeitalter, das Wissen, das jeder große Meister, der je gelebt hat und erleuchtet wurde, besaß. Sie ist die Wahrheit hinter den Disziplinen des Großen Werkes und der Inhalt von Ramthas Lehren.

Analog: Analog zu sein heißt im Jetzt zu leben. Dies ist der schöpferische Moment, der sich außerhalb der Zeit, der Vergangenheit und der Emotionen befindet.

Analoger Mind: Analoger Mind bedeutet ein Mind. Er ist das Ergebnis der Ausrichtung von primärem und sekundärem Bewusstsein, dem Beobachter und der Persönlichkeit. Das vierte, fünfte, sechste und siebte Siegel des Körpers sind in diesem Geisteszustand offen. Die Bänder drehen sich in entgegengesetzter Richtung, wie ein Rad im Rad und erzeugen einen kraftvollen Wirbel, wodurch es den Gedanken, die im Stirnlappen festgehalten werden, möglich wird, sich zu verdichten und zu manifestieren.

Antichrist: Der Antichrist ist der modifizierte Christus, die begrenzte menschliche Persönlichkeit, die unser wahres, göttliches Selbst zerstört. Der Begriff bezieht sich auf alles und jeden, der die Menschheit unterdrückt und sie ihres Geburtsrechts und ihrer Göttlichkeit beraubt.

Assay (Prüfung): Test für den Eingeweihten. Diese Seminare dauern gewöhnlich zehn Tage und geben den Schülern Gelegenheit zu überprüfen, in welchem Maß sie das Gelernte verwirklicht haben.

Atlantier: Bedeutet dasselbe wie Atlanter. Ein Mensch vom Kontinent Atlantis.

Atrium der Konstanten: Eine Existenzebene mit einer höherer Frequenz als die physische Ebene, in der die Seelen auf eine neue Gelegenheit warten, sich in einem physischen Körper zu inkarnieren.

Aufgestiegener Meister: Ein aufgestiegener Meister ist ein Mensch, der die physische Ebene, die Begrenzungen von Zeit und Raum gemeistert und den Tod besiegt hat. Diese Meister haben die Fähigkeit entwickelt, die Schwingung ihres physischen Körpers so weit zu erhöhen, dass sie diese Ebene verlassen und sich selbst in anderen Existenzebenen oder Dimensionen ihrer Wahl manifestieren können. Ramtha, Jeshua ben Joseph, Buddha, Ra-Ta-Bin, Zarathustra, Takahshunnuman, Apollonius von Tyana sind, neben anderen, alle aufgestiegene Meister. Ramtha war der erste Angehörige der menschlichen Rasse, der über diese Ebene hinausging und aufstieg, ohne je den Tod erfahren zu haben.

Aufstieg: Aufstieg ist das natürliche Resultat von Erleuchtung. Er ist das Ergebnis des Öffnens aller Energiezentren des menschlichen Körpers und des vollständigen Erblühens des Unterbewusstseins, woraus die absolute Freiheit auf allen Existenzebenen resultiert. Ramtha war der erste von Mann und Frau geborene Mensch, der von dieser Ebene aufstieg, ohne je den Tod erfahren zu haben. Nachdem er sein Volk 120 Tage lang in allem unterrichtet hatte, was er über den Unbekannten Gott gelernt hatte, erhob er sich in die Luft und schwebte über seinem versammelten Volk. Er sagte ihnen Lebewohl, erhöhte die Schwingung seines Körpers so weit bis er in einem Blitz aus blendendem Licht verschwand. Von Jeshua ben Joseph wird berichtet, dass er nach seinem Tod und der Wiederauferstehung vor seinen Schülern am See Genezareth aufstieg.

Augenblick, der: Dieser Begriff beschreibt das schöpferische und ewige Jetzt, die Gegenwart.

Ausbruch des Vulkans: Dieser Ausdruck beschreibt das mit Hilfe der Disziplin von C&E™ bewirkte Hochsteigen der Kundalini-Energie.

Avatar: Ein Meister mit der Fähigkeit, nach Belieben Dinge zu manifestieren, der sich aber noch voll als Meister verwirklichen und den Tod überwinden muss.

Bänder, die: Die Bänder bestehen aus zwei Sets mit je sieben Frequenzen, die den menschlichen Körper umgeben und ihn zusammenzuhalten. Jede der sieben Frequenz-Schichten der beiden Bänder-Sets entspricht im menschlichen Körper einem der sieben Siegel der sieben Ebenen des Bewusstseins. Die Bänder sind das Aurafeld, das binären und analogen Mind möglich macht.

Bedingungslose Liebe: Bedingungslose Liebe ist der Ausdruck des Bewusstseins der vierten Ebene. Sie ist der Anfang von Erleuchtung und das

208

Ende von Dualismus, Mangel und Getrenntheit, den Wahrnehmungen der Persönlichkeit. Sie ist Liebe in Freiheit, ohne irgendwelche emotionalen Anhaftungen. Bedingungslose Liebe ist ein schöpferischer Geisteszustand, der seinem Wesen nach gebend ist. Sie ist die Beschreibung, die Gott am nächsten kommt.

Begrenzter Gedanke: Ein Gedanke, der an die Begrenzungen von Raum und Zeit gebunden ist. Der Begriff bezieht sich auf die Denkprozesse der menschlichen Persönlichkeit und das Bewusstsein der ersten drei Siegel.

Beobachter: Bezieht sich auf den Beobachter der Quantenmechanik, der für den Kollaps von Welle/ Partikel verantwortlich ist. Er stellt das wahre Selbst, den Geist, das primäre Bewusstsein dar, d.h. den Gott im Menschen.

Bewusstsein: Bewusstsein ist das Kind, das geboren wurde, als die Leere (*the Void*) sich selbst betrachtete. Es ist die Essenz und der Stoff, aus dem alles Sein besteht. Alles Existierende hat seinen Ursprung im Bewusstsein und wurde durch dessen Dienerin, die Energie nach außen manifestiert. „Bewusstseinsstrom" bezieht sich auf das Kontinuum von Gottes Mind.

Bewusstsein und Energie: Sie sind die dynamischen Schöpferkräfte und unauflöslich miteinander verbunden. Alles Existierende entsprang dem Bewusstsein und manifestierte sich durch die Modulation seiner energetischen Wirkung in die Materie hinein.

Bewusstsein und Energie™ siehe **C&E™**

Binärer Mind: Dieser Ausdruck meint „zwei Minds". Binärer Mind wird durch Zugriff auf das Wissen der Persönlichkeit und des menschlichen Körpers ohne die Einbeziehung des tiefen unterbewussten Minds erzeugt. Binärer Mind verlässt sich ausschließlich auf das Wissen, die Wahrnehmung und die Gedankenprozesse des Neokortex und der ersten drei Siegel. Das vierte, fünfte, sechste und siebte Siegel bleiben in diesem Geisteszustand geschlossen.

Blaue Ebene, siehe **Vierte Ebene.**

Blue Body™ (*Blauer Körper*): Der Körper, der zur vierten Existenzebene, dem Brücken-Bewusstsein und dem ultravioletten Frequenzband gehört. Der Blue Body™ ist Herr über den Lichtkörper und die physische Ebene.

Blue Body™ Tanz (Tanz des blauen Körpers): Eine Disziplin, die Ramtha lehrt. Der Schüler hebt sein bewusstes Gewahrsein auf das Bewusstsein der vierten Ebene an. Mit dieser Disziplin kann man Zugang zum Blue Body™ gewinnen und das vierte Siegel öffnen.

Blue Body™-Heilung (Heilung mit dem blauen Körper): Eine Disziplin, die Ramtha lehrt. Der Schüler hebt sein bewusstes Gewahrsein auf das Bewusstsein der vierten Ebene und des Blue Body™ an, um den physischen Körper zu heilen oder zu verändern.

209

Blaue Netze: Die blauen Netze stellen die Grundstruktur des physischen Körpers auf einer subtilen Ebene dar. Diese unsichtbare Skelettstruktur der physischen Realität schwingt im ultravioletten Frequenzbereich.

Boktau: Bedeutet „der große Test": ein langes Seminar in Ramthas Schule der Erleuchtung, das gewöhnlich 30 Tage oder länger dauert. Ein Mini-Boktau ist eine kürzere Version dieses Seminars und dauert gewöhnlich 14 Tage.

Bote: Zu Ramthas Lebzeiten hatten Boten die Aufgabe, bestimmte Nachrichten oder Informationen zu überbringen. Ein Meister-Lehrer hat die Fähigkeit, anderen Leuten Boten zu senden, die seine Worte oder seine Absicht in Form einer Erfahrung oder eines Ereignisses Wirklichkeit werden lassen.

Box, die: Die Box bezeichnet eine Ansammlung von Einstellungen, Gewohnheiten, Glaubenssätzen und Gedankenprozessen, die der Mensch akzeptiert hat und die ihn daran hindern, neue Paradigmen des Denkens und der Erfahrungen zu erforschen. Die Box ist dasselbe wie das Neuronennetz und die menschliche Persönlichkeit.

Brüste der Isis: Ramtha nennt die Amygdala und den Hypocampus die Brüste der Isis.

Buch der Evolution: Die Aufzeichnung aller Erfahrungen der Seele auf ihrer Reise von der ersten Ebene der physischen Erscheinungsform zurück zur siebten Ebene und zum Punkt Null.

Buch der Involution: Die Aufzeichnung aller Erfahrungen der Seele auf ihrer Reise vom Punkt Null zur dichtesten Existenzebene, der physischen Ebene.

Buch des Lebens: Ramtha bezeichnet die Seele als das Buch des Lebens, in dem die gesamte Reise der Involution und Evolution des Einzelnen in Form von Weisheit aufgezeichnet ist.

C&E™ = R: Consciousness and Energy = Reality, Bewusstsein und Energie erschaffen die Beschaffenheit der Wirklichkeit.

C&E™: Abkürzung für Consciousness & Energy™, (Bewusstsein & Energie) Warenzeichen der grundlegenden Disziplin in Ramthas Schule der Erleuchtung, die zum Manifestieren und zur Anhebung des Bewusstseins dient. Mit Hilfe dieser Disziplin lernt der Schüler, einen analogen Geisteszustand herbeizuführen, seine höheren Siegel zu öffnen und aus der Leere (*the Void*) Wirklichkeit zu erschaffen. Das Einführungsseminar für Anfänger wird „C&E™Workshop für Anfänger" genannt. In diesen Workshops lernen die Schüler die grundlegenden Konzepte und Disziplinen von Ramthas Lehren kennen.

Die Lehren des „C&E™Workshop für Anfänger" finden Sie in dem Buch: „Das Erschaffen von Realität, Ein Leitfaden für Anfänger" (Hora-

210

mus Publishing Inc., Yelm, WA, USA, ISBN 0-9652621-5-4) sowie auf dem Video „*Persönliche Realität kreieren*"(JZK Publishing Inc.,Yelm)

Chakra: Chakra ist ein Wort aus dem Sanskrit. Ein Chakra ist ein Schnittpunkt zweier Energielinien. Ein Chakrapunkt ist ein Kreuzungspunkt von Energie, also etwas ganz anderes als die sieben Siegel oder Bewusstseinszentren im menschlichen Körper.

Christus: Christus ist nicht der Name oder Titel für ein Einzelwesen. Christus werden all diejenigen genannt, die die physische Ebene gemeistert und den Tod besiegt haben. Der Christus im Menschen bezieht sich auf den Gott im Inneren, den göttlichen Aspekt des Menschen.

Christus-Gang (*Christ walk*): Der Christus-Gang ist eine von Ramtha entworfene Disziplin, in der der Schüler sehr langsam und absolut bewusst gehen lernt. Die Schüler lernen in dieser Disziplin, mit jedem Schritt den Mind eines Christus zu manifestieren.

Christus-in-Masse: Bezieht sich auf das Weihnachtsfest (*Christmas*). Bezieht sich auch auf das Christusbewusstsein, das im menschlichen Fleisch gegenwärtig ist.

Crosham: So hieß das Breitschwert, das Ramtha in seinem Leben benutzte. Das Schwert war so groß, dass zehn Männerhände nötig waren, um sein Heft zu halten.

Crossover: Dieser Begriff beschreibt Wesen, die das Gegengeschlecht in ihrer nächsten Inkarnation verstehen lernen wollten, während sie die Sichtweise ihres eigenen Geschlechts beibehielten. Man könnte sagen, dass Crossovers Männer in Frauenkörpern sind und umgekehrt. Menschen, die sich über ihre sexuelle Orientierung unklar sind, sind manchmal Crossovers, jedoch nicht immer.

Dialog-Jahre: Bezieht sich auf die Sitzungen mit Ramtha, in denen die Teilnehmer aufgefordert wurden, persönliche, direkte Fragen an ihn zu stellen. Diese Sitzungen fanden vor der Gründung von Ramthas Schule der Erleuchtung 1988 statt.

Dimension: Eine Dimension ist die Atmosphäre oder Umgebung, die zwischen zwei beliebigen Bewusstseinspunkten entsteht. Es gibt sieben Haupt-Existenzebenen von denen jede einzelne eine unendliche Anzahl von Dimensionen enthält.

Disziplinen des Großen Werks: Ramthas Schule der Alten Weisheit ist dem Großen Werk gewidmet. Alle Disziplinen des Großen Werks in Ramthas Schule der Erleuchtung wurden ausschließlich von Ramtha entworfen. Diese Übungen sind wirkungsvolle Einweihungen, durch die der Schüler die Gelegenheit erhält, die Lehren Ramthas aus erster Hand anzuwenden und zu erfahren.

Dörfler: Ein Dörfler ist ein Mensch, der seine wahre Identität und göttliche Herkunft nicht kennt. Ein Dörfler ist das Gegenteil eines Meisters.

Dritte Ebene: Dies ist die Ebene des bewussten Gewahrseins und des sichtbaren Licht-Spektrums. Sie ist auch als Lichtebene oder mentale Ebene bekannt. Wenn die Energie der Blauen Ebene auf diesen Frequenzbereich herabgesenkt wird, spaltet sie sich in positive und negative Polarität. An diesem Punkt teilt sich die Seele in zwei Hälften; so entsteht das Phänomen der Seelengefährten.

Drittes Siegel: Dieses Siegel ist das Energiezentrum des bewussten Gewahrseins und des sichtbaren-Licht-Spektrums. Es steht in Verbindung mit Kontrolle, Tyrannei, Opfersein und Macht. Es befindet sich im Bereich des Solarplexus.

Dunkle Nacht der Seele: Eine Zeit großen emotionalen Leids, das aus einer tiefgreifenden Veränderungen der Selbstsicht eines Menschen herrührt. Dabei schießt Energie durch den Emotionalkörper und wird gereinigt und von den Verhaftungen befreit, die wir mit dieser Energie verbunden haben. Eine ins Gehirn gelangende elektrische Umkehrladung aktiviert das Energiefeld des Körpers und verursacht das Leiden.

Ebene der Veranschaulichung: Die physische Ebene wird auch die Ebene der Veranschaulichung genannt. Auf dieser Ebene hat der Mensch Gelegenheit, sein schöpferisches Potenzial in der Materie zu demonstrieren und Bewusstsein in materieller Form zu erleben, und somit sein emotionales Verstehen zu erweitern.

Ebene des Fleisches: siehe erste Ebene.

Ebene der Glückseligkeit: Die Ebene des Ausruhens, auf der die Seelen die Gelegenheit haben, nach ihrer Lebensrückschau ihre nächste Inkarnation zu planen. Sie ist auch als Himmel und Paradies bekannt, wo es weder Leid, noch Schmerz, Not oder Mangel gibt und wo sich jeder Wunsch sofort manifestiert.

Ego: Das Ego ist das Selbst, die wahre Identität des einzelnen Menschen.

Elektrum: Dieser Begriff bezieht sich auf ein elektromagnetisches Feld mit negativen und positiven Polen, Elektrizität genannt.

Elohim: Eine der von Ramtha gegründeten Gruppen in Ramthas Schule der Erleuchtung. Er gab jeder Gruppe ihren Namen und betraute sie mit einem speziellen Zweck und einer besonderen Aufgabe, die den Gruppenmitgliedern Einheit und Identität verleihen. Dieses hebräische Wort bedeutet wörtlich „die Götter", es wird manchmal für eine bestimmte Gruppe von Göttern verwendet, die auf den Planeten Erde kamen.

Elohim Ka Men Ra: Ramtha gab diesen Namen einer der Gruppen in Ramthas Schule der Erleuchtung. Er gab jeder Gruppe ihren Namen und betraute sie mit einem speziellen Zweck und einer besonderen Aufgabe, die den Gruppenmitgliedern Einheit und Identität verleihen.

Emotionalkörper: Der Emotionalkörper ist die Ansammlung vergangener Emotionen, Einstellungen und elektrochemischer Muster, die die mensch-

212

liche Persönlichkeit des Einzelnen definieren. Ramtha bezeichnet ihn als die Versuchung der Unerleuchteten. Aufgrund unseres Emotionalkörpers reinkarnieren wir uns immer wieder.

Emotionen: Eine Emotion ist der physische biochemische Effekt einer Erfahrung. Emotionen gehören der Vergangenheit an, denn sie sind der Ausdruck von Erfahrungen, die bereits bekannt und in den neurosynaptischen Signalwegen des Gehirns festgelegt sind.

Energie: Energie ist das Gegenstück zu Bewusstsein. Alles Bewusstsein bringt eine dynamische Energiewirkung, Ausstrahlung oder einen natürlichen Ausdruck seiner selbst mit sich. Genauso wie alle Formen von Energie ein Bewusstsein mit sich bringen, das sie definiert.

Erdgebundene Geister: Erdgebundene Geister sind Geister (*spirits*) von Menschen, die gestorben sind, aber ihr früheres Leben und ihre physische Existenz nicht losgelassen haben. Sie existieren im infraroten Schwingungsband und sind gemeinhin als Gespenster bekannt.

Erleuchtung: Erleuchtung ist die volle Verwirklichung des Menschen, die Erlangung von Unsterblichkeit und unbegrenztem Mind. Sie ist erreicht, wenn die Kundalini-Energie, die an der Basis der Wirbelsäule sitzt, nach oben zum siebten Siegel steigt, das seinerseits die brachliegenden Teile des Gehirns öffnet. Wenn die Energie in das Mittelhirn und das Kleinhirn vordringt und der unterbewusste Mind geöffnet wird, erlebt der Mensch einen blendenden Lichtblitz, den man Erleuchtung nennt.

Erste Ebene: Bezieht sich auf die materielle oder physische Ebene. Sie ist die Ebene des Image-Bewusstseins und der Hertz-Frequenz. Sie ist die niedrigste und dichteste Form von verfestigtem Bewusstsein und Energie.

Erste drei Siegel: Die ersten drei Siegel sind die Siegel von Sexualität, Überleben, Schmerz und Leiden, Opfersein und Tyrannei. Diese Siegel kommen im Allgemeinen in allen Verwicklungen des menschlichen Dramas zum Tragen.

Erstes Siegel: Das erste Siegel steht mit den Fortpflanzungsorganen, Sexualität und dem Überlebenstrieb in Verbindung.

Erwachtes Wesen: Ein erleuchteter Mensch, der nicht länger Opfer seiner Erbanlagen oder seiner Umgebung ist. Mit diesem Begriff wird ein Meister beschrieben, der bewusst seine eigene Realität erschafft.

Esoterisch: Dieser Begriff bezieht sich auf heiliges oder verborgenes Wissen.

Euer Gott: Dieser Ausdruck bezieht sich auf den Geist, den Beobachter, den Gott im Menschen.

Evolution: Evolution ist die Reise zurück nach Hause, von den niedrigsten Frequenzebenen und der Materie zu den höchsten Frequenzebenen und zum Punkt Null.

Fantastischer Realismus: Beschreibt die Realität, die durch einen erhabenen Bewusstseinszustand erschaffen wird. Die Realität, die die Meister erleben.

Feld, das: siehe **Namensfeld.**

Fieldwork™(Feldarbeit): Feldarbeit ist eine der grundlegenden Disziplinen, die in Ramthas Schule der Erleuchtung gelehrt werden. Die Schüler denken sich ein Symbol aus für etwas, das sie bekannt machen oder erfahren wollen und malen es auf eine Karte. Diese Karten werden mit der unbeschriebenen Seite nach außen an die Querlatten eines Zaunes, der ein großes Feld umgibt, gehängt. Die Schüler setzen sich Augenbinden auf und fokussieren auf ihr Symbol, während sie ihren Körper frei im Feld herum gehen lassen. Durch die Anwendung des Gesetzes von Bewusstsein und Energie und des analogen Minds gehen sie direkt zu ihrer Karte.

Festververdrahtung: Der Prozess, durch den neurologische Verbindungen im Gehirn angelegt und in Form von Mustern aufgezeichnet werden. Dreimalige Wiederholung eines Gedankenmusters genügt schon, um eine Gewohnheit auszubilden und im Neuronennetz festzulegen.

Fokus: Die Fähigkeit, auf einen Gedanken zu fokussieren, ist eines der wichtigsten Elemente der Disziplinen des Großen Werks. Fokus bedeutet, ein holografisches Bild, das einen Gedanken repräsentiert, bewusst und analog im Stirnlappen des Gehirns festzuhalten.

Freiraum: Freiraum wird die Erfahrung genannt, wenn wir aus der Box und den Mustern unserer begrenzten Persönlichkeit ausbrechen. Freiraum wird als Ekstase beschrieben. Es ist die Erfahrung einer größeren, erhabeneren Sichtweise, die dem Einzelnen Klarsicht ermöglicht und ihn Dinge verstehen lässt, die zuvor in seinem Leben chaotisch und unlösbar erschienen.

Frequenz: Frequenz ist die Schwingungsgeschwindigkeit, die eine Energiewelle charakterisiert. Mit Frequenz wird die Schwingungsrate von Partikeln und Wellen einer bestimmten Existenzebene beschrieben.

Frucht des Rebstocks: Wein.

Fünfte Ebene: Die fünfte Existenzebene ist die Ebene des Super-Bewusstseins und der Röntgen-Frequenz. Sie ist auch als Goldene Ebene oder Paradies bekannt.

Fünftes Siegel: Das fünfte Siegel ist das Zentrum unseres spirituellen Körpers, das uns mit der fünften Ebene verbindet. Dieses Siegel steht mit der Schilddrüse in Verbindung und steht für das Aussprechen und Leben der Wahrheit ohne Dualismus.

Gasthaus zum tänzelnden Pony: Diese Bezeichnung bezieht sich auf ein Wirtshaus oder ein Tanzlokal. Ramtha hat diesen Begriff von J.R.R.Tolkiens „Der Herr der Ringe" entliehen.

214

Gedanke: Gedanke ist etwas anderes als Bewusstsein. Das Gehirn verarbeitet einen Bewusstseinsstrom, indem es ihn in Abschnitte zerlegt — holografische Bilder von neurologischen, elektrischen und chemischen Abdrücken, die man Gedanken nennt. Gedanken sind die Bausteine des Minds.

Geflügelter Pharao: Geflügelter Pharao war ein Titel, der Pharaoninnen vorbehalten war, die das heilige Symbol der geflügelten Scheibe trugen. Weibliche Pharaonen waren außerordentliche Meister. Sie wurden vom Volk geliebt und konnten mit einer Berührung heilen und regierten ihr Volk weise und gerecht. Die Dynastie der Pharaoninnen existierte vor den uns bekannten Aufzeichnungen der ägyptischen Geschichte.

Gelbes Gehirn: Gelbes Gehirn ist Ramthas Name für den Neokortex, den Sitz des analytischen und emotionalen Denkens. Es wird aus dem Grund gelbes Gehirn genannt, weil die beiden Hälften des Neokortex in der ursprünglichen zweidimensionalen, karikaturartigen Zeichnung, die Ramtha für seinen Unterricht über die Funktion des Gehirns verwendete, gelb ausgemalt war. Er erklärte dazu, dass die verschiedenen Aspekte des Gehirns in diesem bestimmten Bild übertrieben und farbig hervorgehoben wurden, um das Studium und das Verstehen zu erleichtern. Diese spezielle Zeichnung wurde als Anschauungsmaterial in allen folgenden Unterrichtsstunden über das Gehirn verwendet.

Gesellschaftliches Bewusstsein: Das Bewusstsein der zweiten Ebene und des infraroten Frequenzbandes. Es wird auch das Image der menschlichen Persönlichkeit und der Mind der ersten drei Siegel genannt. Das Gesellschafts-Bewusstsein bezieht sich auf das kollektive Bewusstsein der menschlichen Gesellschaft. Es ist die Ansammlung von Gedanken, Vermutungen, Urteilen, Vorurteilen, Gesetzen, Moralvorstellungen, Werten, Einstellungen, Idealen und Emotionen der Bruderschaft der menschlichen Rasse.

Gnosis: Altgriechisches Wort für Wissen. Die gnostischen Bewegungen aus frühchristlicher Zeit bezeichneten damit ein von einer transzendenten Quelle offenbartes Wissenssystem oder ein Verständnis von Gott, der Schöpfung, der menschlichen Lebensbedingungen und Bestimmung. Dieses heilige Wissen hatte eine erlösende oder befreiende Wirkung auf den Einzelnen.

Gnostizismus: Eine Bezeichnung aus dem 18. Jahrhundert für die gnostischen Bewegungen in frühchristlicher Zeit, die eine breite Palette von Lehren aus den verschiedensten Traditionen anboten. Ihr Grundgedanke bestand in einer dualistischen Weltsicht. Nach diesem Glaubenssystem hat jeder Mensch einen göttlichen Funken in sich, der in der Materie gefangen ist, woraus ein Konflikt zwischen Licht und Dunkel, Wissen und Unwissenheit, Gut und Böse resultiert. Die Offenbarung des heiligen

Wissens befreit die Seele des Einzelnen und lässt sie dem Fleisch entrinnen und zurück zu Gott, seiner Quelle finden.

Götter: Technologisch weit fortgeschrittene Wesen von anderen Sternensystemen, die vor 455 000 Jahren auf die Erde kamen. Diese Götter veränderten die Gene der menschlichen Rasse, indem sie die menschliche DNA mit ihrer eigenen vermischten und modifizierten. Sie sind für die Entwicklung des Neokortex verantwortlich und benutzten die menschliche Rasse als fügsame Arbeitskräfte. Beweise für diese Vorgänge finden sich in sumerischen Tafeln und Artefakten. Der Begriff Götter wird auch zur Beschreibung der wahren Identität der Menschheit, die „vergessenen Götter", verwendet.

Goldene Ebene: siehe **Fünfte Ebene**

Goldener Körper: Der Körper, der zur fünften Ebene, zum Super-Bewusstsein und der Röntgen-Frequenz gehört.

Gott: Ramthas Lehren sind die Erläuterung des Satzes: „Du bist Gott." Er beschreibt die Menschheit als die vergessenen Götter. Gott ist nicht das gleiche wie die Leere (*the Void*). Gott ist der Punkt der Bewusstheit, der entstand, als die Leere sich selbst kontemplierte. Gott ist Bewusstsein und Energie, die die unbekannten Potenziale der Leere erforschen und bekannt machen. Gott ist die allmächtige und allgegenwärtige Essenz aller Schöpfung.

Gott in uns: Er ist der Beobachter, das wahre Selbst, das primäre Bewusstsein, der Geist, der Gott im Menschen.

Gott/Frau: Die volle Verwirklichung eines Menschen.

Gott/Mann: Die volle Verwirklichung eines Menschen.

Gras, das: Marihuana.

Graue Männer: Die Gruppe der sehr einflussreichen Leute, die die großen Banken und Konzerne besitzen und das politische und wirtschafliche Geschehen der Welt kontrollieren.

Große Werk, das: Das Große Werk ist die praktische Anwendung der Lehren der Schulen der Alten Weisheit. Damit sind die Disziplinen gemeint, durch die der Mensch erleuchtet und zu einem unsterblichen göttlichen Wesen wird.

Großer Architekt: Bezieht sich auf das Gehirn, genauer gesagt auf den Neokortex und den Stirnlappen, wo holografische Bilder oder Gedanken erschaffen werden.

Herr des Windes: Einer von Ramthas Titeln. Der Wind repräsentiert die Freiheit, die Macht und Transzendenz des Geistes. Ramtha wurde zum Herrn des Windes, als er erleuchtet wurde.

Hertz-Ebene: siehe **erste Ebene**.

216

Hierophant: Ein Hierophant ist ein Meister-Lehrer, der im Stande ist, was er lehrt auch selbst zu manifestieren und seine Schüler in dieses Wissen einzuweihen.

Himmel: Der Begriff wird auf drei verschiedene Arten verwendet. Einmal bezieht er sich auf das Paradies. Des weiteren bezeichnet er ganz allgemein eine Existenzebene. Besondere Anwendung findet der Begriff „Himmel" als Bezeichnung für den Stirnlappen, den stillen Bereich des Neokortex.

Höhere Siegel: siehe obere vier Siegel.

Hölle: Ramtha erklärt, dass der Begriff Hölle ursprünglich ein „flaches Grab" bedeutete. Diese Bestattungsform war höchst unerwünscht, da sie den Körper des Verstorbenen den Angriffen von wilden Tieren aussetzte. Die einzige Stelle, wo Ramtha eine Hölle im Sinne eines Orts von ewiger Verdammnis fand, war im Bewusstsein der Männer und Frauen, die daran glaubten..

Hyper-Bewusstsein: Das Bewusstsein der sechsten Ebene und der Gammastrahlen-Frequenz.

Hypnotische Fähigkeiten: Die Fähigkeit, in einen veränderten Bewusstseinszustand einzutreten, den man analogen Mind nennt. In diesem Zustand ist der Neokortex betäubt und Kleinhirn und Mittelhirn sind aktiviert.

Iaut Aleph: Name einer der Gruppen in Ramthas Schule der Erleuchtung, die Ramtha ins Leben gerufen hat. Er gab jeder Gruppe ihren Namen und betraute sie mit einem speziellen Zweck und einer besonderen Aufgabe, die den Gruppenmitgliedern Einheit und Identität verleihen.

Image, das: Bezieht sich auf das gesellschaftliche Bewusstsein. Bezieht sich auch auf den Mind, den das Neuronennetz bzw. die Persönlichkeit hervorgebracht hat.

Inkarnation: Bezieht sich auf die Erfahrung einer bestimmten Lebenszeit. Das Überpersönliche, der Geist (*Spirit*) bzw. das wahre Selbst des Einzelnen ist ein Kind der Leere und von seiner Natur her unsterblich. Die Seele ist etwas anderes als der Geist. Sie zeichnet die Erfahrungen des unsterblichen Geistes auf. Demgemäß nehmen der Geist und die Seele in einer Inkarnation eine physische Verkörperung zu dem Zweck an, mit der physischen Existenzebene in Beziehung zu treten. Beim Tod verlassen sowohl der Geist als auch die Seele den physischen Körper und erhalten die Gelegenheit, eine neue Inkarnation, einen neuen physischen Körper anzunehmen, um das abzuschließen, was sie auf dieser Ebene lernen wollten.

Inneres Wissen: Inneres Wissen ist die Fähigkeit, etwas ohne die Hilfe der sinnlichen Wahrnehmung zu wissen. Inneres Wissen bedeutet, Zugang zum Wissen des unterbewussten Minds zu haben.

Involution: Involution ist die Reise vom Punkt Null und der siebten Ebene zu den langsamsten und dichtesten Frequenzebenen und in die Masse.

Ionien: Ionien war eine Region auf dem Kontinent Atlantis, die im Gebiet des heutigen Mazedonien lag.

Jahwe: Jahwe und Jehovah sind verschiedene Wesen. Jahwe war mit der Versklavung, die Jehovah über die Menschen der Erde gebracht hatte, nicht einverstanden. Jahwe und der Gott Id führten Krieg gegen Jehovah. Sie bemühten sich die Menschheit zu lehren, dass der Unbekannte Gott im Menschen lebt.

Jeschua ben Joseph: Jesus Christus wird von Ramtha, entsprechend der jüdischen Tradition der damaligen Zeit, Jeschua ben Joseph genannt.

Jehovah: Jehovah ist ein technologisch hochentwickeltes Wesen, das höchst unsicher und militant war und seine Schwester hasste. Er war für Abrahams Auszug aus Babylon in das Land von Kanaan, für die Entstehung des hebräischen Volkes und für Moses' Auszug aus Ägypten in das Gelobte Land verantwortlich.

JZ Knight: JZ Knight wurde als einzige Person von Ramtha als sein Channel auserwählt. Ramtha spricht von JZ als seiner geliebten Tochter. Zu Ramthas Lebzeiten war sie Ramaya, eines der Kinder im Haus des Ram.

Ka: Ka ist ein ägyptischer Begriff und bezeichnet den Lichtkörper eines Menschen.

Karbuli: Ramthas Bezeichnung für die Kohlenstoffröhrchen, die Mikrotubuli oder das Skelett der Zelle.

Karma: Karma ist die natürliche Konsequenz aus den Gedanken und Taten eines Menschen. Karma umfasst all die ungelösten Probleme, Einstellungen und Emotionen, die sich ein Mensch noch nicht zu eigen gemacht hat und zu Weisheit hat werden lassen. Diese von der Seele nicht abgeschlossenen Angelegenheiten sind die wahre Ursache für den sich wiederholenden Kreislauf der Reinkarnation.

Kartusche: Ein Symbol, das die Essenz einer Idee oder eines Menschen darstellt.

Kirlian-Fotografie: Ein von russischen Technikern entwickelter fotografischer Prozess, der es ermöglicht, das Aura-Feld eines lebenden Objekts abzubilden.

Königreich des Himmels: siehe **Königreich Gottes**.

Königreich Gottes: Dieser Begriff bezieht sich auf eine Existenzebene oder Geistesdimension, in der der unbegrenzte Mind Gottes regiert.

Körper, den verlassen: Beschreibt die Initiation durch eine außerkörperliche Erfahrung.

Körper-Mind-Bewusstsein: Körper-Mind-Bewusstsein ist das Bewusstsein, das zur physischen Ebene und zum menschlichen Körper gehört.

218

Kollektive Einstellung: Eine Ansammlung von Einstellungen und Gedankenmustern, die eine Gruppe von Menschen gemeinsam hat.

Kollektives Bewusstsein: Dieses Konzept ähnelt C.G. Jungs „Kollektivem Unbewussten". Ein kollektives Bewusstsein ist ein erkennbarer Geisteszustand, den eine Gruppe von Menschen, ein Land oder eine Kultur miteinander teilen.

Kollektives Unterbewusstsein: Kollektiver Bewusstseinszustand, der der Menschheit gemein ist, obwohl die meisten Leute sich dessen nicht gewahr sind. Es wird auch gesellschaftliches Bewusstsein oder Körper-Mind-Bewusstsein genannt. Es ist das Bewusstsein der physischen Ebene und der ersten drei Siegel.

Konstanten: Wesen, die im Atrium der Konstanten leben. Sie sind Oberherren, die verantwortlich für die Zyklen und das Gleichgewicht im Reich der Natur sind.

Kosmischer Leim: Diesen Ausdruck gebraucht Ramtha für die Kraft, die das Universum zusammenhält. Er bezeichnet Liebe als kosmischen Leim.

Kritische Masse: Bezieht sich auf die Manifestation und die Verfestigung von Bewusstsein zu Masse.

Kundalini: Kundalini-Energie ist die Lebenskraft eines Menschen. Während der Pubertät sinkt sie von den höheren Siegeln zum unteren Ende der Wirbelsäule hinab. Sie ist ein gewaltiges Energiereservoir, das für die menschliche Evolution vorgesehen ist. Im allgemeinen wird sie als am unteren Ende der Wirbelsäule zusammengerollte Schlange dargestellt. Diese Energie unterscheidet sich von der Energie, die aus den ersten drei Siegeln kommt und für Sexualität, Schmerz und Leid, Macht und Opfersein verantwortlich ist. Sie wird im Allgemeinen als die schlafende Schlange oder der schlafende Drache beschrieben. Das Aufsteigen der Kundalini-Energie zur Krone des Kopfes wird die Reise der Erleuchtung genannt. Diese Reise findet statt, wenn die Schlange erwacht, sich spaltet und um die Wirbelsäule herumtanzt. Damit ionisiert sie die Rückenmarksflüssigkeit und verändert deren Molekularstruktur, wodurch sich dann das Mittelhirn und die Tür zum Unterbewusstsein öffnen.

Lebenskraft: Die Lebenskraft ist der Vater, der Geist, der Lebensatem im Menschen. Sie ist die Plattform, von der aus der Mensch seine Illusionen, Fantasievorstellungen und Träume erschafft.

Lebensschiene: Eine potenzielle Zeitschiene oder Wahrscheinlichkeit von Ereignissen, die aus einer bestimmten Geisteshaltung oder einem bestimmten Bewusstseinszustand eines Menschen resultieren.

Lebensrückschau: Die Rückschau auf das soeben vergangene Leben. Sie findet statt, wenn der Mensch nach seinem Tod die dritte Ebene erreicht. Der Mensch erhält die Gelegenheit, der Beobachter, der Agierende und der Empfänger seiner eigenen Taten zu sein. Die unerledigten Angelegenheiten dieser Lebenszeit, die in der Lebensrückschau zum Vorschein kommen, bestimmen den Plan für die nächste Inkarnation.

Leere, die (*the Void*): Die Leere wird definiert als ein unermessliches Nichts materiell, jedoch alle Dinge potenziell.

Leute, Orte, Dinge, Zeiten und Ereignisse: Dies sind die Hauptbereiche menschlicher Erfahrung, denen die Persönlichkeit emotional verhaftet ist. Diese Bereiche stellen die Vergangenheit des Menschen dar und machen den Inhalt des Emotionalkörpers aus.

Licht, das: Das Licht bezieht sich auf die dritte Existenzebene.

Lichtkörper: Der Lichtkörper ist das gleiche wie der strahlende Körper. Er ist der Körper, der zur dritten Ebene des bewussten Gewahrseins und des sichtbaren Licht-Frequenzbandes gehört.

Lichtrückschau: siehe **Lebensrückschau.**

Lichtwesen: Die Wesen der dritten Existenzebene.

Lineare Physik: Eine Bezeichnung für die klassische oder die Newtonsche Physik.

Liste, die: Die Liste ist eine von Ramtha gelehrte Disziplin, in der der Schüler eine Liste von Punkten erstellt, die er kennenlernen oder erfahren will. Er lernt dann, darauf in einem analogen Bewusstseinszustand zu fokussieren. Die Liste ist die Vorlage, derzufolge das Neuronennetz des Schülers gestaltet, verändert und umprogrammiert wird. Mit diesem Hilfsmittel kann der Schüler bedeutende und anhaltende Veränderungen in sich selbst und in seiner Wirklichkeit herbeiführen.

Luftschiff: Bezieht sich auf ein Raumschiff, UFO oder Flugzeug.

Masse zu Masse: Das Konzept, physische Wirklichkeit von einem materiellen Standpunkt aus und mit materiellen Methoden anzugehen.

Materialisieren: Dieser Begriff bezeichnet die Verfestigung und Manifestation eines Gedankens in seine physische Form.

Materielle Ebene: siehe **erste Ebene.**

Meister: Ein Meister ist jemand, der sich seiner Göttlichkeit voll bewusst ist und dieses Wissen in seinem täglichen Leben zur Anwendung bringt. Ramtha nennt seine Schüler Meister, denn sie lernen, wie Meister zu denken und zu handeln.

Meister-General: Die Meister-Generäle sind die Mitarbeiter von Ramthas Schule der Erleuchtung, die für die Organisation und Durchführung der Seminare und Veranstaltungen in der Schule verantwortlich sind.

Meister-Lehrer: Ein Meister-Lehrer ist ein aufgestiegener Meister, der die Fähigkeit hat, seine Schüler in die Mysterien geheimen Wissens einzuweihen.

Menschensohn: Diese Vorstellung bezieht sich auf den menschlichen und physischen Aspekt einer Person. Jemand handelt wie ein Menschensohn

220

oder eine Menschentochter, wenn er sich entscheidet, eher seiner menschlichen Natur als seiner Göttlichkeit zu folgen.

Merkabah: Der Name eines sehr großen Mutterschiffs des Volkes von jenseits des Nordsterns.

Mind: Mind ist das Produkt von Strömen von Bewusstsein und Energie, die auf das Gehirn einwirken und Gedankenformen, holografische Abschnitte oder neurosynaptische Muster erschaffen, die man Gedächtnis nennt. Die Ströme von Bewusstsein und Energie halten das Gehirn am Leben. Sie sind seine Kraftquelle. Die Fähigkeit eines Menschen zu denken gibt ihm seinen „Mind".

Mind Gottes: Gottes Mind beinhaltet den Mind und die Weisheit aller Lebensformen, die je in jeglicher Dimension, in jeglicher Zeit und auf jeglichem Planeten oder Stern gelebt haben, leben oder leben werden.

Modifiziertes Denken: Bezieht sich auf die Gedankenprozesse des modifizierten Egos.

Modifiziertes Ego (*altered ego*): Das englische „altered ego" ist eine passende Abwandlung des in der Psychologie verwandten lateinischen Begriffs „Alter Ego". Modifiziertes Ego oder „altered ego" bezieht sich auf die begrenzte menschliche Persönlichkeit und verweist ausdrücklich auf die Abwandlung und Unterdrückung des wahren und göttlichen Selbst des Einzelnen, die dieser selbst hervorgerufen hat.

Moment, der: Dieser Begriff beschreibt das schöpferische und ewige Jetzt, die Gegenwart.

Mu: Mu ist der Kontinent Lemurien, der jetzt unter dem Pazifischen Ozean liegt.

Multidimensionaler Mind (*dimensional mind*): Der Mind eines Meisters, der nicht mehr länger nur im Rahmen von linearer Zeit oder einer einzigen Raum-Zeit-Dimension denkt. Ein multidimensionaler Mind kann alle Potenziale gleichzeitig sehen.

Mutter-Vater-Prinzip: die Quelle allen Lebens, Gott der Vater, die ewige Mutter, der Punkt Null.

Myria Amun: Myria Amun bedeutet das silberne Leben und ist der Name von Ramthas Mutterschiff. Der Zahlenwert, durch den dieses massive, 19 Meilen lange Raumschiff repräsentiert wird, ist 32 und sein Symbol ist die Triade.

Nabor: Nabor war die Stadt im Tal von Nazir, in dem Ramtha von einem Schwert durchbohrt wurde.

Namensfeld: Namensfeld wird das große Feld genannt, auf dem die Disziplin Feldarbeit (*Fieldwork*^{TM}) geübt wird.

Neewollah: Das „Halloween"-Fest rückwärts ausgesprochen.

Neophyt: Ein Neophyt ist ein Anfänger im Großen Werk.

Obere vier Siegel: Die oberen vier Siegel sind das vierte, fünfte, sechste und siebte Siegel.

Om Akad: Name einer der Gruppen in Ramthas Schule der Erleuchtung, die Ramtha ins Leben gerufen hat. Er gab jeder Gruppe ihren Namen und betraute sie mit einem speziellen Zweck und einer besonderen Aufgabe, die den Gruppenmitgliedern Einheit und Identität verleihen.

Onai: Eine südliche Hafenstadt auf dem Kontinent Atlantis, wo Ramtha als Kind mit seiner Mutter, seinem Bruder und seiner Schwester lebte.

Persönlichkeit, die: Die Persönlichkeit ist das sekundäre Bewusstsein, das Spiegelbewusstsein, der Reisende, der seine göttliche Herkunft und sein göttliches Erbe vergessen hat.

Physische Ebene: siehe erste Ebene.

Prima Materia: Ein Begriff aus der Alchemie, mit dem die Quintessenz aller Dinge bezeichnet wird.

Prophezeiung: Eine Prophezeiung ist eine potenzielle, zukünftige Zeitschiene, die sich auf die Fakten des gegenwärtigen Moments stützt. Prophezeiungen sollten immer mit der Erklärung: „wie es jetzt gerade aussieht" versehen sein, denn sie sind immer Veränderungen unterworfen, da das kollektive Bewusstsein sich ändert. Dieses Verständnis von Prophezeiung basiert auf dem Gesetz von Bewusstsein und Energie, das Ramtha lehrt.

Punkt Null: Bezieht sich auf den ursprünglichen Punkt der Bewusstheit, den die Leere geschaffen hat, indem sie sich selbst betrachtete. Punkt Null ist das ursprüngliche Kind der Leere.

Ra: Ra ist der Name eines ägytischen Gottes. Ramtha verwendet den Namen Ra für die Sonne.

Ram: Ram ist eine Kurzversion des Namens Ramtha. Ramtha bedeutet Vater.

Ramtha (Ethymologie): Der Name Ramtha der Erleuchtete, Herr des Windes, bedeutet Vater. Er bezieht sich auch auf den Ram, der am „schrecklichen Tag des Ram" vom Berg herabkam. „Im gesamten Altertum ging es darum. Und im alten Ägypten gab es eine dem großen Eroberer Ram gewidmete Allee. Die alten Ägypter waren weise genug, zu verstehen, dass diejenigen, die die Straße des Ram entlang gehen konnten, den Wind erobern konnten." Das Wort Aram, der Name von Noahs Enkel, setzt sich aus dem aramäischen Wort Araa — das Erde, Landmasse bedeutet — und dem Wort Ramtha, das hoch bedeutet, zusammen. In diesem semitischen Namen klingt Ramthas Abstieg von dem hohen Berg an, mit dem der große Marsch begann.

Ramuste: Ramuste ist der Name des kollektiven Seelenhauses, in das Ramtha aufgrund seiner Wahl hineingeboren wurde. Das emotionale Einvernehmen dieses kollektiven Bewusstseins war die Macht des Meisterns.

222

Rechtschaffenheit: Der angemessene Gebrauch von etwas. Die moralische Eigenschaft von Untadeligkeit.

Reinkarnation: Reinkarnation ist der sich immer wiederholende Kreislauf von Inkarnationen.

Rote Energie: Dieser Begriff wird im Bezug auf die Kundalini-Energie und die übersinnliche Energie verwendet.

Rote Schlange: Die Kundalini-Energie, die von der Basis der Wirbelsäule durch die Siegel aufsteigt, wird als doppelte rote Schlange dargestellt, die sich nach oben schlängelt und sich überkreuzt, wie das medizinische Symbol des Äskulapstabs. Mit diesem Begriff wird auch übersinnliche Energie beschrieben.

Roter Löwe: Begriff aus der Alchemie, der sich auf das Elixier der Unsterblichkeit bezieht.

Samen vergießen: Ejakulation des Spermas.

Satan: Satan ist nicht der Name oder Titel eines Einzelwesens. Der Begriff bezeichnet vielmehr alles und jedes, das uns unserer Göttlichkeit beraubt und von Veränderung abhält. Satan, der Beschuldiger, hält den Menschen in den Emotionen der Vergangenheit eingesperrt.

Schule der Alten Weisheit: Dieser Titel wurde im Laufe der Geschichte verschiedenen Schulen verliehen, an denen das geheime Wissen des Großen Werks gelehrt wurde. Ramtha war weitgehend für all diese Schulen verantwortlich.

Seele: Ramtha bezeichnet die Seele als Buch des Lebens, in dem die ganze Reise der Involution und Evolution des Einzelnen in Form von Weisheit aufgezeichnet ist.

Selbst, das: Das Selbst ist die wahre Identität des Menschen. Es ist der transzendente Aspekt des Menschen. Es bezieht sich auf den Beobachter, das primäre Bewusstsein.

Sechste Ebene: Die sechste Ebene ist das Reich des Hyper-Bewusstseins und des Gammastrahlen-Frequenzbandes. Auf dieser Ebene wird das Einssein mit allem Leben bewusst erfahren.

Sechstes Siegel: Dieses Siegel steht mit der Zirbeldrüse und dem Gammastrahlen-Frequenzband in Verbindung. Die Formatio reticularis, die das Wissen des unterbewussten Minds filtert und verhüllt, ist offen, wenn dieses Siegel aktiviert ist. Mit dem Öffnen des Gehirns ist das Öffnen dieses Siegels und die Aktivierung seines Bewusstseins und seiner Energie gemeint.

Senden-und-Empfangen: Senden-und-Empfangen ist der Name einer Disziplin, die Ramtha lehrt. Der Schüler lernt dabei, Zugang zu Informationen zu erhalten, indem er die Fähigkeiten des Mittelhirns nutzt, ohne die sinnliche Wahrnehmung einzusetzen. Diese Disziplin entwickelt die übersinnlichen Fähigkeiten des Schülers, Telepathie und das Vorhersehen zukünftiger Ereignisse.

Shambhala: Der Name eines urzeitlichen Waldes, der zu Ramthas Zeiten nordöstlich des Indus-Flusses existierte.

Shiva: Der Herr und Gott Shiva repräsentiert den Herrn der Blauen Ebene und des Blue Body® (blauen Körpers). Der Name Shiva bezieht sich nicht auf eine einzelne Gottheit im Hinduismus, sondern auf den Bewusstseinszustand der vierten Ebene und des ultravioletten Frequenzbandes sowie auf das Öffnen des vierten Siegels. Shiva ist weder männlich noch weiblich. Er ist ein androgynes Wesen, denn die Energie auf der vierten Ebene ist noch nicht in positive oder negative Polarität aufgespalten. Hierin liegt ein wesentlicher Unterschied zur traditionellen Darstellung von Shiva im Hinduismus, wo er als männliche Gottheit mit einer Ehefrau dargestellt wird. Das Tigerfell zu seinen Füßen, der Dreizack und Sonne und Mond in Kopfhöhe stellen die Meisterschaft dieses Körpers über die ersten drei Bewusstseinssiegel dar. Die Kundalini-Energie wird als feurige Energie dargestellt, die von der Basis der Wirbelsäule durch den Kopf schießt. Dies ist ein weiterer Unterschied zu einigen hinduistischen Shiva-Darstellungen, in denen die Schlangenenergie aus der Höhe des fünften Siegels oder der Kehle austritt. Weitere Symbole in Shivas Potrait sind die langen dunklen Haarsträhnen und eine Vielzahl von Perlenketten. Sie stehen für einen Reichtum an Erfahrungen, die zu Weisheit wurden. Mit Köcher, Pfeil und Bogen feuert Shiva seinen machtvollen Willen ab, womit er Unvollkommenes zerstört und Neues erschafft.

Sieben Schwestern: Eine andere Bezeichnung für das Sternbild der Pleiaden.

Sieben Siegel: Die sieben Siegel sind machtvolle Energiezentren, die sieben Bewusstseinsstufen im menschlichen Körper darstellen. Mit Hilfe der Bänder wird der physische Körper in Übereinstimmung mit diesen Siegeln zusammengehalten. Bei jedem Menschen fließt Energie spiralförmig aus den ersten drei Siegeln oder Zentren heraus. Die pulsierende Energie aus den ersten drei Siegeln manifestiert sich jeweils als Sexualität, Pein oder Macht. Wenn die oberen Siegel sich öffnen, wird eine höhere Bewusstheitsstufe aktiviert.

Siebte Ebene: Die siebte Ebene ist die Ebene des Ultra-Bewusstseins und des Frequenzbandes des „Unendlichen Unbekannten". Von dieser Ebene aus wurde die Reise der Involution angetreten. Diese Ebene wurde vom Punkt Null erschaffen, als er den Akt der Kontemplation der Leere nachahmte und so das Spiegel- oder sekundäre Bewusstsein erschuf. Eine Existenzebene oder Raum- und Zeitdimension existiert zwischen zwei Bewusstseinspunkten. All die anderen Ebenen wurden durch Verlangsamung der Zeit und des Frequenzbandes der siebten Ebene erschaffen.

Siebtes Siegel: Dieses Siegel steht in Verbindung mit dem Scheitelpunkt des Kopfes, der Hypophyse und dem Erlangen von Erleuchtung.

Smaragd eures Universums: Der Planet Erde.

Sohn Gottes: Ein Sohn oder eine Tochter Gottes ist jemand, der für einen erhabeneren und umfassenderen als den zu den ersten drei Siegeln gehörenden Bewusstseinszustand geboren wurde. Wie ein Sohn oder eine Tochter Gottes zu handeln heißt, aus der Sichtweise unseres göttlichen Bewusstseins zu leben und nicht aus der unseres menschlichen Bewusstseins.

Stein der Weisen: Ausdruck aus der Alchemie für das Elixier der Unsterblichkeit.

Strahlender Körper: siehe **Lichtkörper**.

Super-Bewusstsein: Das Bewusstsein der fünften Ebene und des Röntgenstrahlen-Frequenzbandes.

Tahumo: Tahumo ist eine Disziplin, die Ramtha lehrt, in welcher der Schüler lernt, die Einwirkungen seines natürlichen Umfelds — Hitze und Kälte — auf seinen Körper zu meistern.

Tank™, der: Der Name für das Labyrinth, das ein Teil der Disziplinen von Ramthas Schule der Erleuchtung ist. Die Schüler lernen, mit verbundenen Augen den Eingang zu diesem Labyrinth zu finden und hindurchzugehen, während sie auf die Leere (*the Void*) fokussieren. Sie dürfen die Wände nicht berühren und weder ihre Augen noch ihre anderen Sinne benutzen. Das Ziel dieser Disziplin ist es, mit verbundenen Augen das Zentrum des Labyrinths zu finden oder einen bestimmten Raum, der die Leere darstellt.

Tankfeld: Der Name des großen Feldes, auf dem das Labyrinth steht, das für die Disziplin des Tanks™ verwendet wird.

Telstar: Wenn Materie in ein schwarzes Loch stürzt, befindet sie sich in einem zeitlosen Zeit-Raum-Bewusstsein. Und in diesem nicht bewussten Raum tritt sie aus einem anderen Loch wieder aus, das man als Bewusstheit bezeichnet. Materie tritt also durch ein Schwarzes Loch ein und wird dann wiedergeboren. Das weiße Loch, durch das sie wiedergeboren wird, nennt man Telstar. Aus ihm ergießt sich Materie ins Universum.

Terra: Diesen Namen gaben die Götter dem Planeten Erde vor 455 000 Jahren, als sie ihn das erste Mal besuchten.

Tochter Gottes: Dieser Begriff drückt das göttliche Erbe eines jeden Einzelnen aus, mit spezieller Betonung der Gleichstellung der Frauen.

Träume: Träume haben ihren Ursprung im menschlichen Bewusstsein. Sie sind Wirklichkeiten aus anderen Gedanken-Dimensionen und nicht bloße Fantasien. Durch das Medium der Träume kommuniziert der unterbewusste Mind mit dem physischen Körper und stellt diesen während des Schlafes wieder her. Die meisten Träume fallen unter diese Kategorie, obwohl einige Träume auch prophetischen Charakter haben können. Ein bewusster Traum wird in den Disziplinen des Großen Werks dazu verwendet, Realität nach Belieben zu erschaffen und zu manifestieren.

Twilight™: Dieser Begriff bezeichnet eine Disziplin, die Ramtha lehrt. Die Schüler lernen dabei, ihren Körper in einen bewegungslosen Zustand zu versetzen, der tiefem Schlaf ähnelt und dennoch ihre Bewusstheit aufrecht zu erhalten.

Twilight™ Visualisierungs-Prozess: Der Prozess, mit dem die Disziplin der Liste oder andere Visualisierungen geübt werden.

Überpersönlich: Das Überpersönliche bezieht sich auf die spirituelle Ordnung, die transzendenten Aspekte des Menschen.

Übersinnliche Fähigkeiten: Die Fähigkeit, ohne Hilfe von sinnlicher Wahrnehmung zu wissen. Wir entwickeln übersinnliche Fähigkeiten, wenn wir das Mittelhirn geöffnet und Zugang dazu erlangt haben. So können wir Informationen aus der Umgebung auf einer höheren Frequenzstufe als der des Hertz-Frequenzbandes empfangen.

Ultra-Bewusstsein: Das Bewusstsein der siebten Ebene und des Frequenzbandes des Unbegrenzten Unbekannten. Es ist das Bewusstsein eines aufgestiegenen Meisters.

Das Unbekannte bekannt machen: Dieser Ausdruck bezeichnet den ursprünglichen göttlichen Auftrag, den das Ursprungsbewusstsein erhielt: zu manifestieren und all die unendlichen Potenziale der Leere zur Bewusstheit zu bringen. Dieser Satz stellt die zugrunde liegende Absicht dar, die den dynamischen Evolutionsprozess anfacht.

Unbekannter Gott: Der Unbekannte Gott war der einzige Gott von Ramthas Vorfahren, den Lemuriern. Der Unbekannte Gott repräsentiert auch die vergessene Göttlichkeit und göttliche Herkunft des Menschen.

Unbewusstsein: Unbewusstsein ist der Verlust des Gewahrseins, auch Bewusstheit genannt.

Unendliches Unbekanntes: Das Frequenzband der siebten Existenzebene und des Ultra-Bewusstseins.

Unerwachtes Wesen: Ein Mensch, der nichts von seiner Göttlichkeit weiß, der in der Illusion der Dualität und dem Getrenntsein von der Quelle lebt und ein Opfer seiner Umgebung ist.

Ungeheuerlich (*outrageous*): Ramtha verwendet dieses Wort im positiven Sinn, um etwas oder jemanden zu charakterisieren, der außergewöhnlich und rar ist, ungehemmt in seinen Taten und über die Maßen kühn oder wild.

Ungeheuerliche Gedanken: Diese Art Gedanken sind unbegrenzte, erhebende, transzendente Gedanken.

Ungewohnte Freiheit: Diese Art von Freiheit erfährt der Mensch, wenn er den Durchbruch aus der Box in den Freiraum schafft.

226

Unser Gott: Mit diesem Begriff wird der Gott, der Geist, der Beobachter, das göttlichen Element, das wahre Selbst des Einzelnen bezeichnet.

Unterbewusstsein (*subconscious mind*): Der Sitz des Unterbewusstseins, des unterbewussten Minds, ist das Kleinhirn oder Reptiliengehirn. Dieser Teil des Gehirns hat seine eigenen, unabhängigen Verbindungen zum Stirnlappen und zum ganzen Körper und hat Zugang zum Mind Gottes, der Weisheit aller Zeiten.

Vater, der: Der Ursprung, Gott, Punkt Null.

Vergangenheit: In seiner subjektiven Bedeutung für den Einzelnen bezieht sich der Begriff Vergangenheit auf alles, was dem einzelnen Menschen durch Erfahrung bereits bekannt ist. In diesem Sinne umfasst die Vergangenheit jede emotionale Erfahrung des Menschen in Bezug auf Leute, Orte, Dinge, Zeiten und Ereignisse. Die Vergangenheit ist das größte Abschreckungsmittel für die menschliche Evolution, weil sie die Fähigkeit des Einzelnen, neue Paradigmen des Denkens zu erschaffen und das Unbekannte bekannt zu machen, lähmt.

Vierte Ebene: Die vierte Existenzebene ist der Bereich des Brücken-Bewusstseins und der ultravioletter Frequenz. Diese Ebene wird auch als die Ebene Shivas bezeichnet, des Zerstörers des Alten und Schöpfers des Neuen. Auf dieser Ebene hat sich die Energie noch nicht in positive und negative Ladung gespalten. Alle andauernden Veränderungen oder Heilungen des physischen Körpers müssen zuerst auf der vierten Ebene und im Blue Body™ (blauen Körper) stattfinden. Diese Ebene nennt man auch Blaue Ebene oder die Ebene Shivas.

Viertes Siegel: Das vierte Siegel steht mit bedingungsloser Liebe und der Thymus-Drüse in Verbindung
. Wenn dieses Siegel aktiviert ist, wird ein Hormon im Körper ausgeschüttet, das den Körper bei perfekter Gesundheit hält und den Alterungsprozess stoppt.

Vishmalodu: Der lemurische Name für den Unbekannten Gott.

Wahrheit: Wahrheit sind nicht bloße Daten oder Informationen. Wahrheit ist die vollständige Verwirklichung eines Konzeptes oder eines Paradigmas des Denkens als Erfahrung und persönliche Weisheit.

Weiße Bruderschaft: Die Weiße Bruderschaft ist eine Bruderschaft im Unsichtbaren, die aus aufgestiegenen Meistern besteht. Sie lieben die Menschheit, beobachten sie und sind ihr bei ihrer Evolution behilflich.

Zarathustra: Zarathustra ist die unverfälschte Version des Namens Zoroaster, des Begründers des Zoroastrianismus. Ramtha erklärte, dass Zarathustra erleuchtet und zu einem unsterblichen Meister wurde.

Zauberin: Zauberin ist Ramthas poetischer Name für den Mond.

Zeichen der Triade: Anfänger lernen, mit aufgesetzten Augenbinden das Zeichen der Triade zu machen, bevor sie eine der Disziplinen des Großen

Werkes angehen. Die Schüler zeigen dabei am Anfang auf ihre Stirn oder ihr siebtes Siegel, das die Spitze der Triade ist. Mit ununterbrochenem Fokus vervollständigen sie die Triade, indem sie ihre Hand langsam zu ihrem linken Knie, dann zu ihrem rechten Knie und dann schließlich zurück zur Stirn führen. Diese Triade stellt die Reise von Involution und Evolution dar.

Zeichen des Sterns: Das Zeichen des Sterns ist eine komplexere Version des Zeichens der Triade, die von fortgeschrittenen Schüler angewendet wird.

Zeit des Blutes: Die Zeit der Menstruation.

Zeitschiene: Eine potenzielle Wahrscheinlichkeit von Ereignissen, die aus einem bestimmten Bewusstseinszustand resultiert.

Zeitalter Gottes: Im Zeitalter Gottes werden sich wissenschaftliche Entwicklungen stärker entfalten als je zuvor. Dieses Zeitalter wird durch wohlbedachte, absichtliche Veränderung der Zeit und der Werte der Zeit zustandekommen. Krankheit, Leiden, Hass, Altern, Tod und Krieg werden nicht mehr auf dieser Ebene existieren, nur noch immerwährendes Leben. Durch Wissen, Verstehen und tiefe Liebe wird jede Wesenheit dies in ihrem Leben hervorbringen.

Zeitlosigkeit (*no-time*): Dieser Begriff bezieht sich auf die Erfahrung des Jetzt — des ewigen, kreativen, analogen Augenblicks. Zeit ist die Folge, Manifestation und Erfahrung dieses schöpferischen Augenblicks.

Zweite Ebene: Die Existenzebene des Gesellschaftsbewusstseins und des infraroten Frequenzbandes. Sie steht in Verbindung mit Schmerz und Leiden. In der Polarität ist diese Ebene der negative Pol zur dritten Ebene, der Ebene der sichtbaren Licht-Frequenz.

Zweites Siegel: Dieses Siegel ist das Energiezentrum des Gesellschaftsbewusstseins und des infraroten Frequenzbandes. Es steht in Verbindung mit Leid und Schmerz und ist in der Unterleibsgegend angesiedelt.

BIBLIOGRAPHIE

A Beginner's Guide to Creating Reality. Revised and Expanded ed. Yelm: JZK Publishing, a division of JZK, Inc., 2000.

Crossing the River Part I. Tape 346 ed. Yelm: Ramtha Dialogues, 1997.

Crossing the River Part II. Tape 347 ed. Yelm: Ramtha Dialogues, 1997.

Only One Thing. Tape 336 ed. Yelm: Ramtha Dialogues, 1996.

Plane of Bliss I — On Earth As It Is In Heaven: Our Journey Through Life, Death, and Beyond. Tape 348 ed. Yelm: Ramtha Dialogues, 1997.

Plane of Bliss II. Tape 355 ed. Yelm: Ramtha Dialogues, 1997.

Reese, William L. *Dictionary of Philosophy and Religion, Eastern and Western Thought*. Expanded ed. New York: Humanity Books, 1999.

Selected Stories III: Shambhala — Leaving No Footprints. Specialty Tape 033 ed. Yelm: Ramtha Dialogues, 1989.

The Bridge to Infinity. Tape 269 ed. Yelm: Ramtha Dialogues, 1989.

The Complete Works of William Shakespeare. Art-Type ed. New York: Books, Inc.

The Plateau for Learning. Tape 268 ed. Yelm: Ramtha Dialogues, 1989.

Update on Change. Tape 302 ed. Yelm: Ramtha Dialogues, 1991.

Wallis, E.A. *The Egyptian Book of the Dead; the Papyrus of Ani, Egyptian Text Transliteration and Translation*. New York: Dover Publications, Inc., 1967.

INDEX

A

Aberglaube 35, 54
Ägypten 9, 45
Ägypter 16
Ägyptisches Totenbuch 45, 160
Ahk Men Ra 53
Albigenser 17
Alchemie 193
  Prima Materia 172
  Stein der Weisen 172, 193, 194
Alchemist 91, 172, 193, 194
Aleph 161
Amnesie 16
Anatomie
  Herz 21, 58, 73, 90, 106, 118,
    129, 173, 174, 192
  Penis 58, 126, 127, 130
  Uterus 76, 106, 122, 127, 156
Apollonius von Tyana 17, 194
Apostel Thomas 17
Archetypus 87
Aristoteles 15
Atem 21, 73, 113
Atom 143, 144, 153, 155, 170, 192,
  195
  Quark, das 165, 195
Auferstehung 91, 158, 159, 160
Aufstieg 11, 41, 43, 44, 59, 104
außergewöhnliche Wirklichkeiten
  10, 37, 42, 49, 56, 66, 73, 86, 87,
  91, 120, 132, 135, 144, 171, 172,
  182, 187, 190, 203, 204
außerkörperliche Erfahrung 41, 43,
  45, 133, 134, 143, 160, 194

B

Ba (ägyptisch) 129
Bänder, die 76, 103, 106, 122, 135,
  139, 186

Beobachter 10, 15, 42, 76, 101, 105,
  113, 122, 124, 128, 135, 136,
  137, 145, 146, 155, 156, 175, 180
Bestimmung 14, 16, 69, 70, 71, 86,
  87, 95, 98, 99
bewusstes Gewahrsein 10, 11, 15,
  40, 42, 43, 44, 53, 65, 75, 84,
  112, 113, 114, 122, 135, 136,
  159, 186, 192, 198
Bewusstsein 11, 40, 45, 54, 55, 56,
  59, 60, 61, 64, 65, 66, 74, 84, 99,
  103, 104, 106, 150, 159, 165,
  171, 178, 199, 200, 201
Bewusstsein and Energie 9, 10, 11,
  15, 16, 28, 42, 64, 87, 99, 100,
  112, 122, 160, 172, 177, 193,
  194, 199, 202
Bewusstseinszustände 98, 178
  Körper/Mind-Bewusstsein 104,
    111, 149, 150, 153, 156, 158
Biochemie 137, 149
Biologie 153
Blue Star (Blauer Stern) 118
Boktau 26, 27
böse 16, 33, 36, 72, 107
Buddha 17
Buddhismus 192

C

C&E™ 20, 38, 44, 48, 87, 112, 113,
  149
Channeling 11, 12
Chaos/Widrigkeiten 108, 176
Chemie 158
Christentum 17, 91, 192
Christus 20, 34, 56, 91
  Jeshua ben Joseph 17
Consciousness & Energy™
  (Bewusstsein & Energie™) 202

230

D

Dämonen 31, 32, 33, 34, 72
Déjà vu 145
Dialog-Jahre 166
Dimension 39, 41, 43, 65, 108, 167
    dreidimensionale Wirklichkeit
        65, 123
    multidimensional 24, 59, 80, 124,
        141, 144, 165, 198, 199, 204
Disziplinen 12, 16, 37, 48, 62, 112,
    114, 120, 177, 186, 203
Drogen 29, 41, 96
Drüsen 128, 173
Dualismus 16

E

Echnaton 17
Edelsein, das 56, 66, 109, 138, 140
Eine-Welt-Ordnung 59
Einstellungen 20, 26, 27, 28, 29, 31,
    32, 33, 38, 39, 40, 49, 60, 105,
    114
    Arroganz 50, 108
    Egoismus 78, 124, 125, 183
    Eifersucht 26, 30, 54, 61, 72, 95,
        116
    Furchtlosigkeit 54, 55
    Habgier 59, 118
    Heuchelei 109, 123, 183
    Mangel 28, 29, 32, 33, 36, 37, 48,
        72, 85, 95, 102, 108, 116, 189
    Opferhaltung 25, 26, 27, 30, 34,
        48, 70, 72, 73, 74, 75, 84, 86,
        94, 100, 102, 110, 114, 118,
        123, 129, 154, 168, 184, 198
    Schuldzuweisung 26, 27, 28, 29,
        35, 70, 72, 74, 77, 95, 114, 191
    Selbstwert 46, 54, 168, 183, 188,
        189
    Täuschung 22, 31, 36, 39, 56, 77,
        123, 126, 135, 139, 183, 189
    Tyrannei 54, 75, 100, 102, 103,
        118, 184

Überlebenskampf 31, 33, 47, 74,
    89, 94, 102, 109, 123, 127, 130,
    174
Vorurteil 10, 95, 130, 157, 176
Einweihung 9, 12, 16, 143, 160, 169
Ekstase 127
Elektromagnetismus 78, 172
Elohim 53
Elternsein, das 27, 28, 37, 53, 55,
    59, 71, 72, 75, 86, 102, 103, 114,
    153
Emotionalkörper 21, 73, 95, 96,
    103, 111, 135
Emotionen 20, 21, 30, 44, 59, 60,
    61, 62, 64, 65, 66, 78, 79, 82,
    103, 104, 110, 115, 125, 136,
    137, 138, 153, 173, 174, 177,
    183, 189
    Angst 20, 31, 32, 34, 36, 40, 44,
        53, 58, 61, 64, 72, 74, 111, 135,
        136, 137, 173, 180, 183, 188,
        189, 190, 204
    Angst/Sorge 64, 86, 101, 112
    Depression 202
    Groll 30, 116, 184
    Hass 29, 30, 55, 61, 62, 72, 89,
        93, 154, 178
    Kummer 202
    Leidenschaft 132, 134, 144, 159,
        168, 170, 173, 177
    Macht und Kontrolle 123, 126,
        129, 130, 137, 184
    Neid 26, 61, 72, 116, 137
    Reue 81, 111, 113, 115, 116, 124
    Schmerz und Leid 20, 21, 28, 33,
        48, 49, 56, 59, 60, 61, 62, 64,
        72, 74, 77, 78, 82, 86, 89, 94,
        95, 96, 101, 103, 115, 123, 124,
        126, 129, 134, 175, 180, 182,
        183, 184, 189
    Schuld 130, 135, 137, 173, 184,
        189
    Traurigkeit 50, 63
    Unglücklichsein, das 178
    Versagen 56, 74, 93, 116, 157
    Wut 30, 77, 188, 200

Energie 21, 31, 38, 59, 61, 62, 71,
72, 74, 75, 76, 78, 87, 95, 96, 98,
100, 101, 103, 104, 108, 111,
112, 115, 117, 118, 122, 123,
128, 131, 132, 143, 144, 163,
165, 167, 171, 174, 189, 193,
194, 195, 201, 202
Engel 81, 101, 160
Enthüllung 78, 88, 130, 144
Entscheidung 37, 38, 44, 49, 54, 62,
65, 69, 72, 73, 74, 84, 91, 95, 98,
110, 114, 117, 137, 151, 153,
181, 182, 184, 187, 191, 201,
202, 204
Erde 43, 66, 104, 107, 161, 165,
166, 167
Erhaltung (des Körpers) 61, 63, 65,
143, 144, 172
Erinnerung 28, 35, 40, 43, 54, 60,
64, 66, 70, 71, 74, 76, 99, 105,
107, 151, 152, 159, 169, 170,
191, 192, 202
Erleuchtung 10, 11, 20, 29, 36, 116,
133, 144, 162, 192, 198, 201
Erlösung 20, 56, 102, 192
Europa 9, 17
Evolution 15, 16, 49, 53, 56, 58, 66,
69, 77, 98, 127, 139, 140, 151,
163, 169, 172, 176, 179, 185,
191, 193, 194
Ewigkeit 28, 57, 58, 60, 82, 87, 99,
104, 109, 172, 182, 204
Existenzebenen 15, 39, 41, 43, 76,
79, 81, 87, 164, 167
    Blue Body® (blauer Körper) 144,
    188
    blaue Netze 45
    Blue Body® (blauer Körper®)
    187
    dritte Ebene 21, 28, 41, 43, 64,
    75, 105, 113, 142, 144, 150
    Ebene der Glückseligkeit 68, 71,
    73, 75, 78, 79, 80, 81, 83, 85,
    86, 88, 90, 91, 92, 93, 94, 100,
    105, 106, 107, 109, 112, 113,
    122, 128, 131, 132, 136, 143,
    150, 152, 153, 154, 157, 168,

    169, 173, 174, 177, 178, 180,
    186, 188, 204
    Ebene der Veranschaulichung 55,
    106, 153
    fünfte Ebene 43, 75, 82, 113, 150,
    170, 171, 194, 195
    goldener Körper 144
    Infrarot-Körper 144
    Lichtkörper 76, 106, 144, 177
    materielle Ebene 10, 11, 16, 25,
    43, 44, 55, 57, 59, 69, 79, 82,
    85, 86, 91, 111, 130, 143, 150,
    169, 170, 171, 172, 176, 177,
    193
    sechste Ebene 150, 170, 171, 194,
    195
    siebte Ebene 44, 172, 193, 194,
    195, 200
    vierte Ebene 43, 75, 105, 113,
    150, 194
    zweite Ebene 150

F

Fall 94, 113, 167
Fanatiker 198
Fanatismus 35, 125, 129
Ferner Osten 17
Fieldwork™ (Feldarbeit™) 139,
186, 202
Franziskus von Assisi 17
Frauen 11, 33, 34, 37, 57, 60, 61,
63, 72, 89, 95, 109, 126, 127,
128, 130, 133, 152, 168, 192
freier Raum 31, 34, 36, 37
Freiheit 11, 20, 31, 37, 38, 42, 43,
49, 57, 62, 65, 81, 82, 88, 89, 90,
94, 107, 111, 114, 116, 119, 130,
133, 136, 156, 162, 176, 192
Frequenz 15, 44, 59, 66, 76, 165,
195
    Gamma-Strahlen 41
    Hertz 170
    Infrarot 43, 45, 76
    Röntgenstrahlen 41, 171

Sichtbares Licht 43, 45, 145, 146, 155, 156, 162, 163, 172, 177, 178, 181, 184, 204
Ultraviolett-Blau 41, 45, 171
Unendliches Unbekanntes 176
Freud, Sigmund 9
Freude 55, 62, 64, 66, 88, 103, 111, 123, 127, 181, 187, 189, 204
Frieden 61, 66, 111, 119, 204

G

Galaxie 167
Gebet 45, 161
Gedanke 33, 36, 56, 64, 65, 66, 68, 76, 79, 83, 88, 95, 100, 101, 108, 124, 145, 153, 166, 167, 172, 173, 174, 175, 176, 185, 186, 187, 193, 202, 203
abstrakter Gedanke 78, 87, 94, 103, 146, 163, 191
begrenzter Gedanke 36, 98, 203
erhebender Gedanke 56, 61, 64, 74, 96, 99, 114, 123, 134, 137, 139, 151, 155, 162, 170, 191, 198, 199
Fantasien 44, 128, 133
Fokus 29, 36, 38, 45, 48, 63, 76, 111, 115, 177, 178, 186, 202
Gedankensystem 10, 185
gewöhnlicher Gedanke 76, 83, 96, 115, 123, 134, 139, 170, 178, 179, 185, 186, 187, 188, 190, 193, 201, 202, 203
Gehirn 25, 28, 29, 30, 36, 40, 43, 45, 78, 84, 93, 98, 99, 103, 105, 107, 126, 128, 133, 146, 158, 174, 186, 187, 189, 193, 195
Gehirnanatomie
Kleinhirn 107
Neokortex 43
Stirnlappen 38
Geist 15, 25, 45, 46, 53, 54, 57, 76, 84, 89, 94, 95, 99, 104, 106, 109, 112, 124, 134, 142, 144, 145,

150, 151, 153, 158, 171, 194, 195, 201
erdgebundene Geister 201
Geld 20, 30, 90, 127, 132, 189
genetisches Erbgut 75, 81, 90, 105, 134, 153, 154, 160, 169
Gene 106, 154
Genie 11, 83, 87, 90, 92, 154
Geschichte 55, 56, 64, 90, 92, 93, 108, 172
Gesellschaft 10, 20, 74, 179
gesellschaftliches Bewusstsein 25, 26, 56, 71, 102, 109
Gesetz 26, 37, 50, 54, 57, 145, 164, 169, 170
Gespenst 134
Gesundheit 30, 104, 183, 187, 188, 191, 201, 203
Gewissen 180, 189, 191, 204
Gewohnheit 95, 116, 126, 203
Glamour 192
Glaube 9, 150
Glaubensüberzeugung 33, 36, 46, 50, 55, 151, 154, 155, 160, 168, 172, 181, 187, 191
Hingabe 42, 127, 172, 188
Gleichheit 37
Glücklichsein, das 69, 181, 186, 187, 188, 189, 190, 204
Gnostizismus 9, 12, 16
Gold 202
Gott 10, 11, 14, 15, 16, 48, 52, 56, 57, 59, 70, 74, 75, 77, 78, 81, 82, 84, 87, 94, 95, 98, 99, 101, 102, 105, 108, 109, 110, 111, 113, 114, 115, 116, 117, 131, 134, 137, 141, 145, 157, 160, 165, 168, 171, 174, 176, 184, 189, 192, 193, 204
Gott im Innern 57, 70, 101, 102, 118, 124, 156, 159, 172, 182, 185
Gott/Mann, Gott/Frau
verwirklicht 11, 90, 91
Götter 45, 54, 55, 56, 57, 88, 90, 91, 92, 94, 103, 116, 117, 129, 181, 182

Göttin 33, 34
Liebe Gottes 33, 118, 124, 182, 190
Reich Gottes 44, 119, 134, 175, 182, 192, 194, 201
Wort Gottes 17
Göttlichkeit 11, 16, 35, 37, 56, 59, 70, 73, 75, 79, 87, 101, 118, 135, 167, 181, 182, 194
Griechenland 9
Großes Werk 16, 29, 171, 180, 190, 202

H

Heilige 35
Heiliger Geist 92, 150, 156, 160, 174, 180, 182, 190
Hierophant 12
Himmel 39, 68, 75, 81, 87, 91, 97, 100, 107, 110, 161, 194
Hintergrundmotiv 109, 128, 129, 130, 131, 132, 133, 134, 135, 136, 138, 139, 140, 144, 152, 154, 157, 158, 159, 178, 179, 183, 186, 187, 188, 189, 190, 192
Hölle 36, 60, 80
Hologramm 94, 98
Hormone 54, 78, 103, 104
Horoskop 41
Hypnotismus 61
Hysterie 35, 138

I

Idealvorstellungen 9, 35, 56, 72, 78, 79, 92, 93, 99, 122, 142, 143, 153, 166, 167, 168, 169, 170, 174, 185, 187, 193, 194, 195, 199
Illusion 32, 39, 140, 151, 162
Indianer 201
Indien 44
Inkarnation 25, 69, 75, 81, 89, 90, 94, 95, 100, 106, 110, 144, 145,

149, 150, 152, 154, 159, 168, 178, 182, 189
inneres Wissen 73, 82
Intelligenz 61, 116, 149, 165, 166, 167, 169, 170, 182, 185, 186, 193
Involution 15, 98, 167, 193, 194, 199
Istheit 39

J

Jakobsleiter 43, 47, 167
Jeschua ben Joseph 192, 194
Johannes vom Kreuz 17
Judentum 17
JZ Knight 11, 12

K

Ka (ägyptisch) 129
Kapitalismus 102
Karma 25, 27, 35, 154, 189
Katharer 17
Kinder 40, 52, 53, 55, 59, 63, 77, 82, 105, 106, 108, 127, 128, 130, 132, 137, 165, 179, 182, 188, 190, 199
Kirche 9
Kontemplation 10, 15, 16, 35, 36, 48, 59, 65, 66, 78, 79, 83, 94, 95, 99, 101, 105, 131, 132, 136, 143, 164, 170, 177, 178, 179, 188
Halle der Kontemplation 80, 81, 82, 83, 86, 90, 105, 132
Krankheit 32, 36, 47, 65, 93, 102, 129
Seuchen 59
Krieg 54, 59, 87, 178
Krieger 54, 55, 59, 73, 168
Kultur 27, 153, 176, 179
Kunst 17

L

Langeweile 47, 78, 131
Leben 10, 17, 25, 26, 27, 32, 33, 34,
  37, 38, 44, 47, 48, 49, 55, 69, 70,
  71, 72, 73, 74, 76, 77, 82, 85, 88,
  90, 95, 99, 106, 120, 123, 125,
  132, 134, 135, 140, 154, 155,
  158, 160, 164, 165, 166, 171,
  175, 176, 177, 178, 182, 185,
  186, 188, 189, 190, 192, 199,
  203, 204
  derzeitiges Leben 21, 25, 28, 35,
    36, 37, 39, 40, 41, 47, 48, 49,
    50, 58, 60, 65, 68, 69, 70, 71,
    72, 73, 74, 75, 77, 79, 83, 85,
    91, 93, 109, 111, 112, 114, 142,
    143, 145, 156, 204
  ewiges Leben 20, 49, 66, 88, 104,
    144, 162, 192, 195
  klösterliches Leben 27
  Lebensrückschau 22, 41, 49, 76,
    81, 84, 100, 101, 105, 113, 114,
    122, 123, 124, 126, 128, 129,
    131, 132, 133, 134, 135, 136,
    139, 140, 141, 142, 143, 144,
    145, 150, 151, 152, 154, 155,
    156, 157, 158, 159, 160, 161,
    163, 168, 170, 174, 177, 180,
    182, 183, 184, 188, 190, 191,
    204
  gegen eine Feder aufwiegen
    76, 125, 129, 161, 173, 175,
    176, 190
  mehrere Leben 25, 26, 28, 35, 36,
    39, 40, 45, 49, 83, 87, 105, 128,
    134, 145, 175, 177
  vergangenes Leben 37, 40, 64,
    75, 76, 82, 83, 84, 85, 91, 100,
    105, 122, 130, 179, 184, 191
Lebensform 56, 66, 124
Lebenskraft 49, 111, 127, 142
Leere, die 14, 15, 16, 26, 59, 66, 88,
  91, 99, 105, 112, 163, 165, 175,
  176, 184, 198
Lehren 25, 32, 35, 37, 44, 45, 48,
  50, 103, 125, 151, 162, 187

Lemurien 10
Leonardo da Vinci 17
Liebe 33, 34, 35, 36, 37, 39, 47, 57,
  60, 61, 62, 64, 65, 66, 77, 78, 91,
  92, 111, 119, 120, 124, 126, 140,
  144, 184, 190, 194, 196, 199
  bedingungslose Liebe 33, 34, 39,
    157, 180, 182, 189
  Beziehungen 22, 32, 47, 82, 83,
    86, 103, 116, 117, 125, 136,
    137, 140, 157, 183, 202
  Familie 44, 45, 55, 56, 63, 82, 95,
    103, 117, 136, 154, 155, 182
  Liebende 57, 82, 86, 93, 131,
    133, 138, 182
  Selbstliebe 78, 95, 130, 134, 180,
    181, 183, 188, 191, 192
Liste, die (Disziplin) 172, 186, 187,
  188
Loslösung 29, 34, 36, 37, 38, 39, 42,
  43, 48, 113, 135, 169
Luis de Leon 17

M

Magie 20, 49, 88, 106, 178, 203
Magnetismus 37, 48, 122
Mandala 118, 119
Männer 37, 54, 57, 58, 59, 63, 72,
  89, 95, 109, 126, 127, 128, 130,
  152, 192
männliches Geschlecht 11, 58, 126
Mantra 27
Materialismus 87
Meister-Lehrer 12, 16, 25, 37, 56,
  59, 62, 63, 98, 118, 142, 181, 190
Meistersein, das 27, 29, 32, 36, 43,
  48, 49, 72, 113, 133, 181, 186,
  191, 199
  Boten 24, 25, 45, 53, 59, 115
  den Tag erschaffen 203
  ein Meister ist 26, 30, 32, 35, 48,
    56, 58, 73, 74, 92, 93, 104, 115,
    116, 119, 120, 123, 124, 141,
    143, 144, 145, 159, 161, 162,
    163, 168, 170, 171, 184, 188,

192, 194, 198, 200, 201, 202,
203, 204
Weg eines Meisters 71, 95
Menschheit 17, 54, 66, 89, 109
menschliche Beschränkungen 37,
39, 53, 61, 65, 75, 87, 88, 91, 93,
100, 101, 103, 104, 111, 114,
117, 118, 159
menschliche Natur 10, 56, 72, 87,
88, 89, 90, 92, 94, 95, 108, 123,
130, 135, 141, 174
menschliche Persönlichkeit 22, 26,
30, 32, 36, 56, 70, 87, 90, 93, 96,
106, 109, 124, 126, 128, 129,
134, 135, 136, 137, 139, 142,
151, 152, 174, 180, 184
das Image 61, 74, 86, 90, 98, 143,
189, 191
die Box 111
Leute, Orte, Dinge, Zeiten und
Ereignisse 27, 28, 29, 32, 34,
36, 38, 49, 102, 103, 113, 115,
116, 126, 133, 190
Metamorphose 98, 195
Michelangelo 17
Mind 10, 27, 43, 44, 45, 48, 53, 54,
57, 61, 72, 76, 80, 84, 85, 88, 92,
99, 127, 131, 145, 146, 152, 165,
170, 171, 172, 176, 180, 200
Affenverstand 107
analoger Mind 127, 166, 167,
171, 177, 178, 193
dimensionaler Mind 64, 66, 142,
199, 204
Engstirnigkeit 198
Intellekt 9, 26, 27, 29, 42, 43, 53,
56, 92, 155
Labyrinth des Verstandes 83, 91,
92
Mind eines Meisters 20, 28, 59,
61, 142, 154, 162, 170, 198,
200, 203
Mind Gottes 91, 93, 100, 104,
144, 152, 162, 165
unbegrenzter Mind 48, 87, 100,
134, 154, 170, 182, 194, 199
Unterbewusstsein 75, 195

Missbrauch 102
modifiziertes Ego 30, 90, 101, 105,
109
Moleküle 193, 194
Mond 39, 60, 64, 133
Monotheismus 15
Moral 53, 74
multiple Persönlichkeiten 12
Musik 66
das Tanzen 58, 66
Mutation 66
Mysterium 17, 57, 62, 110, 144, 152
Mystik 86, 99, 102
Mystiker 17
Mystische Schulen 9, 12
Mythos 9, 61, 73

N

Naher Osten 9
Nahtod-Erfahrungen 157
Natur 26, 136, 166, 169
Nervensystem
vegetatives Nervensystem 12
Nervenzusammenbruch 34
Neurobiologie 12
Neuron 29
Dendriten 29, 80
neurologische Erinnerung 40
Neuronennetz 28, 30, 56, 71, 74, 78,
122, 123, 128, 135, 187
Neurotransmitter
Adrenalin/Epinephrin 132
Melatonin 93
New Age 153
Nut, ägyptische Göttin 161

O

Offenbarung 45, 71, 75
Om Akad 53
opfern 38, 86, 183
Origenes 17
Osiris, ägyptischer Gott 129

236

P

Paradies 65, 117, 131
Phantom 66, 86, 101
Philosophie 9, 10, 15, 17, 41, 45,
    125, 134
Physik 98
physischer Körper 9, 11, 16, 17, 25,
    27, 30, 40, 41, 42, 43, 44, 45, 53,
    54, 56, 57, 58, 69, 73, 76, 78, 79,
    81, 84, 87, 89, 90, 91, 92, 93, 94,
    95, 99, 103, 104, 105, 106, 119,
    122, 133, 134, 141, 143, 144,
    149, 150, 151, 153, 154, 158,
    159, 162, 171, 172, 178, 188,
    191, 192, 193, 195, 201
Planet 45, 83, 164, 167
Plato 17
Politiker 126, 129
Potenziale 41, 57, 66, 85, 86, 113,
    143, 151, 155, 170, 186, 189,
    198, 199, 204
Priestertum 55, 129, 160
Primäres Bewusstsein 15, 149, 151,
    155, 156, 158, 160, 165, 166,
    169, 171, 172
Psychiatrie 136
Psychoanalyse 9
Psychologie 12
Punkt Null 15, 16, 39, 47, 84, 87,
    88, 98, 113, 137, 145, 149, 163,
    170, 193, 194, 195

Q

Quantenphysik 10, 155
    Quantenfeld der Potenziale 80,
    155, 163, 199
    Wellen und Teilchen 166, 185,
    193, 194, 195, 199, 202

R

Ra, ägyptischer Gott 39
Ramtha 11, 43, 59, 65
    der Marsch 54, 55, 58, 59, 61, 63,
    66, 91, 168, 180
    Herr des Windes 11, 50
    Ramthas Lehren 9, 10, 11, 12, 13,
    14, 15, 16, 17, 87, 112, 113,
    120, 203
Raum 15, 150
Raumschiff 57
Regierung 55, 60, 126, 129
Reichtum 27, 30, 34, 36, 48, 57,
    108, 109, 111, 204
    sagenhafter Reichtum 189
Reinkarnation 25, 26, 27, 30, 32, 35,
    39, 40, 110, 135, 138, 142, 146,
    151, 152, 160, 172, 177, 180,
    184, 192
Religion 9, 15, 17, 55, 59, 74
    Anbetung 11, 54
    Dogma 42, 91, 98
Remote Viewing
    (Fernwahrnehmung) 59, 63
Renaissance 17
Rosenkreuzer 17

S

Schizophrenie 12
Schöpfung 11, 15, 99, 102, 166, 175
    Beschaffenheit der Wirklichkeit
    9, 10, 14, 16, 64, 65, 74, 76, 84,
    86, 94, 98, 100, 112, 151, 160,
    167, 169, 172, 174, 178, 185,
    186, 193, 194
    Macht des Manifestierens 12, 26,
    27, 50, 57, 65, 72, 89, 92, 94,
    95, 99, 102, 103, 106, 107, 123,
    182, 186, 187, 188, 193, 203
    sieben Ebenen 10, 15, 16, 22, 87,
    124, 145, 182, 193
Schule der alten Weisheit 13, 25, 28,
    31, 36, 37, 49, 55, 56, 57, 58, 59,
    62, 69, 70, 105, 134, 141, 142,

144, 145, 150, 154, 155, 163, 168, 178, 186
Schüler des Großen Werks 20, 21, 58, 63, 71, 118, 125, 139, 187
Schwarzes Loch 167
Schwert 37, 54, 63, 64, 180, 184
Breitschwert 31, 35
Crosham 59
Seele 15, 17, 25, 28, 37, 47, 49, 50, 60, 66, 76, 77, 84, 86, 87, 99, 106, 108, 110, 122, 123, 124, 128, 129, 130, 133, 135, 145, 146, 149, 151, 156, 161, 169, 171, 173, 174, 179, 185, 190, 194, 198
Buch des Lebens 15, 122
die dunkle Nacht 21, 72, 96, 103, 104
Seelenwanderung 145, 185
Sekundäres Bewusstsein 15, 149, 150, 151, 158, 160, 165, 166, 169, 171
Selbst, das 9, 11, 15, 16, 21, 26, 32, 33, 39, 49, 68, 69, 70, 71, 72, 73, 74, 75, 76, 78, 79, 81, 85, 86, 87, 89, 90, 93, 94, 97, 98, 99, 100, 101, 102, 103, 104, 105, 107, 108, 109, 110, 112, 114, 115, 117, 118, 124, 130, 134, 136, 139, 150, 152, 156, 157, 177, 180, 183, 187
der Schatten 30, 31, 32, 34, 36
Selbstmord 158
Sexualität 95, 123, 128, 132, 136
Fortpflanzung 57, 89, 127
Geschlechtsverkehr 61, 89, 94, 127, 166
Orgasmus 127, 128, 143
Vergewaltigung 128, 133
Shiva 43
sieben Siegel 128
erstes Siegel 127
fünftes Siegel 170, 171
obere vier Siegel 112
sechstes Siegel 170
untere drei Siegel 89, 112, 113, 123, 170

viertes Siegel 113, 118, 170
sinnliche Wahrnehmung 95, 96, 169
Sklaverei 40, 54, 58, 61, 63, 86, 132, 183, 191
Sokrates 17
Sonne 165, 169, 186, 188, 190
Souveränität 94, 111, 204
Spiegel-Bewusstsein 15
spirituelle Ordnung 21, 25, 40, 45, 53, 69, 71, 72, 75, 76, 83, 89, 91, 95, 98, 107, 113, 134, 144, 178
spirituelle Reise 68, 70, 84, 95, 100, 101, 104, 110, 111, 112, 114, 117, 118, 119, 125, 135, 184, 201
Sprache 13, 52, 53, 63
Spuk 201, 202
Sterblichkeit 55, 63
Südamerika 201
Sünde 16, 66
Symbole 58, 118

T

Tachyon 165
Tank®, der 184, 186
Technologie 92, 153
Teufel 32, 59, 101
Theologie 15
Theresa von Avila 17
Thomas von Aquin 15
tieferer Beweggrund 21, 22, 125, 126, 175, 198, 200, 203, 204
Tod 10, 20, 25, 33, 40, 41, 44, 49, 58, 76, 91, 93, 105, 122, 133, 135, 136, 141, 143, 144, 150, 151, 155, 156, 158, 181, 192, 194
die Toten 45, 133, 134, 142, 144, 146, 151, 155, 156, 158, 159, 161, 163, 172, 182, 188
Totenbeschwörer 27
Transformation 69, 190
Transmutation 63, 64, 71, 76, 192, 193
Transzendenz 134, 193
Träume 65, 66, 68, 73, 77, 81, 82, 87, 93, 94, 95, 119, 133, 162,

168, 172, 176, 177, 178, 179, 193, 199
Tugend 17, 57, 108
  Bescheidenheit 37, 101, 180
  Ehre 49, 57, 58, 95, 105, 109, 138, 140, 176, 179, 183
  Ehrlichkeit 180, 183
  Freundlichkeit 109, 125, 174, 175
  Gnade 83
  Großzügigkeit 109
  Mitgefühl 62, 174, 198
  Rechtschaffenheit 16, 53, 73
  Tadellosigkeit 21, 33, 57, 70, 74, 125, 126, 138, 157, 183, 184
Twilight® 172

U

Ungerechtigkeit 174
Universum
  dreiundzwanzigstes Universum 168
Unschuld 77, 102, 128, 132, 167
Unsicherheit 34, 137
Unsterblichkeit 10, 17, 55, 57, 58, 60, 61, 64, 142, 143, 144, 159, 181, 193, 195
Unterdrückung 65
Unwissenheit 16, 36, 39, 40, 54, 61, 76, 78, 83, 126, 135, 155, 198, 201

V

Venus 168
Veränderung 29, 31, 38, 47, 48, 55, 62, 65, 82, 90, 116, 117, 119, 123, 126, 130, 135, 136, 137, 138, 139, 145, 152, 154, 155, 157, 159, 162, 179, 188, 189, 191, 198, 199, 203, 204
Vergebung 37, 89, 107, 111, 113, 115
verlorener Sohn 21, 72, 111
Versuchung 137, 198

Verurteilen, das 21, 44, 53, 56, 76, 77, 80, 100, 101, 104, 105, 114, 125, 181, 192
Verwirrung 59, 60
Virus 47
Visualisation 48, 106, 117, 118, 128, 141
Vorstellungskraft 11, 53, 73, 79, 81, 82, 87, 88, 92, 94, 98, 99, 100, 106, 112, 113, 115, 136, 142, 150, 177, 190
vorherige Existenz 109

W

Wahrheit 9, 11, 14, 33, 44, 52, 58, 62, 69, 74, 107, 109, 112, 122, 130, 134, 138, 139, 140, 153, 160, 169, 182, 189, 192, 201
  objektive Wahrheit 82, 95, 100
  objektives Wissen 9
  subjektive Wahrheit 10, 12, 17, 45, 82, 95, 100, 139
Wein 29, 39, 40, 57, 131
Weisheit 9, 14, 16, 20, 21, 25, 26, 39, 40, 57, 58, 62, 65, 66, 75, 79, 81, 96, 106, 119, 174, 181, 198, 204
weißes Loch 167
Wille 15, 37, 38, 54, 55, 56, 60, 63, 65, 70, 122, 144
  freier Wille 41, 56, 63, 65, 69, 70, 74, 75, 114, 115, 117
Wissen 15, 25, 26, 31, 35, 38, 40, 43, 44, 45, 49, 57, 58, 64, 69, 80, 97, 101, 106, 109, 110, 122, 135, 136, 143, 145, 146, 150, 153, 159, 160, 163, 172, 181, 192, 193, 194, 199
  das Unbekannte 17, 26, 43, 70, 71, 73, 81, 90, 91, 92, 93, 94, 99, 101, 115, 120, 146, 170, 187
  das Unbekannte bekannt machen 11, 15, 16, 87, 91, 92, 99, 106, 132, 134, 144, 145, 176

heiliges Wissen 58, 80, 110, 191, 201
Wissenschaft 9, 12, 17, 45, 49, 54, 104, 112, 155
Wissenschaftler 12
Wunder 36, 65, 73, 186, 187, 203
Wurmloch 45, 167

Z

Zeit 15, 25, 27, 35, 43, 52, 57, 59, 63, 64, 65, 66, 68, 69, 79, 81, 84, 87, 88, 104, 138, 141, 143, 145, 150, 163, 164, 165, 167, 178, 193, 202, 204
das Jetzt 26, 30, 32, 36, 59, 64, 66, 94, 111, 127, 141, 156, 171, 176, 192
die Vergangenheit 20, 26, 27, 28, 32, 33, 34, 35, 36, 38, 48, 49, 59, 60, 63, 64, 66, 70, 71, 72, 74, 79, 85, 86, 87, 89, 93, 95, 102, 104, 111, 114, 115, 117, 118, 137, 138, 141, 144, 164, 179, 184, 202
die Zukunft 36, 55, 83, 86, 93, 106, 115, 141, 178
lineare Zeit 122, 141, 198, 199, 204
Nicht-Zeit 57, 59, 63, 79, 127
Zeitschiene 28, 47, 52, 56, 59, 80, 81, 84, 85, 92, 93, 94, 106, 110, 113, 179
Zelle 153
Zivilisation 93
Zweifel 94, 107

MVV Michaels Vereinigte Verlagsauslieferung GmbH
Ammergauer Str. 80 - 86971 Peiting, Tel.: 08861-59018
Fax: 08861-67091, e-mail: mvv@michaelsverlag.de
Internet: www.michaelsverlag.de

In diesem Band offenbart uns Ramtha, den Beginn der Menschheitsentwicklung, die bereits lange vor der Erschaffung des Universums begann und zeigt uns unsere Evolution auf.

Die alten Weisheitsschulen haben das heilige Wissen bewährt, um es zukünftigen Generationen zu offenbaren.
Ein sehr eindrückliches Werk.

Ramtha
Die Geschichte der Menschheit aus der Sicht eines Meisters
€ 23,80
ISBN: 3-89539-048-8

Von Ramtha selbst, wird es „Das große weiße Buch" genannt.
Es ist das Grundlagenwerk von Ramthas Lehren.
Dieses Werk stellt für die in Unwissenheit und in ihrer Evolution feststeckende Menschheit ein Juwel von unschätzbarem Wert dar. Es setzt in den Menschen ein Wissen wieder frei, das dieser vor langer, langer Zeit vergessen hat.

Ramtha
€ 19,90
ISBN: 3-89539-050-X

MVV Michaels Vereinigte Verlagsauslieferung GmbH
Ammergauer Str. 80 - 86971 Peiting, Tel.: 08861-59018
Fax: 08861-67091, e-mail: mvv@michaelsverlag.de
Internet: www.michaelsverlag.de

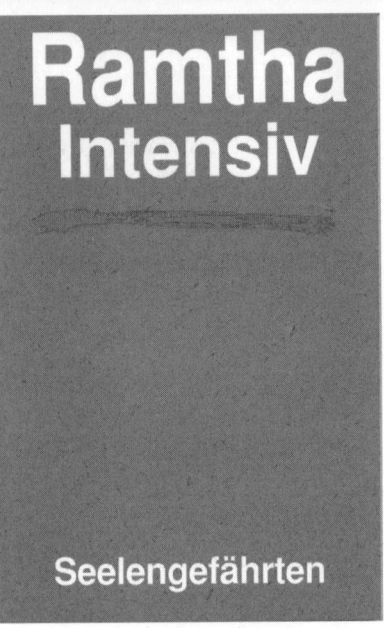

Ramtha
Intensiv

Seelengefährten

Seelengefährten
€ 12,50
ISBN: 3-89539-053-4

Die Romantik von Seelengefährten hat die Phantasie des Menschen schon seit Ewigkeiten gefangengenommen - jener Traum nämlich, dass es irgendwo diese eine besondere Person gibt, die den Leser auszufüllen vermag und das Leben glücklich werden lässt.

Es ist eine leidenschaftliche Lehre über die Wissenschaft von Seelengefährten, die Entwürdigung der männlich/weiblichen Beziehungsverhältnisse, die die Seelengefährten getrennt gehalten hat - und über die Wiedervereinigung der Seelengefährten durch die Macht der Liebe.

MVV

Michaels Vereinigte Verlagsauslieferung GmbH
Ammergauer Str. 80 - 86971 Peiting, Tel.: 08861-59018
Fax: 08861-67091, e-mail: mvv@michaelsverlag.de
Internet: www.michaelsverlag.de

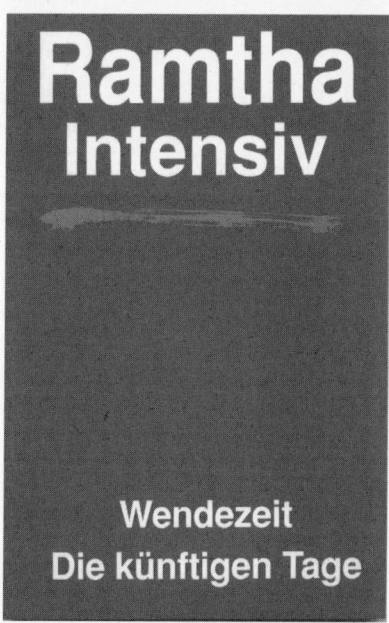

Ramtha
Intensiv

Wendezeit
Die künftigen Tage

Wendezeit
€ 12,50
ISBN: 3-89539-052-6

Im Mittelpunkt dieses Buches aus der Intensivreihe stand die Notwendigkeit, sich selbst versorgen zu können, damit ein Überleben während der einschneidenden Veränderungen, die weltweit in der Natur und in der Gesellschaft eingetreten sind und eintreten werden, möglich wird. Im Verlauf seiner Reden legt uns Ramtha ans Herz, in Harmonie mit der Natur - dem Lebensstrom, der unsere Existenz gewährleistet und die einzige Erlebnisebene ist, in der wir unser Gottsein erkennen können - zu fließen. „Jemand der aus dem Traum, genannt Menschheit erwacht, bewegt sich in Harmonie mit der Natur, wie in einer Symphonie. Jemand, der dazu gezwungen ist, für sein Überleben selbst zu sorgen und in dieser Bewährungsprobe aufblüht, hat gelernt enorme Widrigkeiten zu überwinden."

MVV

Michaels Vereinigte Verlagsauslieferung GmbH
Ammergauer Str. 80 - 86971 Peiting, Tel.: 08861-59018
Fax: 08861-67091, e-mail: mvv@michaelsverlag.de
Internet: www.michaelsverlag.de

Ufos
€ 16,90
ISBN: 3-895390550

Sehr einfach und sehr direkt legt *UFOs und ihre Beschaffenheit von Wirklichkeit* offen, wer die Außerirdischen sind, woher sie kommen, und was sie wollen. Dieses Buch ist ein „Muss" für jene, die am UFO Phänomen interessiert sind, und auch für jene, die niemals eine Korrelation gesehen haben zwischen Außerirdischen und Gott. Es ist eine Brücke, die es dem Leser erlaubt, zwischen bisher nicht verfügbaren und oftmals ungeheuerlichen technischen Angaben und der Göttlichkeit des unbegrenzten Gedankens hin und her zu schreiten.

Michaels Vereinigte Verlagsauslieferung GmbH
Ammergauer Str. 80 - 86971 Peiting, Tel.: 08861-59018
Fax: 08861-67091, e-mail: mvv@michaelsverlag.de
Internet: www.michaelsverlag.de

Der letzte Walzer
€ 12,50
ISBN: 3-89539-051-8

Dieses Buch enthüllt die außergewöhnlichen Herausforderungen und Möglichkeiten, die der Menschheit in den kommenden Tagen bevorstehen.Es deckt die Geschichte und die Pläne der Grauen Männer auf, der geheimen Familien und der Mittelsmänner der Macht, die den Börsenmarkt dirigieren, denen die Notenbanken und die meisten Geldreserven der Welt gehören. Unter anderem wird auch gezeigt, welchen Kurs die Natur einschlagen wird, da das Leben, wie wir es kennen, offensichtlich am Rande der Katastrophe steht.

Finanzielle Freiheit
€ 13,50
ISBN: 3-89539-056-9

Finanzielle Freiheit vermittelt dem Leser ein Verständnis für Geld und Gold und wie dieses Wissen zu nutzen ist, um in der heutigen Welt Unabhängigkeit zu erreichen.
Wenn Sie in der heutigen Welt feststellen, dass Sie unglücklich sind, weil Sie nicht genug besitzen, und solange dies der Inhalt Ihres Lebens ist, wird es für Sie unmöglich sein, Erfüllung zu finden. Unerfüllte Träume begrenzen Wachstum und Entwicklung und letztendlich Ihr finanzielles Wohlbefinden.
Dieses Buch will helfen, Ihre Träume zu erfüllen, und neue Dimensionen von Möglichkeiten und Entscheidungen zu öffnen.

MVV

Michaels Vereinigte Verlagsauslieferung GmbH
Ammergauer Str. 80 - 86971 Peiting, Tel.: 08861-59018
Fax: 08861-67091, e-mail: mvv@michaelsverlag.de
Internet: www.michaelsverlag.de

Unser Leben
€ 17,90
ISBN: 3-89539-061-5

In diesem Buch werden 100 Geschichten von Ramtha`s Schülern erzählt.
Nehme Anteil an der Manifestation dieser Träume - nehme Anteil an den persönlichen Wundern und dem Durchbruch, den jeder Einzelne seiner Schüler erleben durfte.

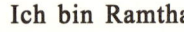

Ich bin Ramtha
€ 21,90
ISBN: 3-89539-063-1

Ramtha ist ein so außergewöhnliches Phänomen, dass man es sehen muss, um es glauben zu können. Seit 1977 beliebt er durch die Verkörperung einer schönen Frau namens JZ Knight zu sprechen. Mit vielen Farbabbildungen.

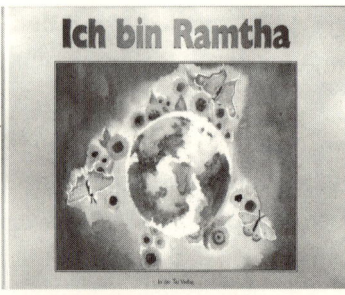

Weg der Erleuchtung
€ 20,90
ISBN: 3-89539-060-7

Melton führt den Leser in die Geschichte und die Prinzipien des Gnostizismus ein, und berichtet über die erstaunliche und unerwartete Wiederkehr und Wiederbelebung dieser Philosophie in Ramtha´s School of Enlightenment. Durch sein eigenes Studium des Gnostizismus im Altertum erkennt er die gnostische Grundlage von Ramtha`s Philosophie.

MVV

Michaels Vereinigte Verlagsauslieferung GmbH
Ammergauer Str. 80 - 86971 Peiting, Tel.: 08861-59018
Fax: 08861-67091, e-mail: mvv@michaelsverlag.de
Internet: www.michaelsverlag.de

Jede Seite enthält einzelne Gedanken oder Gedankenkomplexe über die Schönheit, Würdigkeit und Macht des menschlichen Geistes. Es soll uns lehren, bedingungslos zu lieben und den „Vater" in uns zu finden.

Ramtha
Das Eigene Werden
€ 24,90
ISBN: 3-89539-058-5

Dieses Buch ist ebenso gestaltet wie das Buch „Werden". Es zeigt uns, wie man Mangel in Fülle umwandelt und die Vergangenheit und Zukunft in Einklang bringt, um das zu kreieren, was wir möchten. Dieses Buch enthält Techniken, Übungen und Informationen, die uns helfen, zu manifestieren.
Ramtha: „Diese Bücher sollen uns nicht nur das Wissen vom WERDEN und MANIFESTIEREN aufzeigen, sondern auch, wer wir sein können und wer wir bisher waren."

Ramtha
Das Manifestieren
€ 19,90
ISBN: 3-89539-059-3